ADMINISTRATIVE LAW

本书系国家社科基金重大项目“法治国家、法治政府、法治社会一体建设进路研究”（21ZDA126）的结项成果之一

法治一体建设基本模式研究

Research on the Basic Model of Integrated Construction of Rule of Law

章志远 马迅 黄娟 /著

北京大学出版社
PEKING UNIVERSITY PRESS

图书在版编目(CIP)数据

法治一体建设基本模式研究 / 章志远，马迅，黄娟著. -- 北京 : 北京大学出版社，2024. 12. -- ISBN 978-7-301-35922-8

Ⅰ. D920.0

中国国家版本馆 CIP 数据核字第 20247SZ705 号

书　　名	法治一体建设基本模式研究 FAZHI YITI JIANSHE JIBEN MOSHI YANJIU
著作责任者	章志远　马　迅　黄　娟　著
责任编辑	徐　音
标准书号	ISBN 978-7-301-35922-8
出版发行	北京大学出版社
地　　址	北京市海淀区成府路 205 号　100871
网　　址	http://www.pup.cn　　新浪微博　@北京大学出版社
电子邮箱	zpup@pup.cn
电　　话	邮购部 010-62752015　发行部 010-62750672　编辑部 021-62071998
印 刷 者	北京溢漾印刷有限公司
经 销 者	新华书店
	730 毫米×980 毫米　16 开本　23.75 印张　419 千字
	2024 年 12 月第 1 版　2024 年 12 月第 1 次印刷
定　　价	98.00 元

前　言

本书是我主持的旨在研究阐释党的十九届五中全会精神的国家社科基金重大项目“法治国家、法治政府、法治社会一体建设进路研究”(21ZDA126)的结项成果之一,也是《法治一体建设典型实例评析》一书的姊妹篇,代表了课题组成员对法治一体建设内在逻辑、探索模式、实现标志、具体路径和实施保障的学理思考。在研究过程中,我们坚持理论联系实际的基本原则,通过对新时代法治国家、法治政府、法治社会一体建设实践探索的深入观察,通过对习近平法治思想原创性贡献的学理阐释,通过对中国特色社会主义法治体系各个环节制度成果的提炼总结,试图勾勒法治一体建设的理想图景,助力法治一体建设行稳致远。

本书由导论和五章构成。其中,导论、第一章、第五章由青年学者马迅博士独立完成,第二章由青年学者黄娟副教授独立完成,第三章、第四章由本人独立完成。在本课题的研究过程中,我们组织了多场内部学术讨论,力求高质量地完成课题研究任务,衷心感谢两位年轻学者的全程参与。本书的大部分内容曾经以论文形式在《法学研究》《中国法学》《法律科学》《比较法研究》《东方法学》《政治与法律》《行政法学研究》《学术月刊》《中共中央党校学报》等刊物发表,衷心感谢这些刊物的大力支持。

本书的立项研究和顺利出版,离不开全国哲学社会科学工作办公室的鼎力支持,离不开五位子课题负责人胡玉鸿教授、黄学贤教授、杨代雄教授、陈林林教授、骆梅英教授的大力帮助，离不开华东政法大学科研处和北京大学出版社的全力支持，一并致以诚挚的谢意。

在本书的研究和写作过程中，我们参考了大量学术资料。限于时间和能力，书中还难免存在错漏之处，尚请学界同仁和读者诸君批评指正。

章志远

2024年盛夏于沪上

目录 Contents

导　论

党的十八大以来，以习近平同志为核心的党中央高度重视法治建设，提出了一系列法治建设新理念新思想新战略。2012 年 12 月，在首都各界纪念现行宪法公布施行 30 周年大会上，习近平总书记首次提出了“坚持法治国家、法治政府、法治社会一体建设”（以下简称“法治一体建设”）的重大理论命题。而后，“法治一体建设”理论始终贯穿于中央政治局的集体学习、党的十八届三中全会、党的十八届四中全会文件中。党的十九大报告把“法治国家、法治政府、法治社会基本建成”确立为到 2035 年基本实现社会主义现代化的重要目标之一，意义重大，影响深远。党的二十大报告在此基础上进一步提出：“必须更好发挥法治固根本、稳预期、利长远的保障作用，在法治轨道上全面建设社会主义现代化国家。”法治国家、法治政府、法治社会，是在建党百余年来的法治历程中渐次提出的重要概念和法治目标。在习近平法治思想中，法治国家是法治建设的目标，法治政府是法治国家的主体，法治社会是法治国家的基础。导论部分的主要任务在于系统梳理、评述已有相关研究成果，论证课题研究的重要意义，同时介绍课题研究的主要内容。

一、研究现状

坚持“法治一体建设”是中国特色社会主义法治建设新话语，也是习近平法治思想的重要组成部分。理论界和实务界持续关注“法治一体建设”这一重大课题，取得了较为可观的研究进展。

（一）主要研究成果

自“法治一体建设”这一重大理论命题提出之后，学界主要围绕“法治一体建设”基本内涵、“法治一体建设”相互关系、“法治一体建设”标准、“法治一体建设”基本路径、“法治一体建设”制度载体五个方面展开研究。

1. 关于“法治一体建设”基本内涵研究

学界在对“法治一体建设”的基本概念进行研究时往往结合党的十八大后我国法治发展的新特征，分别就法治国家、法治政府、法治社会的概念进行凝练，进而归纳出“法治一体建设”的内涵。

第一，“法治一体建设”中法治国家的概念。韩大元认为从宪法文本的规范体系来看，“法治国家”的实质要素包括了人的尊严、自由和平等，形式要素包括了法律至上、人权保障和权力制约，法治国家包含法治社会。① 范进学认为“法治国家”是一个宪法概念，并且宪法文本中“法治国家”包含了“法治政府”与“法治社会”，也是对国内法治与国际法治的统合性概念，当然还是一个学术性与政治性概念。② 胡平仁赞同将广义上的“国家”概念区分为政治国家和市民社会，认为应当从狭义上理解和使用法治国家的概念，指出法治国家是依法治国的实现状态，其精髓在于依法治官、依法治权、依法治理国家事务，认为法治中国建设的现实起点是法治主体与法治对象的合一，其基本内容乃是法治国家、法治社会与法治政党三者的有机整合与统一。③ 在论及法治国家与法治中国的关系时，张文显认为习近平法治思想创造性提出了“法治中国”概念，建设法治中国，是法治国家的升级版，其要义是依法治国、依法执政、依法行政共同推进，法治国家、法治政府、法治社会一体建设。④ 他进一步指出，从法治国家转型升级为法治中国、从法律之治转型升级为良法善治、从法律大国转型升级为法治强国以及加快构建中国特色社会主义法治体系是法治现代化之路的主要内容。⑤ 刘风景对《法治中

---

① 韩大元：《中国宪法文本中“法治国家”规范分析》，载《吉林大学社会科学学报》2014 年第 3 期。

② 范进学：《“法治中国”：世界意义与理论逻辑》，载《法学》2018 年第 3 期。

③ 胡平仁：《法治理论与实践的新格局》，载《法治研究》2019 年第 5 期。

④ 张文显：《治国理政的法治理念和法治思维》，载《中国社会科学》2017 年第 4 期。

⑤ 张文显：《论中国式法治现代化新道路》，载《中国法学》2022 年第 1 期。

国建设规划(2020—2025年)》(以下简称《规划》)进行了法理解读,认为制定规划的内在根据是体现法治原则的制度工具,中国制度优势的题中之义,关注长期效应的制度方案,超大规模社会的治理策略,各子系统规划的经验积累,促进法治国家、法治政府、法治社会全面建成。[①] 汪习根在研究中国式法治现代化与法治中国的关系时指出,中国式现代化是法治中国、现代法治与中国样式相互贯通的产物,中国式法治现代化通过独具特色的法治体系和法治国家构建及其系统整合充分释放最佳效能。[②]

第二,"法治一体建设"中法治政府的概念。姜明安认为法治政府的核心要求包括:行政权的获得要有宪法和法律的依据,要依法(包括实体法和程序法)实施行政行为,要与建设廉洁政府、服务政府、高效政府联系起来,要有权必有责,任何违法行为都要受到追究。[③] 杨小军提出法治政府的本质属性是政府由法律统治并依法行政的政府形态,权力法定、监督法定、行为法定、程序法定和责任法定是其特征。[④] 关保英认为法治政府内涵的认知应当以依法治国系统化、动态化、结构化和技术化为背景,强调开放式政府治理的范畴、价值化政府治理的范畴、过程化政府治理的范畴和给付性政府治理的范畴。[⑤] 杨海坤认为法治政府就是法治之下的政府,是"有权不可任性"的政府,是依法律产生、由法律控制、依法律善治并为人民服务、对法律负责、与公民法律地位平等的政府。[⑥] 马怀德认为习近平法治思想中"以人民为中心"的法治政府理论回应了我国法治政府建设的价值立场、建设路径、重点任务和未来发展等重大问题。[⑦] 在《法治政府建设实施纲要(2021—2025年)》(以下简称"2021年《法治政府纲要》")出台之后,法治政府的建设目标和要求进一步细化。王敬波指出新时代法治政府建设应纳入"四个全

① 刘风景:《法治中国建设的顶层设计——〈法治中国建设规划(2020—2025年)〉的法理阐释》,载《东岳论丛》2021年第12期。

② 汪习根:《论中国式法治现代化的理论体系》,载《政法论坛》2022年第6期。

③ 姜明安:《论法治国家、法治政府、法治社会建设的相互关系》,载《法学杂志》2013年第6期。

④ 杨小军:《论法治政府新要求》,载《行政法学研究》2014年第1期。

⑤ 关保英:《论法治政府的新内涵》,载《南京社会科学》2015年第1期。

⑥ 杨海坤:《"四个全面"战略布局下如何全面推进法治政府建设》,载《法学评论》2015年第5期。

⑦ 马怀德:《习近平法治思想中法治政府理论的核心命题》,载《行政法学研究》2020年第6期。

面”战略布局，即全面依法治国的重点任务和主体工程，全面深化改革和依法行政相互促进，法治政府和小康社会目标同频共振，全面从严治党与依法行政相向而行。[①] 章志远指出新发展阶段的法治政府的时代特色集中体现在更加凸显坚持和加强党的全面领导，更加突出以人民为中心，更加注重行政系统的整合协同，更加关注市场社会外部力量的融贯，更加顺应科技创新时代的发展趋势。[②] 解志勇指出新纲要下的法治政府应当是数字法治政府，其构建应具备传承性、法治性、数字性、未来性四个面向，构建公开、透明、参与的数字治理规则，适时搭建数字行政法框架，确保以法治规训驾驭数字技术，实现科技向善、数字为民。[③]

第三，“法治一体建设”中法治社会的概念。江必新认为法治国家与法治社会二元并存，是“一体之两面”。应当从三个层面理解法治社会的内涵：制度层面上有国家法律、自治规则等构成的多元规则体系；心理层面上有社会群体和成员对规则之治的认同和践行；秩序层面上有社会各类组织、成员与国家职能部门形成自治与统治的分工协作。[④] 郭道晖指出以往的研究把法治社会当作一个涵盖“国家—社会”一体化的大概念，但他认为“法治社会”是指社会的一种存在形式，是按社会的政治文化状况来称谓某种社会的特征。[⑤] 张鸣起认为一体建设下的法治社会是指全部社会生活的民主化、法治化，是将社会权力和社会成员的行为纳入法治轨道的一种社会类型，具体包括：社会主体及其社会权力的自主自治自律，社会主体依法对国家权力的监督与制衡，社会主体形成法治生活方式。[⑥] 蒋晓伟指出中国特色法治社会应当体现“民主与和谐统一、崇德与法治统一、自觉与自治统一、传统与现代统一、一元与多元统一”的价值理念。[⑦] 陈柏峰提出对“法治社会”的理解，应

---

① 王敬波：《新时代法治政府建设的战略定位、实践发展与未来前瞻》，载《政法论丛》2022年第6期。

② 章志远：《新发展阶段法治政府建设的时代特色——〈法治政府建设实施纲要（2021—2025年）〉法理解读》，载《法治研究》2021年第5期。

③ 解志勇：《数字法治政府构建的四个面向及其实现》，载《比较法研究》2023年第1期。

④ 江必新、王红霞：《法治社会建设论纲》，载《中国社会科学》2014年第1期。

⑤ 郭道晖：《论法治社会及其与法治国家的关系》，载《社会科学战线》2015年第1期。

⑥ 张鸣起：《论一体建设法治社会》，载《中国法学》2016年第4期。

⑦ 蒋晓伟：《论中国特色社会主义法治国家的初级阶段》，载《政法论丛》2016年第2期。

当从“法治一体建设”的政治命题出发,其核心内涵是公权力运作系统之外的社会生活的法治化,具体包括三个方面:社会成员自我约束的法治化、社会成员之间关系的法治化、社会管理者与被管理者关系的法治化。[①]

第四,“法治一体建设”本身的概念解读。姜明安认为法治国家、法治政府、法治社会三个概念在同一时空使用时,法治国家是指整个国家权力(国家立法权、监督权、重大问题决定权、行政权、司法权等)的法治化,法治政府是国家行政权行使的法治化,法治社会则主要是政党和其他社会共同体行使社会公权力的法治化。[②] 江必新指出在法治国家、法治政府、法治社会三个概念并提时,法治国家是一个种概念,法治政府、法治社会是法治国家之下的两个属概念。这里的国家不只是国家机器、国家政权意义上的国家,而是一个国度性概念。这里的政府是广义上的政府,即国家政权,包括所有的公权力机关,法治国家里涉及与政府(国家政权)相对应的社会的法治化即法治社会。[③] 喻中指出法治国家、法治政府、法治社会都是法治建设的目标,三者分别代表了法治建设的不同方面,是一个相互牵连的整体,法治国家勾画了一个整体性、纲领性的目标,法治政府是一个局部性的目标,法治社会则是法治的基础性工程,三者应当以相互联系、相互作用的观点来看待,应当把它们作为同一个实践过程的不同方面来处理。[④] 胡平仁认为从逻辑上讲,法治国家、法治政府、法治社会三者不宜相提并论,因为法治政府是法治国家的重要组成部分,不是并列关系。根据法治理论和我国的法治实践,法治中国建设应当是“法治国家、法治社会和法治政党”三位一体建设。[⑤] 张清指出法治国家主要是指确立法律统治、维护法治权威的国家,是推进法治建设的基本目标。在当代中国,加快建设社会主义法治国家,意味着从立法、执法、司法、守法的每一个法律实践环节都必须有严格的法定程序,意味着将国家权力纳入法律设定的轨道,并且不同国家机关的权力均由法律加以明文规定,也意味着依法维护人民的合法权益。法治政府是指严格按照法

① 陈柏峰:《中国法治社会的结构及其运行机制》,载《中国社会科学》2019 年第 1 期。
② 姜明安:《论法治国家、法治政府、法治社会建设的相互关系》,载《法学杂志》2013 年第 6 期。
③ 江必新:《法治社会的制度逻辑与理性构建》,中国法制出版社 2014 年版,第 54 页。
④ 喻中:《论社会主义法治一体建设》,载《北京行政学院学报》2015 年第 1 期。
⑤ 胡平仁:《法治理论与实践的新格局》,载《法治研究》2019 年第 5 期。

定权限和程序行使行政权力、履行管理职责的政府，这是法治国家建设的主体。它表明加快政府治理体制机制改革，推进依法行政，转变政府职能，规范行政行为，努力做到有权必有责，用权受监督，侵权要赔偿，违法要追究。法治社会是法治国家的基础，表明社会是一个信仰法治、依法治理的社会。在法治社会中，在推进全面依法治国的历史进程中，坚持"法治一体建设"，深刻反映了中国特色社会主义法治发展的内在机理。①

2. 关于"法治一体建设"相互关系研究

张文显认为习近平法治思想中法治国家与法治社会是互为依存、相辅相成，法治国家引领法治社会，法治社会为法治国家构筑坚实的社会基础，并从习近平总书记的一系列论述中总结出法治社会的特征是党政依法治理、社会依法自治、全民自觉守法、矛盾依法化解、建成平安中国。② 方世荣认为法治国家建设是我国法治建设的总体工程，法治政府和法治社会建设是其中的两项重点子工程，分别从政府和社会两个主要层面突出其在法治国家建设中的重要性，但这并不表明法治政府建设和法治社会建设就是法治国家建设的全部，在法治国家建设中，还应包括法治政党建设、法治军队建设等内容。③ 王利明认为"坚持法治一体建设"是从治理效果或者状态层面，对建设法治体系和法治中国这一总目标所进行的概括。④ 陈柏峰认为法治国家、法治政府、法治社会三者的关系，可以概括为"一体两翼"：法治国家是"体"，法治政府和法治社会是"翼"；法治国家建设侧重于全面依法治国的顶层设计，法治政府与法治社会是并行关系。⑤ 江必新认为一体建设理论是习近平全面依法治国新理念新思想新战略对法治理论的创新；法治国家、法治政府、法治社会三者构成法治中国建设的三个领域；实现一体建设的要义在于"官民同治"，即不论是处于国家结构中的什么层面，不管是什么主体都

① 张清：《习近平"法治国家、法治政府、法治社会一体建设"法治思想论要》，载《法学》2022年第8期。

② 张文显：《习近平法治思想研究(下)——习近平全面依法治国的核心观点》，载《法制与社会发展》2016年第4期。

③ 方世荣：《论我国法治社会建设的整体布局及战略举措》，载《法商研究》2017年第2期。

④ 王利明：《新时代中国法治建设的基本问题》，载《中国社会科学》2018年第1期。

⑤ 陈柏峰：《中国法治社会的结构及其运行机制》，载《中国社会科学》2019年第1期。

要毫无例外地平等地受到法律的约束。[1] 卓泽渊认为坚持“法治一体建设”是习近平法治思想的重要组成部分，三者之间，法治国家是“总括”，法治政府和法治社会是法治国家内涵的“两个主要构件”或“两大方面”。[2] 他进一步指出“法治一体建设”是全面依法治国的具体工作布局，三者是一个整体，是目标、主体、基础的关系，将三者协调统一起来，在法治国家目标统领下，作为主体的法治政府，要不断强化法治社会建设，为法治国家这一目标奠定坚实的基础，加快建设社会主义法治国家。[3] 张清分别从系统论、重点论、基础论和共治论四个方面来阐述“法治一体建设”的理论基础和实践逻辑，即系统论指出全面依法治国需要共同推进、一体建设，重点论指出法治政府是建设法治国家的重点，基础论指出法治社会是构筑法治国家的基础，共治论指出完善社会矛盾纠纷综合化解机制。[4] 马怀德指出在“法治一体建设”的整体布局中，法治国家建设是法治建设的目标，是国家现代化的内在要求，是政府治理和社会治理现代化转型的重要标志；法治政府建设是法治国家建设的重点，缺乏法治政府建设的示范带动、率先突破，法治国家、法治社会建设将是盲目的、困难的；法治社会是构筑法治国家的基础，若无法治社会的支撑，法治国家、法治政府的建设就不可能取得成功。[5]

3. 关于“法治一体建设”标准研究

莫于川立足于法制建设良善化、精细化的时代任务，参考世界正义项目和法治指数运动，结合“法治一体建设”标准探索的专项评价标准和综合评价标准等两类实践探索，从与党委依法执政相关数据、与政府依法行政相关数据、与司法公平正义相关数据、与综合监督体系相关数据、与社会平安和谐相关数据等五个方面，设计出5大类、33中类、100分的综合性法治评价考

---

① 江必新：《习近平全面依法治国新理念新思想新战略对法治理论的发展》，载《法学杂志》2020年第5期。

② 卓泽渊：《推进法治中国建设的现实任务》，载《行政法学研究》2020年第6期。

③ 卓泽渊：《习近平法治思想的理论体系》，载《行政管理改革》2021年第7期。

④ 张清：《习近平“法治国家、法治政府、法治社会一体建设”法治思想论要》，载《法学》2022年第8期。

⑤ 马怀德、张航：《推进法治中国建设的立场观点方法》，载《法律科学（西北政法大学学报）》2023年第2期。

核指标体系大纲。[①] 就一体建设中三大方面各自的标准而言，张文显在总结习近平法治思想中指出，成熟的法治国家通常具备五个方面的基本标识："第一，法律之治；第二，程序之治；第三，人民主体；第四，依法行政；第五，良法善治。"[②]于安认为党的十九大报告提出的到2035年基本实现社会主义现代化主要发展目标体现了发展方式、国家治理、社会文明、社会治理、共同富裕和生态环境等基本现代化要素，将这些基本要素与法治相联系，可表达为共同富裕与社会正义、环境生态与代际公正、创新型国家与创新权优先、国家治理与法治国家、社会治理与社会秩序、社会文明与法治文化，可作为编制法治国家规划目标和重要任务。[③]

4. 关于"法治一体建设"路径研究

就建设理念而言，余凌云认为"法治一体建设"是注重中国的政治理念、文化传统、社会诉求、具体国情，绝非简单重复、复述西方任何国家的法治形态，而是要坚持全面推进科学立法、严格执法、公正司法、全民守法。[④] 袁达松认为法治与包容性发展不可分离、高度契合，是包容性发展理念的制度航船和实现路径；以包容性发展理念为导向，确立法治先行、民主渐进的改革顶层设计，以法治国家建设夯实和推动经济市场化和政治民主化的制度基础和发展进程。[⑤] 莫于川认为当下全面推进依法治国方略，有重点、有步骤地推进"法治一体建设"，要重点抓住地方依法治理、法治政府建设、法治社会建设等基础环节，通过观念更新、制度创新、政民协力共同推进一体建设，逐步实现良法善治、法治中国的愿景。[⑥] 龙大轩认为"德法合治"作为一种治国理政模式，是习近平新时代中国特色社会主义思想的重要组成部分，在国

---

① 莫于川：《法治国家、法治政府、法治社会一体建设的标准问题研究——兼论我国法制良善化、精细化发展的时代任务》，载《法学杂志》2013年第6期。

② 张文显：《习近平法治思想研究(中)——习近平法治思想的一般理论》，载《法制与社会发展》2016年第3期。

③ 于安：《后小康社会法治国家建设的新起点及其规划》，载《中国法律评论》2020年第2期。

④ 余凌云：《法治国家、法治政府与法治社会一体建设的途径》，载《法学杂志》2013年第6期。

⑤ 袁达松：《走向包容性的法治国家建设》，载《中国法学》2013年第2期。

⑥ 莫于川：《坚持依宪治国与推进法治一体建设》，载《中国特色社会主义研究》2014年第6期。

家、社会层面，以道德理念滋养法律制度，促进法治社会、法治国家的形成。[①] 胡明认为习近平新时代中国特色社会主义思想中的一体建设是推进社会主义法治国家的方式，坚持三者一体建设从法治领域方面体现了法治国家建设从总体领域到具体领域的层层递进和具体落实的关系。[②] 褚国建认为"一体建设"是习近平全面依法治国重要论述理论体系中的目标任务，表明了我国法治建设实践外延由重点推进法治政府建设、深化依法行政转向三个"共同推进"、三个"一体建设"拓展（尤其是制度治党和法治社会建设领域）。[③] 章志远通过观察我国法治建设实践样本，认为一种自下而上与自上而下相结合、坚持党的领导和坚持以人民为中心辩证统一的地方试验型"法治一体建设"模式已初步生成，地方试验、中央认可、稳步推广和法治固化是其运作的基本逻辑，分别构成了这一模式的基础、关键、重心和归宿。[④] 江必新认为"法治一体建设"体现了"官民同治"的理念，政府的法治化程度决定着法治国家的质量和进度，三部"实施纲要"为法治国家建设作出了整体规划部署，建设法治社会应把社会的公共服务活动纳入法治化轨道，形成政社分开、权责明确的现代社会组织体制。[⑤] 周佑勇指出习近平法治思想坚持运用系统思维方法，既善于把全面依法治国作为更大系统的一部分加以研究部署，也善于把全面依法治国本身作为一个系统进行深入分析，强调全面依法治国是一个系统工程，要整体谋划，更加注重系统性、整体性、协同性，科学擘画了全面依法治国的工作布局，为我们从全局和整体上把握全面依法治国提供科学指引和有效方法。[⑥]

就具体路径而言，方世荣认为法治政府与法治社会一体建设可从六个

① 龙大轩：《守正出新：新时代"德法合治"思想的历史渊源与现实意义》，载《华东政法大学学报》2019 年第 1 期。

② 胡明：《用中国特色社会主义法治理论引领法治体系建设》，载《中国法学》2018 年第 3 期。

③ 褚国建：《习近平全面依法治国重要论述的理论体系与创新价值》，载《法治研究》2020 年第 3 期。

④ 章志远：《法治一体建设地方试验型模式研究》，载《中共中央党校（国家行政学院）学报》2021 年第 2 期。

⑤ 江必新：《习近平法治思想是全面依法治国的根本遵循和行动指南》，载《中国法律评论》2022 年第 4 期。

⑥ 周佑勇：《论习近平法治思想的世界观和方法论》，载《理论视野》2023 年第 3 期。

层面展开，即完善行政立法保障社会依法治理、依法科学民主决策促进社会和谐、推进普法责任制培育社会法治意识、健全行政复议和调解制度有效化解社会矛盾、提升社会法治水平促进依法行政、培育社会组织自治能力推动政府职能转变。[①] 范进学指出“法治中国”在国内法治建设需回到现行宪法确认的“依法治国，建设社会主义法治国家”的宪法原则与宪法目标上。[②] 卓泽渊认为在法治国家中，其各个方面都应当运用法治手段，实施有效治理。必须厘清“国家治理现代化”与“建设中国特色社会主义法治体系，建设社会主义法治国家”之间的关系。[③] 结合新时代法治政府建设要求，莫于川认为法治政府建设要实现由过去的粗放行政、集权行政、人治行政、管制行政，逐步转向科学行政、民主行政、法治行政、服务行政。[④] 马怀德指出新时代法治政府要以党的二十大精神为指导，聚焦法治政府建设的薄弱环节和现实挑战：完善行政立法，实现改革与立法的良性互动；进一步推进行政执法规范化建设，严格规范公正文明执法；树立司法权威，推进行政争议实质性化解，防止多元化纠纷解决机制突破法律底线；坚持依法防疫和依法抗疫，保障公民合法权益；加快构建职责明确、依法行政的政府治理体系。[⑤] 曹鎏认为根据法治政府建设的时间表，法治政府建设实质上还要受制于法治国家、法治社会的推进进度。提升执政党依法执政的水平，强化党委对法治政府建设的组织领导，关注法治社会建设，促进社会共治，通过法治社会建设倒逼法治政府建设，这些构成法治政府建设得以全面提速的关键着力点。[⑥] 沈国明认为法治文化建设是国家、社会建设的重要环节，为使法治在本土生根发展，需要对传统法律文化进行扬弃，建设社会主义法治文化，改良和完善与法治相适应的社会条件和社会基础。[⑦] 章志远指出在整体谋划、持续推进依

① 方世荣：《论我国法治社会建设的整体布局及战略举措》，载《法商研究》2017 年第 2 期。

② 范进学：《“法治中国”：世界意义与理论逻辑》，载《法学》2018 年第 3 期。

③ 卓泽渊：《国家治理现代化的法治解读》，载《现代法学》2020 年第 1 期。

④ 莫于川：《依宪治国执政方针下的大部制改革及其公法课题》，载《行政法学研究》2018 年第 6 期。

⑤ 马怀德：《新时代法治政府建设的使命任务》，载《政法论坛》2023 年第 1 期。

⑥ 曹鎏：《论我国法治政府建设的目标演进与发展转型》，载《行政法学研究》2020 年第 4 期。

⑦ 沈国明：《在大国治理新征程中推进法治中国建设——习近平法治思想研究综述》，载《东方法学》2023 年第 1 期。

法治国的新征程中,人民法院作为法治政府建设的外驱者、法治社会建设的促进者以及“法治一体建设”的衡平者,能坚守监督行政的底线、加快社会治理法治化进程、促进实现权力与权利的平衡,释放出更为强劲的国家治理和社会治理效能。[①]

结合新时代法治社会建设要求,郭道晖指出形成法治社会需要观念革新,当前对民众的教育,存在三种片面性:一是没有强调民众所享有的法律资格;二是把民众只当成义务主体;三是把民众只当成道德教育的对象,不重视人民的主体地位,不重视增强民众权利意识、参与管理国家和社会事务的法治意识。[②] 张鸣起指出一体建设法治社会的着力点应主要放在如下三方面:一是党和政府依法治理社会;二是社会依法自治;三是全体人民自觉守法。[③] 李林提出推进全民守法,应当深化法治宣传教育,努力使公民做到信任立法、配合执法、倚赖司法、自觉守法、主动护法,引导公民处理好学法与守法、权利与义务、法律与道德、信法与信访、维稳与维权的关系,不断提升全民守法的意识和境界。[④] 方世荣指出法治社会建设的整体布局要从本体性建设和关联性建设两大领域入手,本体性建设通过社会治理方式法治化、法治社会全方位建设、各方主体协同共治三项战略举措系统落实,关联性建设须确立依法从严治党引领法治社会建设、法治政府、法治社会一体建设、法治社会与道德社会融通建设三项战略举措整体推进。[⑤] 陈柏峰提出法治社会建设受制于具体的背景和条件,包括国家动员能力、既有法律体系、社会治理基础、社会矛盾态势等,它们对法治社会建设构成引导或制约,他认为引导公众有序参与社会治理、维护良性的物质文化生活秩序、调适基本公共服务资源的供求,以及界定社会组织的适当行为空间是法治社会建设的目标指引,法治社会的建设过程有赖于各种社会主体和力量,应当在明晰角色分工的基础上,有效整合政府、社会组织、企业、律师等重要主体的力

① 章志远:《以习近平法治思想引领行政审判制度新发展》,载《法学研究》2022年第4期。
② 郭道晖:《论法治社会及其与法治国家的关系》,载《社会科学战线》2015年第1期。
③ 张鸣起:《论一体建设法治社会》,载《中国法学》2016年第4期。
④ 李林:《建设法治社会应当推进全民守法》,载《法学杂志》2017年第8期。
⑤ 方世荣:《论我国法治社会建设的整体布局及战略举措》,载《法商研究》2017年第2期。

量。① 马长山提出智慧社会的建设需要采取双重空间的一体规制方式，探索共建共治共享的赋权机制，拓展智慧治理的民主参与机制，塑造促进人的全面发展的法治文化，进而推进基层社会的网格治理法治化。② 张鸣起认为习近平法治思想关于“法治一体建设”的重要论述，赋予法治社会以崭新的时代内涵并将其作为法治建设的重要任务，具有十分重要的原创性贡献。一体建设法治社会，应准确把握认知当前和未来我国的法治社会建设的重点、突出和关键问题，整体设计、上下结合、全面推进。在推进一体建设法治社会进程中，要推进多层次多领域的依法治理，清除制约法治社会建设的障碍因素；要构建和谐劳动关系，奠定法治社会有利基础；要推进社会治理法治化，促进法治社会建设；要加强社会保障，助力法治社会建设。③

5. 关于“法治一体建设”制度载体研究

关于《中华人民共和国民法典》(以下简称《民法典》)推进“法治一体建设”。孔祥俊指出要重视《民法典》的溢出效应，彰显其在法治中国建设中的基础性作用。要发挥《民法典》对公权力的规范和约束作用，推动权利观念、责任观念深入人心，从而推进国家治理体系和治理能力现代化。④ 孙宪忠认为《民法典》承担了国家治理的六大方面职责，推进相关制度更新。《民法典》中的法律规范涉及社会每一个自然人、每一个法人或者其他组织体的最基本的人身权利和财产权利，在我国整个国家治理所依靠的法律体系中处于基本法的地位。⑤ 王利明认为《民法典》所确立的绝大多数制度，包括主体制度、物权制度、合同制度、侵权制度、婚姻家庭制度等都与国家治理体系密切关联，是实现国家治理体系现代化的重要载体和具体体现。⑥ 石佑启回应了《民法典》时代下法治政府建设，认为《民法典》为政府依法行政提供了基本遵循，要以保证《民法典》有效实施为重要抓手推进法治政府建设，包括从

① 陈柏峰：《中国法治社会的结构及其运行机制》，载《中国社会科学》2019 年第 1 期。

② 马长山：《智慧社会的基层网格治理法治化》，载《清华法学》2019 年第 3 期。

③ 张鸣起：《再论一体建设法治社会——习近平法治思想关于“一体建设”重要论述原创性贡献之研究》，载《浙江工商大学学报》2022 年第 5 期。

④ 孔祥俊：《挖掘民法典的公法价值 推进国家治理体系和治理能力现代化》，载《光明日报》2020 年 11 月 13 日第 11 版。

⑤ 孙宪忠：《中国民法典国家治理智能之思考》，载《中国法律评论》2020 年第 6 期。

⑥ 王利明：《民法典：国家治理体系现代化的保障》，载《中外法学》2020 年第 4 期。

有限政府、有为政府、守法政府、诚信政府、责任政府建设等方面着手，推动政府治理进入良法善治的轨道。① 章志远认为《民法典》的实施开启了“法治一体建设”的新征程，涉及行政性规范条款的实施，将引发新型行政不作为、行政登记和民事关系行政介入类争议，使得行政诉讼案件数量存在一定上升空间，而《民法典》可以补强司法审查的依据，推动行政处理之诉补充适用和行政协议之诉参照适用的二元结构模式的发展。② 他进一步指出《民法典》和《法治社会纲要》为“法治一体建设”构筑了初步规范体系，基于法治政府建设的示范带动效应，作为助推“法治一体建设”基础规范的行政基本法典编纂尤为迫切。③ 王青斌指出《民法典》蕴含的权利本位观念、新设的公私法规范，对法治政府建设提出了转型要求，为实现新旧法治政府建设理论的跨越，法治政府建设的转型之道需要从观念、规则和模式上进行把握。④

关于数字治理推进“法治一体建设”。马长山指出需要确立全新的“数字人权”观，构建相应的人权保护机制，塑造尊重人权价值的“道德基础设施”，从而为“数字人权”提供有效的法治化保障。⑤ 在论及数字法治政府建设时，马长山认为数字法治政府并不仅仅是数字政府的法治化，而是现代法治迈向数字法治这一转型升级进程的必然反映，它必将是一个从业务流程、体制机制，再到制度模式的总体性重塑过程，进而形成了数字政府平台机制、数字行政行为机制、数字公民参与机制和数字社会治理机制。⑥ 徐汉明认为法治模式是网络社会治理的必由之路，构建规范完备、实施高效、监督严密、保障有力的中国特色网络社会治理法治制度体系亦是“法治一体建设”重要内容。⑦ 彭中礼认为国家治理是现代科技应用的重要场所，法治国家建设要不断深入整合现代高端科技，使之成为有效提升国家治理能力的科技引擎，国家治理能力现代化必须要求法治现代化，算法能力不断提高、

① 石佑启：《论民法典时代的法治政府建设》，载《学术研究》2020 年第 9 期。
② 章志远：《〈民法典〉时代行政诉讼制度的新发展》，载《法学》2021 年第 8 期。
③ 章志远：《行政基本法典的属性辨析》，载《政治与法律》2023 年第 1 期。
④ 王青斌：《民法典时代的法治政府建设转型》，载《中国法学》2022 年第 6 期。
⑤ 马长山：《智慧社会背景下的“第四代人权”及其保障》，载《中国法学》2019 年第 5 期。
⑥ 马长山：《数字法治政府的机制再造》，载《政治与法律》2022 年第 11 期。
⑦ 徐汉明、张新平：《网络社会治理的法治模式》，载《中国社会科学》2018 年第 2 期。

大数据深度应用、人工智能飞速发展成为智慧法治的重要科技手段。通过智慧治理推动现代法治建设，建构智慧法治，可以进一步稳固执政党执政能力、提升政府治理能力、形塑公民主体思维以及整合国家与社会的关系。[①]

关于新型纠纷化解机制推进“法治一体建设”。章志远在分析我国法治建设实践样本中指出，就法治政府与法治社会一体建设的连接点而言，社会善治和纠纷化解是其中重要的两个元素，社会善治强调系统治理和源头治理，通过权力与权力、权利之间的协商合作达至共治共赢的实效，纠纷化解强调通过体制机制的完善，促进社会矛盾纠纷得到公正及时解决。[②] 在论及具体的解纷制度时，章志远立足“法治一体建设”视角指出，行政机关负责人出庭应诉具有以官员守法带动全民守法、以官民沟通促进实质化解、以个案处理实现诉源治理的时代价值，在全面推进依法治国的新时代中被赋予了新的制度功能。[③] 江必新认为要调动各类社会组织积极参与法治社会建设，健全党和政府依法化解纠纷机制，提高社会主体依法自治能力，发挥社会自治规范等软法作用，形成“党委领导、政府负责、社会协同、公众参与、法治保障的社会治理体制”[④]。张清指出基层是社会和谐稳定的基础，要完善社会矛盾纠纷多元预防调处化解综合机制，把党员、干部下访和群众上访结合起来，把群众矛盾纠纷调处化解工作规范起来，坚持和发展新时代“枫桥经验”，着力构建诉讼与非诉相结合的多元解纷机制，发挥共建共治共享在基层治理中的作用，切实把矛盾解决在萌芽状态、化解在基层。[⑤]

（二）研究成果述评

既有研究成果不仅丰富了“法治一体建设”的理论内涵，而且对法治建设实践和相关领域法律法规的修订都产生了实际影响。概括来说，已有研

---

① 彭中礼：《智慧法治：国家治理能力现代化的时代宣言》，载《法学论坛》2020年第3期。

② 章志远：《法治一体建设地方试验型模式研究》，载《中共中央党校（国家行政学院）学报》2021年第2期。

③ 章志远：《法治一体建设视域中的行政机关负责人出庭应诉》，载《浙江工商大学学报》2022年第3期。

④ 江必新：《习近平法治思想是全面依法治国的根本遵循和行动指南》，载《中国法律评论》2022年第4期。

⑤ 张清：《习近平“法治国家、法治政府、法治社会一体建设”法治思想论要》，载《法学》2022年第8期。

究成果的主要贡献集中体现在三个方面:一是现有研究丰富了“法治一体建设”指导思想。例如,张文显从“全面依法治国的理论基础”的视点出发,全面论述了习近平法治思想的鲜明特征、一般理论、核心观点,开启习近平法治思想研究时代。江必新指出习近平全面依法治国新理念新思想新战略关于一体建设理论在于“官民同治”,即不论是处于国家结构中的什么层面,不管是什么主体都要毫无例外地平等地受到法律的约束。卓泽渊认为坚持“法治一体建设”是习近平法治思想的重要组成部分,三者之间,法治国家是“总括”,法治政府和法治社会是法治国家内涵的“两个主要构件”或“两大方面”。二是现有研究填补了法治社会研究成果的短板。法治社会建设较法治国家、法治政府建设而言进程稍慢,在政治上与学术上论证稍显不足。以江必新为代表的学者率先将法治社会同社会管理法治、社会法治国等近似概念区分开来,阐释了我国法治社会建设进路。张鸣起全方面论述法治社会在一体建设中的研究成果,并结合新时代法治社会建设的特征,指出要推进多层次多领域的依法治理、构建和谐劳动关系、推进社会治理法治化、加强社会保障四个方面来加快法治社会建设进程。陈柏峰在广泛借鉴西方法治国家的社会治理经验后,对中国法治社会的结构及其运行机制进行了体系性研究。三是现有研究为“法治一体建设”的深耕细作提供了思路启迪。例如,张清从系统论、重点论、基础论和共治论角度全面阐释了“法治一体建设”。以张文显、公丕祥、李林、张鸣起、陈柏峰、江必新、张清等学者为代表,其研究成果充分探讨了“法治一体建设”的概念、标准、路径,同时也指出了实践中法治建设的问题,为本课题进一步研究奠定理论和实践基础。不过,现有研究仍然有诸多有待深化之处,具体表现在:

第一,“法治一体建设”的总体研究体量有待扩大。“法治一体建设”是我国法治建设在不同时期目标、原则、重点的协调发展、相互促进的结果。现有法学核心期刊关于“法治一体建设”的研究数量较少,且文章中鲜有直接就“法治一体建设”进行论述,多数文章仅在理论层面一带而过、点到为止。此外,既往的研究,或简单借用政治学、管理学、马克思主义法学理论对其进行说理,而未明确“法治一体建设”的中国式理论;或仅着眼于法治国家、法治政府的建设理论,忽略法治社会建设的重要地位,尤其是缺乏与法治国家、法治政府等进行有辨识度的区分。在理论分析上,学者们的论述各执一词,对法治国家、法治政府、法治社会、一体建设的外延和范围的列举不一,有的甚至相互矛盾。因此,“法治一体建设”的逻辑基础与理论深度是本课题需要重点回应的问题。

第二,“法治一体建设”的研究内容有待深化。党的十八大以来,我国法治建设进入反思和完善的问题回应阶段。随着法律制度框架的逐步确立和法治要素的建立健全,我国法治建设的重心转为法治的细化、优化和实质化。总体来看,现有研究中有关“法治一体建设”的问题重复性研究过多。大部分学者逐渐意识到“一体建设”的重要性,并开始尝试从词意文本、体系建构、国家政策、试验现状等角度对其进行探讨,反复呼吁倡导要加快推进“法治一体建设”。但这些研究重在对“法治一体建设”运行状况进行描述性考察,对法治现状的描述和陈述较多,对法治成就的肯定和褒扬较多。换言之,现有研究呈现出宣示性多、建设性少,理论阐释多、实证分析少的特征。尤其是涉及如何进行一体建设这一核心问题,现有研究对此着墨较少,没有深入探讨。有学者将一体建设路径概括为“科学立法、严格执法、公正司法、全民守法”,但该路径在“法治一体建设”方面的说理有待进一步加强。法治国家、法治政府、法治社会建设各有重点,而“法治一体建设”的路径则需要法治国家、法治政府、法治社会建设共同推进、相互促进。

第三,“法治一体建设”研究成果实践指导有待增强。“法治一体建设”是党的十八大以来提出的重大命题,现有研究习惯于从宏观维度探讨我国“法治一体建设”的正当性,忽视了新时代下我国各地正处于急剧转型阶段面临的新问题,导致理论之于现实的指导意义不足。大多数的研究视野宏观,对于微观问题鲜有回应。以一体建设中法治社会建设为例,在社会生活领域,绝大部分事务或属于个体自律、社会自主调节、市场调节,或由道德、伦理、习惯、惯例等社会规范加以调整。随着经济社会发展变迁,诸如自媒体表达、小区物业管理、互联网金融等各种事务,似乎分别属于个人自律、社会自理调节、市场调节的范畴,但现有调节方式并不成功,从而需要法律介入治理。然而,这些新问题难以被既有法律体系完全覆盖,需要在未来法治社会建设中予以应对。此外,现有研究关注地方层面试验较少,以至于“法治一体建设”制度还未实现从理论到实践的转型。如长三角经济发达地区基层法治建设经验可研究性较强，但现有研究并未对该地区的有益经验进行总结和提炼。

面向2035年基本实现社会主义现代化目标，“法治一体建设”进路研究可以从如下五个方面寻求理论和实践上的突破：

一是完善“法治一体建设”基本原理。本课题以习近平法治思想对“法治一体建设关系论”的全面阐释为指导思想，通过总结本土实践既有经验，回应“法治一体建设”的主体论、标准论、模式论等问题，充实中国特色社会主义法治理论。“法治一体建设”充分彰显了马克思主义法治理论的强大生命力和中国共产党人的理论创造力，为发展马克思主义法治理论作出了原创性贡献。在探讨“法治一体建设”基本原理过程中，必须对谁来建设、如何建设等问题予以研究，结合我国各地实际情况，重点关注地方法治建设政策的落实。如决策、实施等参与建设的主体，不同参与主体的职权与职责或权利与义务的配置，“法治一体建设”推行或实施的程序，“法治一体建设”原理与制度在其间运行和发生作用的情况等。在探索本土“法治一体建设”的模式中，要注意不但对有益经验进行总结和推广，也要对在改革试验中存在的问题予以揭示和分析，形成全方位的客观评估。

二是创设“法治一体建设”标准。党的十九大以来，《规划》、2021年《法治政府纲要》《法治社会建设实施纲要(2020—2025年)》(以下简称《法治社会纲要》)等文件的出台为法治国家、法治政府、法治社会建设提供了可循标准，但目前直接探讨“法治一体建设”标准的文献偏少，故该内容是本课题的研究重点之一，具有较大突破空间。既有研究中将一体建设的标准归纳为“科学立法、严格执法、公正司法、全民守法”十六字方针，并分别对此内容予以扩充。这是新时代社会主义法治建设的总体性方针，相较于“法治一体建设”而言，该标准立意较高、针对性不强。“法治一体建设”的标准需要尽可能客观、科学、规范，以正向指引一体建设的方向、评价一体建设的效果、补齐一体建设的短板、完善一体建设的实现机制。

三是聚焦“法治一体建设”重点领域。本课题将着眼于“法治一体建设”的实施进路，关注《法治政府纲要》《法治社会纲要》的贯彻落实，《民法典》贯彻落实，数字政府数字社会建设，基层社会治理创新等领域，实现“法治一体建设”具体制度的落实。本课题选取长三角地区作为主要调研对象，研究2021年《法治政府纲要》与《法治社会纲要》贯彻落实情况，比如“放管服”改革、优化营商环境的措施落实，社会领域制度规范完善及社会治理法治化的推进情况等。以《民法典》这一时代契机研究和检测法治社会和法治政府的建设状况，《民法典》中诸多涉行政法规范释义和《民法典》公私法价值的发挥均是助推一体建设的有力措施。此外，在“法治一体建设”中应当符合数字时代特征，数字政府和数字社会的建设又是本课题重点研究的领域；同时要重视基层治理这一关键场域，梳理基层治理优势，归纳基层中有益的治理经验，对于“法治一体建设”的实践探索具有重要价值。

四是建构“法治一体建设”的保障体系。这部分内容是现有研究未曾涉及的领域，具有较大的理论和实践突破空间。“法治一体建设”的保障制度以最合理的法治资源投入，旨在产生最大的法治建设成效。避免法治国家建设缺基础、法治政府建设无动力、法治社会建设被忽视，把国家法律制度的显著优势更好地转化为党领导人民治国理政、维护社会公平正义、实现党和国家长治久安的治理效能。本课题创造性地提出要通过党的领导的政治引领、法治督察以及法治示范创建来保障“法治一体建设”的真正落地。譬如，法治示范创建是一体建设保障的柔性手段，以创建促提升、以示范带发展，以点带面、辐射全国，为“法治一体建设”提供典型引领，为建设社会主义法治国家作出积极探索。

五是贯通“法治一体建设”相关法律规范。本课题通过研究在“法治一体建设”进程中具体制度落实情况，结合各地区、各领域、各行业实际，提出相应立法或修法建议，从而促进法律规范体系逐步完善。譬如，《民法典》的有效实施可以发挥其在“法治一体建设”中的重要价值，厘清公私法规范的界限，通过对公权力进行约束和规范，从而确保行政活动的规范化。行政决策、行政管理、行政监督等相应行政立法规范的完善，也有助于行政法法典化。《民法典》是依法治国的基本遵循。法治社会建设需要完善社会重要领域立法，《民法典》的实施能促进诸如医疗卫生、食品药品、安全生产、道路交通、社会救助等领域立法的出台或完善。

二、研究意义

本课题的研究立足法治国家、法治政府、法治社会建设整体视角，以习近平法治思想为指导，提出并论证新时代新征程推进“法治一体建设”的路径，助推中国式法治现代化的实现。

（一）学术价值

“法治一体建设”是党的十八大以来坚持全面依法治国重大战略的全新命题，是习近平法治思想的重要组成部分。“法治一体建设”关乎国家治理体系和治理能力现代化，是我国当前和今后一个时期内务必要落实的重点任务。本课题就新时代背景下“法治一体建设”主体论、模式论、进路论、标准论、保障论进行全面研究，提出从历史逻辑、分层逻辑、实践逻辑、发展逻辑来论证“法治一体建设”的正当性，归纳了实践中中央主导型、地方试验型、社会助推型、政社互动型的一体建设经验，将理论同实践结合，有助于完善一体建设理论原理，增强学理性与应用性。本课题不仅弥补了学界对一体建设研究的不足，也对健全和完善中国特色社会主义法治体系大有裨益。

（二）应用价值

本课题为“法治一体建设”确立全新的标志、路径和保障机制，与面向2035年基本实现社会主义现代化的远景目标相契合。改革开放以来，我国的法治建设通过吸收借鉴并实践人类社会法治发展的一般规律，进行从无到有的建构。尤其是党的十八大以来，地方探索“法治一体建设”取得了丰硕的实践成果。一方面，本课题总结归纳这些实践经验，因地制宜为特定地区进一步改革创新助力，将该地法治建设有益经验在全国范围内推广，同时形成调研报告供其他地区予以借鉴；另一方面，本课题的研究可以为我国立法机关推行立法试验提供建议，促进相关领域法律法规的立改废释，有助于完备的法律规范体系的形成。

（三）社会价值

本课题重点围绕长三角地区“法治一体建设”行之有效的实践样本展开深度调研，如在浙江省开展行政争议诉源治理、行政审批制度改革调查，在上海市开展府院互动实质性解决行政争议调查、优化营商环境制度改革调查，在南京市开展社会治理促进条例实施情况调查，在南通市开展社会矛盾多元化解机制实施情况调查等。基于上述地区的个案调查结果，为地方改革的推动者、决策者、实施者优化改革提供建议，同时保障改革所涉利害关系人权利，增强其理解、支持，减少改革的阻力。

三、研究内容

“法治一体建设”是全面推进依法治国的工作布局，也是法治中国建设的着力点。本课题严格遵循习近平总书记“在共同推进上着力，在一体建设上用劲”重要论述的指导思想，深刻阐释法治国家、法治政府、法治社会之间关于目标、主体、基础的逻辑关系，并以此为本课题研究的方向与基调。“法治一体建设”的提出有其历史必然性与时代必需性，本课题深刻阐释习近平法治思想的基本立场与科学要义，从本体论与环境论进一步论证“法治一体建设”的正当性。

本课题遵循从理论演绎到制度构建、从顶层设计到分步实施、从总结过去到面向未来的总体思路，着眼于法治建设的系统思维和时代拓新，坚持问题导向和实践关怀，综合运用文献研究法、规范分析法、实证研究法和比较研究法，旨在进一步阐释习近平法治思想的科学内涵，研究深入推进“法治一体建设”的具体举措。

第一章“法治一体建设的逻辑”。国家治理现代化是一个多维多向的复杂系统。“法治一体建设”的提出和实践，是全面推进依法治国的逻辑展开，目标在于构建国家治理体系的基石。本部分旨在通过对马克思主义经典作家法治论述的梳理和我国改革开放以来社会主义民主法治建设的历程回顾，探讨“法治一体建设”的历史逻辑、分层逻辑、实践逻辑和发展逻辑，全面系统回应“何为一体建设”“缘何一体建设”以及“如何一体建设”等本体性关键命题，夯实课题研究的逻辑基础和政治站位。从话语演进的时空维度出发，“法治国家”最先提出，代表着法治建设的意识觉醒，继而“法治政府”的出现标志着法治建设取得了重要突破，后续“法治社会”和“法治一体建设”的提出则预示着法治建设的系统升华。作为法治建设目标的法治国家是法治政府和法治社会的上位概念，法治政府是法治国家建设的重点，法治社会是构筑法治国家的基础，三者保持适度的开放互动。既往政府主导推进型法治建设模式存在滋生法律工具主义倾向、忽视常态化治理能力建设和欠缺主体性责任意识的弊端，陷入后劲不足的窘境，而由于社会自治力量生长缓慢和“熟人社会”文化心理根深蒂固，简单移植西方的社会自发演进型法治建设模式同样不具有可行性。人民日益增长的法治需求与不平衡不充分的法治发展之间的矛盾表明，“法治一体建设”所昭示的体系化协同发展模式才是新时代新征程法治建设道路的最优选择。在确立“治理现代化”为最终目标和根本指引的前提下，发展“法治一体建设”既要注重源头治理，率先解决多元规范的充足供给和协调融贯问题，又要强化过程控制，建立和完善以党的领导的统筹协调为牵引的一系列监督保障机制。

第二章“法治一体建设的探索”。本部分立足于近年来的法治建设实践成果，通过对若干典型制度改革样本的实证观察，提炼、总结并论证极具本土特色的法治一体建设实践模型，以最终形成能够指导与助推法治一体建设的智识资源。概览近年来中央与地方的重要改革实践，发现不同的法治改革举措虽各有其立足点与侧重点，但不少实践最终实现了法治国家、法治政府、法治社会建设上的三位一体，展现出“法治一体建设”局部达成的多元路径。以法治改革举措的主导者为据，目前较为成熟的法治一体建设实践样本可区分为中央主导型、地方试验型和政社协同型。中央主导型是由中央力推从而得以发展的一类实践，它具体表现为一种中央指令地方探索的发展设计模式。这类改革直接发端于中央，在地方成功试点后经由立法固化而定型，近年来较为典型的有行政公益诉讼制度、行政复议委员会制度等。地方试验型指的是一种地方自发创造的发展设计模式。这类改革发轫于地方的创新性改革实践，是地方法治建设的自主探索，最终得到中央认可的成果体现，例如行政机关负责人出庭应诉制度和行政审批告知承诺制。政社协同型的法治一体建设是政府与社会力量协同互助，共同促成法治完善的发展设计模式。这类改革常形成于地方，与其他类型的法治实践不同，它是政府与社会双方合力达成的成果，例如“谁执法谁普法”责任制和诚信社会建设。

第三章“法治一体建设的标志”。科学立法、严格执法、公正司法、全民守法，作为全面依法治国的重要环节，它们的持续推进实际内含着各环节建设之间的衔接、贯通与融合。正因如此，“法治一体建设”的成熟标志可归于科学融贯的法治规范体系、协作联动的多元共治格局以及官民一体的守法氛围。其中，科学融贯的法治规范体系包含着能够有效规制国家权力运作、保障社会个体权利的法律规范，也包含着能够引导与激活社会、市场有序运作的自治规范，还包含着与国家法律协调互补的党内法规体系。协作联动的多元共治格局是指“法治一体建设”的推进以科学立法、严格执法、公正司法、全民守法为基本的实践路径。在“法治一体建设”中，这四个环节并非彼此独立，而是彼此在融贯、衔接中助推实现良法善治。不同环节之间的连接具体表现于对应制度的衔接与互动中，从而形成党政部门、国家机关与公民多元主体之间协作联动的共治格局。

第四章“法治一体建设的路径”。在党中央全面推进依法治国和“法治一体建设”的战略布局下，多地发布了各自的法治政府、法治社会建设规划，并不断探索创新实践。从法理逻辑上看，“法治一体建设”的推进实际是全面依法治国战略的具体落实；而从已有的实践经验上看，“法治一体建设”的实现需聚焦于其间的多元主体，以此为原点推进法治建设“三位一体”的有机整合。根据法治政府建设是“法治一体建设”的重点任务和主体工程这一基础逻辑，“法治一体建设”持续推进的关键在于对政府职权的有效规范与指引，进而形成公主体与私主体、公权力与私权利的契合协作。缘此，如何实现政府的“有限”“有为”，公私的有效协力正是“法治一体建设”落实的基本路径。其中，有限政府的实现，仍需从厘清权力边界、规范执法活动和助推公正司法上着力；有为政府的实现，需仰赖前端行政监管的刚柔并济，也需借助后端行政争议的有效化解和公民权益的切实保障；公私合作的实现，应基于全面依法治国的战略布局，顺应合作行政时代的需求，建构中观部门行政法意义上的合作行政法。

第五章“法治一体建设的保障”。本部分着眼于“法治一体建设”的过程监督和成果巩固，从党的领导的统筹协调、责任落实的法治督察和典型引领的示范创建三个方面具体阐释“法治一体建设”外部性保障制度的运作机理。其中，党的领导是法治一体建设的政治引领，法治督察是法治一体建设的刚性保障,示范创建是法治一体建设的柔性保障,三者的良性运转能够保证以最合理的法治资源投入,产生最大的法治一体建设成效,避免法治国家建设缺基础、法治政府建设无动力、法治社会建设被忽视。依法执政是党领导法治一体建设的根本前提,督促依法立法科学完备、赋能依法行政转型升级和助推依法治理共建共享,构成依法执政驱动法治一体建设的三维向度。中国式现代化要求进一步健全党对法治一体建设高质量发展的领导机制,突出法治建设规划的牵引功能,强化中央全面依法治国委员会的统筹协调,激发领导干部"关键少数"的头雁效应,释放社会主义协商民主在法治整合上的潜力。法治督察是常规型法治监督的补充机制,兼采政府督查和党内巡视的双重特性,在"法治一体建设"领域具备制度文本层面的支撑依据。坚持问题导向和勇于自我革命是法治督察的鲜明品格,"加强党的全面领导"的政治势能使其得以打破科层常规的束缚,全周期的管理流程也进一步激发了制度潜能。法治督察的长效化发展应具体处理好纵向的中央与地方、横向的党委与政府、内外的国家与社会这三组关系。法治示范创建以创建促提升,以示范带发展,为"法治一体建设"树立标杆典型,激励"法治一体建设"地区协同推进,提升"法治一体建设"人民获得感。之所以倡导法治示范创建机制,本质上缘于"法治一体建设"在各地区、各行业的发展并不均衡,若要实现"法治一体建设"在全国范围内的整体性提升和高质量发展,必须发挥先进典型的正面激励效应,在相互参考借鉴和复制推广之中实现"法治一体建设"水平的整体跃升。

第一章

法治一体建设的逻辑

2022年4月25日，习近平总书记在中国人民大学考察调研时提出了"加快构建中国特色哲学社会科学，归根结底是建构中国自主的知识体系"①的重大命题。法学是中国特色哲学社会科学的重要组成部分，建构中国自主法学知识体系成为构建中国特色法学学科体系、学术体系、话语体系的源头活水。"习近平法治思想不仅是建构中国自主法学知识体系的指导思想和理论基础，而且其本身所包含的一系列原创性理论就是中国自主法学知识体系的思想精华。"②进入新时代，法治中国建设的系统性、体系性和均衡性特征愈发明显。③"法治一体建设"作为全面推进依法治国的工作布局，是党尊重法治建设客观规律所作出的符合我国国情的重大战略部署，成为习近平法治思想的核心要义之一。党的二十大报告再次重申，要坚持法治一体建设，到2035年基本建成法治国家、法治政府、法治社会。④

学界关于习近平法治思想的研究处于蓬勃发展阶段，梳理阐释成果显著，但总体上仍然偏重整体研究、宣介式研究和阐释性研究。⑤相比习近平法治思想其他核心要义的研究进展，既往关于"法治一体建设"理论的研究

---

① 《坚持党的领导传承红色基因扎根中国大地 走出一条建设中国特色世界一流大学新路》，载《人民日报》2022年4月26日第1版。

② 张文显：《论建构中国自主法学知识体系》，载《法学家》2023年第2期。

③ 周佑勇：《习近平法治思想的系统辩证方法论》，载《党内法规研究》2022年第1期。

④ 习近平：《高举中国特色社会主义伟大旗帜 为全面建设社会主义现代化国家而团结奋斗——在中国共产党第二十次全国代表大会上的报告》，载《求是》2022年第21期。

⑤ 江必新、黄明慧：《习近平法治思想研究之研究》，载《法学评论》2022年第2期。

主要集中于对其时代价值和方法论意义的宏观解读,[①]不仅成果总量偏少,而且多被当作具体研究对象的背景看待。[②] 在“法治一体建设”内容要素、评价标准和发展走向等本体性问题的研究上,学界也习惯于因循传统“分体建设”法治话语的研究进路,[③]导致研究结论与“一体建设”理想愿景之间在联系紧密度和聚焦精准度上存在一定断裂。为此,本章从历史逻辑、分层逻辑、实践逻辑和发展逻辑四个维度出发,全面系统回应“何为一体建设”“缘何一体建设”以及“如何一体建设”等本体性关键命题,从而为“法治一体建设”理论的领域性和拓展性研究奠定认识论基础。

第一节 法治一体建设的历史逻辑

在“法治一体建设”的三组概念中,“法治”成为三者的共通词汇。追根溯源,法治概念是在改革开放初期关于“人治和法治”问题的大讨论中登上历史舞台的。1979 年 9 月,中共中央颁布《关于坚决保证刑法、刑事诉讼法切实实施的指示》,强调刑法等七部法律“能否严格执行,是衡量我国是否实行社会主义法治的重要标志”,这是党和国家文件中首次使用“法治”概念。此后,“法治”相继与“国家”“政府”“社会”相结合,产生了“法治国家”“法治政府”“法治社会”这三组法治领域的主流话语,并最终统一于党的十八届三中全会正式提出的“法治一体建设”。研究“法治一体建设”,首先必须从历史演进的时空逻辑出发,明晰不同法治话语渐次提出的社会动因,在波澜壮阔的时代洪流中体察党中央确立“法治一体建设”工作布局的历史必然性。

---

① 代表性文献,参见沈国明:《在大国治理新征程中推进法治中国建设——习近平法治思想研究综述》,载《东方法学》2023 年第 1 期;周佑勇:《全面依法治国的工作布局》,载《荆楚法学》2022 年第 5 期;李少婷:《构建国家治理现代化的坚固基石——法治国家、法治政府、法治社会一体化建设研究》,载《人民论坛·学术前沿》2017 年第 16 期。

② 代表性文献,参见张鸣起:《论一体建设法治社会》,载《中国法学》2016 年第 4 期;章志远:《法治一体建设视域中的行政机关负责人出庭应诉》,载《浙江工商大学学报》2022 年第 3 期。

③ 代表性文献,参见张清:《习近平“法治国家、法治政府、法治社会一体建设”法治思想论要》,载《法学》2022 年第 8 期;莫于川:《法治国家、法治政府、法治社会一体建设的标准问题研究——兼论我国法制良善化、精细化发展的时代任务》,载《法学杂志》2013 年第 6 期;余凌云:《法治国家、法治政府与法治社会一体建设的途径》,载《法学杂志》2013 年第 6 期。

一、法治国家:法治建设的意识觉醒

法治最初是相对于人治而提出的。在改革开放初期,邓小平同志就强调解决好法治与人治的关系问题:“一个国家的命运建立在一两个人的声望上面,是很不健康的,是很危险的。不出事没问题,一出事就不可收拾。”[①]法治在与人治两者孰优孰劣问题大讨论中的“完胜”,对于社会主义民主政治的发展具有重要意义,但法治元素真正上升到治国理政高度却是“依法治国”方略的提出。1996 年 2 月 8 日,江泽民同志在中共中央法制讲座上发表了以“坚持依法治国”为主题的讲话,指出“依法治国是社会进步、社会文明的一个重要标志,是我们建设社会主义现代化国家的必然要求”[②]。这次讲话在国内外引发强烈反响,标志着“依法治国”开始进入中国治国方略的宏大视野之中。然而,在党和国家文件中,最先与“国家”概念结合的不是“法治”,而是“法制”。1996 年 3 月 17 日,八届全国人大常委会四次会议通过的《中华人民共和国关于国民经济和社会发展“九五”计划和 2010 年远景目标纲要》中,明确将“依法治国,建设社会主义法制国家”作为现代化建设的重要指导方针。直到 1997 年党的十五大报告,才首次启用“依法治国,建设社会主义法治国家”的表述,“法治国家”取代“法制国家”成为此后概括我国法治建设目标的官方概念。[③]

学界通说认为,法治与法制的区别集中体现在三个方面:首先,法制主要指代法律制度,而法治代表一种实质意义上的治理理念,超越了形式上的制度范畴;[④]其次,法制代表法治的初级形态,是法治形成的必要非充分条件,法治是在法制逐步健全的基础上发展而来;最后,法制是中性概念,有法制的国家不一定有民主,而法治与人治泾渭分明,倡导良法善治。在 1999 年 3 月召开的九届全国人大二次会议上,“依法治国,建设社会主义法治国家”

---

① 《邓小平文选》第 3 卷,人民出版社 1993 年版,第 311 页。

② 《江泽民文选》第 1 卷,人民出版社 2006 年版,第 513 页。

③ 江泽民:《高举邓小平理论伟大旗帜,把建设有中国特色社会主义事业全面推向二十一世纪——在中国共产党第十五次全国代表大会上的报告》,载《人民日报》1997 年 9 月 22 日第 1 版。

④ 朱景文:《关于法制和法治的几个理论问题》,载《中外法学》1995 年第 4 期。

被写入宪法修正案,法治国家作为我国法治建设的奋斗目标进一步得到法律效力层面的最高肯认。以江泽民同志为核心的党的第三代中央领导集体,在治国方略上实现了从“法制国家”到“法治国家”的跨越,法治和法制虽一字之差,却代表着观念境界上质的飞跃,是马克思主义法律思想中国化道路上的一座里程碑,标志着我国社会主义法治建设彻底摒弃了传统的人治方式。

二、法治政府:法治建设的重要突破

在当代中国,政府作为国家治理的枢纽,是国家权力机关的执行机关,承担着推动经济社会发展、管理社会事务、服务人民群众的重要职责。① 正如“法治国家”概念的产生与“依法治国”紧密相依一样,“法治政府”概念的提出也离不开“依法行政”。在党和国家文件中,“政府”与“法”的最初结合是“政府法制”。法治入宪后,为贯彻落实依法治国基本方略,国务院于1999年7月召开了历史上首次以“依法行政”为主题的工作会议,会议精神和要旨浓缩为国务院于1999年11月发布的《关于全面推进依法行政的决定》。该决定开宗明义地指出依法行政在依法治国方略中的决定性意义,强调“加强政府法制建设,全面推进依法行政”,目的在于从严治政,对政府工作的要求具体表述为“廉洁、勤政、务实、高效”。进入新世纪,党的十六大正式将“三个代表”重要思想确立为党长期的指导思想和行动指南,同时提出“新三步走”的发展战略。从1993年党的十四届三中全会启动社会主义市场体制的改革,到党的十六大召开这近十年的时间里,社会主义市场经济体制初步建立,但此时的经济体制改革却陷入瓶颈期,面临转变政府职能等深层次的体制性障碍。② 为适应全面建设小康社会新形势,2003年10月召开的党的十六届三中全会通过了《中共中央关于完善社会主义市场经济体制若干问题的决定》,经济体制改革由“建立”到“完善”的转变,也对政府依法行政提出

---

① 中共中央宣传部理论局编:《中国制度面对面》,学习出版社、人民出版社2020年版,第84页。

② 沈宝祥:《一次引人注目的中央全会——谈十六届三中全会的历史地位》,载《中国党政干部论坛》2003年第11期。

了更高的要求。

2004年《全面推进依法行政实施纲要》(以下简称《纲要》)第一次对依法行政问题进行全方位透视和针对性谋划。相比1999年《关于全面推进依法行政的决定》的最大亮点,便是将“法治政府”正式纳入依法行政视野,确立为全面推进依法行政的目标,并从政府与市场和社会的关系、行政立法、法律实施、行政决策、社会矛盾化解、行政权力监督、干部法治观念七个方面大致描绘出法治政府的基本样貌。在政权体系中,市县政府的角色十分特殊:一方面涉及人民群众切身利益的行政行为多由其作出,另一方面市县又是社会矛盾和纠纷的聚集地,[①]市县政府能否做到依法行政,很大程度上也就决定了我国整体依法行政水平的高低。鉴于市县政府在依法行政工作中的基础性和全局性地位,党的十七大之后,国务院于2008年5月发布《关于加强市县政府依法行政的决定》(国发〔2008〕17号),从贯彻落实科学发展观和构建社会主义和谐社会的高度加快建设法治政府。此时,虽然法治政府成为依法行政的工作目标,但依法行政仍然是主流话语,法治政府只是依法行政的附带性结果,不具有独立价值。

直到2010年《国务院关于加强法治政府建设的意见》(以下简称《法治政府意见》)第一次以“法治政府”为标题为文件命名,强调推进法治政府建设的重要性和迫切性。虽然在文件内容上,《法治政府意见》的出台是为了更好地贯彻落实2004年《纲要》,绝大多数工作部署也大同小异,但对比两份文件的总体要求,“全面推进依法行政,进一步加强法治政府建设”的主张,显然比“全面推进依法行政,建设法治政府”更为突出法治政府建设的影响权重,即法治政府不再是依法行政的附庸,逐渐获得与依法行政同等重要的法律地位。在此基础上,党的十八届四中全会通过的《中共中央关于全面推进依法治国若干重大问题的决定》(以下简称“党的十八届四中全会《决定》”)和《法治政府建设实施纲要(2015—2020年)》(以下简称“2015年《法治政府纲要》”)均对法治政府的内涵进行了界定,即“职能科学、权责法定、执法严明、公开公正、廉洁高效、守法诚信”,相比1999年《关于全面推进依法行政的

① 舒晓琴主编:《中国信访制度研究》,中国法制出版社2019年版,第46页。

决定》中“廉洁、勤政、务实、高效”的表述，2015 年《法治政府纲要》的界定不仅在内容的广度上更为全面，而且诸如“权责法定”“执法严明”“公开公正”等要求也与法治的内核更为接近，法治政府不再是抽象的空中楼阁，而是蕴含丰富实践指向的法治建设重要方略。

三、“法治社会”与“法治一体建设”：法治建设的系统升华

法治社会的初级形态或者说底线标准是秩序社会。在中国传统社会生活中，国家制定法并非维系社会秩序的主要依据，相反，以“礼治”为代表的民间法才是乡土社会的主要秩序来源。[①] 因此，讨论法治社会概念的历史渊源离不开对“乡土社会”“礼治社会”等概念的回溯和比较，这也是现代意义上法治社会的文化萌芽。与“国家”和“政府”相似，“社会”一词也存在广义和狭义之分。广义的社会是与自然界相对的范畴，一定空间内人的集合即可称为社会。狭义的社会是在与政府等国家公权力概念相界分的意义上存在的，代表官方和民间两种立场的呼应，例如“市民社会”一词便可以较为直观地反映出狭义社会的内涵。伴随着改革开放后渐次展开的经济和政治体制改革，以市场为代表的社会力量逐渐摆脱计划经济时代的公权束缚，政企分开和政社分开为法治社会奠定了政治和经济基础。在“法治一体建设”的语境下，广义的社会概念几乎没有建构意义上的存在价值，故法治社会是在狭义上使用社会一词。[②]

“法治社会”作为学术话语最早出现于改革开放后，尤其是依法治国方略提出后的学术讨论之中，但此时该词组是无意识的泛指，“社会”并非指称与国家相对的非公权力领域，而是广义上的大社会概念，与同时期“法治国

---

① 费孝通：《乡土中国》，北京出版社 2005 年版，第 3 页。

② 在“法治社会”词组中，“法治”是“社会”的定语，两者组合指代的是社会维度法治建设的应然目标和理想状态，而两者互换顺位后所形成的“社会法治”一词，则是与“国家法治”“党内法治”相并列的法治领域概念，大致涵盖社会法治文化体系、社会规章制度体系以及社会组织治理体系三部分。参见肖金明：《推进法治社会理论与实践创新》，载《法学杂志》2017 年第 8 期。

家”的语义指涉无异。[①] 另外，此时对社会的“法治”限定只是为了与“文革”时期“无法无天”的法律虚无主义划清界限，只需达到“法制”的标准即可，仅强调全社会对法律制度的遵守。换言之，产生初期的法治社会概念并无自主意识，实际上等同于“法制国家”。在世纪之交，郭道晖在制衡国家公权力的意义上创造性地提出“社会权力”概念，并将其导入法治社会研究，指出法治社会是全部社会生活的民主化法治化，以此形成受社会强制力制约、由社会道德规范和社会共同体的组织规范所保障的法治文明。[②] 法治社会开始在我国法治话语体系中获得相对独立的角色认同。

以 2004 年党的十六届四中全会为开端，“社会管理体制创新”成为新世纪伊始我国加强社会建设的核心举措，在这一背景下提出了“构建社会主义和谐社会”的重大战略任务。2005 年 2 月，胡锦涛同志在省部级主要领导干部专题研讨班的讲话中首次将社会主义和谐社会的总目标概括为“民主法治、公平正义、诚信友爱、充满活力、安定有序、人与自然和谐相处”[③]。继同年党的十六届五中全会将构建社会主义和谐社会确定为贯彻落实科学发展观的一项重大任务后，2006 年党的十六届六中全会专门以构建和谐社会为主题，通过了《中共中央关于构建社会主义和谐社会若干重大问题的决定》，和谐社会由此成为彰显社会主义本质属性的时代命题。[④] 从和谐社会的六大特征中不难发现，虽然和谐社会不能等同于法治社会，但法治社会是和谐社会的首要特征，和谐社会首先必须是一个民主法治的社会。[⑤] 和谐社会的提出为法治社会概念进入官方主流政治话语做好了铺垫。习近平同志早在主政浙江时期就科学阐明了“法治”与“和谐社会”的辩证关系，指出：“法治通过调节社会各种利益关系来维护和实现公平正义，法治为人们之间的诚信友爱创造良好的社会环境，法治为激发社会活力创造条件，法治为维护社

---

① 代表性文献，参见张文显：《中国步入法治社会的必由之路》，载《中国社会科学》1989 年第 2 期；刘作翔：《法治社会中的权力和权利定位》，载《法学研究》1996 年第 4 期；严存生：《法治社会的“法”与“治”》，载《比较法研究》2005 年第 6 期。

② 郭道晖：《法的时代精神》，湖南出版社 1997 年版，第 538 页。

③ 《胡锦涛文选》第 2 卷，人民出版社 2016 年版，第 285 页。

④ 同上书，第 522—523 页。

⑤ 蒋传光：《马克思主义法学理论在当代中国的新发展》，译林出版社 2017 年版，第 83 页。

会安定有序提供保障，法治为人与自然的和谐提供制度支持”[①]。党的十八大以来，习近平总书记又多次强调“和谐社会应该是法治社会”[②]，实现了“法治社会”与“和谐社会”在话语认同上的有机统一，为法治社会建设提供了丰富的理论和实践沃土。

从法治国家到法治政府再到法治社会，虽然三者在建设内容上会有交叉，但一直采取的是自主推进型的建设方针，并未将三者进行统筹考量。2012年12月，习近平总书记在首都各界纪念现行宪法公布施行30周年大会上的讲话中首次提出“坚持依法治国、依法执政、依法行政共同推进，坚持法治国家、法治政府、法治社会一体建设”，“法治社会”和“法治一体建设”正式进入官方政治话语。2013年2月23日，习近平总书记在十八届中央政治局第四次集体学习时的讲话再次重申坚持“法治一体建设”，通过开创依法治国新局面的方式，对标全面建成小康社会对依法治国提出的更高要求。[③]在党的十八届三中全会通过的《中共中央关于全面深化改革若干重大问题的决定》（以下简称“党的十八届三中全会《决定》”）中，推进法治中国建设成为全面深化改革的重要举措，“法治一体建设”作为法治中国建设的内在要求之一被提出。直到党的十八届四中全会，“法治一体建设”更是被直接纳入全面推进依法治国的目标之列，其在法治建设中的重要地位进一步得到凸显。随后，“法治一体建设”写进党的十九大报告，并于2020年11月召开的中央依法治国工作会议上，正式成为习近平法治思想的重要组成部分。党的二十大报告着眼于中国式现代化的使命任务，重申要坚持“法治一体建设”，全面推进国家各方面工作法治化，宣告我国法治建设迈入“共同推进”“一体建设”立体化、系统性运行的快车道。

---

① 习近平：《之江新语》，浙江人民出版社2007年版，第204页。

② 中共中央文献研究室编：《习近平关于全面依法治国论述摘编》，中央文献出版社2015年版，第10页。

③ 同上书，第3页。

第二节　法治一体建设的分层逻辑

党的十八大以来，习近平总书记从实现“两个一百年”奋斗目标、实现中华民族伟大复兴的中国梦的战略高度出发，明确提出“建设法治中国”。[①]“法治中国”以其无可比拟的包容性、凝聚力、感召力，成为中国特色社会主义法治理论体系和话语体系的统领性概念。[②] 有学者认为，法治中国与法治国家的内涵是一致的，[③]甚至表达了对法治中国概念提出必要性的质疑。[④]“各阶段法治建设目标的提出，都是经过充分考量，不是凭空想象的，也不是对传统方案的简单沿用，更不是对他国方案的照搬照抄。”[⑤]学界之所以致力于概念界分的操作，是为了在充分认识不同法治话语时代价值的基础上，努力实现政治、学理和规范层面话语体系的统一性，而非轻易否定某一法治话语在学理甚至规范层面的存在价值。为此，通过讨论法治中国这一全局概念的逻辑构成，可以深化对法治诸概念的理性认知，从而有助于明晰“法治一体建设”各主体间的关系和界限。

一、法治中国概念构成的学说争鸣

（一）法治国家和法治社会“二元论”

有学者认为，法治国家建设和法治社会建设是法治中国建设必须同时

---

① 2013年，党的十八届三中全会通过的《中共中央关于全面深化改革若干重大问题的决定》正式确认了“法治中国”这一概念，并将“推进法治中国建设”作为全面深化改革的重要组成部分。2014年，党的十八届四中全会进一步向全党全国各族人民发出“向着建设法治中国不断前进”“为建设法治中国而奋斗”的号召。2018年，中央全面依法治国委员会第一次会议要求“研究制定法治中国建设规划”。

② 张文显：《习近平法治思想的系统观念》，载《中国法律评论》2021年第3期。

③ “同一论”支持者从宪法文本出发，认为法治国家是经过宪法确认的法律概念，作为我国法治建设的目标已经取得广泛共识，应予以长期坚持并保持统一，而法治中国仅是政治概念或者说学理概念，不具有法律效力，不可作为法治国家的上位概念，充其量只是对法治国家的同义表达。参见韩大元：《简论法治中国与法治国家的关系》，载《法制与社会发展》2013年第5期；范进学：《“法治中国”析》，载《国家检察官学院学报》2014年第4期。

④ 法治中国不应替代作为宪法共识的法治国家，否则可能产生削弱法治国家规范意义的风险。参见韩大元：《“法治中国”的宪法界限》，载《环球法律评论》2014年第1期。

⑤ 江必新：《习近平法治思想与法治中国建设》，载《环球法律评论》2021年第3期。

推进的两大宏伟工程，是一体之两面，[①]其中法治国家建设主要包括人大制度建设、法治政府建设和公正司法制度建设等子工程，法治社会建设则主要包括社会组织建设、社会行为规范建设、社会监督和解纷机制建设等子工程。[②] 按照“二元论”的观点，法治国家与法治社会并列，法治政府只是法治国家建设的任务之一，即法治政府所代表的行政权力的法治化只是整个国家公权力法治化的一部分。就法治社会而言，“二元论”支持者均承认法治社会是相对于法治国家的另一块法治建设重要领域，社会不再是计划经济时代与国家高度同质化的存在，并且逐渐生成可以支持或监督国家权力的社会权力。[③] 在此意义上，法治社会是依法管理社会和社会依法自治的结合体。然而，在法治社会建设的具体内容上，即使是支持“二元论”的学者自身也出现了某种犹疑。姜明安在早期提出“法治社会主要指政党和其他社会共同体行使社会公权力的法治化”[④]，将政党法治归入法治社会建设的内容。后来，姜明安在撰文中认识到中国共产党作为执政党的特殊性，其与国家和社会紧密关联，无法截然切割，而且在重要性上，法治执政党建设丝毫不亚于法治国家和法治社会建设，而是两者的前提和保障。[⑤] 法治政党与法治国家、法治社会的关系问题开始引发关注。

（二）法治国家、法治政府和法治社会“三分法”

在“三分法”的支持者中，部分学者认为法治国家相比法治政府和法治社会具有统领性和包容性。例如，江必新认为，法治国家中的“国家”一词应当解释为地理意义上的国度性概念，在此意义上，法治国家是“种概念”，法治政府和法治社会是法治国家之下的“属概念”。[⑥] 同理，卓泽渊也认为法治国家相比法治政府和法治社会是更为宏大的概念，起着“总括”作用，而法治

---

① 卓泽渊：《法治国家论》，法律出版社2008年版，第54—56页。

② 姜明安：《法治中国建设中的法治社会建设》，载《北京大学学报（哲学社会科学版）》2015年第6期。

③ 郭道晖：《法治新思维：法治中国与法治社会》，载《社会科学战线》2014年第6期。

④ 姜明安：《论法治国家、法治政府、法治社会建设的相互关系》，载《法学杂志》2013年第6期。

⑤ 姜明安：《法治中国建设中的法治社会建设》，载《北京大学学报（哲学社会科学版）》2015年第6期。

⑥ 江必新：《法治社会的制度逻辑与理性构建》，中国法制出版社2014年版，第54页。

政府和法治社会作为法治国家建设最为重要的两大方面，成为“两个主要构件”。[①] 不同于将法治国家视为法治政府和法治社会的上位概念，“三分法”的其他支持者认为，法治国家、法治政府和法治社会三者之间是平行和并列关系，法治国家不宜凌驾于法治政府和法治社会之上。[②] 至于三者之间的相互作用，不同学者之间众说纷纭，难以形成广泛共识。若要理解三者之间的平行和并列关系，最为直观的方式是考察三者的内容侧重点。例如，有学者认为，法治国家侧重于强调保证宪法法律的有效实施，切实维护国家法制统一、尊严与权威，法治政府强调行政权力要受到法律的约束，而法治社会则侧重于推动和保障社会的多元自治。[③] 再比如，有学者从国家治理主体之间的法律关系出发，认为各治理主体间存在权力抑或权利冲突：法治国家建设可以解决权力间冲突，法治政府建设可以化解权力与权利间矛盾，而法治社会建设可以解决权利间纠纷。[④] 由此可见，借助法律关系间的矛盾化解，也可以呈现法治国家、法治政府和法治社会建设的不同面向和侧重点，对于理解三者的关系大有裨益。

（三）法治中国建设“多元构成说”

在全面推进依法治国的背景下，尤其是法治中国命题的提出，不少学者认为法治国家、法治政府和法治社会的建设内容远远不够，法治中国建设的“四分法”甚至“五分法”主张不断被提出，并且构成内容不尽相同。最具代表性的“四分法”主张在法治国家、法治政府、法治社会之外增加法治政党。其实，前文“二元论”的支持者也意识到了法治政党相对于法治国家和法治社会的特殊性。鉴于中国共产党的长期执政党地位，与国外轮流执政的政党存在显著差异，不宜归入一般社会组织的序列之中予以对待，故将法治政党上升到与法治社会、法治政府和法治国家建设相统一的高度较为妥当。[⑤]

---

① 卓泽渊：《推进法治中国建设的现实任务》，载《行政法学研究》2020 年第 6 期。

② 张鸣起：《论一体建设法治社会》，载《中国法学》2016 年第 4 期；黄东：《系统耦合：新发展阶段法治社会建设的方法论特质》，载《行政论坛》2021 年第 2 期。

③ 常健、饶常林：《论法治国家、法治政府、法治社会一体建设的基本路径》，载《南通大学学报（社会科学版）》2016 年第 4 期。

④ 陈金钊：《用法治推进社会平衡发展——化解新时代社会主要矛盾的基本方式》，载《社会科学战线》2020 年第 5 期。

⑤ 葛洪义：《“法治中国”的逻辑理路》，载《法制与社会发展》2013 年第 5 期。

此外，也有学者大胆突破国家、政府、社会这一基本框架的束缚，从社会主义现代化建设“五位一体”总体布局的高度出发，提出以法治指导、规范、促进和保障经济、政治、文化、社会和生态文明建设，进而形成法治经济、法治政治、法治文化、法治社会、法治生态文明协调统一的格局。[①] 在“五分法”中，法治国家、法治政府、法治社会的规范要求不均匀地散落在五个方面的工作之中，并出现交叉和融合的地方。

二、“法治一体建设”的关系厘定

不论是“二元论”“三分法”还是“多元构成说”，其划分都是相对意义上的。例如有学者在前期是“四分法”支持者，随后转变为“三分法”支持者。[②] 对比发现，其在后期作出转变的原因是将法治政府纳入了法治国家的范畴，实质上是在认同“二元论”的前提下，加入法治政党板块。肯定法治建设板块划分的相对性并不是提倡多样性和无序性。以“多元构成说”为例，便存在两大弊端：一方面，“多元构成说”容易导致法治板块的无限细分，诸如从法治国家中延伸出法治立法、法治司法和法治监督，从法治政府和法治社会中延伸出法治市场和法治文化等，过度细化将稀释法治国家、法治政府、法治社会各自的特定内涵，导致相关概念的统筹和引领功能下降；另一方面，“多元构成说”鼓励法治板块的多维切割，此举容易逾越“法治一体建设”主要围绕横向法治领域进行设计的基准，滋生法治地方、法治区域和法治行业等容易引发争议的法治话语。[③] 为了保持法治话语的稳定性，我们认为应坚守习近平法治思想中关于“法治一体建设”重要论述的基本立场，努力将政治话语转化为学术话语，并在学理层面达成共识，最大化发挥法治话语指引法治实践的功能价值。

首先，法治国家应当成为法治政府和法治社会的上位概念。根据习近

① 姜明安：《以“五位一体”的总体布局推进法治中国建设》，载《法制与社会发展》2013 年第 5 期。

② 黄文艺：《对“法治中国”概念的操作性解释》，载《法制与社会发展》2013 年第 5 期；黄文艺：《法治中国的内涵分析》，载《社会科学战线》2015 年第 1 期。

③ 倪斐：《地方先行法治化的基本路径及其法理限度》，载《法学研究》2013 年第 5 期。

平法治思想,法治国家是法治建设的目标。[①] 如果按照狭义解释将法治国家仅视为国家公权力的法治化,那么社会权力和公民权利的法治化便游离于法治建设的目标之外,这是国家治理难以接受的。法治国家、法治政府、法治社会三者的关系,可以概括为“一体两翼”。[②] 在此意义上,法治国家建设主要包括科学立法、严格执法、公正司法和全民守法。

其次,应当从中观维度理解法治国家。“法治一体建设”中的法治国家并不等同于宪法“依法治国”条款中的“社会主义法治国家”,更不同于“法治中国”。法治中国除具有法治建设的世界面向外,还包括法治政党这一中国特色的独特意蕴。作为全面依法治国的工作布局,“共同推进”与“一体建设”缺一不可,而“共同推进”中的“依法执政”是一个非常重要的组成部分,依法执政事关党的领导法治化,与依规治党这一党的建设法治化共同构成法治政党的双重面向。[③] 法治国家虽然能够容纳法治立法和法治司法等面向,但不宜强行吸纳法治政党的内容。因此,法治国家既不能作狭义理解,也不能作广义理解,而是应当从中观维度予以解释。

再次,法治政府和法治社会应当作狭义理解。法治政府建设主要指行政权力的法治化;法治社会建设主要指社会生活的法治化。作为法治国家建设的重点,法治政府聚焦行政权的合法性控制。[④] 相比立法权和司法权,行政权具有明显的主动性和执行性特性,既是约束国家公权力的关键,又承担着重要的经济社会职能,有必要独立于法治立法和法治司法之外作狭义理解,发挥其联结和贯通法治国家和法治社会建设的独特功效。作为构筑法治国家的基础,法治社会所指的社会生活法治化并非只是强调私权面向的社会自治,社会权力对公权力的有效监督这一权力制约的公权面向同样不能忽视。

最后,法治国家、法治政府、法治社会之间保持适度的开放互动。诚然,

---

① 《习近平法治思想概论》编写组编:《习近平法治思想概论》,高等教育出版社 2021 年版,第 178—180 页。

② 陈柏峰:《中国法治社会的结构及其运行机制》,载《中国社会科学》2019 年第 1 期。

③ 宋功德:《党内法规的百年演进与治理之道》,载《中国法学》2021 年第 5 期。

④ 《习近平法治思想概论》编写组编:《习近平法治思想概论》,高等教育出版社 2021 年版,第 181—182 页。

“法治一体建设”要求法治国家、法治政府、法治社会三者具备相对确定的涵摄区间，防止对三者关系作出随意性解释。但是，概念涵摄区间的相对固定并不代表三者之间的封闭固化，相反，三者之间密切关联，彼此在界限上具有动态调整能力。[①] 例如，政府具备市场监管、社会管理和公共服务等经济社会职能，政企关系和政社关系的调整直接影响到法治社会自治能力的强弱。又比如，作为法治社会建设重要任务之一的普法，通过“谁执法谁普法”责任制的实施，可以融入属于法治国家和法治政府面向的立法、执法和司法活动之中，起到沟通法治建设各环节的功用。

第三节　法治一体建设的实践逻辑

党的十九大报告指出，中国特色社会主义进入新时代，我国社会主要矛盾已经转化为人民日益增长的美好生活需要和不平衡不充分的发展之间的矛盾。[②] 对此，党的二十大报告进一步强调，发展不平衡不充分问题仍然突出，推进高质量发展还有许多卡点瓶颈。[③] “社会不是以法律为基础的。那是法学家们的幻想。相反地，法律应该以社会为基础。”[④]对应新时代社会主要矛盾的变化，全面依法治国的主要矛盾表现在人民日益增长的法治需要与不平衡不充分的法治发展之间的矛盾。[⑤] 全面依法治国的系统平衡问题

---

① 党的十九大报告在总结过去五年社会主义民主法治建设取得的历史性成就时，使用了“法治国家、法治政府、法治社会建设相互促进”的表述。参见习近平：《决胜全面建成小康社会 夺取新时代中国特色社会主义伟大胜利——在中国共产党第十九次全国代表大会上的报告》，载《人民日报》2017 年 10 月 18 日第 1 版。

② 人民美好生活需要日益广泛，不仅对物质文化生活提出了更高要求，而且在民主、法治、公平、正义、安全、环境等方面的要求日益增长。发展不平衡不充分已经成为满足人民日益增长的美好生活需要的主要制约因素。参见本书编写组编著：《党的十九大报告学习辅导百问》，党建读物出版社、学习出版社 2017 年版，第 9 页。

③ 习近平：《高举中国特色社会主义伟大旗帜 为全面建设社会主义现代化国家而团结奋斗——在中国共产党第二十次全国代表大会上的报告》，载《求是》2022 年第 21 期。

④ 《马克思恩格斯全集》第 6 卷，人民出版社 1961 年版，第 291—292 页。

⑤ 不充分同样也是一种不平衡，因此，新时代全面依法治国的发展应当以不平衡问题导向，紧盯全面依法治国领域的系统平衡问题。参见周尚君：《法治中国建设的新意识和新使命》，载《中国司法》2021 年第 2 期。

既涉及区域法治、制度供给、法律运行和国内外法治的诸多侧面，[①]也反映在法治国家、法治政府、法治社会建设之间。尤其是在法治政府和法治社会之间的不平衡问题上，理论界和实务界取得了普遍共识，均认为法治政府相对发展较快，而法治社会发展较慢。[②] 法治建设道路的选择需要客观审视鲜活的法治建设实践，反思政府主导推进型和社会自发演进型两种法治建设模式的各自局限，进而回答为何一体推进模式成为当下的最佳选择。

一、政府主导推进型模式后劲不足

党的十一届三中全会后，民主法制事业百废待兴。对于一个发展中国家和法治后发型国家而言，以政府为中心，按照法治规划运用公权力强力推进法治建设是不二选择，如此可以集中优势资源提高法治建设效率，加快法治现代化进程。在政府主导型模式下，"法治"事业被期待着解决的不仅是政治问题和经济问题，而且包括这个时代所有重要的社会问题。[③] 实践证明，此种进路固然取得了非凡的法治建设成就，但也暴露出诸多弊端，在全面推进依法治国的新时代，陷入后劲不足的窘境。

（一）滋生法律工具主义倾向

在人类社会发展史上，习惯、道德、礼法和宗教等都是维护社会良好秩序的手段之一。随着政治国家的建立，作为国家意志重要载体的法律因其具有国家强制力的保障而逐渐在社会控制手段中成为主流。[④] 回望中国的法治建设历程，"文革"的惨痛教训使"有法可依"成为当时民主法制建设的当务之急，依法治国方略提出后，立法在政府推进型法治模式中的重要性更为凸显。必须承认，立法导向的法治建设进路对于迅速搭建法制框架、矫正违法行为、培育守法观念具有决定性意义，中国特色社会主义法律体系的形成和完善为我国经济社会的长期有序发展提供了规范指引，证明了良法是

---

① 王奇才：《论社会主要矛盾转化语境下的法治发展不平衡不充分》，载《法治现代化研究》2019 年第 2 期。

② 陈金钊：《以法治中国战略为目标的法学话语体系建构》，载《求是学刊》2019 年第 5 期。

③ 梁治平：《法治在中国：制度、话语与实践》，中国政法大学出版社 2002 年版，第 86 页。

④ 〔美〕E. A. 罗斯：《社会控制》，秦志勇等译，华夏出版社 1989 年版，第 112 页。

善治之前提的经典法谚。

与权威性特质相伴而生的，是法律在制定程序上的复杂性和调整内容上的滞后性，法律永远滞后于瞬息万变的社会现实，尤其对于国家在法治改革上的诸多新主张和新举措，难以及时作出回应。“立法型国家在组织上的实现总是导致法律与执法、立法权与行政权的分离。”[①]一方面，在立法需求和法律供给的张力之下，行政立法中的“红头文件”迎合了政府推进型法治模式对效率的要求。行政规范性文件因其灵活高效的特点，在指引创新改革探索和贯彻落实上位法规范上具有先天优势，理论上也能够与法律形成转化互补的良性互动关系。[②] 但是，行政规范性文件带有明显的政策属性，若任意制发甚至越权制发，将带来人治挤压法治的不良后果。另一方面，政府推进型法治模式过于强调国家制定法的正统地位，一定程度上遮蔽了公共政策、党内法规和社会规范在国家治理中的角色地位，既不利于非制定法规范的有序生长，也不利于打造多元法治规范之间的共治格局。

整体而言，政府推进型法治模式虽然取得一系列瞩目的立法成绩，但过于倚重国家制定法也会产生法律工具主义的潜在风险。在如何更好地控制文件制发，如何更好地发挥非制定法规范的秩序维护价值等问题上，政府推进型法治模式仍未找到令人满意的答案。

（二）忽视常态化治理能力建设

既然要求政府在法治建设中有所“推进”，那政府便不能仅承担警察法治国意义上的秩序行政职能。如若发挥政府在法治建设中的驱动引擎和协调枢纽作用，行政权必须既要“有为”，又要“有效”。[③] 如此一来，法治政府建设很容易陷入一种悖论：本质上是“控权”的，但无形中却需要“扩权”，行政权“大包大揽”不仅会导致无序扩张，而且客观上压缩了社会权力的运行空间。

在长期以来的政府推进型法治实践中，运动式执法现象饱受诟病。基于法治政府的限权逻辑，行政权的行使受到合法性控制，行政资源不再享受

---

① 〔德〕卡尔·施米特：《合法性与正当性》，冯克利等译，上海人民出版社2014年版，第96页。
② 钱焰青：《论新时代行政规范性文件的正当性及其界限》，载《中国法律评论》2021年第3期。
③ 王青斌：《民法典时代的法治政府建设转型》，载《中国法学》2022年第6期。

计划经济时期的“优先满足”。[①] 与复杂多样的行政任务相比，执法力量在执法能力没有显著提升的情况下，难以做到对违法行为的全覆盖。尤其是在极易引发社会关注的民生风险方面，主政官员更青睐于以“从严从快”的雷霆万钧之势弹压违法行为，从而获得短期内的政绩红利。[②] 此种运动式执法形态往往以政策指示为先导，以行政权的密集性介入为特征，具有明显的“反法治”色彩，“从严从快从重”等运动式举措也往往伴随着牺牲程序正义和放任执法不公的权力滥用风险。运动式执法无法保证高强度执法力量的持续输出，暴风骤雨之后执法密度的骤然衰退易造成寻租等附随效应，使得运动式执法所带来的问题甚至比它想要解决的问题还要多。[③]

政府推进型法治模式的诸多行为特征表明，行政权为了达成短期的治理效果而一定程度上忽视了日常执法规范化建设，而常态化治理能力建设所展现的长期渐进属性，却与法治社会建设所蕴含的内生稳定性特质不谋而合。概言之，既往政府推进型法治模式欠缺自下而上、由内而外的原生动力，亟待挖掘常态化公权运作的治理潜力。

（三）欠缺主体性责任意识

在政府推进型法治模式下，公权力机关旨在通过出台发展规划、制定法律规范和发布政策指令等方式，实现对各地区、各领域、各行业、各环节法治建设事项的具体指引，甚至亲力亲为主动介入法治建设的各项具体任务之中，导致公民在法治建设中的参与感、体验感和获得感不强，法治主体意识并没有因为法律体系的完善而显著增强。部分民众对包括法律在内的行为规范持功利性态度，对己有利或者监督严格的就遵守，对己不利或者缺乏监督的就排斥，甚至极力寻找规则漏洞为己谋利或开脱责任。“中国式”闯红灯和插队等现象，便暴露出社会公众规则意识和法治责任感的不足。[④]

社会公众法治责任意识的缺失反过来会对法治建设产生反噬效应，这

---

① 杨海坤、马迅编著：《中国行政法发展的理论、制度和道路》，中国人事出版社2015年版，第281页。

② 吴元元：《双重博弈结构中的激励效应与运动式执法——以法律经济学为解释视角》，载《法商研究》2015年第1期。

③ 胡伟强：《运动式执法的社会效果》，载《法律和社会科学》2017年第1期。

④ 程金华：《也论法治社会》，载《中国法律评论》2017年第6期。

突出表现在行政滥诉和职业举报人等法治异化现象上。行政诉权的行使本是为了维护行政相对人的合法权益，但信息公开滥诉却沦为部分信访人员向行政机关“施加压力”以谋取私利的装置，严重挤占了宝贵的司法资源，司法救济丧失了纠纷化解的兜底性功能。[①] 同样，部分职业举报人的打假行为也超出了纠正市场经营者违法行为的正外部性公益目的，异化为当事人谋取私利的机会主义行为，甚至产生诸多干扰执法秩序和损害公共利益的负面影响。[②]

法治责任意识的缺失不仅体现在社会公众这一群体，系统内的公职人员也同样存在履职风险。例如，法治政府建设的基础是监督和制约行政权，而对行政权的约束要把握好尺度，一旦矫枉过正易出现行政不作为的问题。与法治政府建设初期的行政恣意相比，行政不作为虽然在行为表现上较为隐蔽，但广泛存在于行政立法、行政执法、行政复议和应诉等多个行政活动环节，危害性不亚于行政乱作为。[③] 究其原因，除部门间职能交叉和衔接协调不畅等客观因素外，最根本的还是公职人员担当作为的法治责任意识淡漠造成的。

二、社会自发演进型模式水土不服

“政治国家产生于市民社会，社会是国家的母体和原生体。”[④]改革开放四十多年来，社会主义市场经济飞速发展的首要功劳便是促成了社会主体法律地位的提升，社会自治的重要性日趋凸显。“我们所欲图完善社会的努力都必须在我们并不可能完全控制的自行运作的整体中展开，而且对于其间各种力量的运作，我们只能希望在理解它们的前提上去促进和协助它们。”[⑤]由此可见，法治社会的生长无法单纯通过国家和政府等外部力量的扶

---

① 梁艺：《“滥诉”之辩：信息公开的制度异化及其矫正》，载《华东政法大学学报》2016 年第 1 期。

② 熊丙万：《法律的形式与功能——以“知假买假”案为分析范例》，载《中外法学》2017 年第 2 期。

③ 王敬波：《行政不作为的治理之道》，载《中国行政管理》2016 年第 1 期。

④ 《马克思恩格斯选集》第 4 卷，人民出版社 2012 年版，第 408—409 页。

⑤ 〔英〕哈耶克：《自由秩序原理》，邓正来译，生活·读书·新知三联书店 1997 年版，第 81 页。

持得以完成,必须实现社会力量的内在觉醒,按照社会演进的规律发展壮大。既然法治社会成为法治建设新的增长极,那么可否将法治建设的注意力集中向法治社会倾斜,走出一条以法治社会单兵突进来助推法治建设向更高水平迈进的道路呢?法治实践同样表明,简单移植西方的社会自发演进型模式不具有可行性。

一方面,社会自治力量生长缓慢。在法治社会建设中,社会组织是核心的自治力量。相比公民个人的权利斗争,基于共同利益诉求而组成的社会团体有更为广泛的社会动员力和政治影响力。社会组织也可以通过行使社会权力,对公权力主体进行外部监督,防止公权力对社会领域的过度干涉或侵扰。随着市场经济的深入发展和政府简政放权的改革举措,社会组织开始承接一部分由政府转移的公共事务管理职能,担当政府与公民联系媒介的角色。社会组织虽然实现了数量上的扩容,但是其在社会治理中的实际作用却十分有限,如工会、共青团、妇联以及各种协会、学会,不是政治性较强就是受行政主管部门的影响较大,削弱了社会权力的中立性和公信力,社会公众的诸多利益诉求也难以通过社会组织得以畅通表达。① 此外,最初孕育社会力量的市场经济环境远未健全,譬如市场调节机制在面对疫情防控等特定情形时的应对能力不强,市场秩序紊乱现象时有发生,这表明社会自治力量无法独自担负起稳定经济社会秩序的主要职责。

另一方面,受制于熟人社会文化心理。计划经济体制的解体意味着公民对国家人身依附关系的松动,农民与村集体、居民与单位之间管理与被管理的关系逐渐弱化。② 同时,政府推进型模式所仰赖的自上而下高强度的层级控制,因基层群众性自治组织的设立而出现缓和迹象。在中国漫长的封建社会发展史上,由于皇权一般只能覆盖到州县一级,广大的乡村基层地区其实是实行乡村自治的。③ 但这里的"自治"远非西方市民社会意义上的"自治",西方的社会自治以市民的经济交往自由平等、人格思想独立自主为前

① 肖金明:《推进法治社会理论与实践创新》,载《法学杂志》2017 年第 8 期。

② 田毅鹏、漆思:《"单位社会"的终结——东北老工业基地"典型单位制"背景下的社区建设》,社会科学文献出版社 2005 年版,第 1 页。

③ 费孝通:《乡土中国》,北京出版社 2005 年版,第 8 页。

提，而中国古代的乡土自治依托宗法血缘关系，普通民众与族长、乡绅等社会权威之间具有紧密的人身依附性，在身份等级的束缚下，民众没有经济社会活动的自由、平等和独立可言。[①] 就当下中国的社会交往而言，法治建设仍无法完全摆脱熟人社会的文化影响。在熟人社会的观念认知中，遵纪守法的深层次动因并非对法律和规则的尊崇，而是受到交往环境中脸面、关系和情感等非法治因素影响而作出的行为选择。简言之，我国的法治社会建设是在中西方法治文化的交流碰撞中艰难起步的，难以摆脱社会公众深层次文化心理的影响，必须借助国家力量推动包括社会主义核心价值观在内的先进法治文化建设。

三、体系化协同发展模式应运而生

关于法治建设的道路选择问题，英国著名经济学家哈耶克在深入观察西方法治实践的基础上，从政治哲学的角度提出了“建构理性主义”和“经验理性主义”两种思维模型。[②] 建构理性主义推崇人类的理性力量，强调国家在法治建设上的主导权，主张暴风骤雨式的破旧立新，追求法治建设的效率最大化，通过法治规划确保法治建设自上而下的政令畅通和步调一致，确立国家制定法的中心地位，弱化宗教、习俗、道德等社会规范的规范效应；[③]经验理性主义则强调社会在法治建设中的本源地位，提倡法治建设的福利取向，且不论国家公权力根本上源自公民权利的集体让与，社会内部自生自发秩序相对于自上而下的国家干预而言，对于基层民众行为选择的影响更大，同时在长期自然演进基础上形成的社会规范，深谙民众的社会心理，基于高度的社会认同而有利于更好地贯彻落实。[④]

具体到我国的法治建设实践，自始至终充斥着建构理性色彩，从最初着眼于法治国家层面从无到有建章立制，到依法行政建设法治政府，都是在国

---

① 王清平：《法治社会在中国建设的意义、难点和路径》，载《学术界》2017年第8期。

② 〔英〕哈耶克：《法律、立法与自由》（第一卷），邓正来等译，中国大百科全书出版社2000年版，第7页。

③ 庞正：《法治秩序的社会之维》，载《法律科学（西北政法大学学报）》2016年第1期。

④ 刘旭东、庞正：《“法治社会”命题的理论澄清》，载《甘肃政法学院学报》2017年第4期。

家公权力的单方主导下强力推进。对于法治基础薄弱的后发型国家而言，此种法治建设进路可以最大限度凝心聚力，集中优势资源提升法治建设效率，以宪法为核心的中国特色社会主义法律体系的建立与完善便是政府推进型法治进路优越性的最好体现。与此同时，随着法治不平衡不充分发展与公民多样化法治需求之间的矛盾日益凸显，政府推进型法治模式不仅暴露出自身存在的一些短板，而且面对诸多社会治理事项和新兴问题时力有不逮，加强法治社会建设的呼声高涨。然而，生发成长于市场经济的社会权力仍难以与国家公权抗衡，加之历史和文化因素影响，社会自治的法治基础较为薄弱，无法独立承担全面推进依法治国的重任。与西方国家相比，我国的法治发展进程是由外及内、自上而下的，社会成员的法治意识被动落后于国家主导的法律制度建设。[①] 践行习近平“法治一体建设”理论，旨在破解法治发展不平衡不充分的问题，增强法治建设的系统性、整体性、协同性。[②] 因此，新时代新征程上的法治建设注定要走体系化协同发展的道路，这也是新中国成立以来在长期法治实践的不断摸索中总结出来的经验智慧。

表 1-1　两种法治建设道路理想类型的比较

	政府主导推进型模式	社会自发演进型模式
思维理念	建构理性主义	经验理性主义
权力基础	行政权力	社会权力
本质特征	自上而下高强度压力传导	自下而上渐进式利益协调
积极成效	集中资源、提升效率	扩大参与、凝聚共识
功能局限	滋生法律工具主义倾向； 忽视常态化治理能力建设； 欠缺主体性责任意识	社会自治力量生长缓慢； 受制于熟人社会文化心理

第四节　法治一体建设的发展逻辑

经过历史逻辑、分层逻辑和实践逻辑的检验，证明了“法治一体建设”工作布局提出的正当性。“法治一体建设”并非只是在观念维度申明依法治国的全面性，其在面向未来的发展向度同样对中国式法治现代化具有强大的

① 王静：《法治社会建设的理念与举措》，载《理论视野》2016 年第 7 期。

② 张文显：《习近平法治思想的系统观念》，载《中国法律评论》2021 年第 3 期。

现实指引力。在确立“法治一体建设”治理取向的前提下，发展“法治一体建设”既要注重源头治理，率先解决多元规范的充足供给和协调融贯问题，又要强化过程控制，通过一系列配套机制的建立和完善，保障发展的持续性和稳定性。

一、发展目标：“法治一体建设”的治理取向

在“四个全面”战略布局中，改革与法治如“鸟之两翼、车之两轮”[①]，两者“相统一、相促进”[②]。根据党的十八届三中全会《决定》，国家治理现代化是全面深化改革的总目标，“法治一体建设”是全面依法治国的工作布局。基于法治建设和国家治理的同构性，“法治一体建设”与国家治理现代化也具有内在统一性。具体而言，“法治一体建设”既是国家治理现代化的重要内容，又是国家治理现代化的重要保障。

国家治理现代化中“现代化”的内涵包括制度化、科学化、规范化、程序化，[③]而“法治一体建设”同样是法治现代化建设的最新成果之一。首先，“法治一体建设”不单是法治现代化的宏观思路、理念和方针，其本身也涵括法治议事协调、社会主义法治规范体系、多元主体共治、权力制约监督和全民普法守法等一系列具体的法律制度，体现出制度之治这一国家治理现代化的核心要义。[④] 其次，“法治一体建设”并不是凭空产生的，它是在综合分析政府主导推进型和社会自发演进型两种法治建设模式弊端的基础上作出的科学研判，深刻总结和反思了既往法治实践“分体建设”的缺陷和不足，具备与时俱进的科学性。最后，“法治一体建设”作为法治建设的“升级版”，自然要遵循法治最为朴素的底线标准，即规范化和程序化。“法治一体建设”的各项规范依据和制度举措都是在中央全面依法治国委员会和地方各级法治

---

① 中共中央文献研究室编：《习近平关于全面依法治国论述摘编》，中央文献出版社 2015 年版，第 14 页。

② 《中共中央关于深化党和国家机构改革的决定》，人民出版社 2018 年版，第 19 页。

③ 江必新等：《国家治理现代化——十八届三中全会〈决定〉重大问题研究》，中国法制出版社 2014 年版，第 1 页。

④ 宋世明：《坚持在法治轨道上推进国家治理体系和治理能力现代化》，载《中国政法大学学报》2021 年第 3 期。

议事协调机构的领导统筹下，通过民主程序将代表人民利益的集体共识予以固化的产物，并且在实施过程中严格贯彻“正当程序”原则，以此排除“人治”的干预可能和权力的寻租空间。由此可见，“法治一体建设”集中体现了国家治理现代化的法治意蕴。

与此同时，改革开放四十多年来，国家治理成效显著，政治、经济、社会、文化和生态等领域都取得了一系列令人瞩目的改革成就，但这也预示着新时代的改革开放进入了更为复杂和艰难的“深水区”，“改革更多面对的是深层次体制机制问题，对改革的系统性、整体性、协同性要求更强”[①]。在完成脱贫攻坚、全面建成小康社会的历史任务，开启全面建设社会主义现代化新征程之际，国家治理必须树立系统观念这一基础性的思想和工作方法，而“法治一体建设”正是深入贯彻系统观念的成功范例，有助于保障国家治理的系统性、整体性和协同性。一方面，“法治一体建设”的前提是打造“法治三强”架构，即法治国家、法治政府、法治社会自身均实现充分发展、高度健全。为此，“法治一体建设”致力于打破民法、刑法、行政法、诉讼法等部门法资源之间“各自为政”的惯性壁垒，采用以任务为取向的整体视角，充分调动各部门法资源形成治理合力。另一方面，“法治一体建设”不仅注意到了国家、政府和社会三大治理主体之间的普遍联系，而且从治理实践中观察和把握三者的变化发展规律。例如，国家治理现代化进程中政府与市场的关系经历了强政府弱市场、强政府活市场、强政府强市场的时代变迁，政府与社会关系也走过了政社统合、政社分离与严密控制、政社有限合作与甄别性吸纳三个时期，[②]“法治一体建设”从国家、政府、社会相辅相成的角度动态处理三者关系，使法治国家、法治政府、法治社会建设彼此协调、相互促进、相得益彰，实现了认识论和方法论的融会贯通，充分彰显了系统观念中的协同性思维。

“全面推进依法治国……是国家治理领域一场广泛而深刻的革命。”[③]作

① 本书编写组编著:《〈中共中央关于坚持和完善中国特色社会主义制度、推进国家治理体系和治理能力现代化若干重大问题的决定〉辅导读本》，人民出版社 2019 年版，第 52 页。

② 陈天祥:《治理现代化进程中政府角色定位的变迁》，载《国家治理》2020 年第 4 期。

③ 习近平:《论坚持全面依法治国》，中央文献出版社 2020 年版，第 102 页。

为全面推进依法治国的工作布局，“法治一体建设”无疑应当以国家治理现代化为最终目标和根本指引，进一步探索和优化发展进路。20 世纪 90 年代以来，为克服统治权威下国家建构主义的衰落危机，治理主义话语勃兴。[①] 相较于“统治”，“治理”寻求最大限度地增进公共利益。[②] 就法治建设而言，治理现代化便意味着良法和善治。[③] 在“良法”向度，国家治理现代化要求“法治一体建设”是良法之治，不仅国家、政府和社会不同领域治理规范的类型齐备和制定质量不断提升，而且多元治理规范间要努力实现协调融贯的和谐状态；在“善治”向度，国家治理现代化要求“法治一体建设”更加注重治理效能，即更好地满足人民群众对于法治的期待，以人民群众满意度作为“法治一体建设”成功与否的最终评价标准。换言之，善治导向下的“法治一体建设”突出了以人民为中心的建设理念，而要实现以人民为中心的愿望，最根本的举措便是在“法治一体建设”中全面贯彻“公平正义”的核心价值。

作为马克思主义法治思想的开创者，马克思和恩格斯早在青年时期就开始关注社会公平正义问题，在批判历史唯心主义有关法的价值谬论的过程中，逐渐认识到公平正义是建立在社会物质生活基础上的一项综合性社会价值，发挥着协调和平衡诸如自由、平等、秩序、效率等更具体价值目标的功能。[④] 习近平总书记反复强调：“公正是法治的生命线。公平正义是我们党追求的一个非常崇高的价值，全心全意为人民服务的宗旨决定了我们必须追求公平正义，保护人民权益、伸张正义。”[⑤]具体到“法治一体建设”领域，意味着法治国家、法治政府、法治社会建设必须紧紧围绕保障和促进社会公平正义来进行，尤其是围绕以下三个方面重点发力：一是严格规范公正文明执法，全面落实司法责任制，加大关系群众切身利益的重点领域执法力度，让人民群众在每一个执法决定和司法裁判中感受到公平正义；二是增强法

① 〔法〕让-皮埃尔·戈丹：《何谓治理》，钟震宇译，社会科学文献出版社 2010 年版，第 3 页。

② 俞可平主编：《治理与善治》，社会科学文献出版社 2000 年版，第 8 页。

③ 周佑勇：《推进国家治理现代化的法治逻辑》，载《法商研究》2020 年第 4 期。

④ 吕世伦、叶传星：《马克思恩格斯法律思想研究》，中国人民大学出版社 2018 年版，第 245—252 页。

⑤ 中共中央文献研究室编：《习近平关于全面依法治国论述摘编》，中央文献出版社 2015 年版，第 38 页。

治实施全过程和各环节中公众参与的有效性，通过完善基层立法联系点、行政执法“三项制度”、社会矛盾纠纷预防和化解机制等制度举措，在“法治一体建设”中贯彻全过程人民民主、反映人民群众利益诉求，将法治有效实施的红利真正惠及全体人民；三是引导全体公民树立良善的权利义务观念，正确行使权利、自觉履行义务，营造全民普法和全民守法的法治环境。

二、发展基础:“法治一体建设”的规范供给

“在共同体中被公认为有效的规范不一定都是‘法律’”[①]，“规范”一词的使用在观念层面破除了“法律中心主义”的束缚。关于“法治一体建设”的规范类型，大致有“两分法”“三分法”和“四分法”三种主张：“两分法说”站在国家和社会分立的立场上，认为国家法律和社会规范的良性互动可以实现国家治理现代化，[②]硬法和软法、制定法与民间法的界分实际上也是“二分法”的体现；“三分法说”支持者有的认为国家治理结构包括法律、政策与关系规则之三元组合，[③]有的认为中国特色社会主义国家治理体系包括政策制度、国家法律制度和党内法规制度三套关键性制度体系；[④]“四分法说”支持者认为当代中国的规范体系包括法律规范体系、党内法规体系及党的政策体系、国家政策体系、社会规范体系四大类。[⑤] 若将现有的学术观点组合在一起，基本能够囊括“法治一体建设”的全部规范种类，但在类型划分和内容构成上，则需要以发展的眼光重新审视和科学梳理。综合来看，法律规范体系、党内规范体系、政策规范体系、社会规范体系这一界分思路较为妥当，既确保了相互关系上的周延性，又实现了内容构成上的全面性。

一是法律规范体系。由于中国特色社会主义法律体系业已形成并相对

① 〔德〕马克斯·韦伯：《论经济与社会中的法律》，张乃根译，中国大百科全书出版社 1998 年版，第 15 页。

② 吴元元：《认真对待社会规范——法律社会学的功能分析视角》，载《法学》2020 年第 8 期。

③ 张建伟：《国家转型与治理的法律多元主义分析——中、俄转轨秩序的比较法律经济学》，载《法学研究》2005 年第 5 期。

④ 王伟国：《国家治理体系视角下党内法规研究的基础概念辨析》，载《中国法学》2018 年第 2 期。

⑤ 刘作翔：《当代中国的规范体系：理论与制度结构》，载《中国社会科学》2019 年第 7 期。

完善,关于法律规范体系内容和结构设置的争议最小。根据《中华人民共和国立法法》(以下简称《立法法》)的规定,法律体系按照不同的效力位阶可以分为宪法、法律、行政法规、自治条例、单行条例和规章,其中规章又可根据制定主体的不同,分为国务院部门规章和地方政府规章。唯一需要讨论的是伴随监察体制改革而制定的监察法规,作为一种崭新的法律形式,应当在法律体系中如何“安身立命”。鉴于监察法规的制定主体为国家监察委员会,与行政法规的制定主体——国务院地位平等,故在效力位阶上监察法规应当与行政法规平行,高于地方性法规和规章。[①] 未来《立法法》修订需要将监察法规纳入法律规范体系,及时固化改革成果。

二是党内规范体系。随着党的十八大以来全面从严治党工作的深入开展,制度治党和依规治党深入人心,党内法规作为一种重要的规范形态逐渐达成共识。在党内规范体系中,除党内法规外,还包括党的规范性文件。根据功能作用的不同,党的规范性文件又可分为“探索尝试型”和“贯彻实施型”两种。探索尝试型规范性文件主要面向省级以上制定主体和个别地方制定主体,针对党的领导和党的建设中出现的新情况和新问题,通过自上而下和自下而上双向互动的方式,既保证试验探索不突破党章这一底线,有序开展,又能够充分激发和调动地方党组织的积极性和主动性。[②] 贯彻实施型规范性文件主要面向省级以下党组织,根据地方实际,对重要上位党内法规的内容予以具体化,增强其可操作性,便于铁规落地。[③]

三是政策规范体系。政策规范体系包括国家政策和党的政策,国家政策主要聚焦经济社会发展的国家事务,而党的政策基于党的执政地位,兼有

---

① 祝捷、杜晞瑜:《论监察法规与中国规范体系的融贯》,载《上海政法学院学报(法治论丛)》2020 年第 3 期。

② 例如,根据《中国共产党巡视工作条例》,巡察是推动巡视工作向纵深发展的重要举措,但在党中央正式出台市县巡察工作办法之前,中共中央办公厅在 2017 年率先发布《关于市县党委建立巡察制度的意见》,明确巡察总体要求、职责任务、机构队伍和组织领导等原则性内容,既为地方巡察工作的试验探索指明方向,又为将来关于巡察工作正式党内法规的出台奠定基础。

③ 例如,上海市为贯彻落实中共中央办公厅印发的《党委(党组)落实全面从严治党主体责任规定》,中共上海市委办公厅配套印发《关于各级党委(党组)落实全面从严治党主体责任的实施方案》,该实施方案作为贯彻实施型规范性文件就是为了避免《党委(党组)落实全面从严治党主体责任规定》的执行出现自上而下的衰退和削弱现象,保证上位党内法规真正付诸实施。

党内事务和国家事务。在长期以来的法治观念中，政策由于自身的灵活性和多变性特质，经常被划入与法治相对立的人治范畴。但在我国当下的社会发展阶段，全面深化改革的需求导致部分社会关系无法长期保持稳定状态，亟须在国家法律之外发挥政策的灵活指引功能，“法治一体建设”亦不能脱离政策而独处。国家政策主要包括立法政策、司法政策和行政政策，诸如年度立法计划、司法解释等。党的政策规范大致包括党的基本理论、基本路线、基本方略，党中央重大决策部署，党的政治纪律和政治规矩以及其他党的主张类文件。党的主张类文件与党内规范体系中的规范性文件在名称形式上有诸多相似，但它本质上属于党的政策范畴，应当纳入政策规范体系，与党内法规及规范性文件等同视之会影响规范体系间的均衡性。[①] 值得关注的是，随着党政机构合署合设改革以及党的全面领导的不断完善，党政融合趋势日趋明显，[②]在政策规范体系中应高度重视党的政策和国家政策的“汇流”趋势。

四是社会规范体系。在人类社会生活的早期，产品生产、交换以及分配的重复性需要确立共同规则，“这个规则首先表现为习惯，不久便成了法律”[③]。以习惯、道德、风俗等非正式制度为代表的社会规范，是由国家公权力之外的社会主体制定、约定，或经由长时段的博弈互动和社会交往演化而成并获得公共认可的行为规范的总和。[④] 没有这些非正式制度的支撑和配合，国家正式的制度也就缺乏坚实的基础。[⑤] 结合中西方社会的发展史，达成共识的社会规范可以细分为风俗习惯、道德规范、宗教规范和自治规范四种类型，其中自治规范在我国当下法治社会建设中的重要性尤为突出，包括

---

① 例如，2019 年 1 月中共中央发布的《中共中央关于加强党的政治建设的意见》就属于党的主张类文件，内容上围绕党的十九大以来党的政治建设的重要事项作出了最新规定，有利于推进全面从严治党向纵深发展。该文件的制定主体为中共中央，规定的内容具有基础性、全局性和引领性，其重要性显然要高于中纪委、中央工作机关和省、自治区、直辖市制定的规定、办法、规则和细则。

② 例如，为夯实国家治理的基础工程，中共中央和国务院印发《关于加强基层治理体系和治理能力现代化建设的意见》，以党政联合发文的政策形式推动基层治理现代化。即使是 2021 年 3 月由国务院起草、全国人大审议通过作为国家宏观政策的“十四五”规划，前期也是于 2020 年 10 月先由中央委员会全体会议审议通过并以中共中央名义提出制定建议。

③ 《马克思恩格斯文集》第 3 卷，人民出版社 2009 年版，第 322 页。

④ 吴元元：《认真对待社会规范——法律社会学的功能分析视角》，载《法学》2020 年第 8 期。

⑤ 苏力：《道路通向城市：转型中国的法治》，法律出版社 2004 年版，第 26 页。

但不限于村规民约、居民公约、行业规章和社会组织章程等。

三、发展动力:“法治一体建设”的运行保障

确立治理取向和理顺规范供给为“法治一体建设”的发展拓新开了个好头,但“法治一体建设”的持续运转需要一系列保障机制源源不断注入发展动力。具体而言,“法治一体建设”需要围绕党的领导、示范创建和法治督察等方面完善相应的保障机制。

其一,通过党的领导强化统筹协调。党的二十大报告提出,“完善党中央决策议事协调机构,加强党中央对重大工作的集中统一领导。”[①]“法治一体建设”作为全面依法治国的工作布局,属于法治建设领域的重大工作。对此,党的十九届三中全会审议通过的《深化党和国家机构改革方案》中,决定组建中央全面依法治国委员会,“法治一体建设”也顺理成章地成为该机构的主要职责之一。“法治一体建设”涉及法治中国建设的方方面面,参与主体众多、相互关系复杂、内容千头万绪,需要进一步突出中央全面依法治国委员会的“牵头抓总”地位。中央全面依法治国委员会第二次会议将主题确立为“完善法治建设规划”,这对于加强“法治一体建设”具有深远意义。党的十八大以来,为吸纳各方智慧制定科学的法治建设目标,有序引导法治资源合理配置,调动各方参与全面依法治国实践的积极性和主动性,党中央借鉴新中国成立以来实施经济社会发展规划的成功经验,密集出台了一系列法治建设规划,迎来了法治建设的“规划”时代。[②] 在党中央的诸多法治规划中,最具代表性的便是《规划》《法治社会纲要》以及 2015 年和 2021 年与国务院联合印发的两版《法治政府纲要》,而上述法治规划也将“党的领导”作为首要的工作保障机制,鲜明体现出党在“法治一体建设”中独一无二的政治引领功能。

---

① 习近平:《高举中国特色社会主义伟大旗帜 为全面建设社会主义现代化国家而团结奋斗——在中国共产党第二十次全国代表大会上的报告》,载《求是》2022 年第 21 期。

② 马怀德:《迈向“规划”时代的法治中国建设》,载《中国法学》2021 年第 3 期。

其二，通过示范创建树立先进典型。2019年5月中央全面依法治国委员会办公室(以下简称“中央依法治国办”)向社会发布《关于开展法治政府建设示范创建活动的意见》，通过“以创建促提升，以示范带发展”的方式打造标杆典型，从而为各地方、各部门的法治政府建设提供参考和借鉴。不仅局限于法治政府建设，“法治一体建设”在不少地区和行业内也形成了诸多典型样本。譬如“法治浙江”的系列实践、一体建设的“宿迁样本”[①]、行政机关负责人出庭应诉、公益诉讼和监察体制改革等，共同形塑了“法治一体建设”的地方试验型模式。[②] 之所以倡导法治示范创建机制，本质上缘于“法治一体建设”在各地区、各行业的发展并不均衡，若要实现“法治一体建设”在全国范围内的整体性提升和高质量发展，必须发挥先进典型的正面激励效应，在相互参考借鉴和复制推广之中实现“法治一体建设”水平的整体跃升。在“法治一体建设”示范创建中，科学的评估指标体系是工作开展的重要前提和具体指引，事关示范创建活动的社会公信力和群众满意度。至于具体指标体系的构建，不应停留在法治国家指标、法治政府指标和法治社会指标的分体设计阶段，[③]而是要致力于提炼“科学融贯的规范依据”“协作联动的共治格局”“高效顺畅的权力制约”“尊法守法的良好风尚”等“法治一体建设”的一级考评指标并逐渐达成共识，在一级指标之下视情况丰富二级或三级指标，从而搭建专门适配于科学评价“法治一体建设”成效的指标体系。鉴于示范创建仍属于法治建设领域的新兴机制，示范创建活动的管理应当按照2022年4月中共中央办公厅和国务院办公厅最新印发的《创建示范活动管理办法(试行)》的各项要求逐步探索完善，并由中央依法治国办牵头，适时出台本领域的实施办法。

其三，通过法治督察夯实建设责任。在复杂的社会关系中，个体之间以及个体与特定群体之间因相同的活动事项而产生连接点。作为地方“法治

---

① 倪方方等：《改革创新，让法治成为宿迁核心竞争力》，载《新华日报》2021年12月14日第4版。

② 章志远：《法治一体建设地方试验型模式研究》，载《中共中央党校(国家行政学院)学报》2021年第2期。

③ 莫于川：《法治国家、法治政府、法治社会一体建设的标准问题研究——兼论我国法制良善化、精细化发展的时代任务》，载《法学杂志》2013年第6期。

一体建设”重要决策者的地方主政官员，更难以摆脱因决策而陷入的复杂博弈关系之中，而重复的博弈结构反过来又会对地方主政官员的法治决策产生影响。[①] 具体而言，地方主政官员在“法治一体建设”中主要卷入了两种博弈关系：一是与上级机关的关系，地方主政官员作为科层体制的有机组成部分，在推进“法治一体建设”上的工作表现，必然会受到上级机关的考核监督，而考评结果又事关地方主政官员的政绩和升迁；二是与辖区公众的关系，地方主政官员要对辖区内包括“法治一体建设”在内的所有公共任务负总责，致力于辖区公众整体福利水准的提升。由此，在“法治一体建设”的履职结构中，形成了以地方主政官员为节点的双重博弈结构。地方主政官员在与上级部门的博弈中形成了长期博弈关系，退出成本很高，而与辖区公众则是短期博弈关系，退出成本较低，其在“法治一体建设”上的履职重心难免向上级和中央倾斜，注意力分配上的失衡所引发的直接后果便是法治社会建设远远滞后法治国家和法治政府建设。作为一种自上而下兼具政府督查和党内巡视双重属性的压力传导机制，法治督察将中央到地方的全部主政官员纳入闭环的责任体系之中，体现出法治建设责任主体勇于自我革命、主动接受监督的魄力，确保“法治一体建设”的各项决策部署落到实处。

① 方福前：《公共选择理论——政治的经济学》，中国人民大学出版社2000年版，第18页。

第二章

法治一体建设的探索

2012年习近平总书记首次提出“坚持法治国家、法治政府、法治社会一体建设”的重大理论命题。党的十九大报告明确提出法治国家、法治政府、法治社会建设三者要“相互促进”，实现了三者关系从“一体建设”到“相互促进”的发展，注重凸显协同性、相互性、联动性和动态实施性。这些年来，中央与地方层面在法治建设中形成诸多法治国家、法治政府、法治社会建设互动推进的改革经验。《规划》的主要原则之一是，“坚持贯彻中国特色社会主义法治理论。深入贯彻习近平法治思想，系统总结运用新时代中国特色社会主义法治建设的鲜活经验，不断推进理论和实践创新发展”。本章立足于近年来的法治建设实践成果，通过对若干典型制度改革样本的实证观察，提炼、总结并论证极具本土特色的法治一体建设实践模型，以最终形成能够指导与助推法治一体建设的智识资源。概览近年来中央与地方的重要改革实践，发现不同的法治改革举措虽各有其立足点与侧重点，但不少实践最终实现了法治国家、法治政府、法治社会建设上的三位一体，展现出法治一体建设局部达成的多元路径。以法治改革举措的主导者为据，目前较为成熟的法治一体建设实践样本可区分为中央主导型、地方试验型和政社协同型。

第一节 中央主导型

我国推进全面依法治国战略中不间断的实践探索是本土法治建设经验累积与发展的鲜活表现。早于法治一体建设的重大理论命题提出之前,中央与地方、公与私层面之间已有体现国家、政府与社会法治互动的创新性实践。其中,由中央力推从而得以发展的一类实践可归为中央主导型的法治一体建设,它具体表现为一种中央指令地方探索的发展设计模式。这类改革直接发端于中央,在地方成功试点后经由立法固化而定型,近年来较为典型的有行政公益诉讼制度、行政复议委员会制度等。

一、中央主导型的实践样本

检察机关提起行政公益诉讼和监察委员会专门行使国家监察职能,都是党中央和习近平总书记亲自部署的重大改革举措,是国家治理体系和治理能力现代化的重要内容,体现了中央主动指令地方探索的决心。这两项改革涉及国家机关之间权力关系的重大调整,必须由中央层面统一部署后才能交由地方进行有序试点。由于党中央的周密部署,试点地区能够在相对较短的时间内形成有益的试点经验,为国家及时立法正式确认提供了充分的实践支撑,构成了地方试验型法治一体建设模式的特殊样本。

(一)行政公益诉讼制度

行政公益诉讼改革源于党的十八届四中全会作出的《中共中央关于全面推进依法治国若干重大问题的决定》,"探索建立检察机关提起公益诉讼制度"是其中明确的重要任务。在中央全面深化改革领导小组、全国人大常委会的大力推动和最高人民法院、最高人民检察院的精心部署下,北京等13个省、自治区、直辖市检察机关提起公益诉讼的试点工作取得了积极成效。在两年试点期间,各试点地区检察机关在生态环境和资源保护、食品药品安全、国有资产保护、国有土地使用权出让等领域,共办理公益诉讼案件9053件,包括诉前程序案件7903件、提起诉讼案件1150件。诉前程序案件中,行政机关主动纠正违法5162件。起诉案件中,人民法院判决结案437件,全部支持了检察机关的诉讼请求。[①] 2017年6月，第十二届全国人大常委会第二十八次会议作出了修改《中华人民共和国民事诉讼法》(以下简称《民事诉讼法》)和《中华人民共和国行政诉讼法》(以下简称《行政诉讼法》)的决定，检察机关提起公益诉讼制度正式“入法”成为我国重要的诉讼法律制度，标志着具有中国特色的公益司法保护制度落地生根。在2018年、2019年，《中华人民共和国人民检察院组织法》《中华人民共和国检察官法》分别通过修订，进一步明确了检察机关公益诉讼职权。

随着公益诉讼实践的推进，该项改革举措逐步印证着中央如何带动地方法治建设与促进政府法治建设。其实，早在2014年习近平总书记关于《中共中央关于全面推进依法治国若干重大问题的决定》的说明中就提及：“由检察机关提起公益诉讼，有利于优化司法职权配置、完善行政诉讼制度，也有利于推进法治政府建设。”自2017年公益诉讼正式运作以来，其对地方立法、政府法治的助力逐步彰显。例如，宿迁市人民检察院提起的向未成年人提供上网服务民事公益诉讼案，最终促成《宿迁市人民代表大会常务委员会关于禁止电竞酒店向未成年人提供互联网上网服务的决定》这一立法文件的施行，其中设定了对电竞酒店违规接纳未成年人的处罚权。[②] 又如，最高人民检察院检察长张军2019年10月23日在第十三届全国人民代表大会常务委员会第十四次会议上所作《最高人民检察院关于开展公益诉讼检察工作情况的报告》中指出，“公益诉讼检察的本质是助力依法行政”，“检察机关依法发出诉前检察建议后，绝大多数行政机关积极行动、依法履职”。由此，公益诉讼作为最初由中央主导的法治改革举措，最终彰显的是法治国家、法治政府、法治社会的协同并进。

(二) 行政复议委员会制度

自1999年《中华人民共和国行政复议法》(以下简称《行政复议法》)施行以来，行政复议制度常常受到中立性不足、专业性欠缺等质疑。为提升行政复议的公正性和公信力，提高行政复议解决行政纠纷的能力，设置行政复议委员会成为理论界普遍呼吁的改革。根据2008年国务院法制办公室印发的

---

① 魏哲哲：《检察机关提起公益诉讼制度全面实施》，载《人民日报》2017年7月3日第9版。

② 管莹等：《检察民事公益诉讼推动地方立法》，载《检察日报》2023年2月4日第1版。

《关于在部分省、直辖市开展行政复议委员会试点工作的通知》(以下简称《试点工作通知》),北京、黑龙江、江苏、山东、河南、广东、海南、贵州8个省、直辖市开展行政复议委员会试点工作。2010年国务院在《关于加强法治政府建设的意见》中提出,“探索开展相对集中行政复议审理工作,进行行政复议委员会试点。”基于行政复议委员会的地方实践探索,2023年修订的《行政复议法》第52条第1款明确规定:“县级以上各级人民政府应当建立相关政府部门、专家、学者等参与的行政复议委员会,为办理行政复议案件提供咨询意见,并就行政复议工作中的重大事项和共性问题研究提出意见。行政复议委员会的组成和开展工作的具体办法,由国务院行政复议机构制定。”该条第2款则进一步明确了行政复议委员会的功能定位与适用范围。

2023年《行政复议法》修订之前,部分国务院部门和相当一部分的地方政府已经设置行政复议委员会。由于《试点工作通知》允许试点单位根据自身工作实际,就行政复议委员会的功能定位、职责范围、组织形式、工作规则等内容进行积极探索,因此各地对行政复议委员会的设置安排并不统一。在之前的地方实践中,行政复议委员会的功能定位存在以下两种类型:

(1) 行政复议委员会是议决机构。在这一情形下,行政复议委员会的审议意见是最终审议结论,行政复议机关按照行政复议委员会的审议结论作出行政复议决定。有专家指出,将行政复议委员会定位为议决机构是对复议体制作出的重大调整,行政复议委员会取代原来的复议机构成为案件的实质审理、决定机构,复议机关负责人原则上应当尊重复议委员会形成的议决结果。[①] 例如,自然资源部行政复议委员会的职责包括:贯彻实施行政复议法律法规,审定自然资源行政复议相关制度;审定重大、复杂、疑难的行政复议案件及因行政复议决定引起的重大行政诉讼案件;审定自然资源行政复议行政应诉工作情况报告;研究议定行政复议行政应诉工作中反映的重大问题,审定行政复议行政应诉约谈、通报工作;审定行政复议工作的其他重要事项。典型地方有厦门市、哈尔滨市等。2010年11月,福建省人民政府办公厅印发《关于在厦门市、南靖县开展相对集中行政复议审理和行政复

① 王万华:《行政复议法的修改与完善研究——以实质性解决行政争议为视角》,中国政法大学出版社2020年版,第49页。

议委员会试点工作的通知》(闽政办〔2010〕274 号),其中明确市政府相对集中行政复议审理,除市公安局暂未纳入试点范围外,30 多个原先具有行政复议职责的市直部门不再承担行政复议任务,改由市政府行政复议委员会集中承担。厦门所建立的是政府主导、社会参与的行政复议工作机制,设立市政府行政复议委员会,作为市政府审理行政复议案件的审议机构。① 对此,《厦门市人民政府行政复议委员会组织规程》(2011)第 2 条明确规定:"行政复议委员会的职责是:研究制定行政复议工作制度;审议重大、疑难、复杂的行政复议案件;研究行政复议工作中的重大问题及其他相关工作。"第 5 条则进一步明确了行政复议委员会办公室的职责,即"受理行政复议申请;组织行政复议案件调查、听证;审理行政复议案件;提出行政复议案件初审意见;组织行政复议委员会会议;负责行政复议委员会其他日常工作"。并且,对于行政复议委员会审议的案件,《厦门市人民政府行政复议委员会案件审议规则》(2011)第 14 条规定,行政复议委员会办公室根据案件审议会议形成的审议意见,以市政府名义制定行政复议法律文书。《哈尔滨市行政复议规定》(2008)第 4 条第 1 款规定:"市人民政府行政复议委员会依照本规定履行市人民政府受理的行政复议案件的议决职责。"《桂林市人民政府行政复议委员会工作规则》(2021)第 2 条规定:"市人民政府设立行政复议委员会,作为市人民政府行政复议案件的最高办案组织,负责审理特别重大、疑难、复杂的行政复议和行政应诉案件。"第 10 条规定:"行政复议办公室应当根据行政复议委员会的决定作出行政复议决定。"

(2) 行政复议委员会是议事咨询机构。在这一情形下,行政复议委员会对行政复议案件的审理表决结果,仅作为复议机关作出行政复议决定的参考意见。例如,《上海市人民政府行政复议委员会章程》(2011)第 2 条规定:"行政复议委员会负责审议市政府重大、复杂、疑难的行政复议案件,为市政府作出有关行政复议决定提供审议意见。行政复议委员会参与研究本市行政复议工作中的重大问题,为改进和完善市政府行政复议工作提供咨询意

① 《厦门经验!国务院法制办简报刊载厦门行政复议委员会试点经验》,https://www.163.com/dy/article/EVMAM9DJ05372HIN.html,2023 年 9 月 16 日最后访问;江海苹等:《蹚出法治政府建设创新之路》,载《厦门日报》2020 年 10 月 13 日第 A04 版。

见。”又如，在北京，普通类案件是由政府复议机关负责处理，但若遇到事实不清、法律适用存疑的重大、疑难类案件，则交由行政复议委员会议决，并出具审理意见书，作为行政复议机关作出复议决定的参考建议，政府复议机关对复议案件的处理依然占到多数。与厦门模式相比较，北京模式中的复议委员会在性质上更接近于一种咨询机构，主要负责研究行政复议中的重大疑难问题，为复议工作提供专业知识上的协助。[①] 将行政复议委员会定位为议事咨询机构也日渐成为当前各地改革的主流做法。2020 年 2 月中央全面依法治国委员会第三次会议通过的《行政复议体制改革方案》中指出：“探索建立政府主导，相关政府部门、专家学者参与的行政复议咨询委员会，为重大、疑难、复杂的案件提供咨询意见。”其后，不少地方根据这一改革要求进行探索。例如，浙江省专门成立行政复议咨询委员会，为办理重大、疑难、复杂的行政复议案件提供咨询意见。浙江省司法厅党委书记、厅长指明，浙江省行政复议咨询委员会的成立，就是贯彻落实《行政复议体制改革方案》，也是为了提升案件质效、强化政府复议权威等目标的实现。[②]

总体而言，行政复议委员会制度的发展充分体现出法治一体建设中中央与地方，国家与政府、社会之间的互动路径。在纵向层面，行政复议委员会的设立发端于地方，但其全面推进却有赖于中央层面的统一部署；地方对行政复议委员会的实践探索最终汇集成前期经验与积累，反哺行政复议委员会制度的完善，并在行政复议法的修订中予以体现。[③] 在横向层面，行政复议委员会制度的发起与推进是行政复议凸显自身科学性、独立性与公正性所需。行政复议委员会的多元主体组成，影响行政复议案件结果的程序设置，均体现出该制度在助力法治政府建设的同时，也助推着法治社会建设的实现。此外，随着跨区域行政复议委员会的不断设立与运作，地方法治建

① 刘莘、陈悦：《行政复议制度改革成效与进路分析——行政复议制度调研报告》，载《行政法学研究》2016 年第 5 期。

② 《浙江成立省行政复议咨询委员会》，https://mp.weixin.qq.com/s/CoyF-OSs7kjdPlspBdMPFw，2023 年 8 月 10 日最后访问。

③ 早在 1999 年《行政复议法》实施时，贵州省政府就于同年 12 月设置了行政复议委员会，2006 年国务院在全国行政复议工作会议上，明确了“有条件的地方和部门可以开展行政复议委员会的试点工作”。参见王敬波：《行政复议委员会是行政复议体制改革的靶点》，载《中国司法》2022 年第 2 期。

设对国家法治的重要意义也得到彰显。[①]

二、中央主导型的典型特质

以行政公益诉讼和行政复议委员会改革为典型的中央主导型的法治实践是法治一体建设的有益成果。其中,法治国家、法治政府、法治社会建设的互动与一体推进主要体现于以下三个方面:

(一)缘起于中央的统筹布局

就上述两项改革举措的生成动因而言,虽源于中央指令,但实际上忠于的是社情民意。公众对法治的更高要求,以及法律制度自身的运作不畅均是国家进行制度更新与完善的动力。"社会决定国家是国家和社会关系的主要方面,因而也是理解和建设现代法治的根本点。"[②]党的十八届四中全会就已对全面推进依法治国重大任务予以明确,即"完善以宪法为核心的中国特色社会主义法律体系,加强宪法实施;深入推进依法行政,加快建设法治政府;保证公正司法,提高司法公信力;增强全民法治观念,推进法治社会建设;加强法治工作队伍建设;加强和改进党对全面推进依法治国的领导"。在这一目标导向下,上述公益诉讼与行政复议委员会的法治改革实践是法治国家建设的具体表现,而两者又同时推动了法治政府与法治社会建设上的发展。

结合具体改革实践来看,中央主导型的法治实践往往是为了回应民众对立法、执法、司法的更高期待。"检察公益诉讼制度是一项中国独创的机制"[③],是一次国家主导的中国特色社会主义法治建设的实践探索。最高人民检察院检察长张军2019年10月23日在第十三届全国人民代表大会常务委员会第十四次会议上所作《最高人民检察院关于开展公益诉讼检察工作情况的报告》中指出:"探索建立检察机关提起公益诉讼制度,是党的十八届

---

① 2020年7月,长三角生态绿色一体化发展示范区行政复议委员会正式成立。该委员会由浙江、江苏、安徽和上海的司法局(厅)联合组建,主要工作内容是针对长三角一体化示范区相关行政复议机关办理的重大、复杂、疑难等案件提供咨询性意见。

② 江必新、王红霞:《法治社会建设论纲》,载《中国社会科学》2014年第1期。

③ 刘艺:《论国家治理体系下的检察公益诉讼》,载《中国法学》2020年第2期。

四中全会作出的一项重大改革部署，也是以法治思维和法治方式推进国家治理体系和治理能力现代化的一项重要制度安排。”根据十八届四中全会精神，检察机关提起公益诉讼制度是国家优化司法职权配置上的一次自主改革，秉持的是“公正是法治的生命线”这一价值理念。行政复议委员会制度推出的重要原因之一是，审理机构、审理方式、审理程序设置等方面的缺陷导致行政复议暴露出“权威性不足、公正性存疑、效果不佳等问题”，进而使得大量行政纠纷并未通过行政复议的途径解决。[①] 为了切实改变我国目前“大信访、中诉讼、小复议”的维权格局，2021 年《法治政府纲要》中明确修改行政复议法是重要任务之一，行政复议则再次被强调应是解决行政争议的主渠道。我国行政复议制度运行的目的是通过监督行政机关依法行使职权保障公民、法人和其他组织的合法权益。[②] 其中，行政复议委员会的准确定位与科学设置无疑是体现行政复议制度公正、科学、权威的重要内容。法治建设的核心任务之一是法被公众认同、信任并严格遵守，因此国家层面的法治改革本质上仍需以民众支持为基础。换言之，上述两项改革实际上展现出法治国家与法治社会建设的一体两面，以及彼此的融贯互动。

（二）充实于各地的创新性实践探索

就改革实践而言，虽然两项改革的顶层设计来自中央，但具体制度设计的充实来源于地方。以公益诉讼法律制度的发展历程为例，它的运作规则不少是从地方的实践经验总结与提炼而来，它的适用空间也随着地方实践的推进而得以不断突破。

截至 2023 年，公益诉讼的案件范围得到极大拓展，法定办案领域已经形成“4＋10”格局。[③] 在此基础上，各地检察机关继续探索新的适用领域，例如文物和文化遗产保护、网络暴力治理等。根据新时代对公益诉讼工作的新

---

① 黄学贤：《行政复议委员会机制新论》，载《苏州大学学报（法学版）》2021 年第 2 期。

② 无论是 1999 年颁布的《行政复议法》，还是 2023 年修订的《行政复议法》，它们的第 1 条中均明确行政复议指向“保护公民、法人和其他组织的合法权益”这一目标。

③ “4”为诉讼法中明确列举的生态环境和资源保护、食品药品安全、国有财产保护、国有土地使用权出让领域；“10”为通过单行法增设的领域，包括英雄烈士保护、未成年人保护、军人地位和权益保障、安全生产、个人信息保护、反垄断、反电信网络诈骗、农产品质量安全、妇女权益保障以及 2023 年新出台的《中华人民共和国无障碍环境建设法》增设的无障碍环境建设。参见《2023 公益诉讼的“数字密码”》，载《检察日报—公益周刊》2023 年 12 月 28 日。

要求，检察机关树立了全新的办案理念，即“双赢多赢共赢”理念、“诉前实现保护公益目的是最佳司法状态”理念和“持续跟进监督”理念。[①] 以此为前提，公益诉讼制度运作本身也在实践探索中不断得到完善。例如，随着两年试点期的结束，最高人民法院和最高人民检察院于2018年联合发布了《关于检察公益诉讼案件适用法律若干问题的解释》，并结合实践情况于2020年予以修订。又如，基于地方检察实践积累，最高人民检察院会同生态环境部等9个部委制定《关于在检察公益诉讼中加强协作配合依法打好污染防治攻坚战的意见》，其中提炼了涉案管辖、法律适用以及履职尽责等多项规则标准。在公益诉讼制度正式纳入《民事诉讼法》《行政诉讼法》之前，它主要依循的是最高人民检察院、最高人民法院先后发布的《检察机关提起公益诉讼改革试点方案》《人民检察院提起公益诉讼试点工作实施办法》《人民法院审理人民检察院提起公益诉讼案件试点工作实施办法》。基于公益诉讼地方探索的前期积累，最高人民检察院还于2021年公布并施行《人民检察院公益诉讼办案规则》。

（三）落脚于改革与法治的协调统一

《中共中央关于加强新时代检察机关法律监督工作的意见》明确了检察机关“是保护国家利益和社会公共利益的重要力量”，公益诉讼保护“中国方案”正在进入专门立法程序；2023年修订的《行政复议法》第1条明确将行政复议定位为“化解行政争议的主渠道”。公益诉讼的制度和行政复议委员会发端于“以人民为中心”价值理念，发展于地方多样的实践探索，最终落脚于相关法律的制定与完善。“科学立法是处理改革和法治关系的重要环节。”[②] 可以说，这两项制度的发展过程是改革与法治协同互动的体现。就改革成果而言，其直观表现是中国特色社会主义法律体系的进一步完善。

在公益诉讼的改革上，已经形成的立法成果是，随着公益诉讼案件范围的稳妥拓展，根据党的二十大报告中对“完善公益诉讼制度”的部署要求，《中华人民共和国未成年人保护法》《中华人民共和国军人地位和权益保障

---

① 详见最高人民检察院检察长张军2019年10月23日在第十三届全国人民代表大会常务委员会第十四次会议上所作《最高人民检察院关于开展公益诉讼检察工作情况的报告》。

② 习近平：《论坚持全面依法治国》，中央文献出版社2020年版，第37页。

法》《中华人民共和国安全生产法》《中华人民共和国个人信息保护法》制定或修改时，均写入公益诉讼检察条款。[①] 此外，即将形成的立法成果是专门性公益诉讼立法的出台。具体而言，《十四届全国人大常委会立法规划》把制定“检察公益诉讼法(公益诉讼法，一并考虑)”列入第一类项目。同时，中央政法委印发的《政法领域立法规划(2023—2027 年)》明确提出制定检察公益诉讼法。“经过近 10 年的理论研究和实践探索，检察公益诉讼制度已成为全面依法治国的一个重要成果，在法治中国建设火热实践中焕发出蓬勃生机。”[②]可以想见，一项充分吸收本土智慧的公益诉讼法律制度正在进一步科学化与体系化，公益司法保护“中国方案”即将以立法的形式展现。在行政复议委员会的改革上，2023 年修订的《行政复议法》明确在第 52 条中规定该机制的法律属性与适用范围。总结而言，中央主导型法治一体建设实践凸显出多项特质：一是改革涉及国家机关之间权力关系的重大调整，必须由中央层面统一部署后才能交由地方进行有序试点；二是党的决策引领在推进改革中至关重要；三是运用法治思维与法治方式深化改革、化解矛盾和应对风险。

第二节 地方试验型

2019 年恰逢中华人民共和国成立七十周年。回望七十年国家经济社会的发展历程，可以看出，前三十年更多的是一种中央直接主导设计的发展模式，计划经济体制下的人民公社、单位体制就是典型例证。改革开放以来的四十年则在发展模式上出现了显著变化，更多制度创新都是从地方实践中“试出来”“闯出来”的，发轫于安徽凤阳“包产到户”的家庭联产承包责任制和创办经济特区“杀出一条血路”的先行先试改革都是明证。这种带有经验主义色彩的改革经由经济领域、社会领域向行政领域、司法领域扩张，成为

① 详见最高人民检察院检察长张军 2022 年 3 月 8 日在第十三届全国人民代表大会第五次会议上所作《最高人民检察院工作报告》。

② 应勇：《以习近平法治思想为指引 加快推进检察公益诉讼立法》，载《学习时报》2023 年 10 月 20 日。

引领新时代继续改革开放的强大引擎。

一、地方实验型的实践样本

自党的十五大首次提出“依法治国，建设社会主义法治国家”的目标以来，经过二十多年的砥砺奋进，法治国家建设硕果累累。近年来，党中央、国务院围绕建设法治政府这一“全面推进依法治国的重点任务和主体工程”作出了一系列战略擘画。[①] 与此同时，全国各地在坚持法制统一性原则的前提下开展了一系列卓有成效的法治政府示范创建活动，形成了一大批可复制、可推广的做法和经验，彰显出地方与中央之间的密切配合和良性互动，既为深化法治一体建设奠定了扎实基础，也为总结我国法治一体建设模式提供了绝佳素材。地方试验型的法治一体建设指的是一种地方自发创造的发展设计模式。这类改革发轫于地方的创新性改革实践，是地方法治建设的自主探索，最终得到中央认可。

（一）行政机关负责人出庭应诉制度

行政机关负责人是否需要出庭应诉，原本是一个微不足道的微观技术问题，1989 年《行政诉讼法》并未作出规定。然而，自 2004 年以来，地方不断兴起的要求行政机关负责人出庭应诉的“创举”，逐渐为国务院和最高人民法院所认可，成为加快法治政府建设和优化行政审判环境的重要抓手。特别是江苏“海安样本”的兴起，引起了最高人民法院的极大关注，甚至被列为改革开放四十年来中国行政法发展的“大事”之一。[②] 作为制度实施典型样本的江苏省海安县，将行政机关负责人出庭应诉作为业绩考核重要内容写入《法治海安建设实施纲要》之中。截至 2012 年年底，海安县三任县长及两百多位行政机关负责人在行政诉讼中应诉，应诉率 7 年保持 100％。[③]

2007 年 4 月，最高人民法院印发《关于加强和改进行政审判工作的意

---

① “法治政府在法治中国格局中具有特殊的地位和作用，在某种意义上可以说政府的法治化决定着法治国家和法治中国的质量和进程。”张文显：《习近平法治思想研究（中）——习近平法治思想的一般理论》，载《法制与社会发展》2016 年第 3 期。

② 何海波等编著：《法治的脚步声——中国行政法大事记（1978—2014）》，中国政法大学出版社 2015 年版，第 214—215 页。

③ 同上书，第 214 页。

见》，提出人民法院要肯定和支持行政领导出庭应诉，但不宜提出刚性要求和作出强制性规定，可以向行政机关或者有关部门提出建议做好宣传工作，推动这项工作健康发展。国务院《关于加强市县政府依法行政的决定》指出，要认真做好行政应诉工作，鼓励、倡导行政机关负责人出庭应诉。2009年6月，最高人民法院印发《关于当前形势下做好行政审判工作的若干意见》，提出要通过推动行政机关法定代表人出庭应诉制度，为协调、和解提供有效的沟通平台。国务院《关于加强法治政府建设的意见》指出，完善行政应诉制度，积极配合人民法院的行政审判活动，支持人民法院依法独立行使审判权。对人民法院受理的行政案件，行政机关要依法积极应诉，按规定向人民法院提交作出具体行政行为的依据、证据和其他相关材料。对重大行政诉讼案件，行政机关负责人要主动出庭应诉。

在各方合力的推动之下，行政机关负责人出庭应诉比例不断提高、实效逐渐增强，最终被2014年修订的《行政诉讼法》明确认可，成为具有鲜明中国特色的正式法律制度。修订后的《行政诉讼法》第3条第3款规定："被诉行政机关负责人应当出庭。不能出庭的，应当委托行政机关相应的工作人员出庭。"此后，最高人民法院一直通过司法解释和司法文件形式进一步细化法律规定，使这一法律制度更具可操作性。2015年4月，最高人民法院公布《关于适用〈中华人民共和国行政诉讼法〉若干问题的解释》，第5条专门规定"'行政机关负责人'，包括行政机关正职和副职负责人。行政机关负责人出庭应诉的，可以另行委托一至二名诉讼代理人"；2016年7月，最高人民法院印发《关于行政诉讼应诉若干问题的通知》（法〔2016〕260号），提出"依法推进行政机关负责人出庭应诉""为行政机关依法履行出庭应诉职责提供必要条件""支持行政机关建立健全依法行政考核体系"；2016年9月，针对福建省高级人民法院《关于如何正确理解和处理行政机关出庭应诉问题》，最高人民法院作出〔2015〕行他字第13号电话答复；2018年2月，最高人民法院公布《关于适用〈中华人民共和国行政诉讼法〉的解释》（以下简称《行诉解释》），用五个条文专门规定行政机关负责人出庭应诉的细化举措；2020年6月，最高人民法院公布《关于行政机关负责人出庭应诉若干问题的规定》，从明确行政机关负责人出庭应诉的定义和范围、确定人民法院通知行政机关负责人出庭应诉的案件、合理减轻行政机关负责人出庭应诉负担、细化行政机关负责人出庭应诉相关程序、明确行政机关负责人不能出庭的正当理由、规定行政机关负责人出庭效果保障措施及行政机关负责人未履行出庭应诉义务的处理等七个方面作出了详细规定,使得行政机关负责人出庭应诉真正成为一项具有法律约束力的“刚性”制度。此后,行政机关负责人出庭应诉制度继续为党和国家权威文件所认可。2021年1月,中共中央印发《规划》,提出要规范和加强行政应诉工作;2021年8月,中共中央、国务院印发2021年《法治政府纲要》,要求认真执行行政机关负责人出庭应诉制度。

（二）行政审批告知承诺制

在我国,行政审批告知承诺是一项源于地方,发展至中央,再扩散到全国的行政审批制度改革的重要制度。上海市是探索并实行告知承诺制最早的地区。早在2001年,上海市浦东新区就在企业设立登记和开业审批环节,探索开展告知承诺制度,并逐步在基础设施建设等领域扩大告知承诺的适用范围。在上海不断探索告知承诺制的过程中,中央层面也慢慢开始鼓励采用告知承诺这一行政审批的改革模式。从中央的政策规定上看,我国告知承诺制的产生与发展历程大致可划分为三个阶段:第一阶段是分散式的摸索期(2003—2014);第二阶段是集中式的试点推广期(2015—2017);第三阶段是全面性的应用期(2018年至今)。

告知承诺制生发于上海,经过多年试点后被推广至全国。从现有国家政策文件来看,2015年之前的告知承诺制一直处于“散兵游勇”的状态,并未被正式、系统地规定。在早期的摸索时期,国家政策文件较少规定采用告知承诺制,只有三份文件提及这一改革方式:一是2003年12月30日国家工商行政管理总局发布的《关于贯彻落实〈内地与香港关于建立更紧密经贸关系的安排〉和〈内地与澳门关于建立更紧密经贸关系的安排〉促进内地与港、澳经济共同发展的若干意见》(工商外企字〔2003〕第149号)。该意见中强调“各被授权局要在内地有关法律、法规的框架内,进一步改进工作方式、方法,简化登记手续,为香港澳门投资者营造良好的投资环境”,具体举措为“各地可以在原有试点基础上,继续探索‘并联审批’‘告知承诺’等改革模式,提高工作效能”。二是2004年10月8日中央宣传部、新闻出版总署、公安部等《关于印发〈印刷复制业专项整治工作方案〉的通知》(新出联〔2004〕22号)。该通知中提及,“专项整治工作结束后,印刷复制企业所在地县(市)、乡(镇)要普遍推行告知承诺制度,巩固整治成果”。三是2008年12月国家发展和改革委员会发布的《珠江三角洲地区改革发展规划纲要(2008—2020年)》。该纲要中明确要改进政府管理和服务方式,其中包括改进企业登记方式,试行告知承诺制。

自2015年开始,国家层面有意识地在部分地区集中开展告知承诺制度的试点工作。在《国务院关于印发2015年推进简政放权放管结合转变政府职能工作方案的通知》(国发〔2015〕29号)中,告知承诺制被明确应予以推广适用。作为最早探索告知承诺制的地区,上海市理所应当地成为该制度试点改革的排头兵。据了解,上海市从1998年就着手研究推行行政审批告知承诺制。上海市浦东新区从2001年开始就在企业设立登记和开业审批环节,探索开展告知承诺制度,并逐步在基础设施建设等领域扩大告知承诺的适用范围。2001年7月和9月,上海市人民政府分别批准了《外高桥保税区行政审批制度改革方案》和《关于浦东新区企业设立、开业试行告知承诺审批方式的意见》。同年8月和10月,外高桥保税区和浦东新区在企业设立、开业环节分别开始试行告知承诺审批方式,主要是为了提高企业办理许可证和营业执照的速度。2002年,在总结经验的基础上,经上海市人民政府批准,扩大实行告知承诺审批方式的审批事项范围,并且在部分基本建设审批环节和其他管理领域也开始试行告知承诺审批方式。2014年4月16日,上海市质监局正式印发《中国(上海)自由贸易试验区内产品质量检验机构资格审批部分变更审批告知承诺办法》和《中国(上海)自由贸易试验区内产品质量检验机构计量认证部分变更审批告知承诺办法》,两个办法于2014年6月1日起正式施行。这标志着上海在全国率先在检验检测机构资质认定审批领域实施告知承诺制,这也是上海市质监局首批开展告知承诺制的审批项目。

在2015年至2017年期间,国务院接连发布多个文件推进告知承诺制在上海、北京的应用与施行。2015年12月22日,《国务院关于上海市开展“证照分离”改革试点总体方案的批复》正式同意了上海市浦东新区开展“证照分离"改革试点的请示。在具体改革方案中，就包含"推动一批行政许可事项实行告知承诺制"的内容。浦东新区开展的"证照分离"改革试点，把告知承诺作为主要改革方式，并推动了"一业一证"改革，建立了以信用监管为支撑的告知承诺审批管理制度。随后，《国务院关于印发全面深化中国（上海）自由贸易试验区改革开放方案的通知》（国发〔2017〕23号）再次强调深化"先照后证"改革，全面实行"证照分离"，并按照告知承诺和加强市场准入管理等方式进一步优化调整需要保留的行政审批。2016年5月13日，《国务院关于北京市开展公共服务类建设项目投资审批改革试点的批复》也明确创新审批方式，探索实行告知承诺制。基于现有改革经验的积累和后续改革发展的需要，国务院明确在更大范围内推进"证照分离"改革试点。在《国务院关于在更大范围推进"证照分离"改革试点工作的意见》（国发〔2017〕45号）中明确指出要实行告知承诺制。在中央正式全面推进之前，上海、北京等地已有关于告知承诺的不少实践探索。但在2018年之后，地方的实践探索更多地上升至告知承诺制的系统设计、构架层面。在这个阶段，各地告知承诺制的实施领域得到较大范围的扩展，相关系统性的制度文件也在不断出台发布。

二、地方试验型的典型特质

中国法治建设的复杂性和艰巨性决定了地方多点试验和边缘创新的必要性。以开启我国法治建设新时代的《行政诉讼法》的颁布实施为例，文本上理想的行政诉讼制度与现实运作渐行渐远，一些富有中国特色的具有"中药"性质的制度由边缘走向中心，反而成为中国行政审判实践中的新宠。这些源自地方自发形成的改革举措，经过实践检验逐步获得高层认可，进而在更大范围内得到适用，对本土行政法治理念的形塑发挥了重要作用。总体而言，地方试验型法治实践的典型特质有以下三点：

（一）以自主性的实践探索为基础

无论是在制度生发阶段，还是后续发展阶段，地方试验型的法治实践均以地方的自主性创新探索为基础。基层政府的有效治理需要它们"在不同领域或属地管理中处理解决具体问题的可行性、有效性，尤其体现在基层政府解决实际问题的能力”[①]。正因如此，地方试验型的法治实践极具“本土特色”，甚至它们的出现就是以解决实际问题为基本导向。例如，行政机关负责人出庭应诉是地方实践中创造的一项具有中国特色的诉讼制度，并最终体现在《行政诉讼法》的规定中，对保障人民群众合法权益、实质性化解行政争议、提高行政机关依法行政水平都具有重要意义。首先，行政机关负责人出庭应诉体现了法律面前人人平等的法治原则，标志着在法律天平上民与“官”具有平等的法律地位，无论是一般的行政相对人还是行政机关负责人，都应该带头学法，尊法守法，依法办事。其次，行政机关负责人还可以在应诉过程中发现问题，它比接访、看材料所了解的情况更加真实，是“兼听则明”的好机会，是真正把握情况、了解问题、解决实际问题、提高法治素养、推进依法行政的重要途径。最后，政府尊重人民的合法权益和在公法上的程序性权利，人民群众在法治政府建设进程中才能享有更多的参与感和获得感。在该制度的推广落实中，地方往往会继续通过自主创新进一步发现、挖掘其价值与效果。例如，2023 年 9 月，湖北省高院联合省司法厅出台《关于进一步提升行政机关负责人出庭应诉效果推动行政争议实质性化解的意见》，“提出 12 条措施，进一步规范行政机关负责人出庭应诉工作，推动建立行政‘一把手’出庭应诉长效机制，确保‘出庭出声’‘出庭出效’，全面推动行政争议实质性化解”[②]。

（二）以突破性的制度重构为内容

地方试验型法治实践往往不是对原有制度的简单调试，而是新的制度叠加，或者原有组织规则的重构。例如，行政许可告知承诺制改变了传统行政许可的运行流程、适用规则等内容，这也导致告知承诺制的法律属性存在争议，具体适用存在质疑。

告知承诺制施行以来，它的法律属性一直是各界讨论的焦点。目前关于告知承诺制的法律性质存在多种观点。第一种观点认为，告知承诺制类

---

① 周雪光：《权威体制与有效治理：当代中国国家治理的制度逻辑》，载《开放时代》2011 年第 10 期。

② 袁超一：《湖北法院推动建立行政机关负责人出庭应诉长效机制——“一把手”出庭出声 实质化解行政争议》，载《湖北日报》2023 年 10 月 13 日第 6 版。

似于行政契约，它是行政审批主体与申请人之间形成的一种合作与互动关系；[①]第二种观点认为，告知承诺制是一种新型的行政行为，同样应纳入行政复议、行政诉讼的范围；[②]第三种观点认为它是附条件的行政行为，只有申请人承诺履行行政审批才成立生效；第四种观点认为，不能笼统界定告知承诺制的法律属性，因它本身不是行政审批机关的具体行政行为，而是一种行政审批机关履行审批职能的方式。[③] 具体而言，从告知承诺制的实际构造来看，前三种观点均存在逻辑难以自洽的地方。首先，告知承诺制实际上不是双方协商、意思表示一致的结果，告知承诺制的适用条件是既定且不可随意协商处理的，因此告知承诺本质上不是行政契约。其次，告知承诺制中，行政审批主体告知的内容和申请人承诺的内容实际上均未超出原行政审批条件，告知承诺过程中发生的争议仍可归属于传统的行政审批主体履职行为上的争议，这种情况下难以称之为一种新型行政行为。最后，告知承诺制的创新之一是，申请人承诺在一定期限内符合审批条件替代了实际符合审批条件，这意味着行政审批主体作出生效的行政许可决定的依据是申请人的承诺。由此可见，告知承诺制并未在行政许可决定上附加任何期限或条件，所以它也不符合附条件或附期限行政行为的特征。

结合告知承诺制在法律文本中的现实表现来看，第四种观点的界定更为准确。更确切而言，告知承诺是行政许可中一种新型的审批方式，它本质上没有取消也没有替代行政审批，只是行政审批程序或者说流程上的一种革新，它附属于行政审批这一行政行为，而非独立于现有法律中已设定的行政审批。同样，行政证明中的告知承诺也未从根源上取消申请人的证明责任，只不过改变了具体的证明方式，由传统的行政主体出具证明转变为申请人自我承诺式的证明。

（三）以可行性的推广经验为目标

追寻行政机关负责人出庭应诉和行政审批告知承诺制的试验创新历程，之所以能够以边缘身份获得普遍认可，成为令人瞩目的本土司法现象，

---

① 袁曙宏、杨伟东：《论建立市场取向的行政许可制度》，载《中国法学》2002年第5期。

② 季文冠等：《告知承诺审批方式研究》，载《政府法制研究》2003年第8期。

③ 李孝猛：《告知承诺制及其法律困境》，载《法治论丛》2007年第1期。

其秘诀在于两个方面。一方面，地方主动求变的策略与中央优化行政审判环境、倡导源头社会治理的目标高度契合。面对行政审判难的法治瓶颈，如何运用中国智慧加以有效化解始终是高层关注的议题。地处长三角的江苏和上海，原本就是国内行政审判的高地，行政机关负责人出庭应诉的推行貌似"不务正业"，实则蕴含着延伸人民法院服务功能、主动参与社会治理的大智慧，体现了中国行政审判制度鲜明的本土特色。另一方面，地方边缘创新的实践与区域行政审判特点高度契合。我国行政审判工作面临发展不均衡的现实矛盾，特别是在局部经济发达地区，发展诉求、政府强势对传统的封闭对抗型行政审判模式形成了很大挑战，如何通过府院之间的有效互动构建新型的开放合作型行政审判模式，是中央和地方、司法机关和行政机关共同的关切。行政机关负责人出庭应诉的地方试验，正是抓住了"互动"和"双赢"的关键，才能够在更大范围内得以推广适用，为地方试验型法治一体建设模式的生长提供了别样样本。

地方试验型的法治实践以响应中央政策号召和回应民众现实需求为动因，在现有法律体系和法律框架下从地方立法、行政执法、司法层面探寻相关机制的完善之道。以此为逻辑，地方试验型的法治一体建设实践是以地方法治政府建设为轴心，转变政府职能为方向，回应民众对行政立法、执法、司法的现实需求为目标，最终改革成果形成可复制经验为辐射效应。

第三节　政社协同型

政社协同型的法治一体建设是政府与社会力量协同互助，共同促成法治完善的发展设计模式。这类改革常形成于地方，与其他类型的法治实践不同，它是政府与社会双方合力达成的成果。

一、政社协同型的实践样本

政社协同型的法治一体建设实践的特殊性在于相关制度的成型往往需要国家与民众或者政府与社会双重主体的协作推进。综观目前已有的法治建设成果，凸显这一特点的实践探索有"谁执法谁普法"责任制和诚信社会建设等。

（一）“谁执法谁普法”责任制

从1986年第一个全民普法五年规划实施至今，我国已顺利完成七个五年普法规划，并于2021年拉开“八五”普法大幕，开启了全面建设社会主义现代化国家新征程下的普法工作新篇章。回望普法近四十年的发展历程，透过文本与实践的双重视角，总结提炼出法治建设不同阶段所形成的三种普法模式。

第一阶段是自上而下的政治动员模式。在此模式下，普法工作主要由以党委宣传部门和司法行政部门为主的普法主管机关推动实施，从制度建设的静态层面而非法治运行的动态层面定位普法，致力于提升公民的法律素质，服务于国家的民主法制建设。同时，在这一阶段，单核驱动型普法模式带有明显的国家中心主义的管理论色彩，希冀通过法律知识的灌输，督促民众学法、知法，自觉遵守法律，使逐渐完善的社会主义法律体系得以有效运行。虽然该阶段的普法运动对于法治社会的生长具有启蒙意义，但总体上是服务于法治国家面向的，经由社会主义法律体系的建设、运行和维护，为依法治国奠定基调。

第二阶段是“谁执法谁普法”责任制的形成模式。在党的十八届四中全会《决定》中，首次将“实行国家机关‘谁执法谁普法’的普法责任制”（以下简称“‘谁执法谁普法’责任制”）确立为一项重大改革任务，2016年发布的“七五”普法规划对此项改革予以确认。2017年中共中央办公厅、国务院办公厅印发《关于实行国家机关“谁执法谁普法”普法责任制的意见》，国家机关如何具体履行普法职责变得有据可循。如果将普法工作嵌入全面推进依法治国的战略全局进行观察，不难发现“谁执法谁普法”责任制的时代演进与“法治一体建设”的嬗变历程高度同构。进入“七五”普法周期，中国特色社会主义进入新时代，五年普法规划的标题表述由“法制宣传教育”改为“法治宣传教育”，普法模式也相应地从“法制”1.0阶段正式迈入“法治”2.0阶段。进入新时代的普法工作“肩负的任务不仅包含了宣传基础法律常识，还包括促进公民积极运用法律手段维护自身权益、监督和制约权力滥用”[①]。以“谁执法谁普法”责任制为核心的普法2.0模式，通过执法与普法的耦合，为法治政府建设注入强大的驱动力。一方面，责任清单、立法草案意见征询、行政执法决定公示、行政行为说明理由和指导性案例等法治政府建设的常规性制度，本就是“谁执法谁普法”责任制的主干内容；另一方面，普法本身的感化功能也使得说服教育、劝导示范、警示告诫和指导约谈等具有柔性色彩的执法手段获得广泛运用，让执法既有力度又有温度。

第三阶段是以全民守法为导向的全民普法模式。虽然普法2.0模式实现了普法与立法、执法和司法等法治实践活动的有机结合，普法的实践性明显增强，但普法与守法的关系问题并未引起足够关注。“一个重要原因可能是，守法行为涉及个体心理层面，不容易观察，经验研究的成本较高。”[②]普法是为了更好地守法，“法律既不是铭刻在大理石上，也不是铭刻在铜表上，而是铭刻在公民们的内心里”[③]。全民守法时代的法治建设突出了全民法治观念的价值维度，强调尊法守法的内在认同和行动自觉。“法治在中国的前现代一直是以一种外部性的方式而存在的，法治在实质上被退化为主体以外的异己力量。”[④]在普法演进历程中，普法逐渐超越制度和实践的客观层面，开始触及思想的主观层面，此种转变有利于将普法实效内化于心、外化于行，思想层面的塑造也成为普法3.0模式的典型特征。习近平总书记指出：“全面依法治国是一个系统工程，必须统筹兼顾、把握重点、整体谋划，更加注重系统性、整体性、协同性。……法治国家、法治政府、法治社会三者各有侧重、相辅相成，法治国家是法治建设的目标，法治政府是建设法治国家的主体，法治社会是构筑法治国家的基础。”[⑤]将法治一体建设理论与普法工作相结合，使这一阶段的普法模式更具生机与活力。

（二）诚信社会建设

我国现代社会信用体系建设发轫于改革开放，社会信用体系建设推进

---

① 莫桑梓：《普法教育绩效测评指标体系的构建》，载《法制与社会发展》2018年第6期。

② 陈柏峰：《法律经验研究的主要渊源与典型进路》，载《中国法律评论》2021年第5期。

③ 〔法〕卢梭：《社会契约论》，何兆武译，商务印书馆1980年版，第82页。

④ 汪习根：《论法治中国的科学含义》，载《中国法学》2014年第2期。

⑤ 习近平：《论坚持全面依法治国》，中央文献出版社2020年版，第229—230页。

的同时，社会主义市场经济体制逐步确定。早前在计划经济体制向市场经济体制转型过程中，由于市场规则、法律法规、制度规范尚未定型，经济活动中的违约失信现象屡见不鲜。1984年，抚顺市工商行政管理局开展了“重合同守信用”的活动，开启了我国探索社会信用体系建设的先河。经上海、北京、浙江等地的试验，逐渐在全国推广。1999年，社会信用体系概念被提出。[①] 社会主义市场经济体制确立后，商业信用、银行信用等逐步被纳入法治化运行轨道。2002年，党的十六大报告中正式提出了“社会信用体系”概念，并提出要“整顿和规范市场经济秩序，健全现代市场经济的社会信用体系”。2004年，我国关于信用建设的首部地方性法规《海南省人民代表大会关于加强信用建设的决定》颁行，指出要形成以道德为支撑、产权为基础、法律为保障的社会信用制度。2007年，国务院办公厅发布了《关于社会信用体系建设的若干意见》，从目标指向、具体任务、实施路径对社会信用体系建设作出部署。党的十八大以来，社会信用体系建设进程稳步前进。2014年，《社会信用体系建设规划纲要(2014—2020年)》颁行，使得社会信用制度的建设方向和重点得以明确。

党的十八大以来，以习近平同志为核心的党中央在多个场合都强调了诚信的重要性，诚信不仅事关经济、政治和各项社会事业的繁荣，而且事关人民生活安康、和谐、幸福。2012年12月，习近平总书记首次提出了“坚持法治国家、法治政府、法治社会一体建设”重大理论命题，为社会信用制度的发展注入了新思想和新理念。在法治一体建设中，法治国家是“体”，法治政府和法治社会是“翼”，法治国家建设侧重于全面依法治国的顶层设计，法治政府与法治社会是并行关系。[②] 习近平法治思想中的“法治一体建设”为新时代社会信用制度建设注入了新思想和新理念。在法治一体建设的指导下，以治理信用危机、构建诚信社会、形成守信风气为宗旨的社会信用制度立足诚信政府建设规范权力运行、立足诚信社会建设培养社会公众守法践诺意识，在形成良好社会治理有效互动的同时共同推进诚信中国建设。

新时代我国法治建设的重点不是单一地强调控权或是管理，而是倾向

---

① 1999年10月，中国社会科学院世界经济与政治研究所确立了最早关于社会信用体系问题的课题“建立国家信用体系课题”，后发布了其研究报告《国家信用管理体系》。

② 陈柏峰：《中国法治社会的结构及其运行机制》，载《中国社会科学》2019年第1期。

于如何运用权力进行服务,通过“政社共治”来解决社会转型带来的冲突与矛盾、回应社会需求。社会“是人的生活和活动的空间,是包含在人的生活和活动之中的”,社会作为一个整体,社会信用的形成就是多主体相互作用的行动“流”。[①] 正是这些主体相互沟通,对信用关系有了需求,才能形成协同行动的动力,达到协同的效果。通过表达信用的各种载体,人们愿意进行可通约的沟通,并在此基础上达成重叠共识,而这是人们能够产生一致行为和发生合作的基础。[②] 信用社会在本质上并不以利益为基础,而是建立在个人对诚信价值内心认可的基础上,[③]虽然这种内心认可是一个漫长的过程,但基于信用形成社会认同的基础是一切社会行为取得有效性甚至合法性认同的根本支撑,社会信用制度能在理性和感性层面促进官民合作,进而为法治国家、法治政府、法治社会一体建设助力。为应对社会变迁与社会转型,国家通常采取建立健全国家治理体系的“制度化”方式以保证国家与社会转型时期的政治稳定与社会稳定。[④] 当诚信原则被纳入法律体系后,社会信用制度具备一般社会规范没有的强制力、执行力。合理的法律制度最重要的功能之一就是降低社会成本,而社会规范可以帮助降低法律的执行成本。[⑤]社会信用制度契合了经济社会发展由“管理型”转向“合作型”的需要。

二、政社协同型的典型特质

政社协同型的法治实践是法治政府或法治国家与法治社会协同推进最为直接的改革成果,也是两者协同发展的集中体现。这类法治一体建设探索需要国家主体与社会主体一方之间建立长期、稳定的合作关系,需要双方以包容开放的态度协力解决现实难题。这类法治实践的典型特质表现为以

---

① 谢新水、吴芸:《新时代社会信用体系建设:从政府赋能走向法的赋能》,载《中国行政管理》2019 年第 7 期。

② 〔美〕约翰·罗尔斯:《政治自由主义》,万俊人译,译林出版社 2000 版,第 408 页。

③ 孟融:《社会信用体系建设中的美德缺失及其填补——关于信用法治构建的政治与法律哲学思考》,载《浙江学刊》2022 年第 3 期。

④ 孟融:《国家治理体系下社会信用体系建设的内在逻辑基调》,载《法制与社会发展》2020 年第 4 期。

⑤ 张维迎:《信息、信任与法律》,生活·读书·新知三联书店 2006 年版,第 54 页。

下两个方面：

（一）多方主体共同参与是必要条件

有效推进政社协同型的法治实践，代表国家与社会的主体本应共存其中，否则该实践探索本身无法成立。例如，“谁执法谁普法”制度中，必然存在一个执法主体与普法主体，也应当存在一个执法对象和普法对象。一方面，“谁执法谁普法”责任制的提出将普法责任主体由司法行政主管部门扩展至全部国家机关，实现了普法主体的首次扩容，立法、执法和司法过程演变为一堂生动的普法公开课。另一方面，与新时代全民普法的奋斗目标相比，只有国家机关作为普法主体仍显不足。较为典型的情况是，作为社会团体的妇联长期从事妇女工作，在开展与婚姻家庭相关的普法活动时具有天然优势。普法本就是公共法律服务的重要内容之一，除此之外公共法律服务还包括法律援助、司法鉴定、公证、人民调解和安置帮教等内容，涉及律师、公证员、司法鉴定人员和人民调解员等公共法律服务职业群体，他们在提供法律服务过程中也能发挥重要的普法职能。2017 年司法部张军部长在贵州调研期间，首次提出了“谁服务谁普法”的工作理念，[①]“八五”普法规划在“全面落实普法责任制”部分予以确认，[②]使“谁管理谁普法”和“谁服务谁普法”正式上升到普法责任制的高度，普法责任主体由国家机关溢出至社会主体范畴，标志着“八五”普法向全民普法的“大普法”格局迈出了关键一步。也正是这一普法主体的扩展，意味着普法内容将惠及全民，并且民众能否有效接受，也成为检验该制度落实的关键性标准之一。

又如，社会信用制度要求政府同社会合作，达成诚信共识、培养守信意识。这种合作既体现在社会信用制度分支建设中相互促进，又体现在对信用工具引领诚信之风的共同维系。基于公开的信息与政务数据，社会公众能充分参与到针对信用社会建构的各种问题，让公民自内心建立对诚信的认同，进而实现社会信用体系建设中的主体性重塑。公众的主体意识和权

---

① 刘武俊：《让“谁服务谁普法”成为“七五”普法新风尚》，载《中国司法》2017 年第 9 期。

② “八五”普法规划在“全面落实普法责任制”部分明确提出推行“谁管理谁普法”“谁服务谁普法”，促进各社会团体、企事业单位以及其他组织加强本系统、本行业、本单位人员学法用法，加大对管理服务对象普法力度。

利意识越高、社会诚信之风越强劲，又将促进政府依法行政，推动政务信用建设。而基于信息共享机制，信用工具在源头上被赋予了公信力和执行力，在市场主体的评价与监督的激励下，能够及时启动严厉的市场驱逐式惩罚，有效阻吓企业放弃潜在的违法行为，是一种效率型、辅助公共执法的社会治理形式。① 在大数据推动下，通过搜集、分析信用信息就可以实现对用户生活、思想、行为描述，辅之以算法就可以形成对自然人、法人及非法人组织的信用评级，无论主观意愿。② 立足社会心理学视角，他人真实的、想象的或暗示的存在，对立体的思想、情感、信仰和行为均有影响。③ 在接收各式各样的信息后，一种全景式监视将会形成，若行为一旦失控，社会信用制度中的惩罚机制就将自动启用，而这种惩戒机制不仅包含了行政性惩戒，还将包含行业性、市场性、社会性惩戒。④ 因此，社会信用制度不仅仅是简单的守法或守约，而是协同治理工具。

（二）不同主体有效互动是效果保障

社会信用制度建设中，国家的组织引导仍需有社会主体的存在。回顾社会信用制度的发展历程，党委和政府的推动作用不言而喻。但社会主体对规则的遵循，不同主体间的互动是真正激活该制度的内部动因。社会信用制度对社会主体行为具有规范和引导作用。现代社会中，不同类型群体通过公示的信息产生的公共评价生成对应的声誉，声誉作用于自然人、法人以及非法人组织上就反映出其品格和信用。信用评价的高低往往决定着社会交往和市场交易的成功率，在信用制度下，社会主体的权利、义务与责任将会受到约束。随着系列纲要、意见、通知及失信惩戒备忘录等政策施行，中央到地方的社会信用信息平台等强大的征信系统和政府信用监管系统为保障法律规范的实施提供了支撑。如 2014 年《厦门市纳税信用管理实施办

---

① 吴元元：《信息基础、声誉机制与执法优化——食品安全治理的新视野》，载《中国社会科学》2012 年第 6 期。

② 虞青松：《算法行政：社会信用体系治理范式及其法治化》，载《法学论坛》2020 年第 2 期。

③ 〔美〕艾略特·阿伦森、乔舒亚·阿伦森：《社会性动物》（第 12 版），邢占军、黄立清译，华东师范大学出版社 2020 年版，第 5 页。

④ 周海源：《失信联合惩戒的泛道德化倾向及其矫正——以法教义学为视角的分析》，载《行政法学研究》2020 年第 3 期。

法(试行)》、2018年《重庆市用人单位劳动保障违法行为失信惩戒办法》、2021年《广西壮族自治区企业统计信用管理实施办法》等。在“放管服”改革下,对告知承诺制度的探索也是通过发挥信任机制让行为人自觉守法,维护市场交易安全。社会信用制度入法赋予信用强制性的特征,这就意味着社会主体在参与社会交往中对何事能为、何事不能为以及应当如何为等都具有明确依据,也知悉当违背信用后会受到相应的处罚并承担责任。在以“声誉效应”为核心的信任机制助力下,公共机构的执法压力得以缓解,尤其是当不利信息被公示后,这种惩戒效果将远高于纯粹罚款工具。① 实践中频繁运行的列入违法黑名单、违法行为列入失信记录、违法违规信息披露、严打违法失信行为等做法频频将“违法”与“失信”等同,这种公众舆论在信息化的加持下还将快速传播并强化,公开制裁后不仅对违法失信行为人带来声誉不利、资格剥夺、自由限制等不可预估的后果,还将扩大制裁范围,实有“连坐”意味。就此视角而言,以建构失信惩戒机制和征信系统实有强化社会公众严格守法之意。

① 应飞虎、涂永前:《公共规制中的信息工具》,载《中国社会科学》2010年第4期。

第三章

法治一体建设的标志

"法治一体建设"作为一项系统工程，是推进全面依法治国的重要布局。习近平总书记明确，全面依法治国"要整体谋划，更加注重系统性、整体性、协同性"①。正如学者所言："法治不仅要求完备的法律规范体系、完善的执法司法机制、普遍的法律遵守，更要求公平正义得到维护和实现。"②那么，科学立法、严格执法、公正司法、全民守法，作为全面依法治国的重要环节，它们的持续推进实际内含着各环节建设之间的衔接、贯通与融合。正因如此，"法治一体建设"的成熟标志可归于科学融贯的法治规范体系、协作联动的多元共治格局以及官民互为一体的守法氛围。

第一节　科学融贯的法治规范体系

"法治一体建设"与我国国家治理体系和治理能力现代化建设是协同并进的关系。在时代持续发展和改革不断推进的背景下，国家治理现代化对科学完备的法律规范体系的要求将愈加迫切。正因如此，习近平总书记指出，坚持"法治一体建设"需"不断完善法律规范、法治实施、法治监督、法治保障和党内法规体系……加快建设中国特色社会主义法治体系"③。"法治

① 习近平：《论坚持全面依法治国》，中央文献出版社2020年版，第4页。

② 周佑勇：《坚持法治国家、法治政府、法治社会一体建设 保障和促进社会公平正义》，载《民主与法制》2023年第25期。

③ 习近平：《论坚持全面依法治国》，中央文献出版社2020年版，第273页。

一体建设”指向的目标之一是，实现国家、政府、社会各层面制度体系全面覆盖、系统完备、衔接协调、运行有效。① 这也意味着，形成一个科学融贯、严密完善的法治规范体系是“法治一体建设”的重要标志。其中，包含着能够有效规制国家权力运作、保障社会个体权利的法律规范，也包含着能够引导与激活社会、市场有序运作的自治规范，还包含着与国家法律协调互补的党内法规体系。

一、公法与私法有机融合

现代行政与社会变革背景下公法与私法的互动愈加频繁，我国法律规范体系的贯通应以公法与私法的有机融合为基础。在以习近平同志为核心的党中央的高度重视下，经过各方面的共同努力，《民法典》于 2020 年 5 月 28 日经十三届全国人大三次会议正式审议通过。这是中华人民共和国成立以来第一部以“法典”命名的法律，是新时代我国社会主义法治建设的重大成果，标志着我国已经进入“民法典时代”。其后，习近平总书记在中央全面依法治国工作会议上的讲话中指出：“民法典为其他领域立法法典化提供了很好的范例，要总结编纂民法典的经验，适时推动条件成熟的立法领域法典编纂工作。”②在全国人大常委会公布的 2021 年度立法工作计划中，“研究启动环境法典、教育法典、行政基本法典等条件成熟的行政立法领域的法典编纂工作”正式提上国家议事日程。党和国家的政治决断为开启行政立法领域法典编纂工作注入了强大动力，部门法的法典化问题迅速成为 2021 年国内法学研究的重要问题域。③

在作为私法典型的《民法典》已经出台的前提下，如何将这一制度优势转化为治理效能，取决于该制度的实施效果。④ 习近平总书记在主持中央政治局就“切实实施民法典”举行的第二十次集体学习时强调三个“要讲清

---

① 袁曙宏：《坚持法治国家、法治政府、法治社会一体建设》，载《人民日报》2020 年 4 月 21 日。

② 习近平：《坚定不移走中国特色社会主义法治道路 为全面建设社会主义现代化国家提供有力法治保障》，载《求是》2021 年第 5 期。

③ 李树民等：《2021 年法学学科研究发展报告》，载《中国社会科学报》2022 年 1 月 10 日第 8 版。

④ 王利明：《民法典：国家治理体系现代化的保障》，载《中外法学》2020 年第 4 期。

楚”,即实施好《民法典》“是坚持以人民为中心、保障人民权益实现和发展的必然要求”,“是发展社会主义市场经济、巩固社会主义基本经济制度的必然要求”,“是提高我们党治国理政水平的必然要求”。同时,他还指出:“严格规范公正文明执法,提高司法公信力,是维护民法典权威的有效手段。”[①]《民法典》颁布伊始,刑法学者就提出“人性民法与物性刑法融合发展、共同完成国家治理重任”的时代命题;[②]民事诉讼法学者则提出,研究民事诉讼法与《民法典》的“协调与对接”是当下最重要的任务之一。[③] 鉴于《民法典》中有160多个条款与行政机关直接有关,如何认识《民法典》中的行政法规范、行政法发展如何回应《民法典》的要求,自然就成为《民法典》有效实施无法绕开的话题。而作为公法典型的行政法只有主动适应对接《民法典》,通过“法法衔接”才能保障《民法典》的有效实施,进而以此为契机大力推进法治政府建设。[④] 为此,下文立足行政法治发展的宏观视角,提出并论证“作为拓展依法行政之法属性的民法典”“作为民事权利行政保护依据的民法典”“作为行政法法典化参照系的民法典”的三重理论命题,希冀以此为指导思想进一步推动新时代行政法与民法更好融合发展,助力公法与私法的衔接贯通。

(一)作为拓展“依法行政”之法属性的民法典

在人类法治文明的演化进程中,“公法和私法的区别实可称为现代国法的基本原则”[⑤]。20世纪以来,公法与私法之间的相互渗透和融合现象虽日渐明显,但所谓的“公法私法化”和“私法公法化”却并未完全区隔公法与私法之间固有的界限。“公法则采取了一种与私法完全不同的观念。在公法范围内,完全否定私权自治的思想,政府的作用不限于保护私权,相反,公法所特别关注的是国家行为在实现公共利益上的作用。”[⑥]就狭义公法组成内

① 习近平:《充分认识颁布实施民法典重大意义 依法更好保障人民合法权益》,载《求是》2020年第12期。

② 刘艳红:《人性民法与物性刑法的融合发展》,载《中国社会科学》2020年第4期。

③ 张卫平:《民法典的实施与民事诉讼法的协调和对接》,载《中外法学》2020年第4期。

④ 马怀德:《民法典时代行政法的发展与完善》,载《光明日报》2020年6月3日第11版。

⑤ 〔日〕美浓部达吉:《公法与私法》,黄冯明译,周旋勘校,中国政法大学出版社2003年版,第3页。

⑥ 〔美〕约翰·亨利·梅利曼:《大陆法系》(第2版),顾培东、禄正平译,李浩校,法律出版社2004年版,第98页。

容的行政法而言，无论是消极意义层面依法行政的法律优先原则，还是积极意义层面依法行政的法律保留原则，个中的“法律”在外延和密度的理解上也许还存在争议，但就其性质而言主要指的还是行政法律规范。[①] 也就是说，在传统法观念体系中，民事法律规范不可能成为“依法行政”之“法”的外延。按照“主体—行为—救济”的法律适用逻辑，行政主体根据行政法律规范的内在要求实施相应的行政行为，行政相对人的权益因此造成损害的，可以提起行政法上的救济。

行政法与民法之间的应然区隔，并不代表现实法律世界中二者能够做到完全切割。一方面，人类有限的理性无法实现不同属性法律规范与相应法律部门之间的“一一对应”；另一方面，公法与私法的相互工具化趋势日甚。在私法关系的形成、发展和消灭过程中，国家所扮演的越来越不是完全无关的旁观者角色。“从民法典到外于民法典的民事规范，国家的强制处处可见，只是强制的性格、目的和效果不尽相同而已。”[②]相比之下，兼顾自治与管制的混合民事立法比纯粹的民法典更能适应现代社会的需要，“民法典里该不该放进行政法规定”已经为“民法典里该放进多少行政法规定”所替代。作为全世界最新的民法典，我国《民法典》顺应社会发展变化，体现时代精神，满足时代需求，解决时代问题，“充分彰显时代性”成为其最鲜明的特色。[③] 从这个意义上来说，“加塞”规定大量具有行政法律规范属性的条款是我国《民法典》的“亮点”之一，在今后一段时间内甚至还将代行行政法典的部分功能。[④]

《民法典》中涉行政法规范性质条款的出现，体现了《民法典》自身的开

---

① 在 2017 年 6 月发布的最高人民法院第一批行政审判十大案例中，最高人民法院在“广州德发公司诉广州税稽一局税务处理决定一案”（第二个案例）的终审判决中指出：“拍卖行为的效力与应纳税款核定权，分别受民事法律规范和行政法律规范调整，拍卖行为有效并不意味税务机关不能行使应纳税额核定权，另行核定应纳税额也并非否定拍卖行为的有效性。”参见最高人民法院（2015）行提字第 13 号行政判决书。

② 苏永钦：《走入新世纪的私法自治》，中国政法大学出版社 2002 年版，第 4 页。

③ 王利明：《彰显时代性：中国民法典的鲜明特色》，载《东方法学》2020 年第 4 期。

④ 以“行政法规”“登记”“批准”“征收”“征用”为关键词对《民法典》正文进行检索，可分别得出 55、182、13、15、7 个结果。对这些条款的准确理解与适用，不仅会影响到《民法典》自身的实施效果，还会影响到法治政府建设的进程。

放性和包容性，为公法进入私法架设了必要的管线通道。正是这些联结常态民事关系与前置于民事关系或以民事关系为前置事实的公法关系的“界面规范”的存在，才使得《民法典》在整个法律体系中的运作游刃有余。[①]《民法典》中行政法规范的存在，是私法公法化的一种表征，使《民法典》具有相应的“溢出效应”，理应成为行政执法和行政审判活动的直接依据。[②] 从《民法典》涉行政法规范的内容上看，大体上是从如下三个方面拓展“依法行政”之法属性的。

首先，《民法典》直接为行政机关新设了职权行使的依据。按照法律保留原则的基本要求，行政机关只有在取得法律授权的情况下才能实施相应的行为。“在法律出现缺位时，优先原则并不禁止行政活动，而保留原则排除任何行政活动。”[③]作为积极意义的依法行政原则，法律保留原则旨在为行政权力行使提供合法的来源。在以往的行政法观念中，行政机关的职权主要源自行政组织法律规范和行政行为法律规范。例如，公安机关的行政执法权既来自作为行政组织法的《中华人民共和国人民警察法》第二章“职权”的规定，也来自作为行政行为法的《中华人民共和国治安管理处罚法》《中华人民共和国道路交通安全法》《中华人民共和国出境入境管理法》等行政法律规范的具体规定。从《民法典》的规定来看，部分条款在行政法律规范之外直接为特定的行政机关新设了某项职权或职责。例如，《民法典》第1254条第3款为公安等机关设定了“依法及时调查，查清责任人”的职责；第1008条第1款为相关主管部门设定了“批准”的职权；第1105条第5款为民政部门设定了“依法进行收养评估”的职责；第534条为市场监管等行政主管部门设定了“监督处理”的职责；第277条第2款为地方政府有关部门设定了“给予指导和协助”的职责；第34条第4款为民政部门设定了突发事件应急处置中为被监护人“安排必要的临时生活照料措施”的职责。就这些《民法典》新

① 苏永钦：《民事立法与公私法的接轨》，北京大学出版社2005年版，第15页。

② 习近平总书记指出：“各级政府要以保证民法典有效实施为重点抓手推进法治政府建设，把民法典作为行政决策、行政管理、行政监督的重要标尺，不得违背法律法规随意作出减损公民、法人和其他组织合法权益或增加其义务的决定。”习近平：《充分认识颁布实施民法典重大意义 依法更好保障人民合法权益》，载《求是》2020年第12期。

③ 〔德〕哈特穆特·毛雷尔：《行政法学总论》，高家伟译，法律出版社2000年版，第104页。

设行政机关职权职责条款的性质而言，涵盖了从刚性的行政审批、行政监管到中性的行政调查、行政评估和柔性的行政指导、行政给付等多类型的行政活动方式，一定程度上起到了填补行政法典空白的作用。[①]

其次，《民法典》直接划定了行政机关职权行使的边界。在传统行政法学理论上，法律优先原则指的是"行政应受现行法律的约束，不得采取任何违反法律的措施"[②]。一般认为，行政活动不得违反法律指的是不违反行政法律规范，如行政机关的行政处罚行为不得违反《中华人民共和国行政处罚法》(以下简称《行政处罚法》)、行政强制行为不得违反《中华人民共和国行政强制法》(以下简称《行政强制法》)。《民法典》的部分条款则为特定行政机关的职权行使活动划定了相应边界，提出了明确要求。例如，《民法典》第212、213条分别从积极和消极两个方面对不动产登记机构的登记行为作出了明确限定，特别是第213条直接排除了所谓的"评估""年检"等变相登记行为，堵住了不动产登记机构可能利用的异化通道。第117、243、245条分别从民事权利的一般保护和所有权的必要限制角度，对行政征收和行政征用权力行使的边界作出了明确规定。行政征收、征用权的发动必须同时满足三项条件，即"公共利益需要""遵守法定权限和程序""公平合理补偿"。同时，将行政征收的补偿原则调整为"及时足额"、补偿范围新增"农村村民住宅""被征地农民的社会保障费用"，增强了对所有权的保护力度；将行政征用条件之一的"公共利益需要"限缩为"抢险救灾、疫情防控等紧急需要"，遏制了行政机关任意发动征用权的冲动。在《行政征收法》《行政征用法》尚未制定的背景下，《民法典》的这些规定实际担负了规训行政权、保护财产权的使命。

最后，《民法典》为人民法院开展行政审判活动提供了新的准据。《民法典》对依法行政之法属性的拓展功能，同样影响到人民法院行政审判活动的开展。在公私法严格区分的法制框架下，行政审判的规范依据主要出自行政法律规范。人民法院通过对行政法律规范的解释适用，实现公正及时审理行政案件、解决行政争议、保护行政相对人合法权益、监督行政机关依法

---

① 章志远：《监管新政与行政法学的理论回应》，载《东方法学》2020年第5期。

② 〔德〕哈特穆特·毛雷尔：《行政法学总论》，高家伟译，法律出版社2000年版，第103页。

行使职权的目标。相比之下，人民法院“类推适用”单行民事法律规范进行行政审判的情形较为罕见。[①]《民法典》中大量涉行政性法律规范的出现则改变了这一状况，人民法院的行政审判活动将迎来新的发展契机。《民法典》的若干规定将成为新的权利救济请求权的规范基础，一批新类型的行政争议可能涌向人民法院。前述《民法典》新设行政机关职权行使依据的条款，可能成为行政不作为案件新的爆发点；《民法典》对征收征用和不动产登记权力边界划定的新设条款，将进一步增加这类案件的数量；《民法典》通过管制性法规引进兼顾控制民事行为和保留自治空间的“转介条款”的出现，有可能引发更多因“公私法接轨”引发的争议。[②] 在我国民法学界，学者们新近围绕“行政审批与合同效力”(第 502 条)、“违反强制性规定法律行为的效力”(第 143 条)等典型转介条款展开了热烈讨论，有关民事诉讼与行政诉讼冲突与消解的问题可能再度爆发。[③] 在 2014 年《行政诉讼法》所搭建的行政诉权保护制度框架的基础上，《民法典》的实施有望进一步助推行政诉讼案件数量的增长，更好发挥行政审判制度在国家治理体系中应有的作用。《民法典》的若干规定还能够成为人民法院审查行政行为合法性的直接依据，行政诉讼法的相关制度安排也将因《民法典》的实施被激活。在行政法尚未实现法典化的当下，人民法院可以直接援引《民法典》的若干规定对行政行为的合法性进行评价。例如，《民法典》第 1015 条就自然人姓氏的选取方式作了具体规定，在《姓名法》或《姓名登记条例》缺位时就起到了代行行政行为法的功能，人民法院可以援引该条规定作为判断姓名登记行为合法性的依据。《民法典》第 7 条规定了民事活动应当遵循的诚信原则，在《行政法总则》

---

① 最高人民法院在“周士贵诉荆州市荆州区人民政府行政侵权案”的裁定中指出：“一般给付之诉被称为‘诉讼上的多用途武器’，当事人不仅可以行使金钱给付和事实行为请求权，也可以行使不当得利返还和后果消除请求权。这些请求权既可能出自行政法律、法规的规定，也可能出自行政行为、行政承诺、行政协议，还可能出自对于民法规范的类推适用。就本案而言，《中华人民共和国物权法》第三十五条(《民法典》第 236 条——笔者注)关于‘妨害物权或者可能妨害物权的，权利人可以请求排除妨害或者消除危险’的规定，可以类推适用为再审申请人‘请求依法判令荆州区政府立即拆除其在原告房屋旁边搭建的围墙，停止妨碍对商铺的正常经营使用’的请求权基础。”参见最高人民法院(2018)最高法行申 7470 号行政裁定书。

② 苏永钦：《民事立法与公私法的接轨》，北京大学出版社 2005 年版，第 83—103 页。

③ 王轶：《行政许可的民法意义》，载《中国社会科学》2020 年第 5 期；杨代雄：《〈民法典〉第 153 条第 1 款评注》，载《法治研究》2020 年第 5 期。

或《行政程序法》缺位时同样能够起到准用规范行政行为的功能，人民法院可以援引该条规定作为判断行政允诺行为合法性的依据。[①] 2014 年修订的《行政诉讼法》确立了“依法调解”“一并解决相关民事争议”等旨在实质性解决行政争议的机制，但实施效果并不理想。《民法典》的正式实施将进一步推动公私法之间的融合，“一并审理”等规定有望被激活成为“较为经济的诉讼程序”。[②]

综上所述，《民法典》之于行政法治的首要意义就在于拓展了传统依法行政观念中法的属性，使《民法典》同行政法律规范一样成为行政执法和行政审判活动可资援引的规范依据。部分具有行政法属性的规范“寄居”在《民法典》中，表明了公私法之间多层交错的关系。“作为管制与自治工具的公私法规范，还因为两种理念的辩证发展而相互工具化，乃至相互提供‘避难所’。这都使得公法和私法间的接轨问题变得越来越复杂。”[③]伴随着《民法典》的正式实施，行政法与民法在更高层次的融合发展将成为我国“整体法学”建构的重要面向，也会为法治政府与法治社会一体建设提供更加坚实的制度支撑。

（二）作为民事权利行政保护依据的民法典

党的十九大报告指出，中国特色社会主义进入新时代，我国社会主要矛盾已经转化为人民日益增长的美好生活需要和不平衡不充分的发展之间的矛盾。人民美好生活需要日益广泛，不仅对物质文化生活提出了更高要求，而且在民主、法治、公平、正义、安全、环境等方面的要求日益增长。民有所呼，国必有应。以保护民事权利为出发点和落脚点，使《民法典》成为新时代保护公民民事权利的好法典，正是我国《民法典》编纂遵循的基本原则之

① 江苏省高级人民法院在“崔龙书诉丰县人民政府行政允诺案”的终审判决中指出：“法治政府应当是诚信政府。诚实信用原则不仅是契约法中的帝王条款，也是行政允诺各方当事人应当共同遵守的基本行为准则。对丰县政府相关行为的审查，既要审查合法性，也要审查合约性。不仅要审查丰县政府的行为有无违反行政法的规定，也要审查其行为有无违反准用的民事法律规范所确定的基本原则。”参见《最高人民法院公报》2017 年第 11 期。

② 章剑生：《行政不动产登记行为的性质及其效力》，载《行政法学研究》2019 年第 5 期。

③ 苏永钦：《民事立法与公私法的接轨》，北京大学出版社 2005 年版，第 74 页。

一。[①] 作为公民权利保障的宣言书，我国《民法典》以民事权利为红线构建了逻辑严密的权利保护体系：总则部分以提取公因式的方式，将民事权利的主体、客体、行使及保护基本规则予以提炼；分则部分分别针对物权、合同债权、人格权、婚姻家庭中的权利、继承权以及侵权责任展开。这种特殊的七编制结构安排，凸显了《民法典》"权利法""私权保障法"的特质。[②]

民事权利保护可以通过权利人的自助救济实现，也可以通过向人民法院提起司法请求权而实现，但归根结底还需要获得公权力尤其是行政权的保护。有些民事权利的实际获得需要经过行政机关的确认，如不动产登记、婚姻登记、收养登记行为对物权、婚姻权、收养权的享有具有至关重要的作用。行政机关拥有广泛的执法资源和快速的反应能力，能够有效弥补自助救济和司法救济的不足。例如，《民法典》第 286 条系对业主建筑物区分所有权的保护条款，目前的规定删除了《物权法》第 83 条有关"业主对侵害自己合法权益的行为，可以依法向人民法院提起诉讼"的表述，增加规定"有关当事人可以向有关行政主管部门报告或者投诉，有关行政主管部门应当依法处理"。以"请求行政介入"条款取代"向法院起诉"条款，表明了民事权利行政保护的制度优势。又如，《民法典》第 1177 条系对受害人自助行为的新增规定，赋予了自然人在特定条件下（情况紧迫、不能及时获得国家机关保护、不立即采取措施损害难以弥补）的自我保护权利，对切实保护自然人的人身权财产权具有现实意义。不过，自助救济本身也面临很大的法律风险，因而该条又以但书形式规定"应当立即请求有关国家机关处理"，从而构筑起自助救济与行政介入的权利一体化保护之网。

《民法典》私权保护法的特质，要求行政法与之相互配合、彼此协同，共同实现对权利有效且无漏洞的保护，这也是落实"尊重和保障人权"宪法条款的题中应有之义。随着社会转型和国家任务变迁，行政法的功能也在悄然变化之中。行政机关越来越多地与行政相对人、利害关系人之间形成更多三方、多方行政法律关系，需要就其中的个人利益、集体利益和公共利益

---

① 全国人民代表大会常务委员会副委员长王晨 2020 年 5 月 22 日在第十三届全国人民代表大会第三次会议上所作《关于〈中华人民共和国民法典（草案）〉的说明》。

② 王利明：《体系创新：中国民法典的特色与贡献》，载《比较法研究》2020 年第 4 期。

进行调整。行政法的制度构造既要防止行政权力对行政相对人的过度规制与侵害,又要防止对第三人利益保护的不足,现代行政法已经发展成为兼具“自由防御”和“利害调整”功能的复合型行政法。[①] 从这个意义上来说,《民法典》对行政法治的又一启示就是作为民事权利行政保护的依据。为此,行政法治未来的建设重点就不仅仅限于公共利益的维护,同时也要对权利进行公私法一体化的有效保护。就《民法典》的规定而言,民事权利的行政保护有赖“三层次保护结构”的建立。

首先,《民法典》向行政机关提出了权利不得侵犯的消极性保护义务。《民法典》编纂坚持以权利为中心的体系化进路,“总则编”以专章形式规定了各项民事权利,既明确了该章在整个《民法典》中的核心地位,也为广义上民事权利的法律发展提供了法律根据,使其成为最能体现法典体系性逻辑的“核心支点”。[②] 在《民法典》中,“任何组织或者个人不得……”的禁止性表述出现过 17 次,充分体现出《民法典》对权利不得侵犯的庄严宣告。例如,《民法典》第 3 条规定:“民事主体的人身权利、财产权利以及其他合法权益受法律保护,任何组织或者个人不得侵犯。”此处的“任何组织或者个人”自然也包括行政机关在内。鉴于《民法典》总则与分则之间统辖遵从的逻辑关系,该条规定对任何行政机关都具有法律上的约束力,彰显的是私权所具有的防御公权力功能。因此,不侵犯民事主体的各项权利既是行政机关遵守《民法典》的底线,也是依法行政的红线。以《行政处罚法》为例,一些制度设计就需要重新对标对表《民法典》不得侵犯私权的限制性规定,切实守住公权消极保护私权的底线。例如,《行政处罚法》第 48 条有关“行政处罚决定应当依法公开”的规定就值得检讨。根据《民法典》第 1039 条的规定,行政机关对于履行职责过程中知悉的自然人的隐私和个人信息负有保密的义务。很显然,二者之间存在紧张关系和冲突可能。行政处罚决定向全社会公开,涉及当事人的隐私保护、公众知情权的满足和社会监督等多重目标,至少应当坚持“适度区分”理念,按照自然人公开与法人公开、全文公开与摘要公开、显名公开与隐名公开、外部公开与内部公开的基本要求,通

---

① 王贵松:《作为利害调整法的行政法》,载《中国法学》2019 年第 2 期。

② 孙宪忠:《中国民法典总则与分则之间的统辖遵从关系》,载《法学研究》2020 年第 3 期。

过特别法律例外规定的方式进行公开。否则,行政处罚决定的一味公开不仅可能与处罚公正原则、处罚与教育相结合原则相冲突,而且还存在不当侵犯民事主体名誉权、隐私权和个人信息保护的嫌疑。[①]

其次,《民法典》向行政机关提出了介入权利侵犯的积极性保护义务。自愿平等、意志自由是《民法典》追求的核心价值,但民事主体的民事活动同样必须遵守法律、不得违背公序良俗。在《民法典》中,对民事权利行使的必要管制并不少见,如第 86 条有关营利法人经营活动"接受政府和社会的监督,承担社会责任"的规定,第 132 条有关"民事主体不得滥用民事权利损害国家利益、社会公共利益或者他人合法权益"的规定,第 291 条有关"不动产权利人对相邻权利人因通行等必须利用其土地的,应当提供必要的便利"的规定等。这些规定表明,在纷繁复杂的社会生活中,权利的行使会经常性发生冲突,必须充分利用各种社会资源加以消解。其中,行政机关对权利遭受侵犯的积极介入就是重要方式。"在很大程度上,政府作用的发挥与民事权利的自由行使是此消彼长的对立关系。但是,在捍卫和保障私权或民事权利的背景下,行政法与民法之间,或者说公法与私法之间,却非对立而是一种相得益彰、协同融合的关系。"[②]无论从行政机关在创新社会治理中担负的角色还是社会矛盾纠纷诉源治理的要求上看,拥有组织人员优势和专业技术优势的行政机关都应当在民事权利遭受侵犯时及时依法出手,实现对民事权利的积极性保护。以《民法典》第 1010 条"防制性骚扰"条款的适用为例,一方面,该条第 1 款赋予受害人"依法请求行为人承担民事责任"的权利,承认受害人自我保护和自助优先的地位;另一方面,该条第 2 款规定机关、企业、学校等单位负有"采取合理的预防、受理投诉、调查处置等措施,防止和制止利用职权、从属关系等实施性骚扰"的义务,为职场受害人提供了特殊的预防性和止损性保护通道。具体来说,第 2 款的规定实际上为行政机关确立了两类不同性质的义务:一是作为民事主体的采取合理预防措施的义务。此时的行政机关如同企业、学校等其他单位一样,可以在办公场所设置、内部工作岗位调配等方面采取积极有效的预防性措施,从时间和空间上最大

---

① 章志远:《作为行政处罚总则的〈行政处罚法〉》,载《国家检察官学院学报》2020 年第 5 期。

② 杨寅、罗文廷:《我国城市不动产登记制度的行政法分析》,载《法学评论》2008 年第 1 期。

限度减少性骚扰发生的可能。二是作为公权力介入者的采取受理投诉、调查处置措施的义务。此时的行政机关是以行政权力行使者的身份出现在性骚扰行为介入处理过程之中的,可以依据《中华人民共和国妇女权益保障法》《中华人民共和国治安管理处罚法》等特别法的规定,对性骚扰实施者开展调查并作出行政处罚。在城镇化进程不断加快、社会阶层不断分化、利益格局不断重整的时代背景下,民事主体之间的权利冲突日甚,行政机关的积极介入性保护尤为重要。

最后,《民法典》向行政机关提出了促成权利实现的创造性保护义务。如果说权利的消极性保护和积极性保护是面向现实世界的话,那么权利的创造性保护则是面向未来世界的方式。人权法学理论根据人权的实现和存在形态不同,将人权分为应有权利、法定权利和实有权利三种形态,一国人权状况的好坏在一定程度上取决于法定权利能否得到全面有效的实现。"从应有权利转化为法定权利,再从法定权利转化为实有权利,这是人权在社会生活中得到实现的基本形式。"[①]法定权利的更好实现,有赖国家给付行政的充分发展。"给付行政是指行政机关所采取照顾社会成员的生存机会与改善其生活的行动,而透过给付行政给予的保障,直接有助于社会成员追寻其利益。"[②]无论是各类民事主体共同享有的权利,还是某类特殊群体享有的民事权利,其实现都离不开以行政给付活动为媒介的创造性保护。以《民法典》第 207 条"物权平等保护"条款的适用为例,行政机关既要履行不得侵犯的消极性保护义务和介入权利侵犯的积极性保护义务,为物权平等保护保驾护航,也要不断优化营商环境、构建亲清政商关系,通过提供更多优质公共服务、完善公平竞争的法治环境,促进物权平等保护的真正实现。[③] 再以《民法典》第 26 条"父母对未成年子女负有抚养、教育和保护的义务","成年子女对父母负有赡养、扶助和保护的义务"的适用为例,两款规定并不意

---

① 李步云:《论人权的三种存在形态》,载《法学研究》1991 年第 4 期。

② 〔德〕施密特-阿斯曼:《行政法总论作为秩序理念:行政法体系建构的基础与任务》,林明锵等译,元照出版有限公司 2009 年版,第 183 页。

③ 习近平总书记在 2020 年 7 月 21 日召开的企业家座谈会上指出:"要实施好民法典和相关法律法规,依法平等保护国有、民营、外资等各种所有制企业产权和自主经营权,完善各类市场主体公平竞争的法治环境。"

味着养老完全是个人及家庭的私事。面对老龄化社会的到来，国家更应积极创造各种条件，促进“老有所养、老有所靠、老有所乐”局面的实现。就行政机关而言，投资兴办养老院、资助民办养老院、支持各种形式的社区养老和居家养老，都是积极履行给付职责、为老年人权利实现提供创造性保护的集中体现。

综上所述，《民法典》之于行政法治的又一要义就在于为公民权利的行政保护提供了直接的规范依据，构筑起行政机关不得侵犯权利的消极性保护、介入权利侵犯的积极性保护和促成权利实现的创造性保护的三层次义务结构。《民法典》有关权利公私法保护条款的解释适用，能够促进权利自救与他救、私法保护请求权与公法保护请求权的有机统一，实现《民法典》作为“权利宣示法”“私权保障法”的梦想，并为行政法上公法权利的生成提供空间。

（三）作为行政法法典化参照系的民法典

“法典编纂是指对一国法律进行分科编制而形成具有公力的法律书面之事业，或者是指将既有法令进行整理编辑而形成法典的工作，或者是将新设法令归类编纂而形成一编的法典工作。”[①]在我国行政法四十年的发展进程中，一直存在着某种“法典化悖论”：一方面，学者们普遍承认行政法难以实现法典化，我国行政法法典化注定是一项非常艰巨的长期任务；另一方面，在行政法发展的不同时期，学者们又跃跃欲试，相继提出过“行政基本法”“行政法通则”“行政程序法典化”“行政法法典化”“行政法总则”等不同意义上的法典化构想。行政法法典化情结的再次复苏，源于2017年10月作为《民法典》开篇之作的《中华人民共和国民法总则》的正式实施。应松年指出：“制定行政法总则的时机已经成熟，我们有能力借鉴民法总则的立法技术，将我国行政法中共性的东西抽取出来，形成具有中国特色的行政法总则。在行政法总则的指引下进一步制定行政法的分则，最终形成一部体系完整的行政法法典。”[②]近些年来，起草《行政法总则（专家试拟稿）》成为我国

① 〔日〕穗积陈重：《法典论》，李求轶译，商务印书馆2014年版，第5页。

② 万学忠、郭胜习：《学界首次提出构建中国行政法法典》，载《法制日报》2018年1月19日第6版。

行政法学界关注的前沿课题。

《民法典》的颁布实施,进一步激发了行政法学者心中的法典梦。不过,行政法学界对于行政法法典化有无必要和可能仍然存在分歧。有学者指出:“行政法不能、不宜制定统一、完整的行政法典,这是由行政法自身的规律性和人们认识的局限性所决定的,也是由世界各国的历史经验所证明了的。”[①]有学者则认为,行政法典总则制定的相关背景客观存在且无法回避,对行政法典制定的有利条件给予肯定;[②]还有学者前瞻性地提出了行政法总则制定的基本目标、基本原则和基本框架。[③]

客观上看,行政法法典化的难度远大于《民法典》编纂,但这并不能成为阻碍行政法律规范系统化前进步伐的理由。诚如苏永钦所言,《民法典》编纂最主要也是唯一的意义就是“构建一个好用的体系”,便于找法、储法、立法和传法。[④] 无论是作为“总法模式”[⑤]的行政法法典编纂还是作为行政法典开篇之作的行政法总则制定,都需要充分借鉴《民法典》编纂抽象化、类型化和体系化的智慧,创造人类行政法治文明史上的奇迹。作为行政法法典化参照系的《民法典》,至少能够提供如下三个方面的有益启示:

首先,概念的清晰界定是行政法法典化的前提。《民法典》条款众多、内容丰富、覆盖面广,但提取公因式的立法技术同样使得《民法典》自身有章可循。从《民法典》总则编的规定上看,实则提取了民法基本原则、民事主体、民事权利、民事法律行为、民事责任等最基本的法律概念,对此逐一作出一般性规定,从而形成了民事法律制度的基本框架,为各分编制定提供了依据。以《民法典》核心概念“民事法律行为”为例,第133条有关民事法律行为是“民事主体通过意思表示设立、变更、终止民事法律关系的行为”的界定,

---

① 杨建顺:《为什么行政法不能有统一的法典?》,载《检察日报》2020年6月3日第7版。

② 关保英:《民法典颁布后对行政法典总则的展望》,载《法治日报》2020年8月14日。

③ 章志远:《行政法总则制定的基本遵循》,载《学习与探索》2020年第7期。

④ 苏永钦、方流芳:《寻找新民法——苏永钦、方流芳对话中国民法法典化》,元照出版有限公司2019年版,第134页。

⑤ 所谓行政法典的“总法模式”,是指“行政法典既包括行政领域的一般法律原则(总则部分),也包括针对若干种不同的行政活动(不限于行政行为)的较为具体的实体规范和程序规范(分则部分)”。刘太刚:《中国行政法法典化的障碍、模式及立法技术》,载《甘肃行政学院学报》2008年第1期。

删除了《中华人民共和国民法通则》第54条中的“合法”一语，增加了“通过意思表示”的表述，使得民事法律行为的内涵得以扩充至合法的法律行为之外的无效、可撤销和效力待定的法律行为。这一规定既体现了对民事主体意愿的尊重，又强调民事主体需对自己的行为负责，能够提升民事主体的规则意识和责任意识。作为基础概念的民事法律行为内涵的清晰界定，为效力规则的建立和各类具体民事法律行为的运行提供了可能。反观行政法法典化的艰难，首先就表现在行政法上诸多概念的不确定，以《行政处罚法》第2条为例，其分别以“违反行政管理秩序”和“以减损权益或者增加义务的方式予以惩戒”为实质性标准，试图对行政处罚作出明确界定。不过，围绕“减损权利”“增设义务”能否涵盖处罚特质，能否与行政强制、行政监管、行政命令等相关行为区分，能否与第9条行政处罚种类的列举相吻合，仍然存在诸多认识分歧。作为我国行政法上已经使用长达三十多年的概念，行政处罚行为的内涵尚且难以达成共识，此种情形足见我国行政法教义学发展之缓慢。就研究范式而言，近年来我国行政法学研究偏重热点问题、实践问题和立法问题，基础理论研究一直较为薄弱，行政法上的诸多重要概念迟迟难以形成通说，既无法进行有效的学术对话，也难以对实践发展形成有效的指导。如果说2014年《行政诉讼法》修改曾经掀起第一波行政法基本范畴研究热的话，那么《民法典》的实施有望掀起第二波行政法基础理论研究热。只有回归基本范畴，回到基础理论，新时代中国特色行政法释义学才能够逐步建立，行政法法典化才具备讨论前提，行政法总则制定才可能提上议事日程。

其次，范畴的科学分类是行政法法典化的基础。“范畴及其体系是人类在一定历史阶段理论思维发展水平的指示器，也是各门科学成熟程度的标志。”[①]我国《民法典》编纂之所以能够在五年多时间内完成，除了固有的后发优势外，还与范畴的科学分类息息相关。以民事主体的分类为例，《民法典》采行“自然人—法人—非法人组织”三分法，对法人则采行“营利法人—非营利法人—特别法人”的三分法，取代了《民法通则》有关企业法人、机关法人、事业单位法人和社会团体法人的四分法。这一新的分类既顺应了我国经济

① 张文显：《法哲学范畴研究》(修订版)，中国政法大学出版社2001年版，第1页。

社会发展的现实需求，也符合法人制度设立的目的与功能定位，从行为规范和裁判规范的角度抓住了法人分类的本质，具有更为显著的实践价值。① 同时，有关民事权利的分类及各种具体权利的分类也较为科学，如一般人格权与具体人格权的区分，前者为《民法典》第109条、第990条第2款所确认，后者为《民法典》第110条、第990条第1款所规定。这种科学的人格权分类，既列举了具体权利，又保持了权益的开放性。② 反观行政法法典化所面临的困境，范畴分类的不确定、不科学就是主要的"拦路虎"之一。例如，传统的职权行政主体与授权行政主体的划分，已经无法回应当下正在进行的行政管理体制改革；行政行为内部的类型划分，就存在行政处理与行政规范、行政处理与行政协议、强制性行为与非强制性行为以及刚性行为、柔性行为与中性行为等多种不同的区分模式，至今尚未取得相对一致的认识。以《行政处罚法》第9条对行政处罚种类的区分为例，仍然存在新增处罚性质不明、名称使用及排序不当等明显问题。根据该法"说明"的规定，"把握通用性，从行政处罚法是行政处罚领域的通用规范出发"是其遵循的基本原则。为此，就可以考虑以对行政相对人权益实际影响大小为标准，依次将行政处罚划分为申诫罚、财产罚、行为罚、资格罚、人身罚和声誉罚等六种类型。③ 作为行政法总则制定的一种立法预演，《行政处罚法》能否实现对行政处罚行为的科学分类，是检测行政法释义学成熟程度的标尺，无疑需要加以认真对待。只有通过类似立法活动的不断积累，才能逐步实现行政法概念体系的精细化，为行政法法典化奠定扎实的基础。

最后，结构的逻辑严密是行政法法典化的灵魂。"体系是民法典的生命，缺乏体系性与逻辑性的'民法典'只能称为'民事法律的汇编'，而不能称为民法典。"④作为一项重大的立法系统工程，《民法典》编纂是对现行民事法律规范的系统整合、编订纂修，最终形成一部适应新时代中国特色社会主义发展要求，符合我国国情和实际，体例科学、结构严谨、规范合理、内容完整

① 孙宪忠：《中国民法典总则与分则之间的统辖遵从关系》，载《法学研究》2020年第3期。

② 王利明：《民法典人格权编的亮点与创新》，载《中国法学》2020年第4期。

③ 章志远：《作为行政处罚总则的〈行政处罚法〉》，载《国家检察官学院学报》2020年第5期。

④ 王利明：《体系创新：中国民法典的特色与贡献》，载《比较法研究》2020年第4期。

并协调一致的法典。[①]《民法典》编纂在继承中有创新、在发展中有守成,能够成为权利宣言书的秘诀在于篇章结构之间严密的逻辑。从《民法典》七编的逻辑关系上看,总则编与物权编、合同编、人格权编、婚姻家庭编、继承编和侵权责任编之间是一种"总分式"的统辖关系。总则编采取提取公因式的策略,紧紧围绕开篇第一句"保护民事主体的合法权益"的规范目的,通过"民事主体(权利主体)—民事权利(权利内容)—民事法律行为(权利行使)—民事责任(权利救济)"内在逻辑的遵循,完成了民事法律制度的宏观架构。从《民法典》各分编的结构设计来看,无论是继续采行分编的物权编和合同编,还是直接采行章的形式规定的人格权编、婚姻家庭编、继承编和侵权责任编,同样坚持了"总分式"的立法策略,以"通则—具体类别""一般规定—具体类别"的形式完成了分编编纂。这种一以贯之的逻辑严密的制度设计,保障了法典的简约性和体系性。相比之下,行政法法典化的体系化设计更为复杂艰巨。除了行政法自身与生俱来的易变性和开放性之外,还与最大公因数和最小公倍数的择取有关。例如,行政法法典化的目的是权利保障优先还是公益维护优先,是立基行政权力控制还是行政任务履行;行政法法典化的红线是行政权还是行政相对人权利,是以行政行为还是行政活动为中心。与有限的特别民法相比,具体领域的特别行政法门类众多、规范庞杂,如何处理好行政法典与特别行政法之间的关系,同样考验着行政法法典化体系性的成熟度。从这个意义上来说,我国行政法学界当下有关行政法要否、能否法典化之争,实质上代表了对行政法学自身理性化、系统化能力的不同判断,类似19世纪之初德国法学史上的"蒂堡与萨维尼有关民法典之争"。[②] 无论就盛世修典的传统还是民族复兴的未来而言,在实现"法治一体建设"的目标引领之下,行政法法典化的社会基础日臻完备。《民法典》的成功编纂,极大鼓舞了行政法学人追寻法典梦的士气,但构建概念清晰、分类科学、逻辑严密的行政法释义学远非一日之功。与其仓促进行立法,不

① 全国人民代表大会常务委员会副委员长王晨2020年5月22日在第十三届全国人民代表大会第三次会议上所作《关于〈中华人民共和国民法典(草案)〉的说明》。

② 〔德〕蒂堡、萨维尼:《论统一民法对于德意志的必要性:蒂堡与萨维尼论战文选》,朱虎译,中国法制出版社2009年版。

如退而冷静研究，为行政法法典化这一“两个一百年”历史交汇期我国法治建设的“头等大事”做好充分的理论准备。①

综上所述，《民法典》之于行政法治的核心要义就在于为行政法典编纂提供参照系，从《民法典》编纂的过程中汲取养分。民法学基本概念的清晰精致、理论体系的博大精深、内在逻辑的严密精当，都是行政法学努力的坐标。民法典时代的行政法学研究，应当回归理论、回归基础，在对中国特色社会主义法治实践成果深入观察的基础上，通过基本概念、基本原则、基本制度通说的逐步形成，构建起新时代中国特色行政法释义学，为法治国家之重器——行政法典编纂奠基。

二、党规与国法的衔接协调

党的十八大以来，以习近平同志为核心的党中央站在全面从严治党、全面依法治国、推进国家治理体系和治理能力现代化的战略高度，以前所未有的决心和力度锐意推进党内法规制度建设，依规治党取得举世瞩目的成就。形成完善的党内法规体系，成为建设中国特色社会主义法治体系的重要组成内容，并成为习近平法治思想的核心要义之一。按照《规划》的要求，党内法规制度发展面临着“健全党内法规体系”“抓好党内法规实施”“强化党内法规制度建设保障”三项任务。对这些发展任务的理论阐释和制度落实，既是坚定不移推进依规治党的内在要求，也是贯彻实施习近平法治思想的题中应有之义。由此，健全、实施和保障强化党内法规制度体系，正是形成党规国法的有效衔接协调的重要基础，也是彰显法治一体建设成熟的重要标志。

（一）健全党内法规体系的基本策略

2017年6月，中共中央印发《关于加强党内法规制度建设的意见》（以下简称《意见》），首次提出“到建党100周年时，形成比较完善的党内法规制度体系、高效的党内法规制度实施体系、有力的党内法规制度建设保障体系，党依据党内法规管党治党的能力和水平显著提高”的战略目标。党的十九大之后，党内法规制度建设步伐进一步加快。近年来，随着《中国共产党政

① 章志远：《民法典编纂对行政法法典化的三重启示》，载《特区实践与理论》2020年第5期。

法工作条例》《中国共产党重大事项请示报告条例》《中国共产党农村工作条例》《中国共产党中央委员会工作条例》等一批主干性党内法规的密集出台，以及《中国共产党党组工作条例》《中国共产党问责条例》《中国共产党党内法规制定条例》(以下简称《党内法规制定条例》)、《中国共产党党员权利保障条例》等一批主干性党内法规的密集修订，"加快形成覆盖党的领导和党的建设各方面的党内法规制度体系"的目标任务在建党100周年之际基本完成。党内法规制度体系的形成，标志着党内法规制度建设进入了一个全新的时代。党内法规体系建设从"形成"到"健全"，预示着建党百年之后的党内法规将朝着更加稳健、更加成熟的方向发展，"质量至上""统一权威"将成为健全党内法规体系的基本原则。对标《规划》的要求，健全党内法规体系的发展任务需要从如下四个方面着手：

1. 践行党内法规体系成熟的标准

作为中国特色社会主义法治体系的有机组成部分，党内法规制度建设本身就是一个内容丰富、结构严谨、逻辑自洽的体系。《规划》提出，要构建"内容科学、程序严密、配套完备、运行有效"的党内法规体系，为党内法规体系的日臻成熟提出了明确标准。[①] 所谓内容科学，是指党内法规制度建设要紧密联系管党治党的实践，始终以提高党的执政能力和领导水平作为标尺，使党内法规建设直接服务于新时代党的建设新的伟大工程的现实需要；所谓程序严密，是指党内法规的制定和实施活动必须始终遵循既定的方式、方法、步骤和时限要求，确保党内法规制度建设全过程的平稳有序；所谓配套完备，是指各位阶、各领域、各层面的党内法规建设能够上下贯通、左右相称、一体推进，形成结构完整、和谐一致的内在体系；所谓运行有效，是指党内法规制度体系能够在管党治党的实践中得到有效运用，促进党内法规制度建设作为全面从严治党"长远之策""根本之策"地位的实现。这四个方面的要求构成了党内法规体系成熟的根本标准，为新时代党内法规体系的健全指明了方向。

---

① "构建内容科学、程序严密、配套完备、运行有效的党内法规体系"早先已为2019年修订后的《党内法规制定条例》第15条所明确规定。因此，成熟的党内法规体系标准同时也具有刚性的党规依据。

作为“立规之规”,《党内法规制定条例》进一步完善了党内法规制定的程序要求,为内容科学的党内法规体系提供了基本的程序保障。为了充分调动广大党员的参与积极性,也为了在党内法规制定过程中更加充分地发扬党内民主,今后应当立足“全程参与”“有序参与”“有效参与”理念,积极创造条件使普通党员能够有机会参与到党内法规的制定过程之中,在增强党内法规民主性科学性的同时,保障党内法规实施后的可接受性。[①] 在主干性党内法规密集出台、党内法规体系初步形成之际,今后立规工作的重点应当转向下位阶配套性党内法规的及时制定,使党内法规体系的配套完备落到实处。“如果将构建党内法规制度体系比作盖房子,修订完善党章是夯基垒台,制定若干部准则条例等基础主干法规是立柱架梁,那么出台一大批规则、规定、办法、细则等配套法规就是添砖加瓦。”[②]2020 年 12 月 28 日,中共中央组织部连续发布《公务员考核规定》《公务员奖励规定》《公务员转任规定》《公务员回避规定》《公务员辞去公职规定》《公务员辞退规定》等六部配套性党内法规,对贯彻落实党管干部原则,建设信念坚定、为民服务、勤政务实、敢于担当、清正廉洁的高素质专业化公务员队伍具有重要的推动作用。这种密集发布配套性党规的做法,有助于党内法规体系的不断健全,真正实现“党的建设推到哪里,党内法规制度建设就跟进到哪里”。在建党百年之际,党内法规制度建设的重点应实现从“以立规为中心”向“以执规为中心”的转移,使“文本上的党规”转化为“行动中的党规”,努力实现党内法规体系的运行有效。

2. 提升党内法规全生命周期的质量

坚持质量优先是党内法规制度建设的生命线。《党内法规制定条例》第 1 条将“提高党内法规质量”新增为立规目的之一,确保每一项党内法规都能够立得住、行得通、管得了。站在“两个一百年”历史交汇点上,立足新发展阶段,贯彻新发展理念,构建新发展格局,党内法规制度建设更应坚持走高质量发展道路,为依法治国与制度治党、依规治党统筹推进、一体建设提供全方位的制度支撑。《规划》明确提出了提高党内法规质量的要求,将质量

① 章志远:《论党内法规制定中的党员参与》,载《法治研究》2019 年第 2 期。

② 宋功德:《全方位推进党内法规制度体系建设》,载《人民日报》2018 年 9 月 27 日第 7 版。

优先理念贯穿于党内法规制定、修订、清理和解释的全过程之中，实现各阶段党内法规制度建设环环相扣、同向发力。

在体系形成后时代，党内法规制度建设对全生命周期质量优先理念的贯彻，需要与时俱进地做好党内法规的解释、修订和清理工作。近年来，党内法规立规工作取得了长足发展，为依规治党提供了充分的规范依据。同时也应当看到，随着党的建设实践发展和执政党所处世情、社情、民情的变化，一些党内法规的条款设置方式还有待调整，一些党内法规的规定还要通过及时解释或修改回应现实发展的需求。例如，当前的党内法规体系中仍然存在为数众多的以“段落式”作为表达形式的党内法规，容易与党的政策主张等规范性文件相混淆，一定程度上削弱了党内法规应有的规范性，应当得到及时调整和规范。[①] 现有部分党内法规的规范条文在假设和法规后果两个部分还存在一些不明确的表述，对贯彻落实党内法规应有的明确性原则造成了一定的负面影响。[②] 党的十八大后，《中国共产党纪律处分条例》先后于2015年、2018年进行过两次修订。党的二十大后再次修订，这是贯彻落实习近平新时代中国特色社会主义思想和党的二十大精神的必然要求，是将党章要求具体化为纪律规定的实际行动，也是实现和其他党内法规、国家法律相衔接的生动体现。随着我们党对党的领导和自身建设规律认识的不断加深，今后更多党内法规需要及时进行修订。

3. 维系党内法规体系的统一权威

党内法规制定主体的多样性、调整领域的广泛性、制定频率的快速性和存在数量的庞杂性，都决定了保持党内法规自身体系权威性和统一性的必要性。《意见》指出，党内法规制度体系是以党章为根本，以民主集中制为核心，以准则、条例等中央党内法规为主干，由各领域各层级党内法规制度组成的有机统一整体。党内法规体系形成本身不易，后续维系则更为重要。在党内法规制度建设的全过程中，必须按照《党内法规制定条例》第31条“效力位阶”的要求，始终维系党章作为党的总章程和根本法至高无上的地位，确保党内法规体系的统一性和权威性。

---

① 曾钰诚：《新时代党内法规建设：目标、问题与路径》，载《中州学刊》2019年第11期。

② 段磊：《论党内法规的明确性原则》，载《法学评论》2019年第5期。

党内法规体系的维护任务主要依托党内法规备案审查制度实现。《中国共产党党内法规和规范性文件备案审查规定》将“维护党内法规和党的政策的统一性、权威性”作为立规的根本目的，将“有件必备、有备必审、有错必纠”作为备案审查工作应当坚持的基本原则，将“政治性审查、合法合规性审查、合理性审查、规范性审查”确立为备案审查的基本方法，这些新规定的落实有助于维护党内法规体系的统一性和权威性。在今后的党内法规备案审查制度运行中应当着重把握三点：一是突出“合章性审查”的特殊作用，确保党章作为“万规之本”“万规之基”“万规之首”“万规之王”的神圣地位；[①]二是需要进一步优化党政联合发文的备案审查制度，有效解决目前实践中党政联合发文井喷式增长与监督缺位、虚置之间的矛盾，避免党政联合发文的泛化；[②]三是参照近几年来全国人大常委会法制工作委员会在全国人大常委会会议上公开报告年度备案审查情况的做法，增强党内法规备案审查制度的刚性约束。[③]

4. 形成党规国法相向而行的格局

作为中国特色社会主义法治体系中最具本土生命力的元素，党内法规制度现象的出现，为人类法治文明进步贡献了中国智慧和中国方案。党内法规制度是对全体党员的要求，国家法律是对全体公民的要求，妥善处理好党内法规与国家法律之间的关系，就会不断增强社会主义法治体系的生机与活力。习近平总书记指出：“全面推进依法治国，必须努力形成国家法律法规和党内法规制度相辅相成、相互促进、相互保障的格局。”[④]这种相向而行格局的形成，有赖党内法规同国家法律直接的衔接和协调。所谓衔接，是指党内法规与国家法律这两套制度系统之间要实现无缝隙对接；所谓协调，是指党内法规与国家法律对同一事项各有侧重的规定之间要避免规范冲

① 宋功德：《坚持依规治党》，载《中国法学》2018年第2期。

② 封丽霞：《党政联合发文的制度逻辑及其规范化问题》，载《法学研究》2021年第1期。

③ 例如2021年1月20日全国人大常委会法制工作委员会主任沈春耀在第十三届全国人大常委会第二十五次会议上所作的关于2020年备案审查工作情况的报告，以数据形式公开翔实展示了备案、主动审查、专项审查、依申请审查、移送审查、纠正处理及推进备案审查制度和能力建设的基本情况。

④ 习近平：《论坚持全面依法治国》，中央文献出版社2020年版，第96页。

突。唯其如此，党内法规与国家法律才能实现“各有侧重、功能互补”“交替领跑、相互强化”“互为依托、互相借力”的生动和谐发展局面。[①]

国家法律和党内法规相辅相成、相互促进、相互保障格局的形成，是建设中国特色社会主义法治体系一项长期而艰巨的任务，需要在法治实践中不断总结经验提炼规律。例如，为加强党对某方面工作的领导，执政党先后在扶贫脱贫、生态文明建设、安全生产、食品安全等领域实行“党政同责”，通过《脱贫攻坚责任制实施办法》《生态文明建设目标评价考核办法》《地方党政领导干部安全生产责任制规定》《地方党政领导干部食品安全责任制规定》等党内法规予以明确。2021 年 1 月 4 日，中共中央、国务院印发《关于全面推进乡村振兴加快农业农村现代化的意见》，明确提出“实行粮食安全党政同责”，使粮食安全成为第五个实行“党政同责”的领域。这些党内法规和政策性文件的及时发布，与相关领域原本存在的国家法律一起共同构成了政府治理体系的制度规范，形成了极具中国本土监管特色的“党政联合治理”模式。[②] 又如，为了加强党对政法工作的领导，中共中央在 2019 年 1 月印发《中国共产党政法工作条例》，以基本党内法规形式将“坚持和加强党对政法工作绝对领导”确立为立规的根本目的，同时明确“支持政法单位依法履行职责，保证司法机关依法独立公正行使职权”为政法工作的一项基本原则，实现了党内法规与国家法律之间的互联互通。2015 年 3 月，中共中央办公厅、国务院办公厅印发《领导干部干预司法活动、插手具体案件处理的记录、通报和责任追究规定》，中共中央政法委印发《司法机关内部人员过问案件的记录和责任追究规定》，筑起了保障司法机关依法独立公正行使职权的“制度防线”。[③] 2018 年 10 月，十三届全国人大常委会第六次会议修订通过的《中华人民共和国人民法院组织法》（以下简称《人民法院组织法》）第 52 条对此进一步予以确认。这是国家法律和党内法规之间相辅相成、相互促进、相互保障局面实现的生动例证，其经验值得在其他领域推广。

---

① 宋功德：《坚持依规治党》，载《中国法学》2018 年第 2 期。

② 章志远：《监管新政与行政法学的理论回应》，载《东方法学》2020 年第 5 期。

③ 黄文艺：《坚持党对全面依法治国的领导》，载《光明日报》2021 年 2 月 8 日。

（二）激活党内法规实施的主要机制

党内法规的生命力在于实施，党内法规的权威也在于实施。不断提高党内法规执行力，一直是党内法规制度建设的重点，也是党内法规制度建设中的短板。党的十八大以来，党中央以零容忍、全覆盖的姿态深入推进反腐败斗争，取得了压倒性胜利。从媒体公开披露的一些腐败样本上看，对相关党内法规不了解或存在侥幸心理是腐败官员走上违纪违法犯罪道路的原因之一。立规不易，施规更难。在党内法规体系形成后时代，应当及时将党内法规实施摆在首要位置，真正让铁规生威发力，让尊法守规成为党员特别是党员领导干部的自觉行动。“只有铭刻在人们心中的法治，才是真正牢不可破的法治。”[①]在中国特色社会主义法治体系提出多年的当下，更应理直气壮地激活党内法规的有效实施，及时补齐法治建设中的最大短板。对标《规划》要求，激活党内法规实施的主要机制包括如下三个方面：[②]

1. 营造学习党内法规的浓郁氛围

我们党是学习型政党，在百年奋斗历程中始终学习各种适应时代发展需要的新知识、新理论、新思维，进而凝聚起领导人民进行社会革命的磅礴伟力。党的十八大以来，党内法规制度建设在管党治党、全面从严治党方面发挥了举足轻重的作用，对推进国家治理体系和治理能力现代化、维护党长期执政和国家长治久安具有十分特殊的意义。经过多年的不懈努力，“治国必先治党，治党务必从严，从严必依法度”的观念已经深入人心。在这种新的时代背景之下，应当充分发挥我们党政治动员的组织优势和宣传优势，自上而下掀起学习党内法规、讲好中国共产党新时代坚持统筹推进依法治国和依规治党的故事的热潮。

2021 年 2 月 20 日，党中央举行党史学习教育动员大会，部署在全党开展党史学习教育。这是营造学习党内法规社会氛围的重要时机，应当将我们党坚持依规治党的历史融入党史学习教育过程之中，使广大党员特别是

① 习近平：《论坚持全面依法治国》，中央文献出版社 2020 年版，第 135 页。

② 有学者将党内法规实施体系构建的科学路径归纳为“确立强有力的利益导向”“进行全方位的机制设计”“探索高效率的效果反馈”三个方面。其中，机制设计涵盖了公布机制、传播机制、解释机制、学习机制、责任机制、督查机制、追究机制和备案机制等八个方面。参见金诚波：《论党内法规实施体系的构建》，载《中共中央党校（国家行政学院）学报》2021 年第 1 期。

党员领导干部成为尊规学规守规用规的模范。在这次主题学习教育活动之后，应当及时按照级别、领域、行业的不同，为各级党员领导干部制定“量身定制”式的党内法规制度学习菜单，提高不同岗位、不同层级党员领导干部的履职能力，切实防范履职风险。《规划》提出，要把抓“关键少数”和管“绝大多数”统一起来。“领导干部装腔作势、装模作样，当面是人、背后是鬼，老百姓就不可能信你那一套，正所谓‘其身正，不令而行；其身不正，虽令不从’。”①在这方面，2018 年全民学习宪法和 2020 年全民学习民法典的有益经验值得总结推广，从而真正提高党内法规学习的实际成效，避免在学习活动中搞形式主义、走过场。

2. 持续加大党内法规的公开力度

党内法规体系形成之后，应当践行“走出去”的发展战略，让党内法规制度建设的成就为社会公众广泛知晓，进一步提高党内法规的公众普及度。按照《党内法规制定条例》第 29 条第 3 款的规定，党内法规除涉及党和国家秘密不得公开或者按照有关规定不宜公开外，应当在党报党刊、重点新闻网站、门户网站等党的媒体上公开发布。2017 年 12 月，中共中央印发《中国共产党党务公开条例(试行)》，第 7 条第 1 款也确立了“除涉及党和国家秘密不得公开或者依照有关规定不宜公开的事项外，一般应当公开”的基本原则。总体上看，党内法规公开的程度还较为有限，存在很多进一步优化的空间。特别是随着我们党治国理政经验日臻成熟，应当对“依照有关规定不宜公开”逐步进行限缩性解释，确立“应公开尽量公开”的基本原则。持续加大党内法规的公开力度，既是彰显我们党“四个自信”的体现，也是党内法规制度建设走向成熟的标志。只有让更多的党内法规向全党或全社会公开，才能保障党内法规的规定真正落地生根。

3. 落实党内法规执行责任

党内法规实施的激活有赖综合施策，推行执行责任制是其中的关键一环。2019 年 9 月，中共中央印发《中国共产党党内法规执行责任制规定(试行)》，就执规责任制的组织架构、责任主体、责任内容、执行措施作出了详尽

① 习近平：《论坚持全面依法治国》，中央文献出版社 2020 年版，第 141—142 页。

规定。有学者将党内法规执行机制的模式概括为:党委(党组)全面领导,贯穿于党规执行;纪委保障党规执行,对违反党规行为予以处理;党的职能部门具体履行党规执行;党的基层组织通过党建方式推动党规执行。[①] 作为常态化的党内法规实施机制,党内法规实施评估和督察追责的激活尤为重要。实施评估制度旨在客观勾勒党内法规落实的具体情况,督察追责则是督促党内法规实施的刚性制度安排,二者的结合适用能够织起党内法规实施的机制之网。党的十八大以来,中央八项规定的执行就取得了良好的社会效果,对扭转党风、政风、社风发挥了重要作用,被誉为改变中国的"铁八条",其有益经验就在于"抓住关键少数、坚持以上率下""注重环环紧扣、形成完整实施链条""'常'抓抓'长'、健全长效机制"[②]。这些来自党内法规实施局部实践的成功经验,值得进一步总结推广,使"有规必依、执规必严"成为党内法规体系形成后时代的新常态。

(三)强化党内法规制度建设的保障

作为中国特色社会主义法治体系中最富有生机活力和原创性的组成部分,党内法规体系的形成、实施、完善和发展,都与党的自身建设和党的领导、执政活动密不可分,党内法规制度建设终究离不开强大的专业人才保障。无论是党内法规的立改废释和贯彻执行,还是党内法规的学理阐释和观念传播,都需要打造代代相传的专业工作队伍和后备人才队伍。在党内法规体系形成后时代,面对法学领域"冰火两重天"的局面,中国法学界应当"深刻把握党内法规作为新时代中国法学新范畴的变革性意义,积极将党内法规融入中国特色社会主义法学话语体系,积极推动党内法规学理研究和人才培养事业大发展"[③]。对标《规划》要求,党内法规制度建设的人才保障主要体现在如下三个方面:

1. 建设德才兼备的党内法规专门工作队伍

坚持建设德才兼备的高素质法治工作队伍是习近平法治思想的核心要

---

① 陈莹莹:《党内法规执行机制研究》,载《法学评论》2020 年第 3 期。

② 宋功德:《坚持依规治党》,载《中国法学》2018 年第 2 期。

③ 王伟国:《党内法规作为新时代中国法学新范畴论纲》,载《中共中央党校(国家行政学院)学报》2021 年第 1 期。

义之一。党的十八届四中全会《决定》指出,“全面推进依法治国,必须大力提高法治工作队伍思想政治素质、业务工作能力、职业道德水准,着力建设一支忠于党、忠于国家、忠于人民、忠于法律的社会主义法治工作队伍,为加快建设社会主义法治国家提供强有力的组织和人才保障。”如同立法队伍、行政执法队伍、司法队伍、监察队伍一样,高素质的党内法规专门工作队伍也是社会主义法治工作队伍的重要组成部分。党内法规的制定、解释、修改、备案审查、清理、评估等具体工作,都是由党内法规工作机构的人员担任的。这些人员的政治素质、法律素质和专业能力,直接决定着党内法规制度建设的质量。在党内法规已成为中国特色社会主义法治体系有机构成的当下,应将党内法规专门工作队伍建设纳入党和国家法治工作队伍建设的全局中加以谋划,使之能够胜任党内法规体系形成后时代党内法规制度建设的重任。

习近平总书记指出:“要按照政治过硬、业务过硬、责任过硬、纪律过硬、作风过硬的要求,努力建设一支信念坚定、执法为民、敢于担当、清正廉洁的政法队伍。”[①]党内法规工作机构人员肩负着立规、释规、执规、普规的神圣使命,毫无疑问需要符合“五硬”的基本要求。从加强党的全面领导和深入推进依规治党的要求上看,应当系统谋划好党内法规专门工作队伍建设,尤其要把好“入口关”“培养关”“晋升关”。首先,要明确党内法规工作机构人员入职的政治标准和法律标准。就政治标准而言,除了中共党员的党派要求外,还应当具备两年以上的党务工作经验;就法律标准而言,入职者应当通过国家法律职业资格统一考试。其次,要通过组织定期专业能力培训和不同岗位挂职锻炼等方式,全面提升党内法规工作机构人员的专业素养。根据《党内法规制定条例》第 8 条第 2 款的规定,中央办公厅承担党内法规制定的统筹协调和督促指导工作。作为党内法规制度建设的主导机构,中央办公厅法规局可将全国党内法规工作机构人员培训事务纳入统筹协调之中,发挥党内法规高端培训桥梁枢纽作用。同时,可以参照最高人民法院、最高人民检察院从地方法院、检察院借调法官、检察官完成专项任务的有益经

① 习近平:《论坚持全面依法治国》,中央文献出版社 2020 年版,第 55 页。

验,为地方党委党内法规工作机构人员开阔视野提升能力提供参与锻炼机会。最后,要为党内法规工作机构人员晋升提供有效通道。党内法规工作政治性强、专业性高,从业人员成长需要一定周期。如果晋升通道不畅,可能造成专业人才流失。为此,可以参照《中华人民共和国法官法》《中华人民共和国检察官法》有关入额法官、检察官晋升做法,为党内法规工作机构专职干部提供稳定的职业保障。

2. 造就守正创新的党内法规理论研究队伍

近年来,国内法学、政治学、党史党建等学科的一些学者围绕党内法规制度建设的理论和实践展开了初步研究,一些科研院校或联合实务部门或单独成立了若干党内法规理论研究机构,推出了一批党内法规理论研究成果。不过,党内法规研究繁荣表象的背后还存在诸多"隐忧":法学界对党内法规融入中国特色社会主义法治体系的学理阐释和内心接受度还不够;不同学科研究者时常陷入身份认同的尴尬境地;党内法规研究者还存在跨学科知识的短板;党内法规研究方法运用不够娴熟;党内法规理论研究与实践之间缺乏有效沟通;年轻研究者对党内法规理论研究的前景不够自信。这些问题的存在,反映出党内法规理论研究还跟不上党内法规制度建设快速发展的实践。为此,《规划》明确提出,加快补齐党内法规理论研究方面短板,重点建设一批党内法规研究高端智库和研究教育基地,推动形成一批高质量研究成果,引领和聚集一批党内法规研究人才。

站在中国共产党坚持依法治国、依法执政、依法行政共同推进的治国理政方略新起点上,党内法规理论研究短板补齐的关键在于法学界要解放思想与时俱进,真正将中国特色社会主义法治体系的丰富内涵阐释好、宣传好、发展好。"旗帜鲜明地将党内法规作为法学的新范畴,理直气壮地将法学的研究对象明确为依法执政之'法',既是新时代中国法学的历史使命,也是中国法学转型升级的新的逻辑起点。"[①]可见,造就守正创新的党内法规理论研究队伍已经成为党内法规体系形成后时代的一项紧迫任务。当前,应当充分利用庆祝建党百年和深入学习贯彻习近平法治思想的大好时机,着

---

① 王伟国:《党内法规作为新时代中国法学新范畴论纲》,载《中共中央党校(国家行政学院)学报》2021年第1期。

力解决好多年来困扰党内法规理论研究发展的体制机制"瓶颈",在党内法规学科单独设置、全国性党内法规研究团体组建、党内法规研究资源倾斜性配置方面迈开坚实步伐,锻造政治过硬、学风过硬、业务过硬的党内法规理论研究队伍,在守正创新中讲好百年大党全面从严治党、依规治党的千秋故事。①

3. 加快党内法规后备专业人才的培养步伐

中国共产党立志于中华民族伟大复兴的千秋伟业,百年恰是风华正茂。作为党的建设事业重要组成内容的党内法规制度建设,其兴旺发达同样需要一代又一代德才兼备的后备专业人才的接续奋斗。习近平总书记指出:"法治人才培养不上去,法治领域不能人才辈出,全面依法治国就不可能做好。"②在全面推进依法治国成为中国共产党治国理政的基本方略、党内法规体系成为中国特色社会主义法治体系有机组成部分的当下,应当以党的"新三大法宝"(依法治国、党的建设和统一战线)为指导方针,创新法律治理人才的培养机制。③《规划》明确提出,健全后备人才培养机制,加强党内法规学科建设,为党内法规事业持续发展提供人才支撑。

高校是法治人才培养的第一阵地。高校能否建成种类齐全、内涵丰富的党内法规学科体系,关系到党内法规后备人才的培养质量。作为特殊类型的法治专门人才,党内法规后备人才培养更要着重解决好"为谁教""教什么""教给谁""怎样教"的问题。党内法规后备专业人才培养可以分为三个层次,第一层次是党内法规博士研究生培养。其职业定位主要是党内法规师资队伍、理论研究队伍和高层次实务工作队伍,其培养方案应遵循复合型、宽口径思路,倡导推行法学专业和非法学专业双导师制,努力培养出能够与百年大党辉煌成就相匹配的党内法规高端人才。第二层次是党内法规硕士研究生培养。其中,学术型硕士研究生的职业定位是继续攻读党内法规博士研究生,实务型硕士研究生的职业定位是各级党委党内法规工作机构专门人员。倡导推行理论与实务双导师制,让党内法规工作机构的专

① 章志远:《党内法规学学科建设三论》,载《上海政法学院学报》2019年第4期。
② 习近平:《论坚持全面依法治国》,中央文献出版社2020年版,第174页。
③ 程金华:《法律人才与中国"新文治"》,载《中国法律评论》2021年第1期。

门人员参与到在校硕士研究生的培养过程之中，强化党内法规实践教学，缩短党内法规理论与实践之间的距离。第三层次是大学生党内法规普及教育。应将党内法规基本知识引入本科生教学过程之中，树立新时代大学生的党规意识，吸引更多年轻大学生关注党内法规制度建设，积极报考党内法规硕士研究生。只有通过分类施策和精准培养，党内法规后备人才梯队才能渐次形成。2021年2月4日，教育部学位管理与研究生教育司、司法部律师工作局印发《关于实施法律硕士专业学位（涉外律师）研究生培养项目的通知》，此举对推动涉外法治专业人才培养具有重要意义。对党内法规人才培养中间层的实务型硕士研究生而言，完全可以参照涉外法治人才培养模式，通过特事特办、急事快办满足党内法规制度建设实践的特殊需求。

三、国法党规与社会规范的协同治理

除了公法、私法的有机融合和国法与党规的衔接协调，法治规范体系的科学融贯还包括国法党规与社会规范协同治理这一内容。“法治一体建设”的协同推进既意味着法律规范、党内法规与社会规范体系的同步健全，也意味着各类规范之间的统筹协调。法治社会的重要表现之一是“公权力运作系统之外的社会生活的法治化”[①]，这便需要将各类社会关系纳入法律规范的调整之中，纳入自治规范的有序约束之中。国法党规与社会规范之间协同治理的实现，从根本上说应基于各类规范之间的契合衔接。如果说行政法规范体系的完备程度是法治政府建设的重要体现，那么良好社会规范的体系化程度则是法治社会建设成熟程度的典型表现。科学社会规范体系的形成不仅有赖于社会组织的发展与自治能力的提升，更加需要良法善治的引导与助推。“推进全面依法治国，法治政府建设是重点任务和主体工程，对法治国家、法治社会建设具有示范带动作用，要率先突破。”[②]正因如此，在《民法典》已经颁布实施的背景下，各类规范协同治理的切实推进与行政法

---

① 陈柏峰：《中国法治社会的结构及其运行机制》，载《中国社会科学》2019年第1期。

② 习近平：《坚定不移走中国特色社会主义法治道路 为全面建设社会主义现代化国家提供有力法治保障》，载《求是》2021年第5期。

典的编纂施行密不可分，这是行政基本法典的属性使然，也是回应新时代国家治理现代化需求之使然。笔者立足二十余年来我国行政法治的实践发展和当下境况，面向基本实现社会主义现代化的法治战略要求，从历史、现实和未来三个维度，揭示行政基本法典"作为政府治理体系改革的成果记载""作为统一行政法律适用权威依据""作为助推法治一体建设基础规范"的三重属性，找准行政基本法典编纂贯彻落实习近平法治思想的结合点和着力点，助力我国行政基本法典编纂事业行稳致远。

（一）作为政府治理体系改革成果记载的行政基本法典

回望改革开放四十多年来我国行政法治波澜壮阔的发展历程，大体上经历了三个内驱动力各不相同的发展阶段。一是1989年《行政诉讼法》的颁行，开启了"以司法为中心"的行政法制建设时期，作为下游规范的行政诉讼法持续发挥倒逼功效；二是2004年《纲要》的印发，开启了"以行政为中心"的法治政府建设时期，作为中游规范的行政行为法和作为上游规范的行政组织法逐步发挥规范功效；三是2018年《中共中央关于深化党和国家机构改革的决定》的印发，开启了"以坚持党的全面领导为中心"的新时代"法治一体建设"时期，党的领导推进入法开始发挥政治保障功效。历经三个阶段的接续奋斗，以职责明确、依法行政的政府治理体系为标志的中国特色社会主义行政体制已经成为"中国之治"的重要组成内容，这也是行政基本法典予以记载确认和宣示表达的根本底气所在。

1. 浓郁行政自制取向的政府治理体系改革

在我国行政法治的发展进程中，2004年是一个重要的"拐点"之年。一方面，第十届全国人民代表大会第二次会议通过宪法修正案，增加"国家为了公共利益的需要，可以依照法律规定对土地实行征收或者征用并给予补偿""国家鼓励、支持和引导非公有制经济的发展""国家尊重和保障人权""国家建立健全同经济发展水平相适应的社会保障制度"等一系列新规定，为政府全面履行给付行政任务提供了直接的宪法规范依据；另一方面，"建设法治政府"一语首次出现在国务院政府工作报告之中，2004年《纲要》进一步提出，全面推进依法行政，经过十年左右坚持不懈的努力，基本实现建设法治政府的目标。自此以后，寄望于通过行政机关自我革新实现法治政府建设目标的“行政自制”[1]取向的行政法治发展道路正式开启。

作为奏响以行政为中心的法治政府建设序曲的2004年《纲要》，围绕“合法行政”“合理行政”“程序正当”“高效便民”“诚实守信”“权责统一”等六项基本要求，对转变政府职能、提升制度建设质量、推行依法科学民主决策、规范行政执法、加强行政权力监督和有效化解矛盾纠纷等六个法治政府建设基本面向提出了一系列改革任务，并为国务院2008年印发的《关于加强市县政府依法行政的决定》、2010年印发的《关于加强法治政府建设的意见》所延续。党的十八届四中全会《决定》提出“深入推进依法行政，加快建设法治政府”的目标任务，2015年《法治政府纲要》进一步明确“到2020年基本建成职能科学、权责法定、执法严明、公开公正、廉洁高效、守法诚信的法治政府”的具体目标。

党的十九届三中全会第一次把建设“职责明确、依法行政的政府治理体系”作为深化党和国家机构改革的目标之一，这是“我们党全面总结新中国成立特别是改革开放以来行政体制改革的成就经验，着眼于党和国家事业发展全局作出的重大决策部署”[2]。“构建职责明确、依法行政的政府治理体系”作为坚持和完善中国特色社会主义行政体制的核心内容，写入党的十九届四中全会通过的《中共中央关于坚持和完善中国特色社会主义制度，推进国家治理体系和治理能力现代化若干重大问题的决定》(以下简称“党的十九届四中全会《决定》”)。2021年《法治政府纲要》将“加快构建职责明确、依法行政的政府治理体系”，“全面建设职能科学、权责法定、执法严明、公开公正、智能高效、廉洁诚信、人民满意的法治政府”作为推动新时代全面建设法治政府的指导思想。2022年8月，中央全面依法治国委员会印发《关于进一步加强市县法治建设的意见》(以下简称《市县建设意见》)，成为打通党中央关于全面依法治国决策部署在基层落实“最后一公里”的重要途径。

盘点行政法治“拐点”之年以来我国政府治理体系改革的丰硕成果，可

[1] 崔卓兰、于立深:《行政自制与中国行政法治发展》，载《法学研究》2010年第1期。

[2] 本书编写组编著:《〈中共中央关于深化党和国家机构改革的决定〉〈深化党和国家机构改革方案〉辅导读本》，人民出版社2018年版，第54页。

以看出一条极具中国本土特色的“自上而下、自下而上双向互动地推进法治化”[①]之路。以重塑政府职能、促进有效市场与有为政府更好结合的行政审批制度改革为例，自2004年《中华人民共和国行政许可法》(以下简称《行政许可法》)实施以来，国务院自上而下先后开展了多轮以实现“放管服”为目标的行政审批制度改革，不断从源头上削减行政审批事项、从程序上优化行政审批流程，将更多行政资源从事前审批转到事中事后监管，最大限度激发基层、市场和社会的活力。在这一改革进程中，源自浙江的“最多跑一次”改革、“无证明城市”改革和行政审批服务标准化建设经验以及源自上海的“一业一证”改革、“告知承诺制”改革先后都获得中央认可，并以行政法规或行政规范性文件、党政联合发文等形式在全国范围内进行推广。2019年5月，中央依法治国办印发《关于开展法治政府建设示范创建活动的意见》。通过定期开展法治政府建设示范地区评估认定活动，以“样板效应”“头雁效应”营造法治政府建设创优争先的浓厚氛围，这已经成为加强党的领导、完善法治政府建设的重要推进机制。中国政法大学法治政府研究院于2010年发起设立“中国法治政府奖”，迄今为止已经成功举办六届评选活动，得到了官方和社会的广泛认可，累计入围的154个改革创新项目已经成为展示法治政府建设成果、观察政府治理体系改革的重要窗口。[②]

2. 行政基本法典对政府治理体系改革的记载

二十余年来，我国行政自制取向的政府治理体系改革呈现出“依靠政治推动、行政落实的内部性制度建构与实施过程”的明显特质，与“以权力分工和制约为中心的传统依法行政路径”形成了适用范围和制度功能上的互补局面。[③] 特别是在有效整合政治功能和行政功能的中国特色“党政体制”[④]的高位推动和规划引领之下，政府治理体系各个主要环节的改革都取得了长足进展。其一，在政府机构职能体系方面，权力清单、责任清单、负面清单制

① 习近平：《论坚持全面依法治国》，中央文献出版社2020年版，第136页。

② 第一届至第五届部分入围“法治政府奖”的典型代表项目已经结集出版，参见中国政法大学法治政府研究院主编：《中国法治政府奖集萃(第一至四届)》《中国法治政府奖集萃(第五届)》，社会科学文献出版社2018年版。

③ 刘国乾：《法治政府建设：一种内部行政法的制度实践探索》，载《治理研究》2021年第3期。

④ 景跃进等主编：《当代中国政府与政治》，中国人民大学出版社2016年版，第6页。

度的全面推行和动态管理，促进各级政府高效履职尽责；"放管服"改革深入推进，政府与市场、政府与社会的关系逐渐理顺，市场监管、社会治理、公共服务、生态保护方面的政府职能得到更好发挥，法治化营商环境持续得到优化。其二，在依法行政制度体系方面，公众参与、专家论证实效不断提升，行政规范性文件质量保障机制日益健全，政府治理各方面制度更加完善。其三，在行政决策制度体系方面，科学化、民主化、法治化水平持续提高，行政决策制定、执行、评估和问责的全生命周期管控理念深入人心。其四，在行政执法工作体系方面，横向到边、纵向到底的行政执法体制改革稳步推进，严格执法的体制机制保障不断健全；以行政执法三项制度改革为代表的行政执法程序不断完善，以免罚清单为代表的包容审慎监管执法理念稳步推行。其五，在社会矛盾纠纷行政预防化解体系方面，以相对集中行政复议权改革为依托，行政复议在化解行政争议中的主渠道作用开始在局部地区得以实现；行政裁决、行政调解、行政自我纠错等非诉讼纠纷解决机制的分流作用得到加强；行政应诉工作日益规范，府院互动实质性化解行政争议机制不断健全。其六，在行政权力监督体系方面，内部行政执法监督和各类外部监督方式逐渐形成合力，政务公开改革和政务诚信建设的倒逼效应开始显现。此外，突发事件应对体系、数字政府治理体系建设近几年来也取得了可喜进展，一个职责明确、依法行政的政府治理体系日渐清晰。

政府治理体系改革成果的规范化、法制化程度在这一时期也不断得到提升，行政法治领域呈现"依法行政与依文件行政并举"的多元规范共存局面。一方面，部分行政管理领域改革的成果逐渐被单行法律、行政法规所确认，相关行政规范性文件则起到补强作用，制度的稳定性和可预期性得以保障。例如，《重大行政决策程序暂行条例》《优化营商环境条例》颁行，对各地具有典型意义的改革成果予以及时确认；《行政处罚法》的修订遵循"体现和巩固行政执法领域中取得的重大改革成果""坚持权由法定的法治原则"，对行政执法重心下移改革、综合行政执法体制改革、行政执法三项制度改革、行政裁量基准改革等予以确认。[①] 又如，行政机关负责人出庭应诉制度改革

① 全国人民代表大会常务委员会法工委副主任许安标2020年6月28日在第十三届全国人民代表大会常务委员会第二十次会议上所作《关于〈中华人民共和国行政处罚法(修订草案)〉的说明》。

遵循“地方试验—中央认可—稳步推广—法制固化”的发展逻辑，经过多年的依托文件推动之后在2014年《行政诉讼法》修订时被明确认可，后由国务院办公厅印发的《关于加强和改进行政应诉工作的意见》进一步得到强化。[①]另一方面，部分行政管理领域改革的成果还停留于中央层级的党政联合发文、行政规范性文件层面，依文件行政的色彩较为浓厚。例如，以“双随机、一公开”监管和“互联网＋监管”为基本手段、以重点监管为补充、以信用监管为基础的新型监管机制的构建，目前主要还是依靠各类规范性文件加以推动。在教育培训领域，加大执法力度最直接的依据是中共中央办公厅、国务院办公厅2021年7月印发的《关于进一步减轻义务教育阶段学生作业负担和校外培训负担的意见》；在食品安全领域，加大执法力度最直接的依据则是中共中央、国务院2019年5月印发的《关于深化改革加强食品安全工作的意见》；在信用监管方面，规范依据包括国务院2016年5月印发的《关于建立完善守信联合激励和失信联合惩戒制度加快推进社会诚信建设的指导意见》、国务院办公厅2019年7月印发的《关于加快推进社会信用体系建设构建以信用为基础的新型监管机制的指导意见》、2020年12月印发的《关于进一步完善失信约束制度构建诚信建设长效机制的指导意见》以及中共中央办公厅、国务院办公厅2022年3月印发的《关于推进社会信用体系建设高质量发展促进形成新发展格局的意见》；在事中事后监管方面，规范依据主要是国务院2019年9月印发的《关于加强和规范事中事后监管的指导意见》。如果继续沿用政府治理体系改革成果逐一入法的传统“碎片化”法制生长路径，又会落入“立法成本高昂、速度太慢，不利于行政法律规范体系化建构”的窠臼。[②]

正确处理改革和法治“鸟之两翼”“车之两轮”的关系，坚持“在法治下推进改革，在改革中完善法治”的基本原则，是习近平法治思想重要的科学方法论。“立法主动适应改革需要，积极发挥引导、推动、规范、保障改革的作用，做到重大改革于法有据，改革和法治同步推进，增强改革的穿透力。对实践证明已经比较成熟的改革经验和行之有效的改革举措，要尽快上升为

---

① 章志远：《社会转型与行政诉讼制度的新发展》，北京大学出版社2019年版，第10—14页。

② 章志远：《中国特色行政法法典化的模式选择》，载《法学》2018年第9期。

法律。”[①]边改边立、循序渐进、零打碎敲式的传统行政立法模式已经表明，多位阶单行立法数量的不断增加，会进一步加剧行政法律规范的肥大化、技术化、松散化和多变化，不利于行政法律规范的常态化适用和遵循。类似2004年《纲要》的规定也曾经为最高人民法院的个别典型行政裁判所引用，但文件自身所固有的随意性和不确定性弊病仍然无法摆脱。[②] 从面向未来社会的“规则之治”角度来看，依法行政模式与依文件行政模式的长期共存，无法实现“用法治给行政权力定规矩、划界限”[③]的固根本、稳预期、利长远功效，不利于在全社会培育有限行政的基本理念。国家及时启动行政基本法典编纂工作，能够系统整合现有的单行法律、行政法规、行政规范性文件规定，全面记载政府治理体系改革多年积累的有益经验，通过法典自身固有的简约性、适用性、逻辑性和稳定性真正实现依法行政的时代使命。[④] 通过行政基本法典记载行政自制取向的政府治理体系改革成果，实则是对作为内部行政法建构的法治政府建设与作为外部行政法建构的传统依法行政进路功能互补性的认可。这种合理吸收、及时确认和有效巩固行政改革成果的做法，体现了行政基本法典编纂守正创新、兼容并蓄的品质。二十年来以职责明确、依法行政为取向的政府治理体系改革所取得的丰硕成果，既为行政基本法典编纂奠定了智识基础，也为行政基本法典引领改革提供了坚实依据。

（二）作为统一行政法律适用权威依据的行政基本法典

在中国共产党的坚强领导和立法机关的持续努力下，我国用三十多年的时间建成了以宪法为统帅，以宪法相关法、民法刑法行政法等多个法律部门的法律为主干，由法律、行政法规、地方性法规与自治条例、单行条例等三个层次的法律规范构成的中国特色社会主义法律体系，并随着时代进步和

---

① 习近平：《论坚持全面依法治国》，中央文献出版社2020年版，第38页。

② 在“郴州饭垄堆矿业有限公司诉国土资源部国土资源行政复议决定案”的再审判决中，最高人民法院援引2004年《纲要》有关“行政机关行使自由裁量权的，应当在行政决定中说明理由”的规定，认定被诉行政复议决定未履行充分说明理由义务应予纠正。参见最高人民法院(2018)最高法行再6号行政判决书。

③ 习近平：《论坚持全面依法治国》，中央文献出版社2020年版，第4页。

④ 有的论者提出，面对历年来多项行政体制改革的成果，行政基本法典是否吸收应视“治理改革与行政权力的相关度”“治理改革的重大程度”而定，并着重论及了“党和国家机构改革之法典化”“‘放管服’改革之法典化”。参见王敬波：《行政基本法典的中国道路》，载《当代法学》2022年第4期。

实践发展不断予以丰富完善。习近平总书记指出："现在，我们的工作重点应该是保证法律实施，做到有法必依、执法必严、违法必究。有了法律不能有效实施，那再多法律也是一纸空文，依法治国就会成为一句空话。"[①]"推进法治体系建设，重点和难点在于通过严格执法、公正司法、全民守法，推进法律正确实施，把'纸上的法律'变为'行动中的法律'。"[②]在我国，绝大多数法律、法规和规章都是由行政机关实施的，行政执法对法律规范实施发挥了举足轻重的作用；行政执法引发的行政争议诉至法院之后，行政审判就对保证行政法律规范正确实施起到了关键作用。在当下的行政执法和行政审判实践中，"执法标准不一""同案不同判"已经成为法律实施领域社会反映最强烈的问题。行政法律适用不统一，人民群众就无法实际感受到社会公平正义，全社会法治信仰自然无法真正确立。行政法律适用不统一的成因较为复杂，既有行政执法机关、行政审判机关自身能力的限制、现实利益的驱动和个案处理的难度，也有行政法律规范的缺位、模糊和冲突造成的适用困难。虽然行政系统和司法系统已采取相应措施予以应对，但在碎片化、分散化的行政立法模式之下，这些统一行政法律适用的对策成效并不显著。从行政职业法律共同体认知模式的整体性和体系化重塑上看，通过行政基本法典的权威性解释，有望从根本上消弭认知差异，增进行政法律规范适用的统一性。

1. 行政法律适用不统一的现实困境

作为行政机关实施法律法规、履行政府职能、管理经济社会事务的主要方式，行政执法与人民群众联系最为直接，既是行政机关肩负的最重要职能，也是法治政府建设的关键性环节。"行政执法工作面广量大，一头连着政府，一头连着群众，直接关系群众对党和政府的信任、对法治的信心。"[③]当前，行政执法领域最突出的问题就是执法标准不统一，"选择性执法""运动式执法""一刀切执法"现象还大量存在，执法的随意性严重影响到执法的公

① 习近平：《论坚持全面依法治国》，中央文献出版社 2020 年版，第 45 页。

② 习近平：《坚持走中国特色社会主义法治道路 更好推进中国特色社会主义法治体系建设》，载《求是》2022 年第 4 期。

③ 习近平：《坚定不移走中国特色社会主义法治道路 为全面建设社会主义现代化国家提供有力法治保障》，载《求是》2021 年第 5 期。

正性。以最常见的行政处罚为例，畸重畸轻现象不时发生。例如，2022年7月发生在安徽合肥的“多个餐馆因卖凉拌黄瓜被罚款5000元”事件，就涉及行政处罚的合法性与合理性、“拍黄瓜”行为是否必然违法、是否必须予以罚款等极富争议性的问题，个中隐含着执法机关监管与社会大众认知之间的巨大张力。[①] 在“深圳市依斯美实业发展有限公司诉深圳市市场监督管理局福田监管局、深圳市市场监督管理局行政处罚及行政复议案”中，原、被告双方及一、二审法院围绕“当事人违法行为情节是否轻微”“10万元罚款处罚是否明显过重”产生分歧，二审法院最终以“当事人存在法定应当从轻或减轻情形”“当事人系从事网店销售的小微企业，规模小、市场竞争激烈”“10万元罚款明显超出相对人经济承受能力”为由，直接变更为1万元罚款。[②] 近年来，全国各地以规范性文件形式公布大量免罚清单，对优化营商环境、减轻企业负担发挥了积极作用，但免罚清单文本自身还存在“制定依据混乱”“事项选择随意且不断扩大”“过分注重经济价值”等问题，其过度实施存在“突破行政处罚法规定、纵容市场主体行政违法”风险。“免罚一旦偏离了行政处罚对违法行为人制裁的目的，或者偏离了维护社会正当秩序的目的，或者偏离了对其他社会主体警示的目的，纵容违法行为的嫌疑非常明显。”[③]此外，在征地拆迁安置补偿方面，不同区域之间在补偿范围、补偿标准、补偿程序方面存在很大差异，这也是人民法院受理的行政案件中征地拆迁类纠纷占比持续过高的重要原因。行政执法尺度的不统一，违背了法治国家对严格规范公正文明执法的要求，难以实现让人民群众从每一项执法决定中都能感受到公平正义的目的。

行政审判实践中的“同案不同判”现象近年来已成为社会关注焦点。最高人民法院不同巡回法庭、不同地区法院在行政案件立案条件设置、司法审查标准掌握、行政裁判方式适用方面做法不一，导致同类行政案件时常得不到同样审理，影响到行政审判制度的公信力。例如，对于《中华人民共和国母婴保健法》第23条规定的医院制发、变更新生儿出生医学证明行为引发的

---

① 练洪洋：《“拍黄瓜”拍疼了谁》，载《南都晨报》2022年8月9日第7版。

② 广东省深圳市中级人民法院(2020)粤03行终18号行政判决书。

③ 张淑芳：《免罚清单的实证与法理》，载《中国法学》2022年第2期。

纠纷是否属于行政诉讼受案范围，各地法院做法不一。有的法院认为，在新生儿母亲因客观原因无法提供新生儿父亲身份证原件的情形下，如能提供载有其身份信息的法院裁判文书，应当视为具有与身份证原件同等的法律效力，医疗机构不能以未提供身份证原件为由拒绝签发出生医学证明；[①]有的法院则认为，医院出具出生医学证明的行为是对女性分娩情况的一种记载和证明，不属于行政诉讼的受案范围。[②] 对于年代久远的冒用他人名义办理结婚登记行为的处理，有的法院直接以超过起诉期限为由裁定不予立案或驳回起诉，有的法院则认为错误婚姻登记行为对当事人的不利影响持续存在，认定不应以超过法定起诉期限为由而排除实体审理。[③] 这些"同案不同判"现象的产生，或缘于现行法律规定的不统一、不明确，或缘于行政审判理念的不科学、不一致，但对司法权威的损害却不容低估。

2. 行政基本法典对统一行政法律适用的功效

"维护国家法治统一，是一个严肃的政治问题。我国是单一制国家，维护国家法治统一至关重要。"[④]针对行政执法和行政审判实践中存在的法律适用不统一问题，我国行政系统和司法系统已分别采取相应的对策。就行政系统而言，作为法治政府建设高地的湖南省早在 2009 年就制定了首部专门规范行政裁量权行使的省级政府规章——《湖南省规范行政裁量权办法》，确立了"采取控制源头、建立规则、完善程序、制定基准、发布案例等多种方式，对行政裁量权行使实行综合控制"的策略；2010 年又制定了首部规范行政执法案例指导制度的省级政府规章——《湖南省行政执法案例指导办法》。源自湖南省的统一行政执法标准的经验逐步获得国家层面认可，2021 年《法治政府纲要》提出："全面落实行政裁量权基准制度，细化量化本地区各行政执法行为的裁量范围、种类、幅度等并对外公布"；"建立行政执法案例指导制度，国务院有关部门和省级政府要定期发布指导案例"。总体来看，行政执法案例指导制度仍然处于各地、各部门自主实践探索阶段，制

① 江苏省南通市中级人民法院(2018)苏 06 行终 711 号行政判决书。

② 上海市黄浦区人民法院(2017)沪 0101 行初 111 号行政裁定书。

③ 江苏省南通经济技术开发区人民法院(2020)苏 0691 行初 325 号行政判决书。

④ 习近平：《坚定不移走中国特色社会主义法治道路 为全面建设社会主义现代化国家提供有力法治保障》，载《求是》2021 年第 5 期。

度运行中还存在“遴选主体碎片化”“遴选标准多样化”“法律效力不明确”“社会公开度欠缺”等现实问题。① 就司法系统而言，最高人民法院近年来将“监督指导全国审判工作、确保法律正确统一适用”作为自身的基本职责。除了制定“小而精”的司法解释、作出“短平快”的个案批复、“不定期”发布指导性案例外，编辑法官会议纪要、推行类案检索技术、适时出台司法文件都成为统一法律适用的重要手段。2021年由此成为最高人民法院行政审判史上“从忙于办理案件到专注法律统一适用”的“拐点”之年。② 司法系统的这些努力尝试，能否从根本上解决行政审判裁判尺度不统一问题尚待观察。

行政执法和行政审判中法律适用的不统一，根本原因还在于缺乏权威的规范依据，致使行政法律职业共同体内部在产生认知分歧时往往陷入“各自为政”的状态。按照实践功能不同，法律规范可分为行为规范和裁判规范，前者旨在要求受规范之人取向于它们而为行为，后者则要求裁判法律上争端之人或机关以它们为裁判之标准进行裁判。③ 民法固有的自治性品格，决定了民法规范只是作为裁判规则规定民事主体行为的法律后果。行政法规范则兼具行为规范和裁判规范的双重属性，不仅承载规范行政活动的功能，而且肩负引领司法定分止争的功能。我国传统的碎片化行政立法模式，尚存在规范缺位、规范分散、规范冲突和规范虚置的弊病。比较法的经验则显示，“法典往往典型地、集中地、具体地体现了该法律秩序的样式”④。行政基本法典作为“将行政法规、行政判例或行政惯例中具有各种行政行为共同适用者加以制定成为系统成文法规”⑤的载体，能够为行政法律规范的统一适用提供权威的解释论理依据，确保行政执法和行政审判实践中的各类规范解释与适用活动都能够遵循行政基本法典的规范意旨。作为一次单行法典编纂活动的最新预演，2021年《行政处罚法》的修订就维系了其“作为中央框架性立法的总则地位”⑥，值得在规范共同行政行为的行政基本法典编纂

① 胡斌：《行政执法案例指导制度的法理与构建》，载《政治与法律》2016年第9期。

② 章志远：《以习近平法治思想引领行政审判制度新发展》，载《法学研究》2022年第4期。

③ 黄茂荣：《法学方法与现代民法》（第5版），法律出版社2007年版，第141页。

④ 〔日〕大木雅夫：《比较法》，范愉译，法律出版社1999年版，第155页。

⑤ 翁岳生：《行政法与现代法治国家》，台湾大学法学丛书编辑委员会，1990年，第186页。

⑥ 章志远：《作为行政处罚总则的〈行政处罚法〉》，载《国家检察官学院学报》2020年第5期。

过程中予以参考。

（三）作为助推“法治一体建设”基础规范的行政基本法典

“坚持法治一体建设”是习近平法治思想的重要组成内容。“推进全面依法治国，法治政府建设是重点任务和主体工程，对法治国家、法治社会建设具有示范带动作用，要率先突破。”[①]随着《规划》《法治社会纲要》、2021年《法治政府纲要》及《市县建设意见》的相继印发，全面依法治国进入“规划”时代。[②]《民法典》的颁行，使法治社会建设呈现“弯道超车”的全新发展局面，对法治政府建设提出了更高要求。行政基本法典编纂工作的及时启动，能够为“法治一体建设”提供基础性规范支撑，助推“法治一体建设”行稳致远。

1. 助推“法治一体建设”的规范体系

习近平总书记在主持十九届中央政治局第二十次集体学习时的讲话中指出：“民法典在中国特色社会主义法律体系中具有重要地位，是一部固根本、稳预期、利长远的基础性法律，对推进全面依法治国、加快建设社会主义法治国家，对发展社会主义市场经济、巩固社会主义基本经济制度，对坚持以人民为中心的发展思想、依法维护人民权益、推动我国人权事业发展，对推进国家治理体系和治理能力现代化，都具有重大意义。”[③]“作为社会生活百科全书”的《民法典》，对每个国民的生老病死、每个市场主体的生存发展都作出了全面系统的规定，可谓国民盛事。作为“治国理政重器”的《民法典》，刻画了国家作为“民事权利保护者”“社会合作者”“民事权利人”“社会成员教化者”“权利义务再分配者”的五重面向，可谓国家盛事。[④]《民法典》中的160多个条款与行政机关的职权活动密切相关，有的直接为行政机关新设职权行使的依据，有的直接划定行政机关职权行使的边界，有的则为人民法院开展行政审判活动提供新的准据。“民法典之于行政法治的首要意义就在于拓展了传统依法行政观念中法的属性，使民法典同行政法律规范一

① 习近平：《坚定不移走中国特色社会主义法治道路 为全面建设社会主义现代化国家提供有力法治保障》，载《求是》2021年第5期。

② 马怀德：《迈向“规划”时代的法治中国建设》，载《中国法学》2021年第3期。

③ 习近平：《论坚持全面依法治国》，中央文献出版社2020年版，第278—279页。

④ 谢鸿飞：《〈民法典〉中的“国家”》，载《法学评论》2020年第5期。

样成为行政执法和行政审判活动可资援引的规范依据。"[①]可见,《民法典》不仅是调整平等民事主体之间人身关系和财产关系的法律规范,而且也是政府行政决策、行政管理和行政监督活动的重要标尺。"严格规范公正文明执法,提高司法公信力,是维护民法典权威的有效手段。"[②]随着《民法典》的实施,行政法与民法之间的接轨和融合更为频繁,将为法治政府与法治社会一体建设提供坚实的制度支撑。

作为一个具有浓郁中国本土特色的实践概念,法治社会是相对于法治国家、法治政府而言的,是指"全部社会生活的民主化、法治化,将社会权力和社会成员的行为纳入法治轨道的一种社会类型"[③]。《法治社会纲要》提出,法治社会是构筑法治国家的基础,法治社会建设是实现国家治理体系和治理能力现代化的重要组成部分。建设信仰法治、公平正义、保障权利、守法诚信、充满活力、和谐有序的社会主义法治社会,是增强人民群众获得感、幸福感、安全感的重要举措。作为我国首部系统规划法治社会建设蓝图的纲领性文件,《法治社会纲要》着眼符合国情、体现时代特征、人民群众满意的法治社会建设目标,从"推动全社会增强法治观念""健全社会领域制度规范""加强权利保护""推进社会治理法治化""依法治理网络空间"等五个方面提出了一系列的具体建设任务。从这些目标任务和实现路径的清单来看,国家与社会之间的互嵌程度日益明显。其中,落实"谁执法谁普法"责任制,对于培育全社会法治信仰、促进全民守法至关重要;社会诚信建设既离不开强有力的政府监管,也能够对政务诚信建设形成倒逼效应;公民基本权利的切实保障离不开严格执法和公正司法的守护,也对行政执法和行政审判提出了更高要求;社会治理需要与政府治理良性互动,社会矛盾纠纷依法有效化解更离不开行政与司法多元预防调处化解综合机制的构建;网络空间是亿万民众共同的精神家园,推动社会治理从现实社会向网络空间覆盖是党和政府的职责所系。《法治社会纲要》不仅提出要"让民法典走到群众身边、走进群众心里",而且对发挥领导干部带头尊法学法守法用法示范带

---

① 章志远:《行政法治视野中的民法典》,载《行政法学研究》2021 年第 1 期。

② 习近平:《论坚持全面依法治国》,中央文献出版社 2020 年版,第 281 页。

③ 张鸣起:《论一体建设法治社会》,载《中国法学》2016 年第 4 期。

动作用、完善失信惩戒制度、健全重大公共决策公众参与机制、持续加强政务诚信和营商环境建设、构建现代公共法律服务、发挥行政机关化解纠纷分流阀作用、保障公民依法安全用网都提出了新的要求,彰显出中共中央权威文件对法治建设基本规律的深刻认识,能够为法治政府与法治社会一体建设提供新的规范体系。

2. 行政基本法典的基础规范定位

《民法典》和《法治社会纲要》为“法治一体建设”的稳步推进构筑了初步的规范体系,也对行政法律规范的体系化改造提出了新的期许。一方面,《民法典》着眼于“作为利己的个人”的现代化,规定了民事主体的基本权利和行政机关负有的相应保护义务,但“作为利他的个人”的现代化则有赖行政法上的制度安排。另一方面,《法治社会纲要》刻画了政府在法治社会建设中的执行者、合作者、服务者和监管者角色,但社会治理体系中“政府负责”所包含的制度供给责任、财政支持责任、实施、监管和评估责任以及风险兜底责任,都需要在行政法上作出进一步的具体安排。[①] 在“以吏为师”传统文化的深刻影响下,行政机关是否严格尊法学法守法用法对全社会法治观念的形成具有示范作用。“与广大人民群众联系最密切、承担法律实施任务最重的行政机关及其领导干部既可以通过严格规范公正文明的执法来逐步树立并强化法治的权威,同时也可以深入地发挥动员社会、教育群众、进行文化层面的培育等作用,从而不断在社会中凝聚共识,使得这种现代治理方式深入地植入中国社会。”[②]可见,从法治政府建设对法治社会建设的示范带动作用上看,作为助推“法治一体建设”基础规范的行政基本法典编纂尤为迫切。

2021年《法治政府纲要》将“坚持问题导向,用法治给行政权力定规矩、划界限,切实解决制约法治政府建设的突出问题”作为新时代法治政府建设的主要原则之一,这是对当下法治政府建设仍然存在的“难啃的硬骨头”的主动因应。如同《民法典》编纂最主要的意义在于“构建一个好用的体系,便

---

① 陈柏峰:《中国法治社会的结构及其运行机制》,载《中国社会科学》2019年第1期。
② 马怀德:《论习近平法治思想中的法治政府理论》,载《政法论坛》2020年第6期。

于找法、储法、立法和传法”[①]一样，行政基本法典能够以行政法领域“根本大法”的形式实现对党政体制下政府治理体系改革系列成果的法典化表达，通过为行政法律统一适用提供权威依据克服依文件行政模式存在的不确定性。行政基本法典可以通过引入体现有为政府与有效市场更好结合的辅助性原则、合作性原则和效能性原则，实现对行政法基本原则的体系重塑，使行政基本法典能够积极回应行政国家时代的现实需要。“在理想的行政法基本原则谱系中，行政效能性原则位居辅助性原则和合作性原则之后，体现出实质法治主义时代对积极行政和行政效能的现实需求。相比之下，以防范行政权恣意行使为目的的传统合法性原则，则在行政法基本原则体系中扮演了兜底的角色。”[②]

除了经由“私法规范在行政法中的补充适用”[③]的功能主义立场解释之外，行政基本法典之于“法治一体建设”的基础规范定位，还源于其“以行政权规范为主线和明线、以公民、法人或者其他组织权利的确认和保障为暗线”的体系结构安排。[④] 行政权行使的规范，能够通过依法行政理念的确立实现有限行政的目标；行政相对人公法上权利、义务的确认，能够通过国家与公民关系的重塑实现有为行政的目标。行政基本法典对不同类型行政法律关系中当事人各方权利和义务的配置，能够促进“作为利他的个人”的现代化，与《民法典》共同担负助推“法治一体建设”的使命，为到2035年基本实现社会主义现代化提供充分的法治保障。公私法的融合是以其适度区分作为前提的，行政基本法典与《民法典》之间关系的妥善处理，将考验着中国法学界法律界的集体智慧。

“法典编纂是指对一国法律进行分科编制而形成具有公力的法律书面之事业，或者是指将既有法令进行整理编辑而形成法典的工作，或者是将新设法令归类编纂而形成一编的法典工作。”[⑤]我国《民法典》的颁行，彰显了法

① 苏永钦、方流芳：《寻找新民法——苏永钦、方流芳对话中国民法法典化》，元照出版有限公司2019年版，第134页。

② 章志远：《监管新政与行政法学的理论回应》，载《东方法学》2020年第5期。

③ 〔德〕哈特穆特·毛雷尔：《行政法学总论》，高家伟译，法律出版社2000年版，第50页。

④ 杨伟东：《基本行政法典的确立、定位与架构》，载《法学研究》2021年第6期。

⑤ 〔日〕穗积陈重：《法典论》，李求轶译，商务印书馆2014年版，第5页。

典编纂的逻辑之美和体系之美。“体系是民法典的生命，缺乏体系性与逻辑性的‘民法典’只能称为‘民事法律的汇编’，而不能称为民法典。”[①]在中国特色行政法法典化模式和编纂进路热烈讨论之余，应当聚焦行政基本法典编纂的原理研究，为这一国家法治战略的稳步推进奠定理论共识。“每一种法治形态背后都有一套政治理论，每一种法治模式当中都有一种政治逻辑，每一条法治道路底下都有一种政治立场。”[②]作为人类法治文明史上并无任何直接立法经验可资借鉴参考的行政立法创举，我国行政基本法典编纂只能深深扎根于中国特色社会主义法治道路的生动实践，在深入总结坚持党的全面领导下法治政府建设有益经验的基础上，系统整合现有的行政法律规范、司法解释和典型判例。只有遵循这样的自主性法治发展道路，才能编纂出真正具有原创性、体现中国特色社会主义制度优势的行政基本法典。本部分在回溯历史、观照当下和展望未来的三重法治语境中，围绕行政基本法典的属性这一元问题进行辨析，希冀回答行政法法典化的中国之问和时代之问，为人类行政法治文明进步贡献“中国力量”。

第二节　协作联动的多元共治格局

法治一体建设“涵盖立法、执法、司法、守法各个环节，涉及法律规范、法治实施、法治监督、法治保障、党内法规各个方面”[③]，是全面推进依法治国的关键性战略布局。“法治一体建设”的推进以科学立法、严格执法、公正司法、全民守法为基本的实践路径。在“法治一体建设”中，这四个环节并非彼此独立，而是彼此在融贯、衔接中助推实现良法善治。不同环节之间的连接具体表现于对应制度的衔接与互动中，从而形成党政部门、国家机关与公民多元主体之间协作联动的共治格局。通过观察国家层面法治建设政策与各国家机关方面的法治改革实践不难发现，协作联动的共治格局是“法治一体

① 王利明：《体系创新：中国民法典的特色与贡献》，载《比较法研究》2020年第4期。

② 中共中央文献研究室编：《习近平关于全面依法治国论述摘编》，中央文献出版社2015年版，第34页。

③ 袁曙宏：《坚持法治国家、法治政府、法治社会一体建设》，载《人民日报》2020年4月21日。

建设”成熟的重要特质,并具体表现在以下三个方面:

一、政社合作互动局面的形成

“政”与“社”的合作互动具体是指党委、政府、社会之间的合作互动。作为“法治一体建设”的主体工程,法治政府建设是连接法治国家和法治社会建设的关键环节。中央关于法治政府建设的规划布局,正是指明了多元主体在法治建设中协作共赢的核心要义。2021 年 8 月,中共中央、国务院印发 2021 年《法治政府纲要》。相比较 2015 年《法治政府纲要》而言,2021 年《法治政府纲要》更加凸显党的全面领导和以人民为中心,确保法治政府建设的政治方向和人民立场;更加彰显内部系统整合和外部全面融贯,激发法治政府建设的内生动力和外生动力;更加顺应科技创新时代的发展趋势,提升法治政府建设的数字化水平。

(一)坚持党的全面领导

党的领导是社会主义法治区别于资本主义法治的根本特征,也是社会主义法治的政治方向和优势所在。党的十八届四中全会《决定》指出:“党的领导是中国特色社会主义最本质的特征,是社会主义法治最根本的保证。把党的领导贯彻到依法治国全过程和各方面,是我国社会主义法治建设的一条基本经验。”党的十九大报告进一步指出:“党政军民学,东西南北中,党是领导一切的。”发展社会主义民主、健全社会主义法制是我们党在改革开放之后提出来的,把依法治国、建设社会主义法治国家上升为党领导人民治国理政的基本方略是我们党在社会主义现代化建设时期提出来的,把全面依法治国纳入“四个全面”战略布局予以有力推进是我们党在中国特色社会主义进入新时代提出来的,党一直带领人民在伟大实践中不断推进依法治国。法治政府建设是全面依法治国的重点任务和主体工程,是推进国家治理体系和治理能力现代化的重要支撑,需要率先取得突破并产生广泛示范效应,为到 2035 年基本建成法治国家、法治政府、法治社会奠定坚实基础。

如果说党的十八大之前法治政府建设主要还是纯粹的政府系统内部任务,那么在党的十八大之后法治政府建设则已上升为党和国家的中心工作。国务院在 1999 年至 2010 年曾先后单独发布《关于全面推进依法行政的决定》《纲要》《关于加强市县政府依法行政的决定》《关于加强法治政府建设的意见》等文件，党的十八大之后的2015年《法治政府纲要》和2021年《法治政府纲要》都是由中共中央、国务院联合印发的。与2015年《法治政府纲要》相比，2021年《法治政府纲要》将“把法治政府建设放在党和国家事业发展全局中统筹谋划”作为法治政府建设的指导思想之一，将“坚持党的全面领导，确保法治政府建设正确方向”作为法治政府建设的首要原则，将“加强党的领导，完善法治政府建设推进机制”作为主体内容之一单独作出详细规定，更加凸显坚持和加强党的全面领导在法治政府建设中的引领作用，确保法治政府建设始终能够坚持正确的政治方向。

“全面依法治国……是要加强和改善党的领导。要健全党领导全面依法治国的制度和工作机制，推进党的领导制度化、法治化，通过法治保障党的路线方针政策有效实施。”[①]坚持和加强党对全面依法治国的领导并不是抽象的、空洞的口号式说教，而是具体的、生动的实践性要求，其中的核心要义就是把坚持党总揽全局、协调各方的领导核心地位落到实处。党的十九大之后，为加强党中央对法治中国建设的集中统一领导，健全党领导全面依法治国的制度和工作机制，更好落实全面依法治国基本方略，党中央组建了中央全面依法治国委员会。作为党中央重要的决策议事协调机构，其职能定位是“负责全面依法治国的顶层设计、总体布局、统筹协调、整体推进、督促落实”，主要职责是“研究全面依法治国重大事项、重大问题”，作为办事机构的中央依法治国办设在司法部。2021年《法治政府纲要》的结尾处明确规定：“中央依法治国办要抓好督促落实，确保纲要各项任务措施落到实处。”2019年4月，中共中央办公厅、国务院办公厅印发《法治政府建设与责任落实督察工作规定》，同年5月，中央全面依法治国委员会印发《关于开展法治政府建设示范创建活动的意见》，中央依法治国办随即启动法治政府建设与责任落实督察工作和法治政府建设示范创建活动，有力推动了法治政府建设进程。这些实践探索形成的有益经验，已经作为“法治政府建设推进机制”被2021年《法治政府纲要》第十部分所吸收。

---

① 习近平：《坚定不移走中国特色社会主义法治道路 为全面建设社会主义现代化国家提供有力法治保障》，载《求是》2021年第5期。

在法治政府建设的全过程和各方面坚持和加强党的全面领导，是中国特色社会主义法治政府之魂。党的十八届四中全会《决定》提出“中国特色社会主义法治体系”的重大命题之后，党和国家综合运用党内法规、国家法律和权威性文件等多种规范形式推动法治政府建设向纵深方向发展，逐渐形成了极具中国本土特色的法治政府建设推进机制。具体来说，主要包括四项内容：一是将“推进法治建设”明确列举为各级党政机关主要负责人的职责，其具体角色定位为“组织者”“推动者”“实践者”；二是从正面明确鼓励地方大胆探索、先行先试，充分发挥先进典型的示范带动作用；三是从反面建立健全必要的容错纠错机制，对法治改革创新实践中出现的失误错误豁免问责；四是将法治建设成就纳入政绩考评指标体系，与干部选拔任用直接挂钩。[①] 这些鲜活经验不仅已经被提炼为2021年《法治政府纲要》“加强党的领导，完善法治政府建设推进机制”部分的规定，而且“党的领导”元素还同时嵌入2021年《法治政府纲要》健全八个方面体系的主体内容之中。在“健全行政权力制约和监督体系，促进行政权力规范透明运行”部分，“有权必有责、有责要担当、失责必追究”的表述源于《中国共产党问责条例》有关问责指导思想的规定，“坚持严管和厚爱结合、激励和约束并重”的表述源于《党政领导干部考核工作条例》有关考核工作指导思想的规定。这些党内法规与国家法律有机结合的治国理政新经验表明，一种“有效实现执政党政治领导权与政府机构行政权相平衡”的极具中国本土特色的“党政体制”已经形成。[②] 在凸显坚持和加强党的全面领导的新型党政体制下，法治政府建设将始终沿着正确的政治方向全面取得突破。

（二）践行以人民为中心

习近平总书记在庆祝中国共产党成立100周年大会上的讲话中指出：“江山就是人民、人民就是江山，打江山、守江山，守的是人民的心。中国共产党根基在人民、血脉在人民、力量在人民。”为中国人民谋幸福、为中华民

---

① 章志远：《法治一体建设地方试验型模式研究》，载《中共中央党校（国家行政学院）学报》2021年第2期。

② 景跃进等主编：《当代中国政府与政治》，中国人民大学出版社2016年版，第27页。

族谋复兴是中国共产党的初心和使命，带领人民创造美好生活是中国共产党始终不渝的奋斗目标。法治是治国理政的基本方式，法治建设同样应当始终坚持人民立场。党的十八届四中全会《决定》指出："必须坚持法治建设为了人民、依靠人民、造福人民、保护人民，以保障人民根本权益为出发点和落脚点，保证人民依法享有广泛的权利和自由、承担应尽的义务，维护社会公平正义，促进共同富裕。"党的十九届四中全会《决定》指出："坚持法治建设为了人民、依靠人民，加强人权法治保障，保证人民依法享有广泛的权利和自由、承担应尽的义务，引导全体人民做社会主义法治的忠实崇尚者、自觉遵守者、坚定捍卫者。"党的十九届五中全会通过的《中共中央关于制定国民经济和社会发展第十四个五年规划和二〇三五年远景目标的建议》（以下简称"党的十九届五中全会《建议》"）指出："始终做到发展为了人民、发展依靠人民、发展成果由人民共享，维护人民根本利益，激发全体人民积极性、主动性、创造性，促进社会公平，增进民生福祉，不断实现人民对美好生活的向往。"可见，坚持以人民为中心一直是中国共产党治国理政实践所秉承的基本立场。

与2015年《法治政府纲要》相比，2021年《法治政府纲要》对法治政府建设践行人民立场的站位更高、要求更严、举措更实。在法治政府的目标设定上，"人民满意"是新增加的建设标准，充分彰显了新发展阶段法治政府建设的人民性。在法治政府建设的基本原则上，"一切行政机关必须为人民服务、对人民负责、受人民监督"成为所有行政权力行使的座右铭，"人民需要""人民权益""人民尊严""人民满意""人民信任""人民理解""人民支持"成为检验法治政府建设成效的重要标尺。法治政府建设践行以人民为中心的理念，体现了我国法治建设法律属性和政治属性的辩证统一，与行政法学初创时期行政法理论基础讨论中的"人民政府论"[①]有异曲同工之处。在加强党

---

① 作为"人民政府论"的首倡者，杨海坤早在1989年就指出："中国行政法学的理论基础可以概括为：政府由人民产生、政府由人民控制、政府为人民服务、政府对人民负责、政府与公民关系平等化这五个方面，并由这五个方面构成了一个完整的有机联系的整体，成为我国行政法学的理论基石。"杨海坤：《论我国行政法学的理论基础》，载《北京社会科学》1989年第1期。

的全面领导的新时代，站稳法治政府建设的人民立场，就是要“使党和人民赋予的权力始终用来为人民谋幸福”。

践行以人民为中心的原则并非空洞的口号，而是体现在“国之大者”的方方面面，其内涵还会随着时代的发展不断得到丰富。“‘以人民为中心’在法治上的体现，就是以人民至上为原则，确立人民的主体地位；以人民福祉为宗旨，维护人民的合法权利；以人民关切为导向，回应人民的利益期待。”[①]在2021年《法治政府纲要》中，新发展阶段法治政府建设的人民立场覆盖面更广、要求更高。就人民群众的获得感和满意度而言，行政机关和司法机关都是国家法律的实施机关，都担负彰显社会公平正义的神圣使命，党和国家不但要努力让人民群众在每一个司法案件中感受到公平正义，而且要“努力让人民群众在每一个执法行为中都能看到风清气正、从每一项执法决定中都能感受到公平正义”。相比较司法案件而言，行政执法与人民群众之间的关联度最高、影响面最广，将人民群众的获得感、幸福感和安全感从司法案件扩及执法决定，既符合新发展阶段人民群众对社会公平需求日益增长的实际，也符合“行政国家”时代行政权渗透到社会生活每个角落的实际。就人民群众合法权益的类型而言，平等参与、平等发展和人格尊严的充分保障在新发展阶段更为重要。例如，为切实解决老龄化社会老年人在信息化发展中遭遇到的“数字鸿沟”，让老年人在社会进步中也能够与年轻人同样有更多的获得感、幸福感和安全感，在加快建设服务型政府、提高政务服务效能方面，必须“坚持传统服务与智能创新相结合，充分保障老年人基本服务需要”；面对社会矛盾纠纷的日益增多和人民群众多元化解决纠纷方式的现实需求，法治政府建设的重要任务之一就是健全社会矛盾纠纷的行政预防调处化解体系，“着力实现人民群众权益受到公平对待、尊严获得应有尊重”。2021年《法治政府纲要》中的这些全新表述，回应了新发展阶段人民群众的新期待，适应了人民日益增长的美好生活需要，能够确保法治政府建设始终站稳人民立场。

① 胡玉鸿：《“以人民为中心”的法理解读》，载《东方法学》2021年第2期。

（三）整体推动协同发展

2015年《法治政府纲要》实施以来，法治政府建设在一系列环节取得重要进展。在政府职能依法全面履行方面，行政审批制度改革持续深化，“放管服”改革成效显著，营商环境不断得到优化；在依法行政制度体系方面，《行政法规制定程序条例》和《规章制定程序条例》作出修改，行政规范性文件监督管理机制不断强化；在行政决策科学化、民主化、法治化方面，《重大行政决策程序暂行条例》颁布实施，行政决策质量和公信力不断提高；在严格规范公正文明执法方面，综合行政执法体制改革稳步推进，行政执法方式不断创新，行政处罚裁量基准改革日益健全；在行政权力制约和监督方面，国家监察体制改革迈开重大步伐，行政问责力度持续加大，《中华人民共和国政府信息公开条例》（以下简称《政府信息公开条例》）作出重大修改；在依法有效化解社会矛盾纠纷方面，信访法治化改革持续推进，非诉讼纠纷解决机制作用初步显现；在政府工作人员法治思维和依法行政能力提升方面，领导干部“关键少数”学法热情提高，政府法律顾问制度普遍建立，行政执法人员素质不断提升。经过五年努力，适应全面建成小康社会需要的法治政府建设阶段性目标基本完成，为新时代法治政府建设高质量发展奠定了坚实基础。

站在“两个一百年”历史交汇的时间节点上看，我国法治政府建设依旧任重道远，目前还存在很多短板和弱项，与人民群众期待和经济社会发展要求之间还不相适应。法治政府建设虽然已经取得“多点”突破，但单兵突进居多、整体协同甚少，行政系统内部的闭环责任体系和协同发展格局尚未形成。“我国法治政府建设是整体、全面的，碎片化和差异化都可能会产生‘牵一发动全身’的连锁反应，进而影响法治政府发展的大局。”[①]2021年《法治政府纲要》更加突出法治政府建设的整体性、协同性和系统性，坚持问题导向、

① 曹鎏：《论我国法治政府建设的目标演进与发展转型》，载《行政法学研究》2020年第4期。

系统集成和统筹推进,努力实现法治政府建设的均衡发展和协同发展。[①] 这种系统性和整体性首先就表现为法治政府建设一以贯之的一条主线——加快构建职责明确、依法行政的政府治理体系。从制度历史演进上看,"构建职责明确、依法行政的政府治理体系"始见于党的十九届四中全会《决定》,是坚持和完善十二个方面的中国特色社会主义制度之一(即"坚持和完善中国特色社会主义行政体制");"国家行政体系更加完善,政府作用更好发挥,行政效率和公信力显著提升"作为"国家治理效能得到新提升"的重要组成内容,成为十九届五中全会《建议》确立的"十四五"时期经济社会发展的主要目标之一;"职责明确、依法行政的政府治理体系日益健全"也是《规划》确立的建设法治中国的总体目标之一。可见,2021年《法治政府纲要》通过法治政府建设内在结构主线的遵循和贯彻,真正做到了法治政府建设与经济社会发展、国家治理体系和治理能力现代化的整体推进和同步实施,表现出极高的政治站位和充分的道路自信。

整体推动、协同发展的法治政府建设模式,不仅体现在2021年《法治政府纲要》有关法治政府建设的指导思想、基本原则和总体目标上,而且还贯穿于法治政府建设的整个框架体系之中,分布在健全八个方面体系、强化八个方面能力的谋篇布局之间。对于政府机构职能体系的健全,2021年《法治政府纲要》提出的标准是"边界清晰、分工合理、权责一致、运行高效、法治保障";对于依法行政制度体系的健全,2021年《法治政府纲要》强调要"加强规范共同行政行为立法,推进机构、职能、权限、程序、责任法定化";对于行政决策制度体系的健全,2021年《法治政府纲要》强调要"切实避免因决策失误产生矛盾纠纷、引发社会风险、造成重大损失";对于行政执法工作体系的健全,2021年《法治政府纲要》提出深化行政执法体制改革的目标是"权责清晰、运转顺畅、保障有力、廉洁高效";对于跨领域跨部门联合执法,2021年《法治政府纲要》提出要"实现违法线索互联、执法标准互通、处理结果互认";对于突发事件应对体系的健全,2021年《法治政府纲要》强调要"加强突

① "协同"和"体系"二词在2021年《法治政府纲要》中分别出现7次和23次,在2015年《法治政府纲要》中分别出现1次和18次,这反映了二者在法治政府建设协同发展和体系构建上的差异性。

发事件监测预警、信息报告、应急响应、恢复重建、调查评估等机制建设”；对于社会矛盾纠纷行政预防调处化解体系的健全，2021年《法治政府纲要》强调要“坚持将矛盾纠纷化解在萌芽状态、化解在基层”，“推动诉源治理”；对于行政权力制约和监督体系的健全，2021年《法治政府纲要》强调“着力实现行政决策、执行、组织、监督既相互制约又相互协调，确保对行政权力制约和监督全覆盖、无缝隙”。从这些法治政府建设的新思路、新举措上来看，改单兵突进为协调发展、改碎片化建设为体系化建构，已经成为新发展阶段我国理想类型的法治政府建设新模式。这种以全面突破、协调并进、激发内生动力为目标的改革路径，彰显了我国法治政府建设特有的环境优势和制度底气，有利于持续深入推进“从离散趋向于集中、从部分趋向于整体、从碎片趋向于整合”的面向整体政府的改革。[①]

（四）融贯市场社会力量

作为一项具有中国本土特色的政策要求和法治实践，“法治政府”话语总体上是特定阶段官方从法治视角对政府权力运行状态的阶段性理想定位，是一种基于管理视角、着力于规范行政活动的内部制度建构和实施的产物。[②] 在行政法学理上，与之相对应的就是寄望于行政机关自我革新实现法治政府建设目标的“行政自制理论”。[③] 总体上看，2015年《法治政府纲要》实施以来，法治政府建设取得的成就主要还是来源于行政系统的内生动力，外部力量参与、介入的倒逼效应明显不足。随着我们党治国理政经验的日臻成熟，特别是对全面依法治国作为系统工程需要整体谋划、协同推进以及有效市场和有为政府更好结合认识的不断增强，法治政府建设外生动力的充分激发逐渐提上日程。《规划》将“坚持统筹推进”作为法治建设遵循的基本原则，再次强调坚持依法治国、依法执政、依法行政共同推进，坚持“法治一体建设”，全面推进科学立法、严格执法、公正司法、全民守法。《法治社会纲要》将社会主义法治社会的目标设定为“信仰法治、公平正义、保障权利、守法诚信、充满活力、和谐有序”，所开具的“推动全社会增强法治观念”“健全

① 王敬波：《面向整体政府的改革与行政主体理论的重塑》，载《中国社会科学》2020年第7期。
② 刘国乾：《法治政府建设：一种内部行政法的制度实践探索》，载《治理研究》2021年第3期。
③ 崔卓兰、于立深：《行政自制与中国行政法治发展》，载《法学研究》2010年第1期。

社会领域制度规范”“加强权利保护”“推进社会治理法治化”“依法治理网络空间”五大任务清单都或显或隐地设定了行政机关的职责。因此,当代中国的法治政府建设已经进入综合配套、系统集成的全新攻坚时代,不可能完全置身于法治国家、法治社会建设的场景之外。例如,作为“社会生活百科全书”的《民法典》的颁布实施,使我国正式进入“民法典时代”,这既是全体国民现代化的契机,也是国家治理现代化的契机。“各级政府要以保证民法典有效实施为重要抓手推进法治政府建设,把民法典作为行政决策、行政管理、行政监督的重要标尺,不得违背法律法规随意作出减损公民、法人和其他组织合法权益或增加其义务的决定。”[①]

坚持和完善“社会主义基本经济制度,充分发挥市场在资源配置中的决定性作用,更好发挥政府作用”是党的十九届四中全会《决定》和十九届五中全会《建议》的核心内容之一,有效市场和有为政府是在党的领导下实现中华民族伟大复兴的双轮引擎。有效市场是有为政府的边界,有为政府则是有效市场的保障,只有二者更好结合才能迸发出巨大势能。2021 年《法治政府纲要》在融贯市场力量共同推进法治政府建设方面着墨甚多,体现出对市场地位的充分尊重。在政府机构职能优化方面,强调“法定职责必须为、法无授权不可为”,“把该管的事务管好、管到位”,“强化制定实施发展战略、规划、政策、标准等职能,更加注重运用法律和制度遏制不当干预微观经济活动的行为”,通过塑造有为政府保障有效市场作用的充分发挥;在持续优化法治化营商环境方面,强调“加强政企沟通,在制定修改行政法规、规章、行政规范性文件过程中充分听取企业和行业协会商会意见”,增强行政法律规范的市场可接受性;在完善行政执法程序方面,强调“规范涉企行政检查,着力解决涉企现场检查事项多、频次高、随意检查等问题”,“除有法定依据外,严禁地方政府采取要求特定区域或者行业、领域的市场主体普遍停产停业的措施”,为企业正常生产经营扫除障碍。这些新举措针对性强、靶向性准,以市场主体体验为导向,真正发挥给行政权力“定规矩、划界限”的作用,切实解决当下制约法治政府建设和市场经济发展的突出问题。

---

① 习近平:《充分认识颁布实施民法典重大意义 依法更好保障人民合法权益》,载《求是》2020年第 12 期。

“实现政府治理和社会调节、居民自治良性互动”是党的十九届四中全会《决定》和十九届五中全会《建议》确立的加强和创新社会治理的基本路径，也是《法治社会纲要》推进社会治理法治化的重要举措。2021年《法治政府纲要》在融贯社会力量共同参与法治政府建设方面精心布局，体现出政府与社会互动并行的新气象。在提高政务服务效能方面，强调“全面实现政务服务事项全城通办、就近能办、异地可办”，努力建设“家门口”的政务服务；在完善立法工作机制方面，强调“积极运用新媒体新技术拓宽立法公众参与渠道，完善立法听证、民意调查机制”，努力提高政府立法的社会接受度；在严格落实重大行政决策程序方面，强调“增强公众参与实效”“加大公众参与力度”“认真听取和反映利益相关群体的意见建议”，着力厚植重大行政决策的民意基础；在加大重点领域执法力度方面，强调“对举报严重违法违规行为和重大风险隐患的有功人员依法予以奖励和严格保护”，进一步吸引社会力量通过举报提供执法线索、节约行政执法资源；在健全突发事件应对体系方面，设置专门条款规定“引导、规范基层组织和社会力量参与突发事件应对”，彰显对政府与社会合作共同应对突发事件的期盼；在全面主动落实政务公开方面，强调“用政府更加公开透明赢得人民群众更多理解、信任和支持”，“鼓励开展政府开放日、网络问政等主题活动，增进与公众的互动交流”，为行政权力接受社会监督创造条件。这些旨在促使政府与社会、市场关系由对立走向合作的新举措，激发了法治政府建设的外生动力，能够形成一种融市场主体自我规制、社会组织内部自治、第三方专业机构参与、“吹哨人”启动执法程序和政府事中事后监管于一体的“多元主体合作共治”格局，从而改变政府单中心管理模式，重塑政府与市场和社会之间的共生关系。“政企和政社关系的新变化并非意味着国家的逐渐消亡，毋宁说需要一个更有活力、更加强大的理想政府。”[①]

（五）通过数字技术赋能

当前，以互联网、大数据、人工智能为代表的新一代信息技术日新月异，对全球范围内的经济社会发展、国家管理、社会治理、人民生活正产生着重

① 章志远：《监管新政与行政法学的理论回应》，载《东方法学》2020年第5期。

大而深远的影响。我国是后发型工业化、城市化国家，但在信息化、数字化时代却与其他发达国家处于同步调发展和竞争阶段。置身于飞速的科技创新时代，我国应当坚持创新驱动发展战略，全面塑造经济社会发展新优势，积极探索通过数字技术革新赋能政府治理，实现政府治理法治化与信息化的深度融合。党的十九届四中全会《决定》在对“构建职责明确、依法行政的政府治理体系”作出部署时，提出“建立健全运用互联网、大数据、人工智能等技术手段进行行政管理的制度规则”，“推进数字政府建设，加强数据有序共享”等重要任务，指明了信息革命时代借助数字技术赋能政府治理体系和治理能力现代化的改革方向；党的十九届五中全会《建议》提出建设“数字中国”的目标，要求“加强数字社会、数字政府建设，提升公共服务、社会治理等数字化智能化水平”；《规划》将加强科技和信息化保障列入“有力的法治保障体系，筑牢法治中国建设的坚实后盾”之中，要求“全面建设‘智慧法治’，推进法治中国建设的数据化、网络化、智能化”。

2021年《法治政府纲要》紧扣当前科技创新时代实际，将“智能高效”设定为新发展阶段法治政府建设的新目标，明确提出“全面建设数字法治政府”的时代任务，致力于提升法治政府建设的数字化水平。一个通过数字技术赋能政府治理现代化、实现数字技术发展与法治政府建设深度融合的崭新时代已经来临。就数字法治政府建设的具体方向而言，2021年《法治政府纲要》提出了“加快推进信息化平台建设”“加快推进政务数据有序共享”“深入推进‘互联网＋’监管执法”的三重任务，涉及政务服务模式的划时代变革、大数据在政府治理体系各个环节的运用和智慧监管执法模式的创新，这些改革将会大幅提升法治政府建设的数字化水准和行政工作的效能。与依托传统人海战术和公务人员勤政提高行政效能所不同的是，数字技术应用和数据赋能能够全方位推动政府职能转换、创新政府组织方式、提升行政决策能力、改善政务服务品质，使包括“行政手段有效实现目标”和“行政手段效益最大化”双重规范内涵的“行政效能原则”真正得以实现。①

“智能高效型”法治政府建设是一项全新的事业，也是一项跨界融合发

① 沈岿：《论行政法上的效能原则》，载《清华法学》2019年第4期。

展的系统工程，涉及政府治理理念的变革、政企合作关系的重构和数字技术的创新应用，对传统法律体系形成了诸多挑战，需要予以系统的理论阐释和制度回应。[①] 从长远来看，全面建设数字法治政府将迸发出强大的势能，带动职能科学、权责法定、执法严明、公开公正、廉洁诚信、人民满意的法治政府建设。大量行政事务的“掌上办”“马上办”“随时办”，能够实现政府瘦身和人民满意的“双赢”；“让数据多跑路、让群众少跑腿”，真正践行了行政权力为民服务的宗旨；以“互联网＋监管”为依托的远程监管、移动监管和信用监管，为精准监管、靶向监管、科学监管和有效监管提供了坚实保障，增强了人民群众对政府监管能力的信心；信用信息共享平台、掌上复议、在线调解、共享法庭的灵活使用，缓解了官民关系的对抗性，实现了社会矛盾纠纷的多元化高效化解。这些正在初步实践的数字政府建设成果，昭示着通过数字技术赋能政府治理现代化的美好前景，将成为新发展阶段我国高质量法治政府建设的重要生长点。2021 年《法治政府纲要》第九部分擘画了“十四五”期间全面建设数字法治政府的蓝图，我国法治政府建设必将为人类法治文明进步贡献“数字中国方案”和“数字中国智慧”。

二、法治促进型府院互动的实现

行政诉讼作为“衡量一国法治发达程度与社会文明程度重要标尺”的法律制度，[②]在监督公权、保障私权和化解纠纷方面具有“减压阀”“晴雨表”“风向标”的特殊功能，是彰显习近平法治思想实践伟力的重要场域。法治一体建设作为习近平法治思想的重要组成部分，其推进过程中行政权与司法审判权之间如能实现良性互动，正是法治国家、法治政府互助共进的重要表现。

回望我国行政法制的发展历程，1989 年《行政诉讼法》的颁行，拉开了中国特色行政法制体系化和行政审判现代化的序幕。[③] 行政诉讼制度的建立，

---

① 马颜昕等：《数字政府：变革与法治》，中国人民大学出版社 2021 年版，第二编“数字政府对传统政府的变革”。

② 马怀德：《行政审判体制重构与司法体制改革》，载《国家行政学院学报》2004 年第 1 期。

③ 应松年：《关于行政法总则的期望与构想》，载《行政法学研究》2021 年第 1 期。

真正开启了行政机关厉行依法行政的历史进程。2014 年修订《行政诉讼法》之后，人民法院的行政审判工作遇到了一些新问题，出现了一些新情况，司法面对行政整体上表现出过于谦抑的倾向。尤其是在发展至上观盛行、法治思维和法治方式尚未完全形成的社会转型时期，人民法院对于法治政府建设的监督、规范功能日渐式微，需要在全面推进依法治国的征程中进行反思。最高人民法院 2021 年 9 月 27 日印发《关于完善四级法院审级职能定位改革试点的实施办法》，我国行政审判工作格局面临重大调整。党的十八大以来，“围绕推进法治政府建设”成为新时代改革完善行政审判工作机制的重要指导思想。在新一轮法治政府建设和行政审判制度向纵深方向推进之际，重新认识人民法院在法治政府建设进程中的多重角色，重新定位行政审判活动在法治政府建设进程中的应有功能，对于新时代坚持正确的行政审判理念、推动法治政府建设高质量发展都具有重要的现实意义。

（一）作为法治政府建设监督者的人民法院：守护依法行政底线

相比较 1989 年《行政诉讼法》第 1 条有关行政诉讼制度目的的规定而言，2014 年修订的《行政诉讼法》第 1 条直接删除了“维护”二字，仅保留“监督行政机关依法行使职权”的表述，重申了行政诉讼制度在行政权监督体系中不可或缺的重要地位，表明“行政诉讼法是监督行政机关依法行政的法律，而非维护和强化行政机关权威的法律”[①]。2014 年《行政诉讼法》修订实施后，人民法院通过行政审判活动在一定程度上发挥了监督行政机关的作用，同时也出现了令人担忧的“司法过于谦抑”现象。从行政审判工作总体数据上看，一审行政案件裁驳率、驳回诉讼请求判决适用率过高，一些行政行为以各种理由被挡在实体性审查大门之外；行政案件上诉率、再审申请率居高不下，两审终审制几乎形同虚设；一些因征地拆迁补偿安置引起的行政争议长期得不到有效解决，由此引发的申请政府信息公开之诉、要求行政机关履职之诉等“案中案”频频发生，“程序空转”现象尤为突出。从《行政诉讼法》所确立的若干新制度实施效果上看，规范性文件附带审查、行政诉讼一并解决民事争议、适用调解方式审理行政案件、行政诉讼简易程序等制度实

---

① 梁凤云：《新行政诉讼法讲义》，人民法院出版社 2015 年版，第 4—5 页。

施效果差强人意，行政诉讼制度监督公权的预期目标并没有得到很好实现。这种状况既与行政诉讼制度在国家治理体系中的重要地位不相匹配，也与新时代高质量法治政府建设的现实需求不符，当下重申人民法院作为法治政府建设监督者的首要角色尤其重要。

中华人民共和国成立以来，我们党领导人民创造了世所罕见的经济快速发展奇迹和社会长期稳定奇迹，中国特色社会主义制度发挥了关键性作用。作为“人治时代的结束”“法治时代的开始”[①]标志的《行政诉讼法》的颁行，开启了中国特色行政法治的历史征程。三十多年来法治建设的经验向人们昭示，凡是行政诉讼制度实施顺畅之时，法治政府建设就会迈出坚实步伐；凡是行政诉讼制度实施受阻之时，法治政府建设就会陷入困境之中。在“解决行政争议”被2014年修订的《行政诉讼法》明确为行政诉讼制度目的之一的背景之下，特别是在人民法院行政争议实质性化解政治话语日渐流行的当下，行政诉讼制度纠纷解决功能被放大，《行政诉讼法》立法之初的监督行政机关依法行政功能则被淡化。随着协调化解方式重新获得空前重视，人民法院作为“中立司法者”[②]的面向趋于模糊。“在‘法适用—法裁判’的法制度框架中，行政诉讼是一种对依法行政原理作制度性担保的诉讼制度，而这种担保是通过对被诉行政行为作合法性司法审查来实现的。”[③]尽管《行政诉讼法》立法之初所预设的封闭对抗型行政审判模式在审判实践中不断被调适甚至被修正，但开放合作型行政审判模式的建构“并不意味着司法机关可以完全放弃对行政行为的合法性审查，也不意味着司法机关可以一味采取模糊、迁就的方式寻求行政纠纷的功利性化解”[④]。

2021年《法治政府纲要》提出了法治政府建设的总体目标：“到2025年，政府行为全面纳入法治轨道，职责明确、依法行政的政府治理体系日益健全，行政执法体制机制基本完善，行政执法质量和效能大幅提升，突发事件

① 龚祥瑞主编：《法治的理想与现实》，中国政法大学出版社1993年版，第148页。

② 汪庆华：《政治中的司法：中国行政诉讼的法律社会学考察》，清华大学出版社2011年版，第161页。

③ 章剑生：《行政诉讼“解决行政争议”的限定及其规则——基于〈行政诉讼法〉第1条展开的分析》，载《华东政法大学学报》2020年第4期。

④ 章志远：《开放合作型行政审判模式之建构》，载《法学研究》2013年第1期。

应对能力显著增强，各地区各层级法治政府建设协调并进，更多地区实现率先突破，为到2035年基本建成法治国家、法治政府、法治社会奠定坚实基础。”这些重要目标的实现，离不开党的全面领导，离不开行政系统自上而下的自我加压，也离不开人民法院的外在监督。2021年《法治政府纲要》仅在“加强和规范行政应诉工作”部分提出了认真执行行政机关负责人出庭应诉制度、健全行政争议实质性化解机制推动诉源治理、支持法院依法受理和审理行政案件、切实履行生效裁判以及认真做好司法建议落实和反馈工作，但从《行政诉讼法》立法的初心使命上看，更要凸显行政机关对司法监督的自觉接受。我国行政主导型的经济社会发展模式和行政自制型的法治政府建设模式具有“集中力量办大事”的内在制度优势，但也必须通过行政诉讼外在监督功能的发挥使其转化为现实治理效能。“司法谦抑是在依法审判的大前提下需要兼顾考量的，绝对不能将司法谦抑凌驾于依法审判之上。”[①]面对新发展阶段高质量法治政府建设中的现实需求，人民法院应当首先扮演好监督者角色，守护行政机关依法行政的底线。当前，应当着重从如下四个方面进行努力，充分发挥行政审判制度内在的监督功能：

首先，应当对2014年修订的《行政诉讼法》“总则”进行整体性解释，防止《行政诉讼法》基本原则的落空。对于2014年《行政诉讼法》的“大修”，理论界和实务界对第1条立法目的条款表述的调整格外关注，甚至给予过度解读。立法目的条款固然是法律文本的灵魂条款，但基本原则同样具有重要意义，是立法目的与具体制度之间的桥梁和纽带。2014年修订的《行政诉讼法》除了在第6条重申“行政行为合法性审查”原则外，还在第3条第3款形式确立了“行政诉权司法保障”原则，促使观念意义上的诉权开始转化为现实意义中的诉权，奠定了《行政诉讼法》作为“当事人行政诉权保障基本法”的地位。[②] 将行政行为合法性审查原则和行政诉权司法保障原则与《行政诉讼法》立法目的条款结合起来理解，就能够继续在行政审判实践中坚守立法的初心使命，使人民法院义不容辞地担负起法治政府建设监督者的角色。

---

① 黄永维、郭修江：《司法谦抑原则在行政诉讼中的适用》，载最高人民法院行政审判庭编：《行政执法与行政审判》（总第79集），中国法制出版社2020年版，第11页。

② 章志远：《行政诉权分层保障机制优化研究》，载《法学论坛》2020年第3期。

其次,应当对行政诉讼受案范围规定作“应收尽收、例外排除”的解释,防止行政行为逃逸人民法院的合法性审查。2014年修订的《行政诉讼法》从“行政行为”取代“具体行政行为”、增加例示性条款规定、明确排除性规定的内涵、实行登记立案制等方面全面回应“起诉难”问题,旨在营造司法向社会开放、为民众信赖的浓郁氛围。由于对各项起诉条件的严格解释,很多系争行政行为以不属于受案范围、超过起诉期限、不具备原告资格、被告不明确、诉讼请求不具体等为名被挡在司法审查之外,不仅行政相对人的合法权益无法经由行政诉讼途径获得解决,而且行政权的行使也失去了来自司法权的外在监督。站在更好更快推进法治政府建设的新发展阶段,应当对法律规定的起诉条件适当予以低阶化考量,让更多适宜通过法院解决的行政争议进入司法审查程序。特别是在多元化纠纷解决机制大力倡导、一审行政案件有所回落的当下,不受制于各种行政行为外在表现形式和载体的束缚,坚持以权利义务受到实际影响为识别标准,才能准确把握行政诉讼受案范围规定的精神要义,确保人民法院担负起行政行为合法性审查的使命。

再次,应当以2021年修订的《行政处罚法》的实施为契机,通过变更判决等引领性判决的适用实现行政争议的实质性化解。行政争议实质性解决是近年来党和国家着力推行的社会治理理念,也是最高人民法院大力倡导的司法政策,其内涵是指“人民法院在审查行政行为合法性的基础上,围绕行政争议产生的基础事实和起诉人真实的诉讼目的,通过依法裁判和协调化解相结合并辅以其他审判机制的灵活运用,对案涉争议进行整体性、彻底性的一揽式解决,实现对公民、法人和其他组织正当诉求的切实有效保护”①。实质性化解行政争议目标的实现,有赖人民法院对引领性判决的积极适用,特别是体现司法权有效监督行政权精神要义的变更判决的大胆适用。2021年修订的《行政处罚法》设定了行政机关向社会公布所制定的行政处罚裁量基准的义务,规定了首违不罚、部分无主观过错行为不罚、从重处罚等多项具有广袤行政裁量空间的情形,为变更判决的适用提供了新的契机。在近年来的行政审判实践中,广东等地法院果断采用变更判决处理行政案件,取

① 章志远:《行政争议实质性解决的法理解读》,载《中国法学》2020年第6期。

得了良好的法律效果和社会效果。例如,在"深圳市依斯美实业发展有限公司诉深圳市市场监督管理局福田监管局、深圳市市场监督管理局行政处罚及行政复议案"中,二审法院直接将被诉10万元行政罚款决定变更为罚款1万元,并在裁判理由部分指出:"行政机关在查处小微企业相关违法行为过程中,对于符合法定从轻、减轻处罚情形的小微企业,应当综合考量小微企业的违法情节、危害后果、主动纠错情况以及经济承受能力等多重因素予以量罚。量罚明显不当的,人民法院可以判决变更。"[①]在"何友庆诉珠海市公安局交警支队香洲大队行政处罚案"中,二审法院直接将被诉500元行政罚款决定变更为罚款200元,并在裁判理由部分指出:"因电脑应用平台已设定罚款幅度而怠于行政裁量,并造成行政行为明显不当的,即便原告未诉请变更,法院亦可依法判决变更。"[②]这些变更判决的作出,为全社会确立了具有示范意义的规则,促进了行政争议实质性化解和诉源治理目标的实现。

最后,应当进一步激活规范性文件附带审查制度,防止陷入实效性危机。在"依文件行政"与依法行政并存的时代,规范性文件的法律治理成为法治政府建设进程中的重要议题。近年来,行政系统内部加强了规范性文件合法性审查机制建设,取得了一定的成效,也得到了2021年《法治政府纲要》的认可和推广。2014年修订的《行政诉讼法》确立的规范性文件附带审查制度一度被寄予厚望,但实证研究显示,这一制度还存在严重缺位。"法官通常不予审查或回避审查,即便审查也是惯用'蜻蜓点水'式审查,不敢在裁判文书中评述,或者采用柔性、隐性化方式审查,导致行政规范性文件司法审查在司法实践中遭遇严重的实效性危机。"[③]为此,应当借助专项司法解释制定的机会,一揽子解决困扰其实施的诸多难题,在申请门槛的放宽、审查范围的扩大、审查标准的细化和审查结果的精准方面迈开步伐,使规范性文件附带审查制度与规范性文件合法性审查机制一起遥相呼应,确保规范性文件运行全流程的法治化,从源头上预防更多行政争议的发生。

---

① 广东省深圳市中级人民法院(2020)粤03行终18号行政判决书。

② 广东省珠海市中级人民法院(2015)珠中法城(行政)终字第34号行政判决书。

③ 朱远军:《论行政规范性文件司法审查的缺位——以法官的行动选择为视角》,载最高人民法院行政审判庭编:《行政执法与行政审判》(总第81集),中国法制出版社2021年版,第111页。

(二)作为法治政府建设支持者的人民法院:服务涉政中心工作

党的十八大以来,加强党的集中统一领导成为我国政治体制改革和经济社会发展的根本遵循,把党的领导贯彻落实到治国理政的各个领域、各个方面和各个环节,已经成为坚持和完善中国特色社会主义制度的首要任务。在这一新型"党政体制"[①]下,我国法治政府建设的政治环境、内生动力和发展模式随之发生了新变化。总体来看,"以党领政"的新格局呈现四个方面的新特点。一是党政机关合设、合署情形增多,党的机关开始直接管理行政事务。例如,党的组织、宣传、统战部门分别管理公务员工作、新闻出版工作、电影工作、民族事务工作、宗教工作和侨务工作。二是重大行政决策往往由各级党委作出,各级政府负责落实部署执行的角色更为凸显。例如,《重大行政决策程序暂行条例》第4条规定:"重大行政决策必须坚持和加强党的全面领导,全面贯彻党的路线方针政策和决策部署,发挥党的领导核心作用,把党的领导贯彻到重大行政决策全过程。"三是行政执法活动的依据拓展至各级党委和政府联合发布的文件。党政联合发文在属性上可界定为"中国特色社会主义制度体系中的党的领导制度",体现了党对国家和国家权力领导的行使,通过联合发布党内法规与规范性文件的形式将党的各种主张和意图直接作用到国家公共事务管理活动之中。[②] 越来越多的党政联合发文及时弥补了法律文本与社会发展之间的缝隙,成为行政执法机关的执法依据。四是政府治理和社会治理的方式不断更新,党的领导制度优势日渐显现。例如,督察、示范创建、党政同责等最早源自党的治国理政方式不断外溢,直接融入法治政府建设的过程之中。

面对党政关系的新变化,人民法院不可能置身事外。事实上,作为政法单位的组成部分之一,同样必须坚持党对人民法院工作的绝对领导,新时代政法工作"维护国家政治安全、确保社会大局稳定、促进社会公平正义、保障人民安居乐业"[③]的任务定位同样必须在人民法院行政审判工作中得到全方

---

① 景跃进等主编:《当代中国政府与政治》,中国人民大学出版社2016年版,第27页。

② 秦前红、张晓瑜:《论党政联合发文的制度属性》,载《中共中央党校(国家行政学院)学报》2021年第4期。

③ 习近平:《论坚持全面依法治国》,中央文献出版社2020年版,第193页。

位体现。在国家治理体系和治理能力现代化的视野中，国家预防和化解社会矛盾、维护社会稳定的体系和能力同样必须现代化。人民法院的行政审判工作只有主动融入党委和政府的中心工作，才能在保障和服务大局中发挥应有的作用。特别是在执政党相继提出"创新社会治理""坚持把非诉讼纠纷解决机制挺在前面""发挥行政复议化解行政争议主渠道作用""把诉讼作为纠纷解决最后防线""从源头上预防和减少行政争议"等新理念之后，如何将其嵌入 2014 年修订的《行政诉讼法》实施过程之中，考验着人民法院的司法智慧和审判能力。无论从党政机关勠力自我革新、自上而下全面推进法治政府建设事业，还是从行政机关和人民法院都由人大产生、都接受党的全面领导而言，人民法院都应当做法治政府建设坚定的支持者，在化解涉政中心工作引发的行政争议过程中正确处理好如下三种关系，彰显行政审判服务保障大局的意识和能力：

首先，应当处理好行政相对人诉权行使保障和规范之间的关系。充分保障行政相对人的诉权，既是人民法院肩负的法定职责，也是践行司法为民宗旨的内在要求。立案登记制的实施，诉讼便利化的改造，都为行政相对人诉权行使提供了重要保障。在 2014 年修订的《行政诉讼法》实施过程中，也出现了部分当事人滥用诉权、干扰行政机关和人民法院正常工作的现象。特别是并无实益的申请政府信息公开诉讼、要求行政机关履行法定职责诉讼的频繁提起，造成了司法资源的无端耗费。为此，最高人民法院 2017 年 8 月 31 日及时印发《关于进一步保护和规范当事人依法行使行政诉权的若干意见》(以下简称《若干意见》)，提出了"进一步强化诉权保护意识，积极回应人民群众合理期待，有力保障当事人依法合理行使诉权"和"正确引导当事人依法行使诉权，严格规制恶意诉讼和无理缠诉等滥诉行为"正反两方面的任务，对诉权滥用行为起到了很好的规制效果。当前，地方党委和政府在基础设施建设、城市更新、环境整治、清理违建等方面展开了一系列专项行动，目的在于实现人民群众对美好生活的向往，提升人民群众的生活品质。受行政工作效率性因素影响，一些地方的专项治理行动引发了相关行政争议甚至是群体性行政争议，"一人多案""一事多案""多人多案"现象存在上升苗头。对这种涉政中心工作推进过程中引发的行政争议，人民法院要及时做好释明和引导工作，避免开门立案之后再次形成程序空转、无法下判的局面，努力在诉前通过其他多样化方式妥善化解行政争议，切实管控部分类型行政案件的虚高，实现以有效调控行政诉讼增量为目标的“政策参与型诉源治理”。[①]

其次，应当处理好行政争议司法化解和行政化解之间的关系。一般认为，在法院立案之后，一个纯粹的“法的空间”就已经形成，法院成为诉讼程序“存亡”的主宰者，并将最终作出胜败对错的权威裁判。“从诉的提起开始(具体权利要求的设定)，经过争议之点在法律意义上的形成(要件事实的确定)、证明和辩论以及上诉等阶段到达判决的确定，具体案件的处理可以被视为一个‘法的空间’形成过程。”[②]如果说这幅理想图景大体上能够描述民事诉讼中的程序延展，那么中国特色行政诉讼制度的运转绝非如此简单的司法独角戏。无论从党政体制框架中的组织资源配置，还是行政争议实质性化解的动力源头上看，司法化解和行政化解的联动都不可或缺。一方面，行政争议来源于行政管理实践，与党委和政府的中心工作密切相关。党委和政府对行政争议产生的原因、当事人的真实诉求比较了解，更易于解开对方的心结。另一方面，涉政中心工作事关社会公共利益与个人利益之间的权衡取舍，争议化解的资源和动力都在行政机关，应当充分发挥行政机关通过自我纠错、对话协商方式妥善消弭行政争议的积极性。“自行纠正违法行政行为是依法行政的应有之义，也是行政机关的法定义务，自我纠正应当成为与行政复议、行政诉讼并驾齐驱的行政争议解决制度。”[③]对人民法院来说，立案之后就应当坚持以审判为中心、以行政争议获得实质性化解的基本理念，通过规范、有效的“府院互动”，促进“纠纷解决型司法”目标的实现。[④]

最后，应当处理好行政审判工作依法裁判和协调处理之间的关系。在传统法治语境的认知谱系中，人民法院依法裁判才是正统法治，裁判之外的其他处理方式则都与法治存在紧张关系。正是受到这种固化认知的影响，

---

① 章志远：《新时代行政审判因应诉源治理之道》，载《法学研究》2021年第3期。

② 王亚新：《民事诉讼中的依法审判原则和程序保障》，载梁治平编：《法律解释问题》，法律出版社1998年版，第154页。

③ 高鸿：《行政行为自我纠正的制度构建》，载《中国法律评论》2021年第3期。

④ 章志远：《中国行政诉讼中的府院互动》，载《法学研究》2020年第3期。

2014年修订的《行政诉讼法》第60条所明确规定的"依法调解"条款并未得到很好利用。相反的，既往审判实践中通过协调化解使得当事人撤诉结案的方式重新大行其道。同时，借助行政诉讼繁简分流改革和行政争议多元化解机制改革的通道，具有探索性质的诉前调解方式在实践中备受青睐。这种法律之外的非裁判方式化解行政争议的做法，又引起理论界的广泛质疑。在这种"实践探索—理论非议—立法虚置—实践探索—理论非议"的循环往复中，裁判与调解之间的关系更为模糊，甚至调解本身都成为讳莫如深的词语。从解决行政争议的实际效果上看，判决和调解并无绝对优劣、高下之分，只是具体适用场景的差异而已。人民法院在行政审判过程中的协调属于正常的工作方式，协调的结果则必须以法定的形式得以呈现。在较为有限的典型行政案件的处理中，依法裁判与协调化解之间甚至可以完美地结合起来。在"郴州饭垄堆矿业有限公司诉国土资源部国土资源行政复议决定案"中，最高人民法院作出的撤销行政复议决定的再审判决载明："本院审理期间，曾多次组织各方当事人并邀请湖南省国土厅、郴州市人民政府、前期曾经签订整合并购协议的相关公司参与协调整合事宜，但因故协调未果。"[①]在随后重新启动的行政复议程序中，行政机关通过多方协调最终达到了地方政府矿产资源整合、当事人撤回行政复议申请、国家部委圆满完成再审判决执行的"三赢"效果，成为行政争议真正获得实质性解决的典型范例。可见，作为法治政府建设的有力支持者，人民法院应当主动服务党委和政府中心工作，积极拓展行政诉讼制度应有的治理功效。

（三）作为法治政府建设助力者的人民法院：促进法治思维养成

在全面依法治国的征程中，领导干部这个"关键少数"的法治思维养成意义非凡。习近平总书记指出："各级领导干部要坚决贯彻落实党中央关于全面依法治国的重大决策部署，带头尊崇法治、敬畏法律，了解法律、掌握法律，不断提高运用法治思维和法治方式深化改革、推动发展、化解矛盾、维护稳定、应对风险的能力，做尊法学法守法用法的模范。"[②]在权力至上、人治传统深厚的社会，领导干部法治思维的养成绝非易事。作为与人治思维相对

① 最高人民法院(2018)最高法行再6号行政判决书。

② 习近平：《论坚持全面依法治国》，中央文献出版社2020年版，第5—6页。

立的思想方法，法治思维是“基于对法律的尊崇和对法治的信念判断是非、权衡利弊、解决问题的思维方式，其关键是守规则、重程序、谋平等、护人权、受监督”①。法治思维的养成除了依靠领导干部自身接受培养、学法用法以外，还需要外在力量的有力推动。党政机关干部服务的对象是人民群众，“人民满意”法治政府的建成需要行政机关始终坚持以人民为中心的工作理念，全心全意为人民服务、对人民负责、受人民监督。作为法治政府建设的助力者，人民法院应当充分利用行政审判的制度平台，积极延伸行政审判的服务职能，促进领导干部法治思维的养成，进一步强化行政诉讼制度的政治功能。

就 2014 年修订的《行政诉讼法》文本规定而言，并没有刻意显现人民法院对法治政府建设的助力作用。不过，从近年来的行政审判实践来看，“以案释法”“审一案教育一片”已经成为人民法院践行“谁执法谁普法”责任制的自觉行动。这种寓教化于审判的润物细无声式的助力行动，促进了领导干部和执法队伍法治思维的养成，彰显了法治一体建设的实践成果。结合法律文本规定和审判实践发展，人民法院尚需从如下三服“中药”的供给方面继续努力，进一步助力领导干部法治思维的提升：

首先，应当进一步推动行政机关负责人出庭应诉制度朝着有利于行政争议实质性化解的方向继续生长。行政机关负责人出庭应诉最早是我国地方行政审判实践中的一项机制创新，后被 2014 年修订的《行政诉讼法》明确规定为正式的法律制度。为了提高这项法律制度的刚性约束，最高人民法院 2020 年 6 月 23 日印发《关于行政机关负责人出庭应诉若干问题的规定》（以下简称《若干规定》），以专项司法解释形式巩固了行政审判实践的创新成果，初步构建起完整的行政机关负责人出庭应诉制度的框架。为了进一步彰显这项极具中国本土特色的法律制度的现实功效，最高人民法院 2021 年 7 月 29 日发布了首批 15 个行政机关负责人出庭应诉的典型案例，展示了这服“中药”在推动行政争议实质性化解上的重要作用。从助力领导干部法治思维的养成上看，行政机关负责人出庭应诉制度的生长应实现“从重形式

---

① 《习近平法治思想概论》编写组编：《习近平法治思想概论》，高等教育出版社 2021 年版，第 242 页。

到重内容”“从重数量到重质量”的转型。行政机关负责人出庭应诉并非为了作秀、配合和表演，而是为了坦然面对纠纷、实质性化解争议、防止类似错误再度发生。因此，除了继续通过建议、通报等方式倒逼更多行政机关负责人走上法庭外，今后应从有效实现行政争议实质性化解角度出发，注重拓展行政机关负责人出庭之后的程序交涉机制建设，真正发挥其在助力法治政府建设中的特殊疗效，使其成为向世界展示中国行政审判制度自信的重要窗口。

其次，应当进一步推动行政审判个案、类案司法建议制度朝着精准化发送方向继续生长。从功能主义角度来看，我国行政审判实践中的司法建议存在“裁判引导型”“裁判补充型”“纠纷预防型”“裁判执行型”等四种情形。[①]当前，人民法院应当充分利用2021年《法治政府纲要》有关“认真做好司法建议……落实和反馈工作”政策性规定的红利，站在助力法治政府建设的立场，努力做好个案和类案司法建议的精准发送，避免司法建议起草和发布陷入形式化困境。在经历一段快速运动式的发送之后，近年来人民法院行政审判中司法建议发送工作趋于沉寂，这与行政案件集中管辖后形成的案多人少矛盾存在一定关联。随着四级法院审级职能定位改革方案的落地，具有延伸行政审判服务功能、助力法治政府建设高质量发展的司法建议发送工作应当得到稳步推进。尤其是具有预防行政争议发生、促进诉源治理功能的司法建议，更应当受到人民法院的重视。如果说立足个案“点对点”式的司法建议多少还有些火药味，那么立足类案“面对点”式的司法建议则更具有亡羊补牢的普遍预防性功能。在行政审判专业化水平不断提升、繁简分流改革日渐深入的背景下，人民法院立足特定行政管理领域中具有普遍性、规律性、苗头性的共性问题，制作把脉精准、说理透彻、对策可行的司法建议，就能够进一步展现行政审判工作的主动服务功能，增强行政审判制度的亲近感和认同感，形成更高层次、更高水准的府院互动，进而为行政审判制度的运行创造更好的外部环境，同时还为领导干部法治思维养成和高质量法治政府建设发挥更好的助推作用。

---

① 章志远：《我国行政诉讼司法建议制度之研究》，载《法商研究》2011年第2期。

最后，应当进一步推动行政审判白皮书制作朝着精品化发布方向继续生长。“行政审判白皮书是指，人民法院针对特定时段（通常为上一年度）行政案件审理情况进行全面梳理和总结，指陈行政机关在行政执法和行政应诉中存在的问题，并向行政机关提出提升依法行政水平意见和建议的一种专题报告。”[①]从内部功能上看，行政审判白皮书是人民法院展示自身审判工作、践行司法公开理念的载体；从外部功能上看，行政审判白皮书是评价行政机关、助推法治政府的平台。尽管还没有明确的法律依据，但近年来行政审判白皮书发布已经成为各级人民法院常态化的规定动作，受重视程度甚至远远超过了法定的司法建议。在行政审判白皮书发源地的上海，近年来已经形成了高级人民法院每年五月底率先发布行政审判白皮书、同时发布十大典型行政案件和十大实质性化解行政争议典型案件的固定做法；在行政审判高地的深圳，近年来形成了深圳市中级人民法院和深圳市盐田区人民法院每年七月联合发布“年度回顾—案件概况—监督行政—改革前行—职能延伸—前景展望—典型案例”固定内容结构的“深圳市行政审判工作报告”的做法，邀请全国范围内知名专家学者针对十大典型案例进行专业点评并一并发布。两地最新经验代表了人民法院积极探索精品化行政审判白皮书发布的努力，形成了又一鲜活的中国本土特色的行政审判制度创新样本。作为一份内容翔实、项目全面的法治政府建设“年度体检报告”，行政审判白皮书代表了作为专门审判机关的人民法院对特定区域法治政府建设水平的科学测评和健康建议。行政审判白皮书聚焦法治政府建设的已有成绩、存在短板和努力方向，具有精准的判断、科学的把脉和详细的论述，既体现了人民法院的审判服务水准，也代表了法治政府建设的所处方位，是人民法院促进领导干部法治思维养成、助力法治政府建设的重要制度抓手，可以在总结实践经验的基础上进一步上升为正式的法律规定。

三、“检行互动”违法监督的运行

党的二十大报告指出：“强化对司法活动的制约监督，促进司法公正。

---

① 章志远：《我国行政审判白皮书研究》，载《行政法学研究》2018年第4期。

加强检察机关法律监督工作。”[①]作为国家法律监督机关的人民检察院，既是保障国家法律统一正确实施的司法机关，也是保护国家利益和社会公共利益的重要力量，在推进全面依法治国、建设社会主义法治国家中发挥着重要作用。《中共中央关于加强新时代检察机关法律监督工作的意见》(以下简称《法律监督意见》)提出“全面深化行政检察监督”的任务，要求检察机关“在履行法律监督职责中开展行政争议实质性化解工作，促进案结事了”。这一规定不仅是对近年来全国检察机关部署开展“加强行政检察监督，促进行政争议实质性化解”专项行动、尝试通过“穿透式”行政检察监督实现“一手托两家”实践探索的肯定，也为检察机关“做实行政检察”、全面提升行政检察活动质效、助推法治政府建设指明了方向。尽管最高人民检察院印发的《人民检察院行政诉讼监督规则》(以下简称《监督规则》)多处提及“推动行政争议实质性化解”，且理论上可将这一实践探索的内在逻辑归结为深层次的“实质法治”“国家治理”“检察功能”“能动检察”[②]的动因和需求，但在党的二十大报告有关“在法治轨道上全面建设社会主义现代化国家”“全面推进国家各方面工作法治化”[③]精神的指引下，检察机关“依法能动”至关重要。只有科学把握行政检察监督的权力边界，才能找准检察机关在行政争议实质性化解中的角色定位，推动行政检察工作在现行行政诉讼法的制度框架下有序展开。最高人民检察院2021年8月专门印发行政争议实质性化解主题的第三十批指导性案例(检例第116—121号)，为深入观察检察机关在行政争议实质性化解中的现实角色提供了绝佳样本。下面拟聚焦相关指导性案例的要旨，通过对检察机关履职情况得失的审视，摹绘检察机关“监督纠正者”“和解促成者”“适法统一者”的三重角色定位，希冀推动行政检察监督这一中国特色检察工作能够在法治轨道上稳健运行，使其制度优势更好转化为行政审判和行政执法的治理效能，实现良性“检行互动”。

---

① 习近平:《高举中国特色社会主义伟大旗帜 为全面建设社会主义现代化国家而团结奋斗——在中国共产党第二十次全国代表大会上的报告》，载《求是》2022年第21期。

② 江国华、王磊:《检察机关实质性化解行政争议的制度分析和实践完善》，载《国家检察官学院学报》2022年第3期。

③ 习近平:《高举中国特色社会主义伟大旗帜 为全面建设社会主义现代化国家而团结奋斗——在中国共产党第二十次全国代表大会上的报告》，载《求是》2022年第21期。

（一）检察机关作为行政争议化解的监督纠正者

尽管“行政争议实质性化解”已经得到实务界和学术界的普遍认可与适用，但就规范依据而言，其尚属政策文件层面的用语。2014年修订的《行政诉讼法》第1条新增“解决行政争议”内容，与“保护公民、法人和其他组织的合法权益”“监督行政机关依法行使职权”一起，共同构成我国行政诉讼制度的三大目的。从权力行使依据上看，检察机关的行政检察监督权直接来源于《行政诉讼法》第11条“人民检察院有权对行政诉讼实行法律监督”的明确授权，其基本方式则是第93条所规定的“抗诉”和“检察建议”。《监督规则》第3条规定：“人民检察院通过提出抗诉、检察建议等方式，对行政诉讼实行法律监督。”可见，检察机关在推动行政争议实质性化解任务中的底色仍然是“依法履行行政诉讼监督职责”，必须全面贯彻《行政诉讼法》的基本要求。

1. 抗诉：刚性监督纠正手段

检察机关抗诉，是指人民检察院对人民法院已经发生法律效力的判决、裁定、调解书，发现确有错误，依照法定程序要求人民法院对案件进行再次审理的诉讼活动。“检察机关提起抗诉的，人民法院应当再审，即人民法院不对检察院的抗诉作审查。”①可见，抗诉是行政诉讼法赋予检察机关行使监督行政诉讼权最传统、最有效的方式，充分彰显了人民检察院作为国家法律监督机关的宪制地位。作为检察权对行政审判权的一种依法抗争，抗诉活动的适用条件和程序都十分严格，体现出明显的刚性监督色彩。对于以追求行政争议实质性解决为目标的人民法院而言，检察机关抗诉无疑能够产生强大的外力驱动和倒逼功效。无论从法释义学还是法社会学角度上看，抗诉都应当成为行政检察监督的优选方式。近年来，随着检察体制改革的不断推进，特别是在最高人民检察院“做实行政检察”政策的引导下，全国检察机关依法抗诉呈现上升态势。

例如，在“陈某诉江苏省某市某区人民政府强制拆迁及行政赔偿检察监督案”（检例第117号）中，江苏省人民检察院经审查认为，案涉强制拆除行为系因行政征收拆迁引起，区人民政府作为最初委托主体和征收行为主体，其

① 梁凤云：《行政诉讼讲义》，人民法院出版社2022年版，第666页。

委托的公司在未与陈某达成拆迁补偿协议的情况下违反法定程序实施强制拆除，区人民政府应当对受委托公司的行为后果承担法律责任，原审人民法院以被告主体不适格裁定驳回起诉不当，遂以终审行政裁定“认定事实的主要证据不足”为由依法提请最高人民检察院提出抗诉。对于未经人民法院实体审理的行政赔偿监督案件，检察机关通过调查核实形成精准监督意见，以提请抗诉方式为这场旷日持久的行政争议获得实质性化解提供了坚实基础。又如，在“魏某等19人诉山西省某市发展和改革局不履行法定职责检察监督案”(检例第118号)中，某市人民检察院经审查提请山西省人民检察院抗诉。山西省人民检察院经审查认为，发展和改革局虽然对魏某等19人的投诉事项进行了立案、调查，针对法律适用和政策界限问题向市政府请示，市政府提出了协调处理指导意见，但发展和改革局并未作出相应处理决定，根据《价格违法行为举报处理规定》，发展和改革局存在行政不作为的情形，遂以原审判决认为发展和改革局不构成不履行行政职能属“适用法律、法规错误”为由，依法向山西省高级人民法院提出抗诉。对于涉众型不履行法定职责监督案件，检察机关通过缜密的调查核实和积极协调，以抗诉方式为行政争议实质性化解扫除了法律适用上的障碍。虽然检例第117号、第118号案以撤回监督申请、终结审查和撤回抗诉方式告终，但抗诉方式本身刚性监督纠正作用的发挥，却为行政争议最终获得实质性化解奠定了不可或缺的基础。

2. 检察建议：柔性监督纠正手段

从功能主义立场上看，《行政诉讼法》第93条第2款、第3款分别规定的是“再审检察建议”和“工作层面的检察建议”。在行政法学理上，对人民检察院再审检察建议的正当性存在争议，甚至有学者还认为“检察建议这种事实上的‘同级抗’可能与宪法和人民检察院组织法的规定相冲突”[①]。不过，在行政检察监督实践中，检察建议的适用对象和范围却已“溢出”上述法律规定。就规范文本而言，《人民检察院检察建议工作规定》第5条列举了“再审检察建议”“纠正违法检察建议”“公益诉讼检察建议”“社会治理检察建

① 梁凤云：《新行政诉讼法讲义》，人民法院出版社2015年版，第405页。

议”“其他检察建议”等五类检察建议,《法律监督意见》则要求检察机关“在履行法律监督职责中发现行政机关违法行使职权或者不行使职权的,可以依照法律规定制发检察建议等督促其纠正”;就穿透式监督的实践面向而言,检察建议已经实现了“对审判权的监督”“对个案中行政行为的监督”“从依法监督到依法在监督中化解社会矛盾”“从个案纠偏到发现类案疏漏”的全覆盖。[①] 实践表明,检察机关在行政争议实质性化解中发送的各种灵活多样的检察建议发挥了“以柔克刚”的监督纠正效果。

在最高人民检察院发布的第三十批指导性案例中,检察机关向行政机关单独发送的不同类型检察建议有三个。在“某材料公司诉重庆市某区安监局、市安监局行政处罚及行政复议检察监督案”(检例第 116 号)中,重庆市人民检察院第一分院经调查核实,认定法院判决并无不当,同时向区应急管理局现场送达内容详尽的检察建议,建议其在全面调查的基础上针对遗漏责任主体依法作出处理,进一步规范行政执法办案程序,提高行政执法办案效率,在个案处理中加强释法说理,减少行政争议,增强行政执法公信力。在“王某凤等 45 人诉北京市某区某镇政府强制拆除和行政赔偿检察监督系列案”(检例第 120 号)中,北京市人民检察院第一分院经调查核实,认为镇政府在拆除案涉房屋的过程中仅将培训学校作为行政行为相对人,剥夺了申请人应享有的陈述、申辩等法定权利。原审法院认为申请人不具有法律上利害关系,以其不具有原告主体资格为由裁定驳回申请人对限期拆除通知、强制拆除行为提起的诉讼,并据此驳回申请人的行政赔偿诉讼请求,系认定事实不清,适用法律错误。在对民事争议一并审查促进各方和解之后,检察机关向镇政府发出检察建议,建议其提升行政管理能力,健全执法全过程记录制度,进一步创新群众工作思路方法,努力提升执法服务水平。在“姚某诉福建省某县民政局撤销婚姻登记检察监督案”(检例第 121 号)中,某县人民检察院基于已查明的婚姻登记行为存在错误且对姚某造成重大影响的事实,向县民政局发出检察建议,建议其重新审查姚某的婚姻登记程序,并及时作出相关处理决定。相比检例第 116 号、第 121 号案中的检察建议是基于

① 张相军等:《论“穿透式”行政检察监督》,载《人民检察》2021 年第 10 期。

认可法院生效裁判并无不当而言，检例第120号案中的检察建议则是在否认法院生效裁定，本应依法提出抗诉的背景下作出的例外选择。从实际效果来看，检例第116号、第121号案中的检察建议兼具个案违法纠正和类案社会治理的双重功效，检例第120号案中的检察建议则呈现面向未来的社会治理型特征。

行政非诉执行监督是检察机关行政检察监督工作新的增长点。从行政法规范体系解释上看，人民检察院对行政诉讼实行法律监督规定于《行政诉讼法》总则之中，能够涵盖行政案件受理、审理、裁判和执行等各个环节；从司法解释规定上看，《监督规则》将“对行政案件执行活动的监督”与“对生效行政判决、裁定、调解书的监督”“对行政审判程序中审判人员违法行为的监督”一起并列放置；从文件规定来看，中央全面依法治国委员会2019年7月印发《关于加强综合治理从源头切实解决执行难问题的意见》，明确要求“检察机关要加强对民事、行政执行包括非诉执行活动的法律监督，推动依法执行、规范执行”。在最高人民检察院2019年9月印发的第十五批指导性案例（检例第57—59号）中，第58、59号案例就是行政非诉执行监督的典型代表。“浙江省某市国土资源局申请强制执行杜某非法占地处罚决定监督案”（检例第58号）的“要旨”还特别指出：“人民检察院行政非诉执行监督，要发挥监督法院公正司法、促进行政机关依法行政的双重监督功能。”在“山东省某包装公司及魏某安全生产违法行政非诉执行检察监督案”（检例第119号）中，检察机关延续了行政检察“一手托两家”的监督传统，一方面向县人民法院发出检察建议，建议依法纠正对包装公司及魏某准予强制执行加处罚款的行政裁定；另一方面向县应急局发出检察建议，建议重新审查对公司及魏某作出的加处罚款决定，规范执法行为，同时建议县应急局依法加强对企业的安全生产监管，推动企业规范发展。这种检察机关向府院同步发送纠正违法检察建议的监督方式，达到了促进公正司法、严格执法的双重监督效果。

（二）检察机关作为促成行政争议和解的组织者

行政争议实质性化解观念的兴起，与行政审判实践中普遍存在的程序空转现象直接有关。特别是驳回起诉、不予立案裁定和驳回诉讼请求判决在实践中的涌现，不仅无端耗费了宝贵的司法资源，而且损害了行政审判制度的公信力。程序空转现象的本质，是对法律形式主义的过度推崇，即秉持一种“满足于追求形式上符合法律文本规定、对人民群众向法院起诉的真实利益关切予以回避”[①]的心态。除检例第119号案外，其他五个行政诉讼监督指导性案例或是以判决驳回诉讼请求（检例第116、118号），或因驳回起诉（检例第117、120号）和不予立案（检例第121号）裁定而生。习近平总书记指出：“法律不应该是冷冰冰的，司法工作也是做群众工作。一纸判决，或许能够给当事人正义，却不一定能解开当事人的‘心结’，‘心结’没有解开，案件也就没有真正了结。”[②]实证观察显示，行政争议需要获得实质性解决的行政案件多为“法律关系复杂型”“政策依据变迁型”“基本民生托底型”[③]等特殊情形，必须动用更多组织资源和化解手段才能实现。为促进检察机关有效开展行政争议实质性化解工作，《监督规则》第6条规定“综合运用监督纠正、公开听证、释法说理、司法救助等手段”，第5条规定“加强智慧借助”“专家咨询”或“专家论证”。在行政检察监督实践中，上下级人民检察院之间的联动和多主体在行政争议实质性化解平台上的互动构成了行政争议化解的“中国智慧”。

1. 促成行政争议和解的“整体检察院”

进入行政诉讼检察监督程序的案件，大多经历过漫长的行政复议、行政诉讼一审、二审甚至再审程序，其固有的争议复杂程度和协调化解难度特质，都决定了检察机关必须充分发挥其自身固有的体制优势。在我国宪制框架之下，检察机关上下级之间是领导与被领导关系，能够形成一体化的行政检察监督工作格局。《监督规则》第10条不仅明确了最高人民检察院对地方各级人民检察院行政诉讼监督工作、上级人民检察院对下级人民检察院行政诉讼监督工作的“领导”地位，而且还赋予上级人民检察院“依法统一调用辖区的检察人员”办理行政诉讼监督工作的权力，为促成行政争议实质性化解提供了“整体检察院”的组织准备。2015年以来，受行政案件管辖制度改革影响，高级人民法院和最高人民法院审理的行政案件逐步增多，行政审

---

① 章志远：《行政诉讼实质性解决行政争议理念的生成背景》，载《江淮论坛》2022年第4期。

② 习近平：《论坚持全面依法治国》，中央文献出版社2020年版，第23页。

③ 章志远：《行政争议实质性解决的法理解读》，载《中国法学》2020年第6期。

判倒金字塔结构十分明显。加之“上级抗”的审判监督权力配置模式，最高人民检察院直接介入行政诉讼监督的机会越来越多，行政检察监督的成果日渐显著。仅在2021年，全国检察机关通过行政检察监督就有效化解行政争议9100件，其中讼争10年以上的435件。[①]

一些样本案例充分展示了整体检察院在推动行政争议实质性化解上的定海神针作用。在检例第116号案中，面对不服检察机关审查意见的申请监督人，重庆市人民检察院向最高人民检察院请示，最高人民检察院主要领导高度重视，经审阅卷宗后亲赴重庆与承办检察官共同接待当事人，通过深入详尽的释法说理和提出检察建议的承诺，有效回应了当事人诉求，最终成功化解了案涉行政争议。在检例第117号案中，最高人民检察院成立由分管院领导担任主办检察官的办案组，与江苏省三级检察机关联动，共同开展化解工作。在四级检察院的合力推动之下，最终促使当事人签署和解协议。这两起案件的成功化解实践表明，检察一体化的体制优势起到了关键作用。

2. 促成行政争议和解的多主体互动

相较于以审理和判决为代表的“决定型”争议解决方式而言，调解和和解都是“合意型”争议解决方式，当事人双方的自由合意是争议解决终结的关键。[②] 对于已经进入行政诉讼程序、现实利益关系往往处于剑拔弩张状态的双方当事人来说，达成合意并非易事。对近二十年来的行政审判实践观察显示，为实现纠纷解决型司法目标，实质性化解行政争议观念引领下的“个案处理型府院互动”[③]十分频繁。当府院互动都无法促成行政争议和解时，人民检察院在行政检察监督中就更应提高有效调配全社会争议化解资源的能力，搭建多主体互动的沟通化解平台。在这一过程中，“检法合作”“检行互动”“社会参与”都成为推动行政争议实质性化解的重要桥梁和纽带。

---

① 最高人民检察院检察长张军2022年3月8日在第十三届全国人民代表大会第五次会议上所作《最高人民检察院工作报告》。

② 〔日〕棚濑孝雄：《纠纷的解决与审判制度》，王亚新译，中国政法大学出版社2004年版，第8页。

③ 章志远：《中国行政诉讼中的府院互动》，载《法学研究》2020年第3期。

一些样本案例展示了“检法合作”“检行互动”在行政检察监督过程中的重要作用。在检例第118号案中，山西省人民检察院已经依法向山西省高级人民法院提起抗诉，本可直接等待法院再审程序解决争议，但考虑双方当事人有和解意愿，且案涉小区还有未提出诉讼的189户安置户存在同类问题，山西省人民检察院在与法院沟通后，决定主动跟进推动行政争议实质性化解。此后，山西省人民检察院通过邀请行政机关和供水、供气、供热公司负责人沟通对接及召开公开听证会等方式，充分听取各方意见，最终促成房地产公司与监督申请人签订和解协议，并一揽子解决了其他189户安置户的同类问题。从行政争议实质性化解的实际成效上看，这种“检法合作”“检行互动”的做法远胜于简单的“一抗了之”。该案“以抗促和”的做法，实则将抗诉势能转化为调处争议的动能，“突破了检察监督从案件受理到作出决定形成办案闭环的传统认识”[①]。在检例第117号案中，最高人民检察院本可直接通过提起抗诉方式解决主体适格问题，转由最高人民法院启动再审程序进入实体审理，但考虑这种方案仍需经过漫长的司法程序，且双方均有和解意愿，最高人民检察院决定推动区人民政府与监督申请人通过达成和解实质性化解行政争议。为此，检察机关办案组分别与监督申请人当面沟通，与区人民政府工作人员座谈，加强与区政府对接，推动行政机关召开听证会，最终促使双方达成补偿赔偿协议。“检行互动”之所以能够发挥现实功效，一方面在于行政机关是行政争议实质性化解的真正资源拥有者，另一方面也在于2021年《法治政府纲要》和《法治政府建设与责任落实督察工作规定》等重要文件和党内法规对行政机关自觉接受检察监督、认真做好检察建议落实反馈的规定。

一些样本案例则展示了社会参与在行政检察监督过程中的支撑作用。就参与检察机关搭建的实质性化解行政争议平台的社会力量而言，既包括案件的当事人和相关利害关系人，也包括身份多元的听证员和有关行政机关。在检例第120号案中，行政争议的背后实则是房屋购买者民事权益的保护与赔偿问题，考虑文化公司与房屋购买者之间有民事和解意愿，为保护当

① 张相军、马睿：《检察机关实质性化解行政争议研究》，载《国家检察官学院学报》2022年第3期。

事人合法权益，避免行政、民事案件分别机械处理导致循环诉讼，检察机关决定通过推动45名申请人与文化公司达成民事和解，促进案件行政争议的实质性化解。此后，检察机关出面主持并依托基层政府促成当事人与涉案企业进行多次磋商，直至最终签订和解协议，使127件行政诉讼系列案件得以一并化解。在检例第121号案中，监督申请人姚某要求撤销婚姻登记的诉求合法合理，但其民事诉讼、行政诉讼均未获得人民法院裁判支持，行政机关又拒绝主动撤销，致使姚某正当诉求陷入无从救济的窘境。为此，检察机关综合运用了调查核实、公开听证、专家论证、检察建议、司法救助等多种方式，通过形成听证会关于县民政局应主动撤销婚姻登记的多数意见和专家论证会一致意见，最终以发送检察建议形式实现了行政机关的自我纠错。针对冒名结婚、骗取财物涉嫌犯罪的行为，检察机关则依法监督公安机关立案侦查，为行政争议实质性化解注入了有力的外部支援。社会力量的积极参与，为检察机关主动发挥"过期之诉"法律救济的兜底作用提供了有效的道义支持。

（三）检察机关作为统一行政法律适用的保障者

从语义分析来看，《法律监督意见》关于"在履行法律监督职责中开展行政争议实质性化解工作"的表述，是我国"法律监督"概念宪法化之后"自主性发展"[①]的又一真实写照。作为一种新兴的政法话语，行政争议实质性化解是党和国家在社会转型时期基于创新社会治理、维护社会稳定之需提出的一项司法政策，并已嵌入法治政府建设和行政审判实践之中。在新时代新征程，通过推动行政争议实质性化解，就能够更好地实现检察机关履行维护司法公正、促进依法行政的监督职能作用。可见，就检察机关肩负的职责使命而言，"履行法律监督职责"是体，"开展行政争议实质性化解工作"是用。在行政检察监督实践中，要科学把握二者之间的辩证关系，不能舍本逐末，更不能因噎废食。习近平总书记指出："经过长期努力，中国特色社会主义法律体系已经形成，总体上解决了有法可依问题。当然，我国法律体系还要不断完善。现在，我们的工作重点应该是保证法律实施，做到有法必依、

① 王海军：《"法律监督"概念内涵的中国流变》，载《法学家》2022年第1期。

执法必严、违法必究。有了法律不能有效实施，那再多法律也是一纸空文，依法治国就会成为一句空话。”[①]党的十九届四中全会《决定》明确提出“加强对法律实施的监督”的任务要求。作为法律监督机关的人民检察院，更应自觉扛起监督法律实施的历史责任，努力践行保障国家法律统一正确实施的初心使命。

1. 行政法律统一正确实施监督者

在我国，绝大多数法律、法规都是由行政机关具体实施的。行政执法能力水平的高低，直接关乎党和政府在人民群众心目中的形象。“行政执法工作面广量大，一头连着政府，一头连着群众，直接关系群众对党和政府的信任、对法治的信心。”[②]对于以监督行政机关依法行使职权、维护人民群众合法权益为己任的人民法院来说，行政审判工作的质量和效果，直接影响司法公信力和权威性。令人担忧的是，近年来“执法标准不统一”“同案不同判”已经成为我国法律实施领域的顽瘴痼疾。为此，行政系统内部以全面落实行政裁量权基准制度为契机，推行了一系列旨在统一行政执法标准的举措；司法系统内部则以完善四级法院审级职能定位改革为契机，进一步强化最高人民法院在确保行政法律正确统一适用中的作用。在行政审判的“拐点”之年，最高人民法院甚至还实现了从“忙于办理案件”到“专注法律统一适用”的飞跃。[③] 面对行政检察监督双重对象工作重心的变化，检察机关更应聚焦监督法律实施主责主业，在推动行政争议实质性化解中履行好保障行政法律统一正确适用的监督者本色。

在最高人民检察院发布的第三十批指导性案例中，虽然检察机关通过一系列工作方式和方法创新有效化解了行政争议个案，有的还为某类普遍问题的解决提供了长效机制，如检例第121号案为最高人民检察院会同最高人民法院、公安部、民政部联合发布《关于妥善处理以冒名顶替或者弄虚作假的方式办理婚姻登记问题的指导意见》奠定了基础。不过，从面向未来

---

① 习近平：《论坚持全面依法治国》，中央文献出版社2020年版，第45页。

② 习近平：《坚定不移走中国特色社会主义法治道路 为全面建设社会主义现代化国家提供有力法治保障》，载《求是》2021年第5期。

③ 章志远：《以习近平法治思想引领行政审判制度新发展》，载《法学研究》2022年第4期。

"规则之治"的监督实效上看,多数样本案例的检察监督策略尚有很大优化空间。在检例第117号案中,检察机关"舍抗诉、促和解"的工作方法固然能够超越漫长的再审程序,及时实现对当事人正当权益的维护,但个案暴露出的行政诉讼中被告认定标准、起诉条件把握、案外人自认效力判断以及行政征收拆迁中的程序违法等问题,也随之失去了通过监督法律实施明晰统一规则的机会。在检例第118号案中,检察机关"以抗促和"的工作方法固然能够一揽子解决同类问题,但个案暴露出的"行政不作为""不履行行政职能"等不确定法律概念的识别标准和构成要件问题,则失去了经由再审判决依法纠错、确立裁判标准的机会。事实上,该案中行政机关受理当事人投诉查处的过程,完全符合行政法学理有关"形式作为而实质不作为"[①]行政行为的认定。如果通过再审程序直接建立起明确的判断标准,就能实现法治固根本、稳预期、利长远的价值。在检例第120号案中,检察机关"通过解决民事纠纷促进行政争议一并化解"的工作思路固然能够发挥以点带面的功效,进而妥善化解涉众型民事纠纷与行政争议交织案件,但个案暴露出的行政诉讼一并解决相关民事争议制度的"休眠"以及行政征收拆迁中对房屋实际居住人权利的"漠视"问题,却始终无法在法律适用层面得到有效回应。"相比较程序封闭、面向过去的府院联动协调化解而言,依托程序保障、面向未来的司法裁判对类似行政争议的发生更具预防价值。"[②]因此,检察机关在履行行政检察监督职责时,应当寓监督法律统一正确实施于行政争议实质性化解过程之中,更多依靠依法抗诉重新启动再审程序,形成具有规则引领价值的生效裁判方式,借助司法之手真正促进类案行政争议的实质性化解。

2. 促进行政法律统一实施载体的指导性案例

自《最高人民检察院关于案例指导工作的规定》印发以来,迄今为止共发布五十四批218件指导性案例。其中,行政检察指导性案例仅八批28件,且都是近五年内发布的。这既反映出行政检察工作在检察机关"四大检察"格局中的地位日益重要,也反映出行政检察指导性案例发布本身还有进一

---

① 黄学贤:《形式作为而实质不作为行政行为探讨——行政不作为的新视角》,载《中国法学》2009年第5期。

② 章志远:《新时代行政审判因应诉源治理之道》,载《法学研究》2021年第3期。

步优化调整的空间。该规定第 2 条列举了指导性案例形式和实质两个方面的条件，前者包括“案件处理结果已经发生法律效力”，“办案程序符合法律规定”，后者包括“在事实认定、证据运用、法律适用、政策把握、办案方法等方面对办理类似案件具有指导意义”，“体现检察机关职能作用，取得良好政治效果、法律效果和社会效果”。相比较《〈最高人民法院关于案例指导工作的规定〉实施细则》第 2 条有关“指导性案例应当是裁判已经发生法律效力，认定事实清楚，适用法律正确，裁判说理充分，法律效果和社会效果良好，对审理类似案件具有普遍指导意义的案例”的规定而言，检例类型更加丰富多样，除了法律适用层面的指导意义之外，还可以体现政策把握、办案方法方面的指导作用。

从近年来全国各地法院发布的行政争议实质性化解典型案例来看，协调化解撤诉几乎成为实质性化解的“代名词”。“从根本上讲，行政诉讼协调的盛行，一定程度上反映的是判决之难、诉讼之弊。”①行政审判实践中出现的过分夸大协调化解功能之风，正在侵蚀依法判决的应有地位；而大量避实就虚的程序性驳回裁判情形的出现，更考验着检察机关行政检察监督的权威性。作为记载行政检察监督本土经验和实践智慧的指导性案例发布制度，应当逐步实现从“政策宣示型”“方法推广型”向“统一适法型”“规则价值型”的模式转变，使得最高人民法院和最高人民检察院在行政法律统一正确适用上保持高度一致，努力达至根除行政争议产生土壤的“法治规范型诉源治理”②状态。

检察机关在实质性化解行政争议的实践中，彰显了其以行政诉讼监督为基石、以化解行政争议为牵引、以行政非诉执行监督和行政违法行为监督为新的增长点的基本工作格局，为世界范围内检察制度的发展贡献了“中国智慧”，为扎实推进依法行政贡献了“检察方案”。“每一种法治形态背后都有一套政治理论，每一种法治模式当中都有一种政治逻辑，每一条法治道路

---

① 何海波：《行政诉讼法》（第 3 版），法律出版社 2022 年版，第 556 页。

② 章志远：《新时代行政审判因应诉源治理之道》，载《法学研究》2021 年第 3 期。

底下都有一种政治立场。”[①]检察机关在履行法律监督职责开展行政争议实质性化解工作的进程中，展现出“监督纠正者”和“和解组织者”的双重角色，产生了相应的政治效果和社会效果。在坚持全面依法治国、推进法治中国建设的新征程上，行政检察监督只有始终坚守依法监督、保障行政法律统一正确实施的本色，才能产生应有的法律效果。当检察机关从行政争议化解的监督纠正者、和解促成者逐步转身为适法统一者时，才能不断拓展行政检察监督的范围，提升行政检察监督的实践效果，进而与行政审判制度一起助推法治政府建设这一全面依法治国的“重点任务和主体工程”[②]率先突破，引领法治中国建设行稳致远。

第三节　官民互为一体的守法氛围

《法治社会纲要》中指出：“全民守法是法治社会的基础工程。”全民守法意味着“让法治信仰根植于人民心中，形成全民守法的氛围”[③]。因此，“法治一体建设”战略布局下，重要的标志之一应是官民一体守法氛围的形成。其中，与法治政府建设目标相应的是，领导干部这一“关键少数”带头守法作用的实现；与法治社会建设目标相应的是，社会全体在系列行为中自觉守法局面的形成；与法治国家建设目标相应的是，整体国家、政府诚信守法体系的成就。

一、“关键少数”带头守法

领导干部这一“关键少数”带头守法是全民守法氛围形成不可或缺的一环。习近平总书记指出：“各级领导干部在推进依法治国方面肩负着重要责

---

① 中共中央文献研究室编：《习近平关于全面依法治国论述摘编》，中央文献出版社 2015 年版，第 34 页。

② 习近平：《论坚持全面依法治国》，中央文献出版社 2020 年版，第 4 页。

③ 刘炤：《坚持全面推进科学立法、严格执法、公正司法、全民守法》，载《人民日报》2021 年 3 月 18 日第 16 版。

任”,“必须抓住领导干部这个‘关键少数’”[1]。近年来,中央与地方均十分重视领导干部在尊法学法守法用法上的建设工作,且进行了诸多实践探索。其中,2014年修订的《行政诉讼法》正式确立的行政机关负责人出庭应诉制度是彰显“关键少数”带头守法的典型实例,这一制度也蕴含着“法治一体建设”的理论内涵。行政机关负责人出庭应诉由边缘逐渐走向中央、由地方局部试验走向国家正式制度,已历经二十多年之久,个中探索发展体现了中国行政审判的本土特色,也彰显出中国行政审判的制度自信。遵循法治政府建设要率先取得突破、带动法治社会建设的法治发展逻辑,下文聚焦于行政机关负责人出庭应诉制度,通过阐释其功能定位展现各类法治建设互促互进的基本内核。

党的十八大以来,以习近平同志为核心的党中央高度重视法治建设,行政机关负责人出庭应诉频频写入党中央一系列重要文件之中,凸显了这一微观制度的宏大时代价值。在法院主导、行政机关和行政相对人双方参与的诉讼格局中,行政机关负责人出庭应诉制度涉及司法权与行政权、行政权与公民权利、法治政府建设与法治社会建设之间的多重复杂关系,需要立足更为宏大的法治视角对其功能进行再阐释。[2]“坚持法治国家、法治政府、法治社会一体建设”是习近平总书记在首都各界纪念现行宪法公布施行30周年大会上的讲话中首次提出的,随后在十八届中央政治局第四次集体学习时的讲话中再次重申,直至成为习近平法治思想的核心要义之一。“法治国家、法治政府、法治社会相辅相成,法治国家是法治建设的目标,法治政府是建设法治国家的重点,法治社会是构筑法治国家的基础。”[3]新时代行政机关负责人出庭应诉制度的功能定位,需要在“法治一体建设”的视域中进行系

---

① 中共中央文献研究室编:《习近平关于全面依法治国论述摘编》,中央文献出版社2015年版,第113页。

② 入选“第五届中国法治政府奖提名奖”的项目之一就是武汉市人民政府法制办公室申报的“以负责人出庭应诉为重要抓手 助推法治政府法治社会一体建设——武汉市行政机关负责人出庭应诉”,表明行政机关负责人出庭应诉制度的实践探索已经具备重要的“溢出”效应。参见中国政法大学法治政府研究院主编:《中国法治政府奖集萃(第五届)》,社会科学文献出版社2018年版,第248—258页。

③ 习近平:《坚定不移走中国特色社会主义法治道路 为全面建设社会主义现代化国家提供有力法治保障》,载《求是》2021年第5期。

统阐释。

(一) 以官员守法带动全民守法

作为一个具有中国本土实践特色的概念,法治社会指的是公权力运作系统之外的社会生活的法治化,至少包括“社会成员自我约束的法治化”“社会成员之间关系的法治化”“社会管理者与被管理者关系的法治化”[①]。在法治社会建设的任务清单中,全民守法是法治社会的基础工程。“全民守法,就是任何组织或者个人都必须在宪法和法律范围内活动,任何公民、社会组织和国家机关都要以宪法和法律为行为准则,依照宪法和法律行使权利或权力、履行义务或职责。”[②]在我国这样一个“以吏为师”传统极为深厚的国家,官员守法对全民守法具有重要的示范带动作用。“领导干部尊不尊法、学不学法、守不守法、用不用法,人民群众看在眼里、记在心上,并且会在自己的行动中效法。领导干部尊法学法守法用法,老百姓就会去尊法学法守法用法。领导干部装腔作势、装模作样,当面是人、背后是鬼,老百姓就不可能信你那一套,正所谓‘其身正,不令而行;其身不正,虽令不从’。”[③]从这个意义上来说,作为“关键少数”的领导干部能否自觉守法、维护法律权威,就成为法治社会基础性工程建设的关键环节。只有紧紧抓住官员守法这个“牛鼻子”,全民守法的局面才具有实现的可能。

在行政机关负责人出庭应诉制度已经正式入法成为法律的刚性要求时,其实施效果如何实际上就是官员普遍守法局面实现与否的重要标尺。按照《若干规定》第4条的规定,对于涉及食品药品安全、生态环境和资源保护、公共卫生安全等重大公共利益,社会高度关注或者可能引发群体性事件等的案件,人民法院应当通知行政机关负责人出庭应诉。如果行政机关负责人寻找各种借口敷衍了事、无正当理由不出庭、出庭之后又不出声,甚至对法院出庭应诉建议置之不理,那么这项制度就会完全沦为摆设,本质上就是官员带头违法。尤其是在相关党内法规和规范性文件已经将此举明确列入党政机关负责人履职尽责和督察问责事项清单之后,行政机关负责人出

---

① 陈柏峰:《中国法治社会的结构及其运行机制》,载《中国社会科学》2019年第1期。

② 习近平:《论坚持全面依法治国》,中央文献出版社2020年版,第23—24页。

③ 同上书,第141—142页。

庭应诉制度就已经被赋予更高的政治含义。“依法行政观念不牢固”依旧是当下法治政府建设中难啃的硬骨头，必须“用法治给行政权力定规矩、划界限”[①]。当事人提起的每一个行政诉讼案件的背后，往往都蕴藏着复杂的行政争议和激烈的利益冲突，行政机关负责人出庭应诉制度的落空将加剧当事人的对抗情绪，容易滋生更多非理性维权和干扰正常诉讼秩序的行为。相反的，如果行政机关负责人能够依法履行出庭应诉的义务，既能够体现行政机关对人民法院的尊重和支持，也能够缓解当事人对立情绪，在法院主导之下寻求行政案件的公正处理。在最高人民法院公布的典型案例七“沈某某诉浙江省宁波市奉化区综合行政执法局政府信息公开案”中，奉化区综合执法局委派负责人出庭，在庭审中全程积极发言，对沈某某提出的质疑耐心作出解答，诚恳认可行政机关存在的问题，承诺依法保护其合法权益，同时也就维权方式的必要性、合理性以及涉案争议的实质性化解等问题充分阐述意见。经过庭审的充分沟通、交流，沈某某对行政机关的不满情绪得以有效缓和，并于庭审结束后三日内撤回涉及奉化区综合执法局的两起案件，就已立案尚未开庭审理的其余四起案件亦撤回起诉。此案实践表明，行政机关负责人出庭应诉制度的合理运用以及功能发挥，不仅可以有效缓和行政机关与行政相对人之间的矛盾，也可以增加人民群众对人民法院与行政机关的信任，最终促成行政相对人依法、正当、理性地行使诉权，减少了当事人的诉累，节约了行政资源与司法资源。[②]

（二）以官民沟通促进实质化解

追溯行政诉讼制度的实践发展史，“实质性解决行政争议”在2010年之后频频出现于最高人民法院的工作报告、领导讲话、裁判文书和各级人民法院的行政审判白皮书之中，成为人民法院行政审判工作的指导思想。《若干规定》第11条第3款有关“行政机关负责人出庭应诉的，应当就实质性解决行政争议发表意见”的规定，使得“实质性解决行政争议”概念首次被最高人民法院司法解释明确认可，丰富和发展了2014年修订的《行政诉讼法》第1条新增的“解决行政争议”目标，拉开了实质性解决行政争议具体路径的探

① 习近平：《论坚持全面依法治国》，中央文献出版社2020年版，第4页。

② 《行政机关负责人出庭应诉典型案例》，载《人民法院报》2021年7月30日第3版。

索序幕。实质性解决行政争议旨在从整体上一揽子彻底解决原被告之间的行政争议及相关民事争议，避免出现“案结事不了”“官了民不了”的后遗症。从近年来的行政审判实践来看，依法作出具有明确内容指引的裁判、依法调解和协调化解撤诉是实质性解决行政争议的三种基本路径。作为这些基本路径特别是协调化解的配套机制，行政机关负责人出庭应诉具有重要的支撑作用。在中国特色党政体制下，行政机关负责人往往是被诉行政行为的知晓者、批准者和行政系统资源的掌控者、分配者，在行政争议能否获得实质性解决上能够起到关键作用。尤其是在被诉行政行为并非完美无缺、当事人利益受到直接损害时，行政机关负责人出庭应诉之后与当事人之间的坦诚沟通，能够消解当事人的怨气和误解，为最终的实质性解决行政争议创造条件。可以说，“始终坚持以实质性化解行政争议为重要目标”是最高人民法院在制定《若干规定》时主要遵循的基本原则。①

2014年修订的《行政诉讼法》实施以来，行政机关负责人出庭应诉制度的局部成功实践已经成为实质性解决行政争议的“催化剂”。在最高人民法院2017年6月发布的首批最高人民法院行政审判十大案例中，首案“林建国诉济南市住房保障和房产管理局房屋行政管理案”最终以行政调解书方式结案，第四个案例“张道文、陶仁诉四川省简阳市人民政府侵犯客运人力三轮车经营权案”最终以判决确认违法方式结案，个中都有行政机关负责人的出庭应诉和积极配合之功。② 在最高人民法院公布的典型案例九“张家港保税区润发劳动服务有限公司诉江苏省无锡市人力资源和社会保障局行政确认系列案”中，杜某某等八人的案件基于同一起交通事故引发，但其中有人在救治中死亡，有人超过法定退休年龄，还涉及层层转包等问题，情况错综复杂，一并协调化解行政争议的难度较大。无锡市人社局负责人积极出庭出声，庭后继续对接梁溪区人民法院与行政相对人，配合梁溪区人民法院开展协调化解工作。历经三个多月的反复沟通，最终就工伤保险待遇支付达

① 黄永维等：《〈关于行政机关负责人出庭应诉若干问题的规定〉的理解与适用》，载《人民司法·应用》2020年第22期。

② 最高人民法院(2016)最高法行再17号行政调解书、最高人民法院(2016)最高法行再81号行政判决书。

成一致意见，实质性化解了行政争议和后续民事争议，使受伤职工能够及时获得医疗救助和经济补偿，润发公司撤回七起案件起诉及一案上诉。在本案实质性化解行政争议的过程中，无锡市人社局出庭负责人成为搭建在行政机关与行政相对人之间、行政机关与人民法院之间的坚固桥梁。[①] 在上海市高级人民法院和安徽省高级人民法院相继发布的关于完善行政争议实质性解决机制的意见中，行政机关负责人出庭应诉都被明确规定为实质性解决行政争议的一项重要机制。苏委法办〔2021〕23 号文进一步要求，行政机关负责人出庭应诉应当“致力于”实质性解决行政争议，可以主动建议人民法院组织协调，确保“出庭出声”取得实效。这些实践性探索既为《若干规定》制定提供了鲜活素材，也为实质性解决行政争议配套机制的健全奠定了扎实基础。

（三）以个案处理实现诉源治理

社会矛盾纠纷化解是法治社会建设的坚实屏障，也是法治社会建设的重点内容。党的十八大以来，构建多元化纠纷解决体系、促进诉源治理成为执政党创新社会治理的重要政策主张。党的十八届四中全会《决定》提出，“坚持系统治理、依法治理、综合治理、源头治理，提高社会治理法治化水平”，“健全社会矛盾纠纷预防化解机制，完善调解、仲裁、行政裁决、行政复议、诉讼等有机衔接、相互协调的多元化纠纷解决机制”。党的十九届四中全会《决定》提出，“完善社会矛盾纠纷多元预防调处化解综合机制，努力将矛盾化解在基层”。《规划》提出，完善调解、信访、仲裁、行政裁决、行政复议、诉讼等社会矛盾纠纷多元预防调处化解综合机制；《法治社会纲要》提出，完善社会矛盾纠纷多元预防调处化解综合机制，努力将矛盾纠纷化解在基层；2021 年《法治政府纲要》提出，“健全行政争议实质性化解机制，推动诉源治理”。习近平总书记高度重视社会矛盾纠纷的源头治理，强调“法治建设既要抓末端、治已病，更要抓前端、治未病”，“要推动更多法治力量向引导和疏导端用力”[②]。近几年来，通过行政审判实现诉源治理已成为人民法院

① 《行政机关负责人出庭应诉典型案例》，载《人民法院报》2021 年 7 月 30 日第 3 版。

② 习近平：《坚定不移走中国特色社会主义法治道路 为全面建设社会主义现代化国家提供有力法治保障》，载《求是》2021 年第 5 期。

的重要指导思想。所谓行政审判的诉源治理,“是指人民法院在依法履行行政审判职责的过程中,围绕行政争议化解和诉求源头防控,通过诉讼内外单独或联合行动,实现确立公权行使规则和融入社会治理进程有机统一的状态。”[①]《若干规定》坚持以推进诉源治理为重要使命,进一步丰富了诉源治理机制的内涵和实践。[②]

就理想类型的“诉求”源头治理而言,行政审判活动旨在通过个案公正处理树立明确法律规则、厘清权力行使边界,使“审一案,推全案,管类案,减量案”成为行政诉讼制度的新常态。也就是说,人民法院行政审判工作要及时实现从化讼止争向少讼无讼的策略转变。行政机关负责人出庭应诉对双方当事人重新检视自身行为、助推诉源治理都有裨益。一方面,有助于行政机关负责人了解案情、发现不足、举一反三,避免再犯类似错误,从源头上减少矛盾纠纷;另一方面,能够教育其他旁听的行政机关工作人员尊法学法守法用法,促进行政相对人了解行政执法尺度和行政裁量过程,进一步规范自身行为,避免引起不必要的行政执法活动。在最高人民法院公布的典型案例一“北京富宁经贸有限责任公司宁夏特产连锁超市诉北京市东城区市场监督管理局行政处罚决定及北京市东城区人民政府行政复议案”中,北京市东城区副区长、东城区市场监管局局长作为行政机关负责人出庭应诉,本案同时作为行政执法人员的法制公开课。东城区市场监管局局长表示:“此次公开庭审是一次难得而生动的法制教育课,对规范食品行政执法起到了积极的引领作用,今后要避免机械执法,主动结合生产实际,确保罚责相当。”副区长的出庭应诉,对政府职能部门深入推进依法行政、加强法治政府建设发挥了良好示范作用,真正实现了“出庭一件,规范一片”的目标。在典型案例三“王某某诉吉林省白山市人力资源和社会保障局行政确认案”中,白山市人社局分管退休审批事务的副局长在二审程序中作为行政机关负责人出庭应诉,通过参加庭审活动以及开展庭审结束之后的调查、核实工作,认识到执法工作中存在的问题,切实采取措施保障人民群众的合法权益,最终赢

① 章志远:《新时代行政审判因应诉源治理之道》,载《法学研究》2021 年第 3 期。

② 黄永维等:《〈关于行政机关负责人出庭应诉若干问题的规定〉的理解与适用》,载《人民司法·应用》2020 年第 22 期。

得行政相对人的理解与尊重，双方当事人各自撤回诉讼，并从根源上遏制了大量潜在的行政争议，解决一案，带动一片，真正实现“案结事了”的裁判效果。[①] 这些鲜活的案例，充分展现了行政机关负责人出庭应诉制度的诉源治理溢出效应，为加快法治一体建设步伐提供了新的思路。

二、社会公众自觉守法

自习近平总书记2012年12月4日在首都各界纪念现行宪法公布施行30周年大会上首次提出“坚持法治国家、法治政府、法治社会一体建设”的重大政治论断以来，法治社会建设日益引起法学理论界的关注。在人治传统极为浓厚、民众法治意识不强、社会信用体系未成的当下中国，法治社会建设任重道远。作为具有高度中国本土实践特色的概念，法治社会的核心内涵是“公权力运作系统之外的社会生活的法治化”，社会成员的普遍守法、信法、尊法则是法治社会构建的基础。[②] 在“医闹”“校闹”“庭闹”事件频频发生的背景之下，重塑社会信用、重申全民守法、自觉守法格外重要。

行政诉讼中当事人诉权行使能够反映社会成员守法、信法、尊法的状况。当事人能否理性、规范行使诉权是法治社会建设成熟程度的具体展现，国家机关能否有效规范、引导当事人行使诉权是法治政府、法治国家建设成熟程度的表征之一。行政诉权是否被理性平和地行使，关乎当事人实体权利的有效保障，关乎司法机关纠纷化解和社会治理功能的实现，关乎诚信社会建设的实效，需要加以及时规范和有力引导。本部分以行政诉讼当事人的诉权保障主题为核心，拟借此展示“法治一体建设”协同推进的典型样态。新《行政诉讼法》实施以来，行政案件受案数量快速增长，为行政诉权保障提供了广阔舞台；“立案难、审理难、执行难”的问题得到了有效缓解，为行政诉权的实际拥有提供了有力佐证。与此同时，诉讼程序空转、裁判“口惠而实不至”、少数当事人频繁启动政府信息公开诉讼等现象涌现，暴露出当事人行政诉权保障和规范方面还存在不少问题。基于对行政诉权保障落地实施

① 《行政机关负责人出庭应诉典型案例》，载《人民法院报》2021年7月30日第3版。
② 陈柏峰：《中国法治社会的结构及其运行机制》，载《中国社会科学》2019年第1期。

的关切,笔者率先提出了“行政诉权分层保障”的理论命题,主张以原告实际行使诉权的理性程度为标准,分别就诉权“理性行使”“精明行使”“不当行使”“恶意行使”设计出不同的机制加以保障和规制。① “诉权分层保障论”立足新《行政诉讼法》的文本规定和实施情况,聚焦原告诉权行使的理性化程度,提出相应的机制优化方案,引导我国公民养成理性维权、依法维权的习惯,进而促进法治社会的实现。通过行政诉权分层保障机制的健全,引领依法维权、理性维权、诚信维权社会新风尚的形成,真正使法治的阳光照耀到行政诉讼活动的每一个环节。本部分所倡导的行政诉权分层保障和规范机制的落地实施,有望进一步增强新《行政诉讼法》的实施效果,加快法治社会的建设进程。

(一)行政诉权理性行使的有效保障机制

我国当下正处于社会转型时期,利益格局的调整和利益主体的分化增加了社会运行的风险,行政争议的妥善化解对于改革、发展和稳定任务的实现尤为重要。党的十九大报告提出了“培育自尊自信、理性平和、积极向上的社会心态”的社会建设任务,为行政诉权保障机制的优化提供了目标指引。总体上来看,将行政争议诉至法院寻求解决反映出当事人尊重法律、信任司法的积极心态。为此,行政审判实践就应当在新《行政诉讼法》及最高人民法院《行诉解释》文本规定的基础上,通过机制优化进一步解决好行政诉权保障不足的“短板”。② 具体来说,行政诉权理性行使有效保障机制的优化可从如下三个方面展开:

第一,科学把握立案登记和审查的关系。党的十八届四中全会《决定》就公正司法明确提出了“有案必立、有诉必理”的要求,作为对该决定“变立案审查制为立案登记制”的首次贯彻,新《行政诉讼法》第 51 条规定了“登记立案”制度。受所处特殊环境和媒体过度宣传等多方面因素的影响,部分法院机械理解执行立案登记制的规定,甚至收到诉状材料不经审查径行立案,

① 章志远:《新时代我国行政审判的三重任务》,载《东方法学》2019 年第 6 期。

② “诉权有效保障和规范并举”是《行诉解释》所秉持的基本审判理念之一。参见章志远:《〈行诉解释〉对行政审判理念的坚守和发展》,载《法律适用》2018 年第 11 期。

走向了新的“立案的政治学”[①]极端。这种做法虽然使一审行政案件的受案数量在短时期内有了明显增加，但相伴而来的高裁定驳回起诉率却证明了一审受案数的“虚高”，既不利于当事人诉权的有效保障，也是对有限司法资源的浪费。为此，《若干意见》中明确提出，要正确理解立案登记制的精神实质，“在防止过度审查的同时，也要注意坚持必要审查”。鉴于新《行政诉讼法》第 49 条已经规定了起诉的基本条件，因而行政审判实践需要在《行诉解释》细化起诉诸要件规定的基础上作出相对宽容的解释，缓解“行政诉讼起诉高阶化”[②]现象。可以说，行政诉讼的大门有多开，人民法院保障行政诉权的舞台就有多宽。在“李波、张平诉山东省惠民县政府行政强制及行政赔偿案”中，最高人民法院就创设地运用“推定被告”方法，撤销了一、二审法院以起诉的被告不适格为由作出的驳回起诉裁定。[③] 这一创造性的裁判体现了最高人民法院对立案登记制内涵的科学把握，可谓“在保障起诉权与防止滥用诉权两方面”的精准平衡，其公正意识和正义立场应当为地方人民法院所接受。[④]

第二，诉讼类型选择法官释明义务机制。就逻辑关系而言，行政诉讼类型化既是行政诉权发展的内在需要，也是行政诉权实现的重要保障。[⑤] 新《行政诉讼法》虽然没有直接明确行政诉讼的类型化，但《行诉解释》第 68 条通过对作为起诉条件之一的“有具体的诉讼请求”的详尽解释，部分地实现了行政诉讼的隐形类型化。不过，在一些地方的行政审判实践中，法院时常以原告拒绝法官释明、不变更诉讼请求为由驳回原告的起诉。这种做法违背了行政诉讼类型化制度的初衷，不利于当事人行政诉权的有效保障。来自行政诉讼类型精细化设计的德国经验表明，法院不可以因原告选择了一

---

① “立案政治学”概念的提出，可参见汪庆华：《政治中的司法：中国行政诉讼的法律社会学考察》，清华大学出版社 2011 年版，第 44 页。相比较过去行政诉讼立案往往考虑安定团结等社会后果因素而言，新近一些地方的立案则考虑政治站位、案件量增加等因素，是另外一种形式的“立案政治学”。

② 高鸿：《行政诉讼起诉条件的制度与实践反思》，载《中国法律评论》2018 年第 1 期。

③ 最高人民法院(2018)最高法行再 113 号行政裁定书。

④ 于安：《守护城市发展的法治底线——评李波、张平诉山东省惠民县政府案裁定》，载《中国法律评论》2019 年第 2 期。

⑤ 薛刚凌：《行政诉权研究》，华文出版社 1999 年版，第 145 页。

个不适当的诉讼种类而将该诉驳回。“如果原告选择了错误的诉讼种类,法院必须通过解释、转换、具体指示,使之成为一个适当的诉讼种类。”①所幸的是,这一域外经验已被新《行政诉讼法》实施以来最高人民法院的裁判频频援用。在“郭传欣诉巨野县政府、菏泽市政府案”中,最高人民法院认为,行政诉讼类型制度的意义在于对法院的诉讼行为进行规范,使法院能够根据不同的诉讼类型选择对当事人最适宜的救济方式和裁判方式。“设置诉讼类型的目的既然在于为公民权利的保护提供一种具体方式,那么选择一个适当的类型不应成为公民的任务甚至额外增加的负担。”②在“王吉霞、黄贵兰诉河南省人民政府不履行法定职责案”中,最高人民法院对一审和二审法院以原告拒绝法官释明、诉讼请求不具体为由驳回起诉的做法并不认同,认为当事人诉讼请求的提出并不影响法院对请求的合并。“《行诉解释》虽然分项列举各类诉讼请求,但这并不能理解为各类诉讼请求不能在一个案件中合并提出。只要各类诉讼请求相互关联,不相互矛盾,就应当予以准许。”③在“张艳君诉北京市人民政府不履行行政复议法定职责案”中,最高人民法院认为,“在经过释明后原告坚持不作更改的情况下,人民法院可以根据原告诉求的实质性质,选择最为合适也能最大限度实现其诉讼目的的诉讼类型和判决方式。”④从这些裁判要旨来看,最高人民法院已经通过审理个案的方式明确表达了释明诉讼请求系法官职责和义务的基本立场。这种有利于当事人行政诉权有效保障的诉讼类型释明制度,应当成为各级人民法院行政审判的基本遵循。

第三,灵活运用行政案件协调化解机制。从纠纷化解的维度上看,我国行政审判的演进过程,就是一个从“以明辨是非曲直为根本任务的封闭对抗型行政诉讼模式”向“以行政纠纷实质性化解为最终目标的开放合作型行政诉讼模式”的转变过程。⑤ 行政纠纷的实质性化解具有三个内在标准:一是

---

① 〔德〕弗里德赫尔穆·胡芬:《行政诉讼法》(第5版),莫光华译,法律出版社2003年版,第204页。

② 最高人民法院(2016)最高法行申2621号行政裁定书。

③ 最高人民法院(2017)最高法行申7760号行政裁定书。

④ 最高人民法院(2016)最高法行申2496号行政裁定书。

⑤ 章志远:《开放合作型行政审判模式之建构》,载《法学研究》2013年第1期。

案件已经终结；二是当事人之间的矛盾真正地得以解决；三是行政机关和社会成员能够自动根据法院的裁判调整自身行为。[①] 新《行政诉讼法》实施以来，各级人民法院在实质性化解行政争议的目标指引下，充分运用协调化解机制处理行政案件，改变了某些情况下判决结案"口惠而实不至"的窘况，取得了良好的社会效果和法律效果。作为我国改革开放排头兵的上海地区，更是在2018年5月率先发布《上海市高级人民法院关于进一步完善行政争议实质性解决机制的实施意见》，始终将争议的实质性解决贯穿于诉讼的全流程之中，秉承协调化解与依法裁判有机结合的理念促进行政争议的稳妥解决，开创了行政案件协调化解的"上海模式"。在上述文件的指引下，上海法院以行政争议多元调处中心为平台和抓手，将协调化解的范围扩展至更多类型的行政案件。2019年5月，上海市高级人民法院在发布上年度行政审判白皮书的同时，还首次发布了2018年行政争议实质性解决十大案例，实现了案件类型和调处手段的多元化。2019年6月，安徽省高级人民法院也对外发布了全省法院实质性化解行政争议十大典型案例。沪、皖两地晚近的行政审判实践，代表了行政诉权理性行使有效保障的新动向，彰显了实质性化解行政争议目标指引下协调结案的中国智慧。这种已被实践证明成功的行政诉权充分保障经验，值得在更大范围内进一步推广，切实增强当事人行使行政诉权的安全感和获得感。

（二）行政诉权精明行使的适度容忍机制

行政争议的背后往往蕴含着复杂的利益纠葛，折射出剧烈的时代变迁。站在民众维权的角度上看，对于利用现有规定的某些疏漏乃至真空最大限度地谋取自身利益的行为，司法机关应当给予必要的容忍。特别是在征地拆迁、城市旧改等关乎基本民生保障的领域，司法机关对于原告申请政府信息公开等某些精明的迂回策略需要同情的理解。按照通行的诉讼法理，诉讼行为是组成诉讼程序的基本要素，是实现诉讼程序价值和目的的基本载体。[②] 司法机关主要还是根据法律规定对当事人诉讼行为是否成立、是否有

---

① 江必新：《论实质法治主义背景下的司法审查》，载《法律科学（西北政法大学学报）》2011年第6期。

② 樊崇义主编：《诉讼原理》，法律出版社2003年版，第380页。

效、是否合法、有无理由进行评价,并非通过当事人的外在行为进行诉讼心理层面的推断。从近年来行政审判实践中所谓的“职业打假人”“投诉专业户”“信息公开申请专业户”维权现象上看,有些是属于现有法律制度规定的模糊地带,有些是当事人采取的诉讼策略,有些则是传导社会压力的工具。这些举动固然增加了行政机关的工作量,甚至给行政机关和司法机关增添了麻烦,但其本身也具有社会监督、倒逼行政机关依法行政的“溢出”效应。除了完善法律规定、堵塞规范漏洞之外,人民法院可以通过诉讼风险交流机制和诉讼繁简分流机制予以积极应对。

第一,诉讼风险交流机制。身处社会转型时期,人民法院的行政审判工作担负着化解社会矛盾、维护社会稳定、保障行政诉权、促进良好行政的多重使命。目前,对行政争议实质性化解理念的推行更多借助各种类型的府院良性互动机制。相比之下,法院与原告之间的常态深度交流机制尚未确立。民众无论是出于何种心理向法院提起行政诉讼,其自身都面临各种不确定的风险。对法院而言,如果只顾埋头处理当事人之间的表面纷争,不能及时有效地了解原告的真实诉求,其结果不仅难以实现行政争议的实质性化解,而且还耗费了有限的司法资源。为此,从诉讼风险防范和管控出发,应当建立法院与原告之间的互动交流机制,与府院互动相向而行。特别是在当事人精明行使行政诉权可能造成诸多消极影响时,应当通过法院与原告之间的深度沟通交流加以规避。以安徽省高级人民法院对外发布的实质性化解行政争议十大典型案例之首的“葛某某诉安徽省人民政府行政复议案”为例,原告因与征收实施单位无法就补偿安置达成协议,已经针对土地征收过程中的项目选址意见书、立项复函、公告等多个行为提起了十余起行政诉讼。安徽省高级人民法院在审理该案的过程中,并未机械地就案论案,而是经过反复沟通,了解到葛某某提起多起行政诉讼的真实意图是寻求补偿安置问题。按照实质性化解行政争议的要求,法院紧紧抓住当事人补偿安置的痛点直接展开调解,最终促使葛某某与征收实施单位之间达成补偿安置协议,葛某某不仅撤回本案上诉,而且将提起的其他行政诉讼也都撤诉。[1] 就本案而言，当事人实际上是精明地行使了其所享有的行政诉权，虽然表面上都符合法律的规定，但每个孤立的个案既无法实现其真实的诉讼目的，也会无谓耗费有限的司法资源。受案法院通过反复释明和交流掌握了当事人的内心真实诉求，以适度容忍最终换回了行政争议的实质性化解，此举值得大力倡导。

第二，诉讼繁简分流机制。随着行政审判管辖体制改革的推进，行政案件向上级法院集中的趋势日益明显，案件审理的压力不断增大。对案件进行合法适度的繁简分流，既能够有效地提升行政审判效率，又能够有效地降低行政法官的压力，尽量减少司法资源的无端浪费。特别是面对一些不具实益的政府信息公开诉讼、投诉举报答复诉讼等案件的涌现，快速处理机制的建立尤为必要。新《行政诉讼法》第 82 条规定了行政诉讼简易程序的适用范围，为人民法院开展繁简分流改革提供了立法支撑。不过，受制于审理期限、当庭宣判、绩效考核、管辖改革等多重因素的影响，行政审判实践中繁简分流改革进展并不顺利，修法的红利未获释放，“繁案精审、简案快审”的格局并没有形成。[2] 一些行政审判基础扎实、环境良好的地区已经率先进行更大范围的繁简分流探索，对提升行政审判质量和效率发挥了积极作用。例如，广州铁路运输中级法院 2019 年 3 月印发《行政案件适用简易程序工作指引》，明确规定其他案件适宜适用简易程序审理的，立案庭应当以适当形式征询当事人运用简易程序的意见，同时做好解释工作。各方当事人同意的，就可以适用简易程序，尽力提升简易程序的适用率。此外，行政案件的速裁程序、普通程序简易审等繁简分流改革模式也次第推出。2019 年 3 月，中共中央政法委、最高人民法院和最高人民检察院印发《关于进一步优化司法资源配置全面提升司法效能的意见》，明确提出了“完善分案机制”“推动简案快办”“推动类案快审”“探索示范诉讼”“简化法律文书”等具体改革任务，还

---

① 唐欢：《裁判协调双管齐下促行政争议实质性化解 省高院发布十大行政典型案例》，载《安徽法制报》2019 年 6 月 19 日。

② 程琥法官将行政诉讼繁简分流程序运行困境的原因归结为“法律规定过于原则、可操作性不强”“审级制度不完善、诉讼程序同质化问题突出”“激励保障机制缺失、繁简分流容易流于形式”“繁简分流一体化程度不高、未能形成整体效能”等四个方面。参见程琥等：《新行政诉讼法疑难问题解析与实务指引》，中国法制出版社 2019 年版，第 235—238 页。

特别针对行政诉讼提出“依法扩大行政案件简易程序适用、探索建立行政速裁工作机制”的改革构想，为行政审判实践拓展繁简分流提供了指引。面对职业打假人、投诉专业户、政府信息公开频繁申请者提起的行政诉讼，一方面需要适用《行诉解释》严把案件立案关，防止没有权利保护必要性的案件进入司法程序；另一方面需要果断采取快审和速裁方式，消解当事人精明行使行政诉权可能造成的负面效应。只有这样，人民法院才能依法应对当事人提起的精明之诉，在诉权保护和司法效益之间寻求平衡。

（三）行政诉权不当行使的必要矫正机制

我国《宪法》第51条规定：“中华人民共和国公民在行使自由和权利的时候，不得损害国家的、社会的、集体的利益和其他公民的合法的自由和权利。”就公民诉权行使而言，同样应当遵循法律的规定。《民事诉讼法》第13条第1款规定：“民事诉讼应当遵循诚信原则。”在民事诉讼中，虚假诉讼、恶意诉讼、机会型诉讼、滥用诉讼权利等“程序异化”[①]现象已经引起了广泛关注。基于行政诉讼两造地位的特殊性，新《行政诉讼法》并没有直接规定诚实信用原则，但这并不意味着行政诉讼当事人可以任意地行使行政诉权。一方面，行政诉权作为一种具体形态的诉权应当遵守诉权行使的一般原则，在《行政诉讼法》没有明确规定时可以适用《民事诉讼法》的相关规定；另一方面，党和国家高度重视社会诚信体系建设，中共中央、国务院印发的《新时代公民道德建设实施纲要》明确提出“开展诚信缺失突出问题专项治理，提高全社会诚信水平”的任务，国务院印发的《关于建立完善守信联合激励和失信联合惩戒制度加快推进社会诚信建设的指导意见》提出了“加快推进社会诚信建设”“营造诚信社会环境”的目标。事实上，在近几年的行政审判实践中，一些不当行使行政诉权的现象开始出现，如有的当事人或者代理人出于干扰法庭秩序、施加压力、延缓开庭等目的，随意提出回避申请；有的当事人将法庭当成发泄个人不满的舞台，不服从审判长指挥；有的当事人藐视法

① 吴英姿认为，民事诉讼中的“程序异化”，是指程序从保障当事人诉权的规则变异为当事人滥用诉权、利用诉讼程序谋取不正当利益的工具。参见吴英姿：《作为人权的诉权理论》，法律出版社2017年版，第169—170页。

庭不举证不陈述，致使庭审无法进行。[①] 为此，可以从诚信诉讼的程序规则支撑和诉讼失权制度的精准适用两个方面入手，针对行政诉权的不当行使进行必要的矫正。

第一，诚信诉讼的程序规则支撑。诚信诉讼原则要求当事人在诉讼过程中自觉听从法庭的指挥，合法合理地行使诉权。“程序具有暂时冻结某一状态的用途。一个事物或案件在被置之程序的那一刻开始，就与社会发展的因果链隔离了。”[②]在行政争议随起诉进入司法程序之后，当事人就应当在人民法院的主导之下正当行使诉权，寻求案件最终的实质性解决。因此，当原告出现某些不以案件及时公正化解为目的、不积极配合人民法院正常审理案件的行为时，特别是在法院反复释明后仍不给予配合的，就应当通过相应的程序规则及时进行矫正。新《行政诉讼法》及《行诉解释》已经规定了相应的程序规则，行政审判实践需要借助非诚信诉讼样态的灵活解释加以大胆适用。总体来看，四种情形可以纳入诚信诉讼的程序规则支撑体系之中：一是针对重复起诉、执意缠诉的径行裁定驳回起诉机制；二是针对明显不属于法定回避事由申请的当庭驳回诉讼机制；三是无正当理由拒不到庭或者未经法庭许可中途退庭的缺席判决机制；四是妨碍庭审活动进行的中止诉讼机制。值得肯定的是，行政审判实践中人民法院的裁定已经多次使用了“诚信诉讼”“理性合法表达诉求”等字眼，并对当事人不当行使诉权行为进行了相应的矫正。例如，在“腾某琴诉江苏省南京市雨花台区人民政府行政协议案”中，腾某琴在二审庭审中反复纠缠于雨花台区人民政府负责人未出庭问题，经二审法院当庭出示情况说明并释明后仍然坚持己见不同意开庭，导致庭审无法正常进行。二审法院根据最高人民法院《关于执行〈中华人民共和国行政诉讼法〉若干问题的解释》(《行诉解释》实施后已废止)第49条第1款的规定，认定腾某琴庭审中的行为实际上是拒绝法院对案件进行审理和裁判，所产生的法律效果等同于未经法庭许可中途退庭，应当视为主动放弃上诉权。最高人民法院的再审裁定不仅明确支持了二审法院的基本立场，

① 梁凤云：《行政诉讼法司法解释讲义》，人民法院出版社2018年版，第205、211页。

② 季卫东：《法治秩序的建构》，中国政法大学出版社1999年版，第19页。

而且还特别指出:“法庭是人民法院代表国家依法审判各类案件的专门场所,庭审是司法审判的中心环节,遵守法庭纪律,理性合法表达诉权,保障庭审活动正常进行,既是人民法院公正及时审理案件的需要,更是当事人依法维护自身权益的需要。当事人应当根据法庭引导,在庭审的不同环节,适时表达相应不同的诉求。”①

第二,诉讼失权制度的精准适用。如果说诚信诉讼的程序规则支撑体系尚属“有限矫正”之举的话,那么失权制度则是从实质上终结当事人在本案中的诉讼权利,是一种典型的“强力矫正”举措。行政诉讼中的失权是指当事人在行政诉讼活动过程中原本享有的诉讼权利,因某种特定原因或者事由的发生而丧失。从诉权充分保障的角度上看,失权要件的构成应当尽可能明确、具体,“如过于笼统就会造成法院司法裁量权的扩大,从而不利于从实质上保障第三方诉讼权利的行使”②。新近发生在江苏省南通市的“纪爱美诉如皋市人民政府、南通市人民政府征地补偿安置方案行政批准及行政复议案”(以下简称“纪爱美案”)之所以引起社会广泛关注,就缘于法院认为原告纪爱美的穿戴(头戴黑色鸭舌帽)不符合司法礼仪要求,且经法院多次释明后仍然无正当理由拒绝纠正(拒绝脱帽),导致庭审活动无法进行,应视为纪爱美放弃本案的诉讼权利按照撤诉处理。③ 在本案中,纪爱美的行为属于行政诉权行使不当,能否适用《行诉解释》第 80 条“视为放弃陈述权利,由其承担不利的法律后果”,则完全取决于法院的司法裁量。在 2019 年 12 月 26 日南通市中级人民法院就该案所作的情况通报中,法院详细介绍了案件的背景和纪爱美个人五年来向三级法院提起百余件行政诉讼案件、不断进京上访及过往不听法官劝导不符合司法礼仪要求被责令退出法庭等情况,并认为放弃诉讼权利有积极明示的方式和消极对抗的方式,纪爱美的行

① 最高人民法院(2017)最高法行申 145 号行政裁定书。值得注意的是,《关于执行〈中华人民共和国行政诉讼法〉若干问题的解释》第 49 条第 1 款的规定已经为《行诉解释》第 79 条第 1 款所取代。今后出现当事人在法庭庭审中无视法庭释明、拒绝服从指挥的,能否继续解释为“拒不到庭”或“未经法庭许可中途退庭”尚待观察。

② 杨荣馨主编:《民事诉讼原理》,法律出版社 2003 年版,第 196 页。

③ 江苏省南通市中级人民法院(2019)苏 06 行初 177 号行政裁定书。

为则属于以消极方式放弃诉讼权利。[①] 当然,法院的这种认定是否完全符合《行诉解释》的制定原意、是否可以采取其他替代性的有限矫正措施,仍然具有讨论的空间。[②] 在"胡亚芬诉宁波市海曙区人民政府鼓楼街道办事处及海曙区人民政府不履行法定职责及行政复议案"中,法院以胡亚芬拒不当庭回答是否已经交纳诉讼费、明显违反诉讼诚信规则和相关庭审纪律为由,裁定按照撤诉处理。[③] 相比纪爱美案的处理而言,该案因与《行诉解释》第 61 条的规定直接关联而少有争议。鉴于行政诉讼失权制度关系到个案中行政诉权的剥夺,人民法院在行政审判实践中宜采取慎重态度。就《行诉解释》第 80 条"明确拒绝陈述或者以其他方式拒绝陈述"的司法判断标准而言,梁凤云法官曾言:"要判断该行为是否存在以及是否客观上导致庭审无法正常进行,至于原告或者上诉人的主观心理状态则无需审查或者推定。"[④]可见,诉讼失权制度的适用规则还需要在行政审判实践中继续摸索。

(四)行政诉权恶意行使的严厉制裁机制

在旗帜鲜明地弘扬"保障当事人诉权"的同时,党的十八届四中全会《决定》也提出了"加大对虚假诉讼、恶意诉讼、无理缠诉行为的惩治力度"的号召,但新《行政诉讼法》并没有对此作出明确回应。2015 年 2 月,在新《行政诉讼法》正式实施之前,江苏省南通市港闸区人民法院在"陆红霞诉南通市发展和改革委员会政府信息公开答复案"(以下简称"陆红霞案")中率先大胆提出"滥用诉权行为的法律规制"命题,并认为"保障当事人的诉权与制约恶意诉讼、无理缠诉均是审判权的应有之义"[⑤]。随后,陆红霞案被载入《最高人民法院公报》,裁判要旨指出:"当事人反复多次提起琐碎的、轻率的、相同的或者类似的诉讼请求,或者明知无正当理由而反复提起诉讼,人民法院应对其起诉严格依法审查,对于缺乏诉的利益、目的不当、有悖诚信的起诉行为,因违背了诉权行使的必要性,丧失了权利行使的正当性,应认定构成

① 胡欣:《不遵守司法礼仪 案子被撤诉》,载《今晚报》2020 年 1 月 10 日第 14 版。
② 张贵志:《"帽子"和"尊严"都应尊重法律》,载《法治周末报》2020 年 1 月 2 日第 6 版。
③ 浙江省宁波市中级人民法院(2016)浙 02 行申 12 号行政裁定书。
④ 梁凤云:《行政诉讼法司法解释讲义》,人民法院出版社 2018 年版,第 224 页。
⑤ 江苏省南通市港闸区人民法院(2015)港行初字第 0021 号行政裁定书。

滥用诉权行为。"[1]鉴于该案发展了现有法律规定,特别是发生在较为低迷的政府信息公开领域,因而引发了行政法学理论界和实务界的广泛关注。尽管《行诉解释》并没有直接就滥用诉权行为的规制作出明确规定,但《若干意见》还是以较大篇幅对恶意诉讼、无理缠诉等滥诉行为提出了相应的规制措施。与此同时,最高人民法院自身也在一系列再审行政案件裁判中延续了陆红霞案的裁判思路。为此,对于当事人最极端的滥诉行为必须予以严厉的制裁措施,将有限的司法资源真正用于对理性行使行政诉权者的充分保障。从新近的司法判例及权威文件来看,如下两项制裁机制亟待明确:

第一,滥诉差异化立案审查机制。与"民事诉权滥用"[2]危害有所不同的是,行政诉权的滥用通过人为地制造案件,挤占了有限的司法资源,不仅干扰了行政机关的正常工作,而且阻碍了行政审判功能的正常发挥。考察陆红霞案以来最高人民法院的一系列裁判,可以大体上看出行政诉权滥用两方面的构成要件:一是客观要件,即行为人在一定周期内反复多次提起相似的无关痛痒的诉讼请求;二是主观要件,即行为人故意通过频繁起诉起到骚扰施压的案外目的。为了及时有效制止行政诉权恶意行使,可以探索建立差异化的立案审查机制,即人民法院对认定滥诉行为者所提起的类似行政诉讼进行严格审查,一经核实直接按照《行诉解释》第55条第2款的规定,径行退回诉状并记录在册;对于坚持起诉的,直接以滥诉为由裁定不予立案。在"陈则东诉浙江省人民政府不履行行政复议法定职责案"中,最高人民法院提出立案登记制并非意味提交诉状就对人民法院形成约束,对于公民、法人或者其他组织提起的诉讼明显不成立或者滥用起诉权利的,人民法院有权不予登记立案;对于滥用或者恶意行使诉讼权利造成对方当事人经济损失的,还应当承担相应的法律责任。最高人民法院的裁定悉数列举了陈则东因同一纠纷先后提起的十余起行政诉讼案件,认为其围绕实质诉求所提出的咨询复核、申诉、再申诉、控告检举、信访、监督等申请明显包含重复申

---

① 《最高人民法院公报》2015年第11期。

② 一般认为,民事诉权的滥用是"非公正、非诚实和非善意地行使诉权"。参见江伟等:《民事诉权研究》,法律出版社2002年版,第345页。

请、循环申请和重叠申请，且陈则东置人民法院生效裁判多次、反复释明于不顾，仍然反复、大量申请行政复议并提起行政诉讼，属于典型的滥用诉权。随后，最高人民法院提出，今后对于陈则东另行提起的涉及本案相关争议的行政诉讼，人民法院在登记立案前应当依法严格审查；对明显滥用诉权的，退回诉状并记录在册；无理缠诉，造成诉讼对方或第三人直接损失的，可以根据具体情况对无过错方依法提出的赔偿合理的律师费用等正当要求予以支持。[①] 该案判决为认定滥诉行为提供了范本，所提出的差异化立案审查机制和快速退回机制都具有推广适用价值。这一探索符合党的十八届四中全会《决定》颁布以来"加大对滥用诉讼行为惩治力度"的国家司法政策，与新《行政诉讼法》及《行诉解释》的相关条款实现了有效对接，保障了滥诉行为严厉制裁机制的合法性和有效性。

第二，诉讼失信人信用惩戒机制。纪爱美案的发生及其所引发的广泛社会关注表明，滥诉行为的现实危害性尚未被公众所认知，滥诉行为的有力制裁机制还有待进一步探索。在经济下行压力增大、社会矛盾纠纷激增的特殊社会历史时期，行政机关和人民法院担负着艰巨的发展和稳定任务。如果任由极少数人滥诉行为的继续横行，不仅有限的司法资源被无端耗费，行政机关的正常工作受到滋扰，而且国家治理体系和治理能力的现代化也会遭受巨大挑战。为此，除了在诉讼程序之内严厉惩戒滥诉行为外，还应当予以适度拓展。《关于进一步优化司法资源配置全面提升司法效能的意见》提出，要探索建立诉讼失信人名单制度，并与社会征信系统接轨，对不诚信的诉讼行为人实施信用惩戒。这一规定与国务院近年来大力推行的以失信联合惩戒为抓手、构建以信用为基础的新型监管机制、加快推进社会信用体系建设的持续努力相契合，对于进一步彰显司法权威、优化诉讼环境具有重要意义。具体来说，诉讼失信人信用惩戒机制的构建可从两个方面入手：一是权利救济系统内的联合审查机制。对于记录在册的滥诉行为人，应当实现权利救济系统内的信息共享。滥诉行为人在启动新的申诉、复查复核、复议等救济程序时，主管机关可以对其进行差异化的严格审查，防止其再度掀

① 最高人民法院(2018)最高法行申 6453 号行政裁定书。

起新一轮毫无实质意义的救济。二是法律服务领域内的从严审核机制。人民法院所认定的滥诉行为人的信息,可以逐步开放给司法行政机关、公安机关等与法律服务有关的行政机关共享使用,在其接受法律援助、从事公民代理等与法律服务相关的活动时从严审核,防止其对国家法律实施系统造成新的滋扰。当然,对滥诉行为人失信联合惩戒的运用是一把双刃刀,需要在惩戒对象、惩戒范围、惩戒周期等方面审慎推行,避免行政系统失信联合惩戒过多过滥引发的合法性和正当性危机。

三、廉洁政府建设之道

现代行政背景下,法治政府建设意味着服务型政府、廉洁政府建设的共同推进。与传统单向度、命令性的权力表现形态不同,现代行政同时强调通过合作型、鼓励性方式实现行政治理目标。现代行政治理手段的公私交融属性,使得法治政府建设成为"法治一体建设"中的主体工程,廉洁政府的法治建设也成为党政主体、社会民众等多方主体知法、懂法、守法、用法的重要场域。自 2004 年《纲要》首次将"廉洁的行政管理体制""行政权力与责任紧密挂钩、与行政权力主体利益彻底脱钩"确立为法治政府建设的目标以来,作为中国特色法治政府核心要义之一的"廉洁"就始终贯穿于 2015 年《法治政府纲要》、2021 年《法治政府纲要》等纲领性文件之中。2023 年 3 月 31 日,国务院召开第一次廉政工作会议,国务院总理李强指出:"面向新时代新征程,面对新形势新任务……努力建设人民满意的法治政府、创新政府、廉洁政府和服务型政府。"[①]因此,中国特色廉洁政府如何在法治轨道上进一步推进是我国行政法学界必须回答的"时代之问",廉洁政府的法治建设是"法治一体建设"的典型标志之一。本部分将在阐释中国特色廉洁政府建设法理基础之上,结合二十年来我国法治政府建设的鲜活实践,系统总结廉洁政府建设既有规范表达的得失,探寻高质量廉洁政府建设的法治之道,努力将我国廉洁政府建设的制度优势不断转化为现实的治理效能,进而为人类公权

① 《深入贯彻全面从严治党方针 坚定不移推进政府党风廉政建设》,载《人民日报》2023 年 4 月 1 日第 2 版。

力监督贡献行政法治的"中国智慧"。

（一）中国特色廉洁政府建设的法理基础

作为一个极具中国本土特色的标识性概念，廉洁政府的提出具有深厚的法理基础。概而论之，中国特色廉洁政府建设的正当性主要体现在如下三个方面：

1. 作为宪法廉洁性条款的具体化

高度重视权力监督、矢志建设廉洁政治，是我国现行宪法一以贯之的价值立场。在《宪法》序言第七自然段，"沿着中国特色社会主义道路，集中力量进行社会主义现代化建设"被确立为国家的根本任务，"推动物质文明、政治文明、精神文明、社会文明、生态文明协调发展"彰显了国家发展在文明形态上的多样性。相较于单纯通过发展经济提高物质文明程度而言，政治文明、精神文明、社会文明和生态文明的相继入宪，丰富了中国式现代化的理论内涵，表达了国家对建设廉洁政治的不懈追求。在《宪法》总纲有关国家任务的宣示中，第 24 条规定的普及社会主义教育、倡导社会主义核心价值观、反对资本主义的、封建主义的和其他的腐朽思想以及第 27 条规定的反对官僚主义，分别从正反两个方面表达出建设廉洁政治和廉洁社会的基本取向。"官僚主义实质是封建残余思想作祟，根源是官本位思想严重、权力观扭曲，做官当老爷，高高在上，脱离群众，脱离实际。"[①]对滋生腐败温床的官僚主义的公开宣战，再次表明了国家追求廉洁政治的基本立场。在《宪法》公民基本权利的谱系中，第 33 条国家尊重和保障人权的规定以及第 41 条对公民批评、建议、申诉、控告、检举、赔偿等权利的确认，释放出廉洁政治外靠人民监督的强烈信号；在《宪法》国家机构的设置中，作为国家监察体制改革成果宪法化的表征，监察委员会得以专节的形式设立，体现了廉洁政治内靠自我革命的时代召唤。鉴于廉洁性条款广泛分布于现行宪法文本的各部分之中，有学者甚至还据此提出，应将"廉洁宪法"视为政治宪法在中国背景下所呈现的独特领域或形态，构建中国特色的廉洁宪法体系。[②]

---

① 中共中央党史和文献研究院编：《习近平关于全面从严治党论述摘编（2021 年版）》，中央文献出版社 2021 年版，第 311 页。

② 王建学：《中国特色廉洁宪法体系及其整体性诠释》，载《西南政法大学学报》2022 年第 6 期。

在现代法律体系中，行政法与宪法之间的关系最为密切。宪法“旨在分配权威，限制政府权力”，行政法则指“调整政府机关及其公务员的行为的规则，决定社会资源的配置方式”，二者的功能都是“对政府手中的任意权力加以限制，以免公民个人及其财产沦为政府恣意支配的工具”①。现行宪法廉洁性条款所预设的价值目标能否顺利实现，在很大程度上取决于作为“具体化宪法”的行政法的整体制度设计。在行政国家时代，行政机关掌握着大量社会资源的分配权和不同利益关系的调整权，其触角日益伸向社会经济文化生活的方方面面，被滥用的风险不断增加。“如果不对公共行政在为追求其目的而采取任何被政府官员认为是便利的手段方面的权力加以限制，那么这种做法便是同法律背道而驰的，因为这将沦为纯粹的权力统治。”②就身处高质量发展时期的当下中国而言，行政主导的发展模式以及行政腐败的顽固性特征更为明显，廉洁政府的整体性制度设计尤为迫切，这注定是一个“向宪法靠齐”③的长期过程。

2. 作为清廉中国建设的重点任务

勇于进行理论探索和实践创新，是中国共产党的优秀品格。党的十八大以来，围绕新时代坚持和发展什么样的中国特色社会主义、怎样坚持和发展中国特色社会主义等重大时代课题，中国共产党创立了习近平新时代中国特色社会主义思想，为实现中华民族伟大复兴提供了行动指南。党的十九大报告不仅重申和提出建设美丽中国、平安中国、数字中国、法治中国和健康中国等一系列重大国家发展战略，还指出“只有以反腐败永远在路上的坚韧和执着……才能跳出历史周期率”，“通过不懈努力换来海晏河清、朗朗乾坤”④。党的二十大报告不仅提出自我革命这一跳出治乱兴衰历史周期率第二个答案的重大理论命题，还指出“只要存在腐败问题产生的土壤和条

---

① 张文显：《二十世纪西方法哲学思潮研究》，法律出版社1996年版，第258页。

② 〔美〕E. 博登海默：《法理学：法律哲学与法律方法》，邓正来译，中国政法大学出版社1999年版，第367页。

③ 〔德〕哈特穆特·毛雷尔：《行政法学总论》，高家伟译，法律出版社2000年版，第14页。

④ 《习近平谈治国理政》第3卷，外文出版社2020年版，第52页。

件，反腐败斗争就一刻不能停，必须永远吹冲锋号”[①]。这些重要政治论断充分表达出中国共产党人对建设清廉中国的矢志追求。“中国共产党作为中国最先进清廉的政党，从诞生那一天起就是作为中国腐败政治的对立面而存在的。”[②]

清廉中国建设既是一项复杂的系统工程，也是一项必须长期努力的艰巨任务。中华人民共和国成立以来，中国共产党经过七十多年坚持不懈的反腐治理探索与实践，先后形成了“运动反腐”“权力反腐”“制度反腐”“法治反腐”四种模式。[③] 自1998年11月中共中央、国务院印发并于2010年11月修订的《关于实行党风廉政建设责任制的规定》实施以来，廉政建设开始纳入反腐败斗争的体系之中；2004年9月中共中央发布的《关于加强党的执政能力建设的决定》提出，加强廉政法制建设，真正形成用制度规范从政行为、按制度办事、靠制度管人的有效机制，保证领导干部廉洁从政；2005年1月中共中央发布的《建立健全教育、制度、监督并重的惩治和预防腐败体系实施纲要》提出，加强反腐倡廉制度建设，充分发挥制度在惩治和预防腐败中的保证作用；2022年2月中共中央发布的《关于加强新时代廉洁文化建设的意见》提出，惩治震慑、制度约束、提高觉悟一体发力，推动廉洁文化建设实起来、强起来，不断实现干部清正、政府清廉、政治清明、社会清朗。这些纲领性文件的发布，标志着我们已成功走出一条依靠制度优势和法治优势反腐败的道路。清廉政府建设作为清廉中国建设的重点任务和主体工程，必须持续发力并率先取得突破，才能为清廉社会建立树立标杆，最终促进清廉中国目标的实现。

3. 作为政府治理体系改革的目标

2004年《纲要》的印发，标志着一个“以行政为中心”的法治政府建设时代的开启。[④] 作为全面依法治国的重点任务和主体工程，法治政府建设的核

---

① 习近平：《高举中国特色社会主义伟大旗帜 为全面建设社会主义现代化国家而团结奋斗——在中国共产党第二十次全国代表大会上的报告》，载《求是》2022年第21期。

② 李雪勤：《清廉中国——反腐败国家战略》，浙江人民出版社2021年版，第7页。

③ 刘艳红等：《预惩协同型反腐败国家立法体系战略问题研究》，法律出版社2019年版，第38页。

④ 章志远：《行政基本法典的属性辨析》，载《政治与法律》2023年第1期。

心要义是“用法治给行政权力定规矩、划界限”[①]。经过二十年的不懈努力，一幅以“构建职责明确、依法行政的政府治理体系”为目标的法治政府蓝图已经形成，制度建设在政府机构职能体系、依法行政制度体系、行政决策制度体系、行政执法工作体系、突发事件应对体系、社会矛盾纠纷行政预防调处化解体系、行政权力制约和监督体系、法治政府建设科技保障体系完善等方面都取得了可喜进展，“把政府工作全面纳入法治轨道”的目标正在实现之中。

2015年《法治政府纲要》将“实行法治政府建设与创新政府、廉洁政府、服务型政府建设相结合”作为基本原则之一，2021年《法治政府纲要》则将“坚持问题导向……切实解决制约法治政府建设的突出问题”作为主要原则之一。就制度体系建设而言，行政机构、职能、权限、程序和责任的法定化程度已经得到显著提升；就现实治理效能而言，行政机关的公信力尚待提高，风清气正的行政活动氛围尚未形成，行政腐败滋生的土壤尚未根除。虽然廉政建设已经嵌入法治政府建设进程之中，但更多还是着眼于对行政公职人员的思想教育、纪律约束和刑事处罚，并未完全斩断“权力与资本、金钱、人情的联姻”[②]。法治政府建设与廉洁政府建设的结合度不够，廉洁性要求也未覆盖到行政活动的全部过程之中，这也是当下法治政府建设的“瓶颈”所在。“‘公生明，廉生威。’执法司法是否具有公信力，主要看两点，一是公正不公正，二是廉洁不廉洁。”[③]法治政府建设与廉洁政府建设犹如硬币的正反两面，二者相辅相成、相互促进、相互保障局面的形成是政府治理体系改革的应有之义。只有立足整体主义视角，将廉洁性要求植入全部行政制度和行政活动过程之中，才能真正防止行政权力出轨、越轨，充分彰显中国特色社会主义行政体制的优越性。

（二）中国特色廉洁政府建设的规范表达

自1989年《行政诉讼法》颁行，特别是2004年《纲要》印发之后，伴随着行政法律规范体系的不断完善，廉洁政府的精神要义在一些法律、行政法规

---

① 习近平：《论坚持全面依法治国》，中央文献出版社2020年版，第4页。

② 沈岿：《行政法理论基础：传统与革新》，清华大学出版社2022年版，第102页。

③ 习近平：《论坚持全面依法治国》，中央文献出版社2020年版，第46页。

和行政规范性文件中逐步得以呈现。透过这些碎片化的规范表达，可以看出中国特色廉洁政府建设的总体风貌及其规范效应。

1. 廉洁政府建设的规范分布

从规范位阶上来看，彰显廉洁政府建设精神要义的规范既包括作为“行政三法”的《行政处罚法》《行政许可法》《行政强制法》和《国有土地上房屋征收与补偿条例》《优化营商环境条例》等行政法规，也包括2015年《法治政府纲要》、2021年《法治政府纲要》及国务院、国务院办公厅发布的一系列重要行政规范性文件；从规范内容上来看，既包括以任何行政活动不得谋私直接实现廉洁价值的禁止性规定，也包括以行政自我限权和切断权力与市场利益链间接达至廉洁目标的宣示性规定。这些规范相互叠加、彼此照应，共同构筑起预防行政腐败发生的制度笼子。

行政腐败的本质是行政权力的越轨逐利，对禁止行政谋利原则的确认是中国特色廉洁政府建设最直接的规范表达。《行政处罚法》第67条有关罚缴分离、第70条和第77条有关当事人有权拒绝、第74条有关禁止截留私分罚没所得、不得同考核考评挂钩的规定，旨在有效遏制行政处罚权谋利的冲动；《行政许可法》第27条有关不正当要求禁止和不得谋取私利、第58条禁止收费、第63条有关不得干扰正常生产经营活动的规定，旨在将行政许可实施和监督检查的权力关进制度的笼子。如果说上述规定还仅仅是对禁止谋利原则的局部表达，那么在法律、行政法规的“总则”中明确宣示公权力不得谋取私利原则就是典型的廉洁性条款。《行政强制法》第7条规定：“行政机关及其工作人员不得利用行政强制权为单位或者个人谋取利益。”这一规定是对“行政强制不得谋利原则”的公开宣示，要求“行政机关在行使行政强制权的过程中，不得掺杂部门目的或个人目的，不得与单位或者个人利益挂钩，将行政强制权作为谋私、‘寻租’的工具”[①]。《国有土地上房屋征收与补偿条例》第5条“房屋征收实施单位不得以营利为目的”、《优化营商环境条例》第8条“任何单位不得利用营商环境评价谋取利益”的规定，延续了《行政强制法》通过总则宣示行政廉洁性原则的传统，显示出作为部门法的行政法

① 周佑勇：《行政法原论》(第3版)，北京大学出版社2018年版，第301页。

在宪法廉洁性条款具体化过程中立法技术的日臻成熟。国务院2021年11月印发《关于进一步贯彻实施〈中华人民共和国行政处罚法〉的通知》，重申“坚决杜绝逐利执法”；国务院办公厅2022年9月印发《关于进一步优化营商环境降低市场主体制度性交易成本的意见》，强调“坚决防止以罚增收、以罚代管、逐利执法等行为”，持续释放国家对建设廉洁政府的坚定决心。

行政腐败的条件是行政权力的作用场域过大，对行政权力的科学配置和自我限缩是中国特色廉洁政府建设重要的规范表达方式。《行政许可法》第13条有关个人自主决定、市场有效调节、社会组织自治和行政事后监管优于行政许可设定的规定，表达出行政法律规范对市场、社会与政府关系的重新定位。2004年《纲要》第6条则将上述规定的范围扩大到所有的行政管理权力，实则是对作为“私人自由优先代名词”[①]的行政辅助性原则的认可。就消极功能而言，辅助性原则具有“权限防堵”功能，表明个人相对于政府的自我规制优先性，只要个人能够胜任特定事务处理，就不需要政府权力；就积极功能而言，辅助性原则具有“援助”功能，表明政府相对于个人的接续补充性，当个人无力胜任特定事务处理时，政府必须基于公益保护积极出手支援。[②] 近二十年来，以深化行政审批制度改革、加强事中事后监管、持续优化营商环境为中心的“放管服”改革，既是对有效市场和有为政府更好结合的规范表达，也是对警惕行政扩权、防止行政腐败的不懈追求。《规划》提出，持续整治变相设置行政许可事项的违法违规行为，最大限度减少不必要的行政执法事项；2021年《法治政府纲要》提出，坚决防止以备案、登记、行政确认、征求意见等方式变相设置行政许可事项。《优化营商环境条例》第3条规定，“最大限度减少政府对市场资源的直接配置，最大限度减少政府对市场活动的直接干预”；《国务院关于加强和规范事中事后监管的指导意见》提出，加强行政执法事项目录管理，从源头上减少不必要的执法事项。这些以行政执法事项减少为取向的“放管服”改革，体现出政府职能转变过程中浓郁的自我革命意识，表达了对廉洁政府建设的美好愿景。

---

① 〔德〕罗尔夫·斯特博：《德国经济行政法》，苏颖霞、陈少康译，中国政法大学出版社1999年版，第114页。

② 詹镇荣：《民营化与管制革新》，元照出版有限公司2005年版，第285页。

行政腐败的典型表现是政商勾结，斩断行政权力与市场主体之间的利益链条、构建亲清新型政商关系是中国特色廉洁政府建设又一重要的规范表达方式。资本具有逐利的本性，如果缺乏应有的规范和约束，一旦与权力相互勾结就会对经济社会发展造成巨大危害，同时也会引发大量行政腐败。因此，“守住底线、把好分寸”[①]是各级党委和政府支持民营企业发展、构建亲清新型政商关系的重要任务。2015 年《法治政府纲要》提出，坚决整治“红顶中介”，切断行政机关与中介服务机构之间的利益链，推进中介服务行业公平竞争；2021 年《法治政府纲要》提出，依法平等保护各种所有制企业产权和自主经营权，切实防止滥用行政权力排除、限制竞争行为。《优化营商环境条例》第 43 条规定，国家加快推进中介服务机构与行政机关脱钩。行政机关不得为市场主体指定或者变相指定中介服务机构；除法定行政审批中介服务外，不得强制或者变相强制市场主体接受中介服务。国务院办公厅《关于进一步优化营商环境降低市场主体制度性交易成本的意见》提出，坚决整治行政机关指定中介机构垄断服务、干扰市场主体选取中介机构等行为，依法查处中介机构强制服务收费等行为。这些旨在阻隔权力与利益挂钩的宣示性规定，为防止政商勾结、实现政府清廉构筑起有效的制度堤坝。

2. 廉洁政府建设的规范效应

就我国行政法律规范文本中的廉洁性条款设置而言，大体上呈现出三个显著特征：一是聚焦行政执法领域，突出廉洁政府建设关键环节。“行政执法面广量大，一头连着政府，一头连着群众，直接关系群众对党和政府的信任、对法治的信心。”[②]在我国，八成以上的法律、法规都是由行政机关实施的，行政执法能否做到风清气正、能否实现公平正义，关乎政府法治形象和党的执政之基。为此，行政三法均从规则和原则层面对公权力不得谋取私利予以明确认可。二是围绕政府职能转变，彰显行政自制精神。行政权力过大过宽，既是滋生行政腐败的温床，也是廉洁政府建设的天敌。为此，加快政府职能转变步伐、减少政府对经济社会生活的不当干预，就成为从源头

① 《习近平谈治国理政》第 3 卷，外文出版社 2020 年版，第 266 页。

② 习近平：《坚定不移走中国特色社会主义法治道路 为全面建设社会主义现代化国家提供有力法治保障》，载《求是》2021 年第 5 期。

上治理行政腐败、建设廉洁政府的重要手段。以执法事项最大限度减少为取向的“放管服”改革为党和国家权威性文件所确认,体现了“依靠政治推动、行政落实的内部性制度建构与实施过程”[①]的精神特质。三是重塑政府与市场关系,防止权力被资本俘获。有效市场和有为政府更好结合,是国家治理体系现代化的核心要义之一。在人情、关系织就的社会网络中,权力行使者往往很难独善其身。“行政机关的行为即便是注入现代法治理念接受新型制度规约,仍无法脱胎于数千年官道、官风所沉淀下的传统习气。”[②]为此,廓清权力与市场边界、阻隔权力与资本勾兑,就成为构建亲清政商关系、建设廉洁政府的关键领域。在法治政府建设的进程中,这些具有反腐倡廉意义的规范对促进政府清廉发挥了积极作用。

中国特色廉洁政府建设是一项长期而复杂的系统工程。现行行政法律规范体系虽不乏廉洁性条款,但系统性、整体性和协调性明显不足,加之新型行政腐败和隐性行政腐败现象不断滋生,制度反腐、法治反腐依旧任重道远。在强国建设、民族复兴的新征程上,政府承担着大量发展任务,仍将面临形形色色的利益诱惑,廉洁政府的规范供给更显捉襟见肘,其局限性集中体现在三个方面。一是规范密度不够,一些领域尚缺乏廉洁规范的基本制度屏障。除行政执法和监管存在诸多显性廉政风险外,行政决策、行政立法、行政规范性文件制定、公私合作履行行政任务、行政争议化解等领域同样存在腐败可能,且隐蔽性更强。尤其是在一些涉企行政决策和行政规范性文件制定过程中,行政机关容易受到相关行业企业的游说和行贿,从而出现“立法放水”“政策放水”乱象。“立法起点的确定和产业发展政策之间的矛盾实际上一直存在,这给实行行政廉洁原则和预防腐败带来极大的困难。”[③]二是宣示色彩浓厚,廉洁条款规定的可操作性不强。从“禁止”“不得”“坚决”“最大限度”等廉洁性条款的语词表达上看,更多体现对行政执法活动的教化和引领功能,与《中华人民共和国公务员法》对公务员“清正廉洁”

① 刘国乾:《法治政府建设:一种内部行政法的制度实践探索》,载《治理研究》2021年第3期。

② 周佑勇、尹建国:《论个人社会资本对行政裁量正义的影响》,载《华东政法大学学报》2007年第3期。

③ 于安:《论行政廉洁原则的适用》,载《中国法学》2016年第1期。

"公道正派""廉政教育"等倡导性要求一起，共同构成对行政机关及其公务员的伦理要求。这种话语表达方式频繁出现在法律、行政法规和行政规范性文件之中，既反映出行政权力谋取私利的本能和冲动，也暴露出行政法上廉洁性条款可操作性的匮乏。三是行政自我约束有余，权力外部监督不足。目前的廉洁规范表现出行政系统内部自我约束的价值偏好，旨在通过禁区划定和内部追责形成闭环。相比之下，对行政权力行使的外部监督则明显不足。道高一丈，魔高一尺。"把权力运行置于党组织和人民群众监督之下，最大限度减少权力寻租的空间。"[①]行政权利确认和保障规范阙如，就难以对行政权力形成有效的外部监督制约，廉洁政府建设目标的达成更显艰难。

（三）中国特色廉洁政府建设的法治路径

鉴于廉洁政府建设在清廉中国战略目标中的重要地位，应当在扎实推进依法行政、高质量建设法治政府的全过程中自觉融入廉洁元素，实现法治政府建设与廉洁政府建设的深度结合。腐败是政府合法性面临的最大威胁，行政腐败扭曲了公务活动的基本宗旨，加剧了不正之风的肆意蔓延，损害了政府的权威性和公信力。"如果腐败成为公务员的生存方式和激励机制，将极大改变公务人员的职业取向、工作立场并聚集为一个消极群体，成为任何廉洁取向的改革的阻力和反对力量。"[②]为此，应当立足整体主义的法治建构视角，形成中国特色廉洁政府建设的制度规范体系。"铲除不良作风和腐败现象滋生蔓延的土壤，根本上要靠法规制度。"[③]总体而言，政府清廉目标的实现还可从如下五个方面进行补强，不断完善中国特色廉洁政府的制度规范体系，努力提升廉洁政府建设的法治化水准：

1. 作为基本原则的行政廉洁性原则的入典

作为贯穿于全部行政法律规范之中的法律准则，行政法的基本原则对行政法律规范的制定和实施具有普遍的指导意义，"体现着行政法的根本价

① 习近平：《论党的自我革命》，党建读物出版社2023年版，第115页。
② 于安：《论行政廉洁原则的适用》，载《中国法学》2016年第1期。
③ 习近平：《论党的自我革命》，党建读物出版社2023年版，第113页。

值和行政法的主要矛盾，是现代民主宪治精神的具体反映”①。伴随着《民法典》的实施，我国法治建设开始迈向法典编纂新阶段。“编纂一部具有中国特色、体现时代特点、反映人民意愿的行政法法典，对于完善法律规范体系、建设法治政府、保障人民权益、建设社会主义现代化强国、推动世界法治文明进步都具有重大而深远的意义。”②作为行政基本法典“总则”篇的灵魂条款，行政法基本原则的入典对于科学立法、严格执法、公正司法和全民守法的实现都具有不可替代的引领和保障作用。有学者新近提出，可将行政法的基本原则概括为“人权保障原则、职权法定原则、法律保留原则、法律优先原则、平等原则、比例原则、诚信原则、正当程序原则、公众参与原则、行政公开原则、行政效能原则和行政应急原则”，按照一定的逻辑理路和层次关系形成一整套基本原则体系，将其规定在行政基本法典中。③

行政法基本原则的法典化表达，不仅需要吸收行政法学理论研究的最新成果、整合现有法律规范的表述和借鉴域外立法的有益经验，而且更需要彰显中国行政法发展的自主性、民族性、时代性和前瞻性。作为一种基本原则的法典化叙事模式，坚持党的领导原则、行政辅助性原则、行政合作性原则、行政合法性原则、行政合理性原则、行政应急性原则、行政效能性原则和行政廉洁性原则等八项基本原则可以一并载入行政基本法典之中。其中，发挥兜底功能的行政廉洁性原则可表述为“行政机关从事行政活动，应当遵循廉洁原则，实现政府清廉”。行政廉洁性原则入典具有必要性和可行性。一方面，在行政法体系中给予行政廉洁以基本原则的地位，“有助于改善对行政腐败的惩治，极大地提高预防行政腐败的水平”④；另一方面，将基本原则的行政廉洁性原则入典，是政府治理体系改革对党的自我革命精神的充分贯彻，能够彰显中国特色法治政府建设的先进性和优越性。在行政基本法典的总则编中明确规定行政廉洁性原则，是对现有法律、行政法规和行政规范性文件中廉洁性条款的一次系统整合和高度提炼，能够进一步增强廉

① 周佑勇：《行政法基本原则研究》（第2版），法律出版社2019年版，第106页。

② 马怀德：《中国行政法典的时代需求与制度供给》，载《中外法学》2022年第4期。

③ 周佑勇：《中国行政基本法典的精神气质》，载《政法论坛》2022年第3期。

④ 于安：《论行政廉洁原则的适用》，载《中国法学》2016年第1期。

政规范的权威性和实效性。

2. 作为法治政府建设考核指标体系内容的廉洁性指标

在二十余年的法治政府建设实践中，通过指标考核督促推进成为一条重要的本土经验。2015 年《法治政府纲要》提出，各级党委要把法治建设成效作为衡量各级领导班子和领导干部工作实绩的重要内容，纳入政绩考核指标体系，充分发挥考核评价对法治政府建设的重要推动作用。2021 年《法治政府纲要》提出，建立健全法治政府建设指标体系，强化指标引领；加大考核力度，提升考核权重，将依法行政情况作为对地方政府、政府部门及其领导干部综合绩效考核的重要内容。中共中央办公厅、国务院办公厅 2019 年 4 月印发《法治政府建设与责任落实督察工作规定》（以下简称《督察规定》），把法治政府建设成效作为衡量下级党政领导班子及其主要负责人推进法治建设工作实绩的重要内容，纳入政绩考核指标体系。从目前全国各地制定的法治政府考核指标体系来看，基本上都是根据 2015 年《法治政府纲要》确定的主要任务和具体措施拟定的。中央依法治国办 2019 年 4 月印发《关于开展法治政府建设示范创建活动的意见》，提出了由 8 个一级指标、34 个二级指标和 100 个三级指标构成的《市县法治政府建设示范指标体系》，作为开展示范创建活动的评估标准和建设法治政府的具体指引。

考核指标体系自身的科学性、全面性和准确性，直接关乎法治政府建设的方向、质量和成效。遗憾的是，作为法治政府建设要义之一的廉洁元素并未体现在考核指标体系之中，从而不利于法治政府建设与廉洁政府建设的同部署、同推进。究其原因，主要还是割裂了法治政府建设与廉洁政府建设之间的辩证统一关系，将廉政建设片面视为政治任务而非法治目标、将廉政建设主体限定为各级党委而非政府。这种思想认知不利于增进各级政府对自身廉政建设的责任感和使命感，也难以建成人民满意的法治政府。“每一种法治形态背后都有一套政治理论，每一种法治模式当中都有一种政治逻辑，每一条法治道路底下都有一种政治立场。”[①]廉洁政府建设和法治政府建设一样，都是各级党委和政府应当承担的共同职责。为此，要树立科学统一

① 中共中央文献研究室编：《习近平关于全面依法治国论述摘编》，中央文献出版社 2015 年版，第 34 页。

的法治政府观，将“廉政作为法治政府考核的底线”[①]纳入指标体系之中。一方面，要对现有的法治政府建设示范指标体系进一步予以调整、优化，将廉洁性指标设置为独立的一级指标，分别从廉政制度建设和文化建设两个二级指标入手，开发出更为细致的三级指标，增强廉洁性指标体系的科学性和可操作性。另一方面，要充分运用“附加项”指标的二次调控作用，将特定区域、行业一定时段行政腐败案件的数量、比例和影响作为加分项和减分项的具体内容，真正唤醒各级党委和政府对廉政建设齐抓共管的思想自觉和行动自觉，形成法治政府建设与廉洁政府建设相互融合、共同促进的生动局面。

3. 作为重大行政决策利益阻隔机制的廉洁性审查

我国现行行政法律规范体系中的廉洁性条款主要集中在行政执法领域，尚未覆盖到存在腐败高发风险的重大行政决策过程。按照科学决策、民主决策、依法决策的要求，《重大行政决策程序暂行条例》设计了公众参与、专家论证、风险评估、合法性审查和集体讨论决定程序，旨在通过正当程序的制度设计规范重大行政决策权的行使。然而，近年来权力集中、资金密集、资源富集领域的行政腐败案件依旧频发，折射出“行政首长负责制”“一把手一票否决制”与重大行政决策“集体讨论决定程序”之间内在的紧张关系。对“一把手”的监督机制一直难以产生实效，面对金钱、关系、人情的干扰和诱惑，这种近乎完全依靠“一把手”自律的廉政风险防护网相当脆弱，重大行政决策中的武断专横、利益交换就有了生存空间，“秦岭违建别墅事件”“木里煤矿非法开采事件”等政治问题和经济问题交织的腐败案件就是典型例证。党的二十大报告指出，“坚决防止领导干部成为利益集团和权势团体的代言人、代理人，坚决治理政商勾连破坏政治生态和经济发展环境问题”[②]。为此，必须将行政廉洁性原则要求引至重大行政决策全过程之中，切实阻断资本与权力之间的利益勾兑，促进政府清廉目标的更好实现。

鉴于重大行政决策对区域社会经济发展的重要现实影响，应当在现有

① 姬亚平：《法治政府考核应将廉政作为底线》，载《法制日报》2019年5月10日第5版。

② 习近平：《高举中国特色社会主义伟大旗帜 为全面建设社会主义现代化国家而团结奋斗——在中国共产党第二十次全国代表大会上的报告》，载《求是》2022年第21期。

五大程序机制设计的基础上，增设重大行政决策廉洁性审查制度，将其作为出台重大行政决策之前的必经程序。具体来说，在合法性审查之后、集体讨论决定之前，应当由同级监委进行廉洁性审查，对重大行政决策之前的沟通过程及启动之后各个环节的廉政风险进行评估，提出廉洁性审查意见。这一旨在阻隔利益勾兑、防范行政腐败发生的程序制度，具有腐源治理的现实功能，是对行政廉洁性原则的具体展开。作为预防性法律制度的典型样态，重大行政决策中廉洁性审查制度的建立具有充分的正当性基础：首先，这是《重大行政决策程序暂行条例》第4条重大行政决策"坚持和加强党的全面领导"原则的具体体现。腐败是危害党的生命力和战斗力的最大毒瘤，只要存在腐败产生的土壤和条件，反腐败斗争就一刻不能停。重大行政决策中的政商勾结更加隐蔽、危害尤甚，必须将党反腐败的理论创新、制度创新和实践创新成果融入重大行政决策活动之中。其次，这是《中华人民共和国监察法》（以下简称《监察法》）赋予各级监委履行国家监察专责机关职能的具体体现。《监察法》第3条将"开展廉政建设和反腐败工作"明确列为各级监委肩负的职责使命，第11条将"对公职人员开展廉政教育，对其依法履职、秉公用权、廉洁从政从业以及道德操守情况进行监督检查"明确为各级监委承担的具体工作。在重大行政决策过程中引入监委廉洁性审查机制，符合监委职责的规范意旨。最后，这是以党内监督为主导、促进各类监督贯通协调的具体体现。2021年《法治政府纲要》提出，坚持将行政权力制约和监督体系纳入党和国家监督体系全局统筹谋划，突出党内监督主导地位，行政机关要自觉接受纪检监察机关监督。"党内监督在党和国家各种监督形式中是最根本的、第一位的，但如果不同有关国家机关监督、民主党派监督、群众监督、舆论监督等结合起来，就不能形成监督合力。"[①]赋予监委在重大行政决策过程中的廉洁性审查权，就是推动监察监督与行政监督、群众监督贯通融合、提高监督实效的重要举措。事实上，在我国法治政府建设的实践中，类似适度延伸国家机关基本职能的做法并非鲜见。例如，自2018年开始，上海市高级人民法院积极拓展行政审判基本职能，与上海市法治政府建设工作

① 习近平：《论坚持全面深化改革》，中央文献出版社2018年版，第295页。

领导小组办公室、上海市人民检察院率先建立行政规范性文件审查衔接工作机制，主动将关口前移至行政规范性文件制定过程之中，形成了“司法监督与行政监督合力助推行政规范性文件质量”[①]的局面。在重大行政决策过程中建立监委廉洁性审查机制，能够进一步织就不能腐的制度笼子，构建亲清新型政商关系，实现政府清廉、社会清朗。

4. 作为廉洁执法保障机制的执法监督工作体系

“行政执法同基层和百姓联系最紧密，直接体现我们的执政水平。”[②]行政执法工作中的利益驱动如果得不到有效遏制，执法腐败现象就会蔓延，社会风气也将随之恶化，人民群众无法从全面从严治党的伟大实践中产生获得感。行政执法腐败的有效治理，需要坚持整体观、系统论和辩证法，形成一整套完备的支撑性体制机制。就廉洁执法制度光谱的两极而言，从源头上最大限度减少不必要的执法事项和行政执法坚强的政治组织、队伍人才、物质信息保障都是不可或缺的要素。前者已为现行行政法律规范体系中的廉洁性条款所确认，后者更为2004年《纲要》、2015年《法治政府纲要》和2021年《法治政府纲要》反复提及。从法治政府建设的长期性和艰巨性上看，这两项具有“断臂”和“供血”意义的制度需要持续加强。“权力不论大小，只要不受制约和监督，都可能被滥用。”[③]人民群众能否在每一个执法行为中都能看到风清气正、从每一项执法决定中都能感受到公平正义，关键还在于行政执法权是否受到全方位、全流程、全覆盖的制约和监督。执法保障和执法监督本质上是辩证统一的，不能将二者割裂甚至对立起来。“对行政执法活动进行全方位、全流程监督，最终目的还是为了提高执法质量、防范执法风险，也是一种执法保障；加强行政执法活动的政治组织保障、队伍人才保障和科技信息保障，也能够更好起到寓监督于保障过程的实际效果。”[④]

习近平总书记高度重视严格执法，指出：“我们要加强对执法活动的监

① 章志远：《地方法院行政诉讼制度创新的法理解读——以上海法院近五年的实践为例》，载《华东政法大学学报》2020年第4期。

② 习近平：《论坚持全面依法治国》，中央文献出版社2020年版，第221页。

③ 中共中央文献研究室编：《习近平关于全面依法治国论述摘编》，中央文献出版社2015年版，第58页。

④ 章志远：《习近平法治思想中的严格执法理论》，载《比较法研究》2022年第3期。

督，坚决排除对执法活动的非法干预，坚决防止和克服地方保护主义和部门保护主义，坚决防止和克服执法工作中的利益驱动，坚决惩治腐败现象，做到有权必有责、用权受监督、违法必追究。”[①]只有不断强化对行政执法权的监督制约，才能防止出现执法不作为、执法乱作为、选择性执法、逐利性执法、人情化执法等执法异化现象。行政执法监督工作体系的形成，需要实现从封闭到开放、从独治到共治、从技术到政治的理念转变，构建“大监督”的行政执法工作格局，使行政机关习惯于在严密的权力监督网络中执法，不敢、不能也不想通过执法活动谋取私利。首先，行政执法监督应实现从行政系统内部封闭运行向社会开放参与的转变。司法行政部门负责的行政执法监督是一项最重要的行政系统内部监督机制，受监督机关地位、监督手段、监督力量等方面的条件限制，这项经常性监督机制并没有产生应有效果。以2021年《法治政府纲要》提出的研究制定行政执法监督条例任务为契机，吸收更多来自方方面面的行政执法监督员参与其中，充分调动社会参与行政执法监督的积极性，通过内外结合方式提升执法监督实效。其次，行政执法监督应实现从行政监督“一枝独秀”向各类监督“百花齐放”的转变。行政执法权是行政权的一种具体形态，对行政执法权的监督不应仅仅停留在行政监督层面，应当纳入党和国家监督体系全局进行设计，形成各种监督有机贯通、相互协调的局面。除了继续用好违法行政的司法监督、检察监督等外部监督制约机制外，还应当充分发挥审计监督、财会监督、统计监督、群众监督、舆论监督的作用，使各种监督形成合力产生共治实效。最后，行政执法监督应实现从业务技术类监督向政治立场类监督的转变。行政执法活动关乎国家法律的有效实施、社会公平正义的实现、行政相对人合法权益的维护和政府清廉形象的形塑，在治国理政实践中发挥着承上启下、内外贯通的重要作用。行政执法及其监督不仅具有专业技术属性，而且还有鲜明的政治属性。法治政府建设与责任落实督察制度的建立，就是提高执法监督政治站位的重要表征。作为法治政府建设内在目标之一的廉洁性的实现，必须通过强有力的执法监督工作体系才能得到保障。将廉洁执法理念注入行政

---

① 习近平：《论坚持全面依法治国》，中央文献出版社2020年版，第21—22页。

执法权的监督过程之中，能够加快中国特色廉洁政府建设的步伐。

5. 作为廉洁政府建设年度体检的情况报告制度

2015年《法治政府纲要》首次正式提出建立法治政府建设年度进展报告制度，要求县级以上地方各级政府每年第一季度向同级党委、人大常委会和上一级政府报告上一年度法治政府建设情况，政府部门每年第一季度向本级政府和上一级政府有关部门报告上一年度法治政府建设情况，报告要通过报刊、政府网站等向社会公开。此前，经上海市人民政府授权，上海市人民政府法制办公室相继编撰发布《上海市依法行政状况白皮书(2004—2009)》《上海市依法行政状况白皮书(2010—2014)》，成为客观反映一段时期内上海市依法行政状况和法治政府建设情况的权威文件，此举可视为国家层面法治政府建设情况报告制度的雏形。《督察规定》则以党内法规形式进一步对法治政府建设年度报告制度作出细化规定，进一步增强了年度报告制度的刚性约束。此外，《中华人民共和国行政复议法实施条例》第58条规定的"行政复议工作状况分析报告"、《中华人民共和国政府信息公开条例》第49条规定的"政府信息公开工作年度报告"、《中华人民共和国信访工作条例》第41条规定的"信访情况年度报告"以及近年来各地法院频繁发布的年度行政审判白皮书，都是我国法治政府建设实践中具有自主性的有益制度探索。这些具有"年度体检"功能的情况报告制度，能够及时反映局部和整体法治政府建设的成果和问题，其经验值得在廉洁政府建设中充分汲取。

廉洁政府建设年度报告制度的建立，能够使全社会通过可视化、可量化的形式全面了解廉洁政府建设的进展情况，倒逼各级党委和政府以自我革命精神加快廉政建设步伐。具体来说，这项制度建设可从三个方面入手。一是报告主体的层次性。每年4月1日之前，省级党委和政府、国务院各部门向党中央、国务院报告上一年度廉洁政府建设情况，同时抄送中央依法治国办；每年3月1日之前，县级以上地方各级党委和政府向上一级党委和政府报告上一年度廉洁政府建设情况，同时抄送上一级党委法治建设议事协调机构的办事机构；县级以上地方各级政府部门向本级党委和政府、上一级政府有关部门报告上一年度廉洁政府建设情况，同时抄送本级党委法治建设议事协调机构的办事机构。二是报告内容的全面性。廉洁政府建设年度报告主要包括上一年度推进廉洁政府建设的主要举措和成效、存在不足和原因分析、典型行政腐败案件发生和整改情况、下一年度推进廉洁政府建设的主要工作安排。三是报告公开的原则性。除涉及党和国家秘密的,廉洁政府建设年度报告的内容应当通过报刊、网站等新闻媒体向全社会公开,接受人民群众监督。只有内靠自我革命和外靠人民监督相互结合,廉洁政府建设才能行稳致远。作为政府清廉情况的全方位年度健康体检,年度报告公开制度应当成为廉洁政府与廉洁社会建设一体推进的桥梁。

第四章

法治一体建设的路径

在党中央全面推进依法治国和“法治一体建设”的战略布局下，多地发布了各自的法治政府、法治社会建设规划，并不断探索创新实践。“全面推进依法治国就是要将规则至上、权力制约、权利保障等共享的法治理念同时渗透到国家、政府和社会的建设过程，从而形成一种整体法治建设氛围。”[①]从法理逻辑上看，“法治一体建设”的推进实际是全面依法治国战略的具体落实；而从已有的实践经验上看，“法治一体建设”的实现需聚焦于其间的多元主体，以此为原点推进法治建设“三位一体”的有机整合。根据法治政府建设是“法治一体建设”的重点任务和主体工程这一基础逻辑，“法治一体建设”持续推进的关键在于对政府职权的有效规范与指引，进而形成公主体与私主体、公权力与私权利的契合协作。法治国家建设旨在以良法谋善治；法治政府建设重在以法束权，明确公权边界；法治社会建设要达致法润人心，强基固本。[②] 缘此，如何实现政府的“有限”“有为”，公私的有效协力正是“法治一体建设”落实的基本路径。

---

① 郑智航：《法治“一体建设”的理论意涵》，载《中国社会科学报》2021年5月14日。

② 叶海波：《法治“一体建设”的双重逻辑与“合规”进路》，载《中国社会科学报》2021年5月14日。

第一节　有限政府的实现路径

法治的核心内容之一是对政府的法律限制，正因如此，转变政府职能已是现代法治建设中的常规命题。习近平总书记指出："今后政府职能转变的关键是做到有所不为，使政府成为'有限政府'，政府一定要明确自己的角色定位，既不能缺位，也不能越位。"①有限政府是恪守国家与市场边界、遵循法治规则约束以及坚持分权制衡的政府，②是坚持依法治国、依法执政、依法行政共同推进，坚持"法治一体建设"的应有之义。结合改革开放以来我国法治政府建设上的实践经验，有限政府的实现仍需厘清权力边界，规范执法活动和助推公正司法。

一、重塑职能：科学规范权责边界

党的二十大报告提出了"扎实推进依法行政"的法治战略任务，行政法的法典化是实现这一法治战略目标的关键步骤之一。就调整对象而言，行政法包括一般行政法和特别行政法，前者是指"原则上适用于所有行政法领域的规则、原则、概念和法律制度，涵盖行政法领域的普遍性、典型性问题"，后者则是指"调整特定行政活动领域的法律"③。作为一般行政法法典化的最终产品，行政基本法典与作为特别行政法法典化最终产品的环境法典、教育法典等，共同构成我国行政法法典化的结晶。由此，重塑政府的权责边界，行政法法典化是关键切入点与突破口。具体而言，行政法的法典化是凝聚行政法规范价值理念共识，统一规范行政活动各环节和行政管理各领域，确保行政法律规范体系统一性与完整性的重要时机。作为行政法治理念和基本原则的权威宣示，行政基本法典的内容承载着"把权力关进制度的笼子"的厚重法治理想，展示出行政法体系化中基础性和通用性规范的角色

---

① 习近平：《改革惟其艰难，才更显勇毅》，载《新京报》2014年8月8日第A05版。

② 陈远星、陈明明：《有限政府与有效政府：权力、责任与逻辑》，载《社会科学文摘》2022年第1期。

③ 〔德〕哈特穆特·毛雷尔：《行政法学总论》，高家伟译，法律出版社2000年版，第34页。

定位。

（一）范围共识：行政形态拓新的规范回应

公共行政既是“行政法学者研究的有效对象”，也是“需要保持回应性的事项”，行政法必须与其公共行政背景始终保持“同步”。[①] 改革开放四十多年，既是我国行政法发展从无到有、从小到大的辉煌生长期，也是行政任务持续演变、公共行政不断拓新的治理转型期。行政基本法典是行政法体系化的集大成者，需要客观反映公共行政实践的最新发展，及时回应公共行政改革的时代命题。作为一种正在发展之中的新型治理模式，数字政府通过数字技术赋能政府治理，不断优化革新政府治理流程和方式，“智能高效”业已成为新时代法治政府建设的重要目标。在有关行政基本法典编纂方向的研究中，学者们已经普遍意识到应当对数字政府建设作出全面回应，以实现对数字时代行政权力的有效约束，促进数字政府和法治政府在更高程度上的融合。[②] 相比较数字政府建设的普适性而言，我国当下坚持以加强党的领导为根本保证、以推动有效市场和有为政府更好结合为衡量标准的政府治理体系改革更具本土特色。行政基本法典编纂应当对作为“中国之治”重要组成内容的中国特色社会主义行政体制改革作出全面回应，以法典形式完成行政形态拓新的规范表达，发挥法治固根本、稳预期、利长远的保障作用，更好凝聚行政基本法典在调整范围上的理论共识。

1. 行政形态拓新的三重表征

党的十八大以来，坚持和加强党的全面领导、把党的领导落实到治国理政的各领域各方面各环节，成为坚持和完善中国特色社会主义制度的首要任务。与强调党政分开的传统党政关系所不同的是，新时代党的领导已全面嵌入各项国家和社会事务治理之中，新型“以党领政”的党政关系格局业已形成。“党的元素融入行政过程之中，成为中国行政法最具本土色彩的内

---

① 〔英〕卡罗尔·哈洛、理查德·罗林斯：《法律与行政》（上卷），杨伟东等译，商务印书馆 2004 年版，第 76 页。

② 周佑勇：《中国行政基本法典的精神气质》，载《政法论坛》2022 年第 3 期；王敬波：《行政基本法典的中国道路》，载《当代法学》2022 年第 4 期；马颜昕：《论行政法典对数字政府建设的回应》，载《现代法学》2022 年第 5 期。

容。"[①]党政关系的深刻变化，是行政形态拓新的首要表征。概而言之，这种行政形态变奏具体表现在四个方面。一是"党的领导"入法。十三届全国人大一次会议通过的宪法修正案将"中国共产党领导是中国特色社会主义最本质的特征"正式写入总纲第1条，"党的领导"条款此后不断入法，如《重大行政决策程序暂行条例》第4条规定重大行政决策必须"坚持和加强党的全面领导""把党的领导贯彻到重大行政决策全过程"，《中华人民共和国安全生产法》第3条规定安全生产工作"坚持中国共产党的领导"，成为中国特色社会主义法治政府建设的根本保证。二是党政机构合并合署。党的十九届三中全会通过《关于深化党和国家机构改革的决定》和《深化党和国家机构改革方案》，"党的统领""归口管理""合并设立""合署办公"等各类新型融合式党政机构相继出现，机构改革同时发生物理反应和化学反应，行政活动的主体形态日趋多样。三是高位阶党政联合文件成为执法依据。在食品安全、生态环境保护等重点领域，高位阶党政联合发文成为一线行政执法活动的直接依据，如中共中央、国务院2019年5月印发的《关于深化改革加强食品安全工作的意见》（以下简称《食品安全意见》），中共中央办公厅、国务院办公厅2021年7月印发的《关于进一步减轻义务教育阶段学生作业负担和校外培训负担的意见》。作为依法行政的一种必要补充，"依文件行政"业已成为中国特色社会主义法治实践中存在的普遍现象。四是不断强化"党政同责"。在食品安全、安全生产、生态环境保护、粮食安全等重点领域实行"党政同责、一岗双责"，通过党内法规和国家法律的双重确认，切实提升重点领域监管实效，厚植法治政府建设的人民立场。

行政形态的拓新还表现在行政系统内部"以整治碎"价值取向的"整体政府"改革，以及国家政权机关之间有别于传统被动监督、旨在形成相互协作新型关系的"府院互动"改革。[②] 二十余年来，我国行政法治逐步走上一条依托行政系统自上而下强力推动和自下而上创新推广相结合、以整合和协作为中心的实效提升型发展道路，与以权力分工制约为中心的传统外力驱

① 章志远：《行政法学总论》（第2版），北京大学出版社2022年版，第5页。

② 王敬波：《面向整体政府的改革与行政主体理论的重塑》，载《中国社会科学》2020年第7期；章志远：《中国行政诉讼中的府院互动》，载《法学研究》2020年第3期。

动型发展模式形成共存局面。就政府内部改革而言，行政形态变奏集中表现为“横向综合”和“纵向下沉”两个方面。与过分强调政府系统内部专业化分工、崇尚“各自为政”权力运行状态不同的是，相对集中行政处罚权改革、相对集中行政许可权改革和相对集中行政复议权改革，都强调以功能整合促进整体效应提升，改革成果已为2021年修订的《行政处罚法》第18条所确认，并将在《行政复议法》《行政许可法》的修改中陆续得到认可。与规范层面执法权限普遍保留在县域不同的是，近年来中共中央办公厅、国务院办公厅印发的《关于深入推进经济发达镇行政管理体制改革的指导意见》《关于推进基层整合审批服务执法力量的实施意见》不断推进行政执法重心下移改革，行政处罚权下沉到乡镇街道已为2021年修订的《行政处罚法》第24条所确认。就政府与其他国家机关之间的关系而言，行政形态变奏集中表现为府院互动和府检互动上。与传统司法权单向监督行政权不同的是，行政权与审判权、检察权之间围绕个案争议实质化解、依法行政能力提升、服务保障发展大局展开了多种形态的“双向奔赴”互动活动。一方面，2021年《法治政府纲要》要求行政机关“支持”法院、检察院开展工作，积极主动履行职责、纠正违法；另一方面，《最高人民法院关于进一步推进行政争议多元化解工作的意见》要求人民法院积极争取政府支持、促进行政争议诉源治理，《中共中央关于加强新时代检察机关法律监督工作的意见》要求人民检察院推进行政机关依法履职、开展行政争议实质性化解。

改革开放四十多年的历程，是政府与市场、政府与社会关系不断得到重塑的真实写照。在这一过程中，以行政任务有效完成为取向的公私合作模式稳步生长，行政形态逐步从单中心的管理走向多中心的治理。就公私合作的空间而言，既包括公用事业、基础设施等服务行政领域，也包括警察行政、环境治理等秩序行政领域；就公私合作的阶段而言，既包括行政立法、监管执法，也包括行政争议化解；就公私合作的方式而言，既包括特许经营、任务外包、执法和解等高参与度手段，也包括有奖举报、行政担保、公私协力等中参与度手段。与此相伴随的是，行政形态具体表现为“政府和私人部门之间的多样化安排”，其结果是“部分或传统上由政府承担的公共活动由私人部门来承担”[1]。以正在推进的行政审批制度和事中事后监管改革为例，审批事项的取消、审批权限的下放、审批流程的再造、非审批的替代性措施的采用和协同监管格局的形成，无不彰显“更多依靠市场和社会、更少依赖政府”的治理理念。作为一份目标清晰、举措翔实的监管改革任务清单，《国务院关于加强和规范事中事后监管的指导意见》坚持“形成市场自律、政府监管、社会监督互为支撑的协同监管格局”的指导思想，对强化市场主体责任、提升行业自治水平、发挥社会监督作用提出了一系列要求。在这种多元主体合作共治的“混合行政体制”中，需要倡导一种“灵活、助成的政府观念”，确保政府有能力在混合体制中扮演好多重角色，从而“将具体公私安排所带来的风险降到最低”[2]。

2. 行政形态拓新的规范表达

在党—政关系、政—政关系、政—社关系的时代变迁中，行政形态出现了三重拓新，行政法的疆域已经突破几成定势的以传统行政机关为中心的格局，亟待我国行政法律规范体系予以全面回应。就形式层面而言，“依文件行政与依法行政”的范式共存仅是一种权宜之计。立足长远角度考虑，必须运用“在法治下推进改革，在改革中完善法治”的辩证思维，“对实践证明已经比较成熟的改革经验和行之有效的改革举措，要尽快上升为法律”[3]。就实质层面而言，“有效市场和有为政府更好结合”的改革话语仅是一张规划图纸。立足实操角度考虑，必须在一个“庞大的但软弱无力的政府”和“把自己局限于决策和指导从而把‘实干’让给他人去做的强有力的政府”[4]之间作出审慎抉择。在行政基本法典编纂的过程中，除了需要整合吸纳党和国家一系列重要改革文件内容、在中国特色社会主义法治体系框架下妥善处理好与党内法规之间的关系外，应当着重从原则和规则两个方面对行政形

---

① 〔美〕E. S. 萨瓦斯：《民营化与公私部门的伙伴关系》，周志忍等译，中国人民大学出版社2002年版，第4页。

② 〔美〕朱迪·弗里曼：《合作治理与新行政法》，毕洪海、陈标冲译，商务印书馆2010年版，第190页。

③ 习近平：《论坚持全面依法治国》，中央文献出版社2020年版，第38页。

④ 〔美〕戴维·奥斯本、特德·盖布勒：《改革政府：企业家精神如何改革着公共部门》，周敦仁等译，上海译文出版社2006年版，第20页。

态拓新作出系统的规范回应。

作为行政法规范的基础性原理、准则和基本精神,行政法原则具有"立法上的整合统领、执法上的行为准则和司法上的可适用性等特殊功能和意义"[①]。行政法原则是行政法体系化的根本保障,也是回应和引领行政形态拓新的规范重器,作为灵魂条款应当在行政基本法典编纂中形成相应共识。目前行政合法性、合理性原则通说主要还是传统上基于对行政权行使的规范而生,无法有效回应当代中国行政形态的时代拓新,可引入四项原则予以补强。一是坚持党的领导原则。"党的领导"已经明确写入《宪法》条文之中,具有宪法规范效力,理应在行政基本法典中首先加以明确,使其贯穿于一切行政活动的全部过程之中,确保法治政府建设正确方向。《规划》明确提出"推进党的领导入法入规,着力实现党的领导制度化、法治化",《社会主义核心价值观融入法治建设立法修法规划》明确提出"着力把社会主义核心价值观融入法律法规的立改废释全过程",这些纲领性文件同样为行政基本法典确立党的领导原则提供了遵循。在"行政法治国"走向"政党法治国"[②]的新时代,党的领导原则入典能够展示行政基本法典的中国特色和民族传统。二是行政辅助性原则。作为"私人自由优先代名词"[③]的行政辅助性原则,体现了个人、市场和社会在事务处理上相对于政府的优先性。消极面向的辅助性原则具有"权限防堵"功能,表明个人相对于政府的自我规制优先性,只要个人能够胜任特定事务处理,就不需要政府权力;积极面向的辅助性原则具有"援助"功能,表明政府相对于个人的接续补充性,当个人无力胜任特定事务处理时,政府必须基于公益保护积极出手支援。[④] 在政府治理体系改革的语境中,行政辅助性原则就是对有效市场和有为政府更好结合的规范表达。三是行政合作性原则。作为一个具有宽广内涵的概念,行政合作性原则表征行政任务的履行并非仅仅属于国家责任,甚至也并不纯粹是

---

① 周佑勇:《行政法总则中基本原则体系的立法构建》,载《行政法学研究》2021年第1期。

② 强世功:《从行政法治国到政党法治国——党法和国法关系的法理学思考》,载《中国法律评论》2016年第3期。

③ 〔德〕罗尔夫·斯特博:《德国经济行政法》,苏颖霞、陈少康译,中国政法大学出版社1999年版,第114页。

④ 詹镇荣:《民营化与管制革新》,元照出版有限公司2005年版,第285页。

政府责任，需要调动政府之外的社会组织、行业协会、第三方专业机构、市场主体、公民个人及其他国家机关的共同合作才能完成。我国丰富的公私协力和府院互动本土实践，拓展了传统的行政形态，为“合作原则上升为一般的行政原则”[①]提供了可能。四是行政效能性原则。在以中国式现代化全面推进中华民族伟大复兴的新征程中，政府担负着繁重的经济社会发展任务，行政效能性原则是现代行政合法性基础上追求“最佳性”的规范保障。在行政基本法典中确立行政效能性原则，既是落实《宪法》第27条“一切国家机关……提高工作质量和工作效率”规范意旨的要求，也是确保“智能高效型”法治政府建设目标实现的规范体现。

除了通过行政基本法典总则编原则条款的补强外，行政形态拓新的规范表达还需要借助行政基本法典分则编的规则建构予以实现。一是在行政组织法分则编中，需从规范党政机构合并合署和凸显各级人民政府行政主体地位两个方面加以回应。党政机构合并合署无论采取何种具体形式，只要行政机关的牌子仍然存在，就应当继续受到行政法律规范的调整，遵循行政法治的一般要求。[②] 部分行政权相对集中改革和行政执法权向基层政府下沉改革，不仅是行政行为法层面“行政执法权的重新配置”，同时也是行政组织法意义上“事权的纵向再配置”。[③] 这些改革进一步凸显各级人民政府在行政法上的行政主体地位，恢复了职能部门作为政府内部专业性事务分工的本色，应当在行政组织法中予以明确认可。二是在行政活动法分则编中，需从“行政行为—行政协议”二元结构设计和规范行政活动方式选择两个方面加以回应。公私合作模式的兴起，加快了由“通过权力的治理”向“通过协议的治理”的转型，行政协议之诉审理标准不一更折射协议法制健全的紧迫性。在行政活动法编的体例结构上，应当确立行政协议与行政行为二

---

① 〔德〕汉斯·J.沃尔夫等：《行政法》（第1卷），高家伟译，商务印书馆2002年版，第18页。

② 国务院办公厅政府信息与政务公开办公室《关于机构改革后政府信息公开申请办理问题的解释》（国办公开办函〔2019〕14号）第5条规定：“行政机关职权划入党的机关的，如果党的机关对外加挂行政机关牌子，相关信息公开事项以行政机关名义参照前述规定办理；如果党的机关没有对外加挂行政机关牌子，相关信息公开事项按照《中国共产党党务公开条例（试行）》办理。”这一解释即遵循了“行政机关牌子是否保留”的原则，是行政法对党政关系新变化给予有力规范回应的佐证。

③ 叶必丰：《执法权下沉到底的法律回应》，载《法学评论》2021年第3期。

元界分的制度框架。行政活动方式选择自由广泛存在于公私合作的实践之中，特别是协同监管理念的兴起催生了诸多未型式化的活动方式，行政活动法分则编可从“极端情形排除”“行政任务属性”“裁量原则约束”三个方面进行规范。[①] 三是在行政救济法分则编方面，需从府院互动运行界限和争议实质化解路径两个方面加以回应。司法权与行政权之间的关系，是观察行政诉讼制度走向的窗口。府院互动活动的频繁发生和争议实质化解的普遍推行，在行政诉讼制度实践与现行立法之间产生张力，容易造成行政诉讼与行政复议的同质化。应当通过行政基本法典编纂塑造行政救济整体观，明确设定府院互动的界限和行政争议实质化解的路径，避免司法监督功效式微和协调化解之风蔓延，促进行政复议与行政诉讼之间竞争中合作、差异中互补新型关系格局的形成。

（二）主线共识：行政权力—权利的双线驱动

我国《民法典》编纂坚持以权利为中心的体系化进路，以民事权利为红线构建了逻辑严密的权利保护体系，全面展现了《民法典》“权利法”的特质。[②] 作为行政法体系化的规范集大成者，行政基本法典编纂同样需要确立合适的“阿基米德支点”，保障法典内容的科学性和逻辑的严密性。长期以来，我国行政法学形成了以行政行为为核心概念的理论知识体系，行政行为理论成为全部行政法学理论的中心。虽然“行政过程论”“行政法律关系论”相继提出，但“行政行为作为核心规范的地位至今未被实质性撼动”[③]。在目前有关行政基本法典框架结构设计和核心概念使用的学术讨论中，虽存在“行政活动”和“行政行为”不同方案的形式之争，但实质上都体现了坚持以行政权力为逻辑主线的思想意蕴。针对以行政法律关系为主线、围绕保护权益和规范公权力两条主线并行的“双线模式”主张，有学者表达出“理论构

① 章志远：《行政法学总论》（第2版），北京大学出版社2022年版，第231页。

② 王利明：《体系创新：中国民法典的特色与贡献》，载《比较法研究》2020年第4期。

③ 赵宏：《法治国下的目的性创设——德国行政行为理论与制度实践研究》，法律出版社2012年版，第1页。新近有学者还提出，我国应当在“行政职能”构建方法的观念下，改变行政法体系化过于依赖行政活动方式的倾向，在既有基础上全面提升行政职能在行政法体系化过程中的构建功能。参见于安：《我国行政法的体系建构和结构调整》，载《中国法律评论》2023年第1期。

建尚未完成”“立法难度过大”“法典价值取向阙如”的三重担忧。[①] 作为主观公权利结果或前提条件意义上的概念，行政法律关系由相互对应和联系的权利和义务构成，与行政行为在行政法学上构成的“不是一对相互排斥而是相互补充的制度”[②]。无论从“民法典为其他领域立法法典化提供了很好的范例，要总结编纂民法典的经验”[③]借鉴的外部视角，还是从行政基本法典编纂自身政治逻辑、制度逻辑和实践逻辑的内部视角看，“以行政权力规范为明线、以行政权利确认和保障为暗线”[④]的行政基本法典双线驱动模式实属必要，对行政权利予以系统性确认和实效性保护是行政基本法典编纂的重要任务。

1. 行政权力—权利双线驱动的逻辑证成

行政基本法典采行行政权力—权利双线驱动模式，是践行以人民为中心的发展思想的必然要求。发展是人类社会永恒的主题，也是中国共产党执政兴国的第一要务。中华人民共和国成立七十多年来，中国共产党领导人民之所以能够创造世所罕见的经济快速发展奇迹和社会长期稳定奇迹，关键就在于始终坚持以人民为中心的发展思想，永远把人民对美好生活的向往作为奋斗目标。特别是在中国特色社会主义进入新时代，我国社会主要矛盾已转化为人民日益增长的美好生活需要和不平衡不充分的发展之间的矛盾的全新背景之下，更要完整、准确、全面贯彻新发展理念。“只有坚持以人民为中心的发展思想，坚持发展为了人民、发展依靠人民、发展成果由人民共享，才会有正确的发展观、现代化观。”[⑤]在中国式现代化的新征程中，政府肩负着实现高质量发展、丰富人民精神世界、发展全过程人民民主、维护社会公平正义、实现全体人民共同富裕、促进人与自然和谐共生等多重行

---

① 马怀德:《行政基本法典模式、内容与框架》，载《政法论坛》2022 年第 3 期。

② 〔德〕哈特穆特・毛雷尔:《行政法学总论》，高家伟译，法律出版社 2000 年版，第 168 页。

③ 习近平:《坚定不移走中国特色社会主义法治道路 为全面建设社会主义现代化国家提供有力法治保障》，载《求是》2021 年第 5 期。

④ 杨伟东:《基本行政法典的确立、定位与架构》，载《法学研究》2021 年第 6 期。在与“行政权力”相对应概念的使用上，目前尚有“公民、法人或者其他组织权利”“行政相对人权利”“行政法权利”“公法权利”“主观公权利”“公权利”“行政权利”等不同称谓，就语义表达的简洁性、对应性和明确性而言，我们更倾向于使用“行政权利”作为行政法学上的基本范畴。

⑤ 《习近平谈治国理政》第 4 卷，外文出版社 2022 年版，第 171 页。

政任务，传统上以规范行政权力行使为目标的行政法体系化进路难以充分因应当代行政现实环境的新变化。为此，行政基本法典编纂应当同时引入行政权利主线，凸显“为民立典”的价值追求。2021年《法治政府纲要》将“人民满意”作为法治政府建成的辨识标准之一，并将“坚持以人民为中心，一切行政机关必须为人民服务、对人民负责、受人民监督”作为法治政府建设的主要原则之一，已为“制定以人民为中心的行政法法典”[①]做好了充分的政策铺垫。在行政任务日益多元化、复杂化的当代中国，实行行政权力—权利双线驱动型的法典编纂模式，能够兼容对行政权力的约束和对行政权利的保护，适应积极给付行政中心时代的需要。通过行政基本法典直接确认行政权利，“服务的提供就不仅仅是政府率性而为的一种政治运动，而是通过规范的力量赋予公民的一种主动的法律地位”[②]。由此可见，以人民为中心的发展思想构成了行政基本法典采行行政权力—权利双线驱动模式的政治逻辑基础。

行政基本法典采行行政权力—权利双线驱动模式，是落实“国家尊重和保障人权”宪法条款的客观需要。“人权保障没有最好，只有更好。”[③]尊重和保障人权是中国共产党人的不懈追求。2004年3月，第十届全国人民代表大会第二次会议通过宪法修正案，明确规定“国家尊重和保障人权”。人权入宪是中华民族文明史和中国人权发展史上的伟大里程碑，开启了人权法律保障体系建设的新纪元。党的十八大以来，人权法治保障事业取得历史性成就，依法保障人民权益成为推进全面依法治国的根本目的。要实现尊重和保障人权“在立法、执法、司法、守法全链条、全过程、全方位覆盖”，要让人民群众“在每一项法律制度、每一个执法决定、每一宗司法案件中都感受到公平正义”[④]，作为具体化宪法的行政法，应当及时完成“人民主体地位”的法治化建构。“主观权利对国家和公民之间的关系具有决定性影响。主观权利使宪法保障的尊严和人格产生法律效果。离开这些权利，公民可能成

① 应松年：《中国行政法法典化的基本思想》，载《法学评论》2023年第1期。

② 徐以祥：《行政法学视野下的公法权利理论问题研究》，中国人民大学出版社2014年版，第79页。

③ 习近平：《论坚持人民当家作主》，中央文献出版社2021年版，第143页。

④ 《习近平谈治国理政》第4卷，外文出版社2022年版，第271页。

为国家活动的仆从和客体。”[①]如果说《民法典》通过规定民事权利和行政机关相应保护义务是致力于“作为利己的个人”的现代化，那么行政基本法典通过规定行政权利和行政机关相应给付义务则是致力于“作为利他的个人”的现代化，二者都是对宪法人权保障条款的具体落实。行政基本法典的编纂，不仅要通过将行政权力关进制度的笼子以实现对行政的合法性控制，而且还要激发行政机关积极提供公共服务以推动人的全面发展和社会全面进步，真正把体现人民利益、反映人民愿望、维护人民权益、增进人民福祉落实到法治政府建设各领域全过程。由此可见，“国家尊重和保障人权”宪法条款构成了行政基本法典采行行政权力—权利双线驱动模式的制度逻辑基础。

行政基本法典采行行政权力—权利双线驱动模式，是因应“法治一体建设”战略安排的现实要求。坚持“法治一体建设”，是习近平法治思想的核心要义之一。“法治国家、法治政府、法治社会相辅相成，法治国家是法治建设的目标，法治政府是建设法治国家的重点，法治社会是构筑法治国家的基础。”[②]《法治社会纲要》明确提出，社会主义法治社会的标准是信仰法治、公平正义、保障权利、守法诚信、充满活力、和谐有序。从法治社会建设目标任务和具体进路上看，国家与社会之间的耦合与互嵌日益加深，已对法治政府建设率先取得突破的规范体系化要求形成明显的倒逼效应。以“加强权利保护”为例，“健全公众参与重大公共决策机制”和“保障行政执法中当事人合法权益”直接提出公民行政权利法典宣示的现实要求，成为提升行政决策公信力和执行力、推进严格规范公正文明执法的助推器；“加强人权司法保障”对构建公民行政权利保护的全面且无漏洞的司法救济体系提出新要求，成为促进社会公平正义、维护社会和谐稳定的压舱石；“为群众提供便捷高效的公共法律服务”明确提出行政机关的给付义务，成为实现社会成员权利平等、机会平等、规则平等的稳压器；“引导社会主体履行法定义务承担社会责任”提出行政机关的示范带动和教化引领义务，成为弘扬社会风尚、激发

① 〔德〕哈特穆特·毛雷尔：《行政法学总论》，高家伟译，法律出版社2000年版，第153页。

② 习近平：《坚定不移走中国特色社会主义法治道路 为全面建设社会主义现代化国家提供有力法治保障》，载《求是》2021年第5期。

社会活力的试金石。如果说《民法典》和《法治社会纲要》已经成为保障法治政府、法治社会一体建设规范体系的"左膀"，那么行政基本法典和2021年《法治政府纲要》就是保障法治政府、法治社会一体建设规范体系的"右臂"。通过行政基本法典直接确认和切实保护行政权利，能够起到权威宣示、权力制约和规则引领的多重功效，与《民法典》一起构筑起规范行政权力、保护公民权利的防护堤。由此可见，"法治一体建设"的战略安排构成了行政基本法典采行行政权力—权利双线驱动模式的实践逻辑基础。

2. 行政权力—权利双线驱动的制度展开

为避免双线驱动模式造成行政基本法典编纂的烦琐复杂，分则编大体上可以继续沿用"行政组织法—行政活动法—行政救济法"的"大三分"框架结构，增强法典编纂的现实可操作性和规范承继性。行政权利的暗线驱动作用，可经由总则编宣示性目的条款、确认性类型条款和分则编实效性保障条款的严密制度设计得以体现。作为一种"由法加以确保的意志力"，行政权利同时具有防御和请求功能，与行政权力共同构成现代行政法上的基础性关系，充当着"拱顶之石"的角色。[①] 为此，在行政基本法典开篇第1条的立法目的条款表述中，就应当旗帜鲜明地宣示"保护公民、法人和其他组织的合法权益"，将其置于各项立法目的之首，突出"人民主体性地位"在灵魂条款中的统领性功能，使我国行政基本法典成为一部真正"深入民心、赢得民心"的"民心"法典。[②] 这种宣示性目的条款的设计，表明了人是一切发展的终极目的而非手段的价值立场，符合"人的预设是任何一个成熟的法律思想体系逻辑起点"的基本规律。[③]

在行政基本法典总则编中设专章直接规定各种类型的行政权利，既是对《民法典》编纂经验的有益借鉴，也是"为民立典"核心价值的充分彰显。相比较目前通过单行立法规定行政机关的职责义务"间接确认"公民行政权利模式而言，通过编纂法典"直接确认"系统化的行政权利模式更具明确性

① 章剑生：《现代行政法总论》，法律出版社2014年版，第126页。

② 黄文艺：《推进中国式法治现代化 构建人类法治文明新形态——对党的二十大报告的法治要义阐释》，载《中国法学》2022年第6期。

③ 胡玉鸿：《"个人"的法哲学叙述》，山东人民出版社2008年版，第8页。

优势，是宪法权利具体化的首选方案。近年来，我国行政审判实践中的政府信息公开诉讼、房屋征收补偿诉讼之所以频频出现“程序空转”“连环诉讼”“滥诉”乱象，很大程度上就在于知情权、居住权等行政权利没有得到法律的明确确认，导致权利人无法通过司法渠道获得有效救济。在行政法学理上，行政权利的类型化存在“消极权利—积极权利”二分法、“自由权—受益权—参与权”三分法及“自由权—受益权—参政权—平等权”四分法等不同观点。[①] 在中国式现代化的新征程中，人民对高品质美好生活的期待将催生更多的权利需求。作为一种理论尝试，行政基本法典总则编行政权利章可明确列举五类权利群：一是以人身权、财产权、人格权为代表的自由权，这类权利的名称表述与民事权利无异，其性质认定取决于基础性法律关系的不同；二是以公法上给付请求权为代表的受益权，这类权利的内涵及形态将随着国家发展战略和行政任务变迁不断得到丰富和拓展；三是以参与权为代表的民主政治权利，这类权利体现了全过程人民民主所包含的“过程民主和成果民主、程序民主和实质民主、直接民主和间接民主、人民民主和国家意志相统一”[②]特质；四是以产权平等保护为代表的平等权，这类权利承载着“让现代化建设成果更多更公平惠及全体人民”的价值追求，在维护社会公平正义方面将发挥越来越重要的作用；五是以行政诉权为代表的行政救济权，这类权利因应行政争议多元化解体系的建构，能够有效整合不同行政救济方式的功效。行政权利“五权体系”的明确宣示，是对宪法基本权利条款的具体化和时代扩展，将构成行政基本法典“权利法”的精神气质。

行政权利对行政基本法典编纂的驱动作用，还体现为分则编权利实效性保障条款的设计。如同《民法典》总则编与分则编之间的“统辖遵从关系”一样，[③]行政权利目的性条款的宣示和专章类型化条款的确认，对行政基本法典各分则编均具有统率效力，后者必须在遵从总则编规定的基础上围绕权利的实效性保障作出全方位的细化规定。在行政组织法编中，要根据行

① 徐以祥：《行政法学视野下的公法权利理论问题研究》，中国人民大学出版社2014年版，第56—63页。

② 《习近平谈治国理政》第4卷，外文出版社2022年版，第260—261页。

③ 孙宪忠：《中国民法典总则与分则之间的统辖遵从关系》，载《法学研究》2020年第3期。

政权利制约行政权力、二者此消彼长关系的原理，对行政组织的设置、行政编制的确立、行政权力范围的确定、行政权力的委托等予以有效规范；在行政活动法编中，要立足实体性行政权利和程序性行政权利两个维度，全面拓展行政权利的具体形态，努力让人民群众从每一项行政活动中都能感受到公平正义；在行政救济法编中，要以权利有效且无漏洞救济为原点，不断拓展人民权益保障的广度、深度和温度，努力让人民群众在每一个司法案件中都能感受到公平正义。将亚类型行政权利及其实效性保障机制嵌入行政基本法典分则编之中，能够兼容规范行政权力和保障行政权利的双线驱动功效，彰显行政基本法典与时俱进的内在品格。

（三）资源共识：党政司法资源的系统整合

编纂行政基本法典既不是制定全新的行政法律，也不是简单的行政法律汇编，而是对现行行政法律规范进行编订纂修，对已经不适应现实情况的规范进行修改完善，对经济社会发展过程中出现的新情况、新问题作出有针对性的新规定。系统整合行政法律规范体系的存量和增量，构成了行政基本法典编纂的常态化要求。因此，“收集现行法令、习惯、判例及学说，按照法典的同类法进行分类”是法典编纂资源供给的首要任务。[①] 在目前有关行政基本法典编纂资源供给的讨论中，既有行政法律规范的“编入”“拆分”“补缺”受到更多关注；[②]有的学者还讨论了“提炼学理共识”的立法技术，以及对“行政体制改革成果、重要政策措施”的吸纳。[③] 除了现行法律、行政法规和一些具有探索性的地方性法规、政府规章之外，作为非正式渊源的党和国家纲领性文件、行政机关政策性文件和行政审判实践经验，在行政管理实践中同样发挥了重要的规范作用，一并成为行政基本法典编纂的源头活水。应当以行政基本法典编纂为契机，对我国改革开放四十多年来成文行政法律规范之外的本土资源进行全面梳理和系统整合，使之发展成为全新的共识性规范。

---

① 〔日〕穗积陈重：《法典论》，李求轶译，商务印书馆2014年版，第99页。

② 马怀德：《行政基本法典模式、内容与框架》，载《政法论坛》2022年第3期。

③ 王青斌：《行政法总则的立法技术》，载《法学》2022年第11期；王敬波：《行政基本法典编纂的中国道路》，载《当代法学》2022年第4期。

1. 行政法治发展的三个阶段

与域外行政法治一般的生长模式不同，我国是先有行政诉讼法、依靠下游规范倒逼行政法生长。1989 年《行政诉讼法》的颁布实施，正式开启“面向司法”的外力驱动型行政法治发展时期。三十多年来，《行政诉讼法》的实施虽遇到很多困难和挑战，但行政诉讼制度在保护公民、法人和其他组织合法权益，监督行政机关依法行政，服务保障党和国家中心工作，实质性解决行政争议等方面仍然发挥了重要作用。就统一行政法律适用和确立正式裁判规则而言，最高人民法院在“以司法为中心”的行政法治阶段扮演了应有的“塑造者”角色。概而论之，可供编纂行政基本法典使用的本土司法经验资源主要包括五类。一是司法解释，主要是针对行政诉讼制度的具体适用或某类行政案件的具体审理作出的细化规定，如《关于行政机关负责人出庭应诉若干问题的规定》就是对《行政诉讼法》第 3 条第 3 款“被诉行政机关负责人出庭应诉”的具体化和拓展；二是司法文件，主要是针对行政审判工作发展或某项改革试点作出的规定，如《关于推进行政诉讼程序繁简分流改革的意见》就是对《行政诉讼法》有关“简易程序”规定的发展；三是司法批复答复，主要是针对下级法院就审判工作中具体应用法律问题的请示作出的明确回答，如《关于对人民法院作出的准许或者不准许执行行政机关的行政决定的裁定是否可以申请再审的答复》就是对《行政诉讼法》第 90 条“发生法律效力的裁定”的限缩性解释；四是法官会议纪要，主要是针对行政案件审理中出现的法律适用分歧通过法官会议集体讨论提出的明确意见，如最高人民法院行政审判庭编的《法官会议纪要》(第一辑)(人民法院出版社 2022 年版)；五是典型案例，主要包括最高人民法院发布的公报案例和指导性案例，截至 2024 年 12 月，共发布公报行政案例 170 个(其中 120 个普通行政案例、26 个知识产权案例、24 个国家赔偿案例)、行政指导性案例 37 个(其中 30 个普通行政案例、3 个知识产权案例、4 个国家赔偿案例)。

以 2004 年《纲要》为标志，我国开始进入“面向行政”的行政自制型行政法治发展时期。相比较“以权力分工和制约为中心的传统依法行政路径”而言，“以行政为中心”的行政法治阶段表现出明显的“依靠政治推动、行政落实的内部性制度建构与实施过程”特质。[①] 在这一时期，国务院或国务院办公厅（有时表现为党政联合形式）发布的规范性文件成为政府治理体系改革的重要“推手”。概而论之，可供编纂行政基本法典使用的本土行政文件资源主要包括三类。一是规划引领类文件，主要是针对一段时期内法治政府建设的指导思想、基本原则、总体目标、主要任务和具体措施作出的全面部署安排，如《国务院关于加强市县依法行政的决定》《国务院关于加强法治政府建设的意见》、2015 年《法治政府纲要》、2021 年《法治政府纲要》等；二是填补空白类文件，主要是针对某些缺乏统一法律规范的具体领域以文件形式作出的补白，如以实现行政规范性文件良好治理为目标的《国务院办公厅关于加强行政规范性文件制定和监督管理工作的通知》《国务院办公厅关于全面推行行政规范性文件合法性审核机制的指导意见》《国务院办公厅关于在制定行政法规规章行政规范性文件过程中充分听取企业和行业协会商会意见的通知》等；三是实施扩展类文件，主要是针对某一具体法律实施作出的细化规定，如《国务院关于进一步贯彻实施〈中华人民共和国行政处罚法〉的通知》《国务院关于取消和调整一批罚款事项的决定》《国务院办公厅关于进一步规范行政裁量权基准制定和管理工作的意见》。从实效性角度而言，规划引领类文件体现“目标—措施”二元导向，催生法律制定、修改或出台相关文件保障改革举措落地生根，引领法治政府建设进入“规划”时代；[②]填补空白类文件和实施扩展类文件数量最多，更多体现“制度—实施”二元导向，发挥着代行法律规范或具体化法律规范的功效。

党的十八大召开以来，坚持和加强党的全面领导成为新时代党的建设总要求，加强党对法治政府建设的领导成为法治政府建设的首要原则，我国开始进入“面向党政”的高位推进型行政法治发展时期。相比较前两个阶段而言，“以党的领导为中心”的行政法治发展阶段呈现出政治体制强大势能、整体推动基本态势和全面突破理想格局的明显特质，法治政府建设在全面依法治国进程中的地位更加凸显。在中国式法治现代化的新征程中，党的路线方针政策已贯彻到法治政府建设的各领域全过程，党领导立法、保证执

① 刘国乾：《法治政府建设：一种内部行政法的制度实践探索》，载《治理研究》2021 年第 3 期。

② 马怀德：《迈向“规划”时代的法治中国建设》，载《中国法学》2021 年第 3 期。

法、支持司法、带头守法的体制机制不断健全，中国特色社会主义法治政府建设事业展现勃勃生机。概而论之，可供编纂行政基本法典使用的本土党政规范资源主要包括两类。一是党内规范性文件。从发文主体而言，通常为中共中央（有时表现为与国务院联合发布）、中共中央办公厅（有时表现为与国务院办公厅联合发布）、中央全面依法治国委员会及其办公室；从文件功能而言，主要表现为规划引领型和规范填补型，前者如《规划》《关于进一步加强市县法治思想建设的意见》，后者如《关于营造更好发展环境支持民营企业改革发展的意见》《关于开展法治政府建设示范创建活动的意见》。二是党内法规。《党内法规制定条例》第 13 条第 2 款规定："制定党内法规涉及政府职权范围事项的，可以由党政机关联合制定。"近年来，与法治政府建设事项有关的党内法规大多是由中共中央、国务院或者中共中央办公厅、国务院办公厅联合发布的，前者如《信访工作条例》，后者如《督察规定》。

2. 三类本土资源的系统整合

"每一种行政法理论背后，皆蕴藏着一种国家理论。"[①]我国行政法四十多年的发展进程清晰地展示了面向司法、面向行政、面向党政的三重形态，既为编纂行政基本法典提供了丰富的文本素材，也增加了系统整合党政司法资源的难度。比较法的观察显示，法国的判决书简洁而枯燥"宛如证书字据"，英国的判决书"是与生活紧密相连的洋溢着生命与色彩的散文"，德国的判决书则介于二者之间堪称"学术论文"。[②] 从我国三重本土资源的文风表达上看，法言法语、政言政语、党言党语各不相同，如何将不同文本中的概念表述和制度设计进行系统整合，确实是对行政基本法典编纂机关的重大考验。总体上看，本土资源整合要坚持三项基本原则。一是法规范安定性原则。要充分尊重行政审判实务三十多年来已经积累的成熟经验，维护社会成员的心理预期。对行政审判"发展法律"的功能要进行深入实证研究，

① 〔英〕卡罗尔·哈洛、理查德·罗林斯：《法律与行政》（上卷），杨伟东等译，商务印书馆 2004 年版，第 29 页。

② 〔日〕大木雅夫：《比较法》，范愉译，法律出版社 1999 年版，第 279—280 页。

形成我国自主性行政法治话语体系。[①] 二是行政合法性审查原则。要审慎对待行政机关发布的各类行政规范性文件,通过严格的合法性审查将部分有助于行政法治进步发展的内容入典,维护行政法律规范体系的权威性和统一性。"如果我们能够将其中较为系统的行政法治理念集中规定在行政法典中,对于我国行政法治将是一个提升。"[②]"依文件行政"总体上属于法治国家进程中的阶段性现象,编纂行政基本法典的目标之一就是重申"依法行政"的正统地位。三是党内法规国家法律衔接协调原则。"全面推进依法治国,必须努力形成国家法律法规和党内法规制度相辅相成、相互促进、相互保障的格局。"[③]同为中国特色社会主义法治体系的有机组成部分,二者具有同等的渊源地位,应当形成"互为依托、互相借力"的生动发展局面。[④]

党政司法本土资源的系统整合,还有赖科学而规范的编纂技术的灵活运用。面对浩如烟海的各种规范性文件和典型行政案例,如何通过一系列的拆解、抽取、归纳和提炼活动,将其改造为具有共识性和普适性的规范,同样是编纂行政基本法典必须直面的挑战。概而论之,本土资源整合可运用三项编纂技术。一是基于规范明确性原理的条款扩容技术。现行行政法律规范体系充斥着大量不确定法律概念,既增加了法律适用的难度,也损害了法律规范的权威性。三十多年行政审判实务经验的积累,已形成大量不确定法律概念具体化的成熟实例,并为若干单行法律修订所吸收。[⑤] 以《行政诉讼法》第 70 条规定的"滥用职权"为例,其内涵的不明确性导致在行政审判实践中受到冷遇。《最高人民法院公报》刊载的数起典型案例,已针对"滥用职

---

① 何海波:《行政诉讼法》(第 3 版),法律出版社 2022 年版,第 57 页。

② 关保英:《〈行政法典总则〉对行政法治理念的整合》,载《法学》2021 年第 9 期。

③ 习近平:《论坚持全面依法治国》,中央文献出版社 2020 年版,第 96 页。

④ 宋功德:《坚持依规治党》,载《中国法学》2018 年第 2 期。

⑤ 例如,相比较 1996 年《行政处罚法》第 42 条听证程序适用范围规定中"等"字的不确定性而言,2021 年修订的《行政处罚法》第 63 条已明确将"没收较大数额违法所得、没收较大价值非法财物"纳入听证程序适用范围,这实际上是对最高人民法院先前司法答复和指导性案例积累经验的肯定和吸纳。参见最高人民法院《关于没收财产是否应当进行听证及没收经营药品行为等有关法律问题的答复》(〔2004〕行他字第 1 号)、指导案例 6 号"黄泽富、何伯琼、何熠诉四川省成都市金堂工商行政管理局行政处罚案"(2012 年 4 月 9 日发布)。

权"的具体表现形态作出判断,可以在编纂行政基本法典时予以整合吸收。[①] 二是基于功能适当原理的提取入典技术。大量行政规范性文件是我国政府治理体系改革的生动写照,对正式行政法律规范发挥了重要补充作用。从提升权威性、强制性和可持续性而言,应当基于功能适当性原理寻找"家族相似性"行政规范性文件,将其核心要义根据"提取公因式"技术改造成正式规范入典。以为持续推进"放管服"改革出台的事中事后监管类文件为例,就可以将其定位为行政许可行为的有机组成部分,利用修改《行政许可法》的机会将主要内容改造为专章编入;也可以将其定位为一类独立的行政活动方式,通过制定专门的市场监管行为法将主要内容予以升级。三是基于规范衔接原理的引致性条款技术。习近平总书记在庆祝中国共产党成立100 周年大会上的讲话中指出,"坚持依规治党、形成比较完善的党内法规体系"。党内法规制度建设成果不仅惠及全面从严治党事业向纵深推进,而且对党长期执政和国家长治久安也起到了重要保障作用,已经成为中国特色社会主义法治建设不可或缺的组成部分。[②] 可以基于党内法规同国家法律衔接协调原理,在行政基本法典中设置相应的引致性条款,实现不同规范体系相互之间的有效衔接。这三类编纂技术富有针对性的运用,能够同时发挥司法资源的基础性作用、行政资源的补强性作用和党政资源的引领性作用,通过编纂行政基本法典将我国行政法治制度优势转化为现实效能。

二、严格执法:有效规范权力行使

党的十八届四中全会《决定》指出:"法律的生命力在于实施,法律的权

---

① 章志远、黄娟主编:《公报行政案例中的法理》,中国人民大学出版社 2022 年版,第 106—108 页。最高人民法院新近在"余姚市甬兴气体分滤厂与余姚市住房和城乡建设局燃气经营许可纠纷案"的裁判要旨中指出:"具有行政许可权的行政机关作出不予行政许可决定的理由不能成立,且该决定已被人民法院判决撤销并责令重作的情况下,行政机关仍以相同理由再次作出不予行政许可决定,应认定为滥用职权。"此举首次将《行政诉讼法》第 71 条的规定明确为滥用职权的表现形式,具有重要的理论价值和实践意义。参见《最高人民法院公报》2022 年第 2 期。

② 有学者立足我国环境法治发展进程中的"政党—国家—社会"构造,深入剖析党内法规和党内规范性文件在生态文明建设中的重要规范作用,揭示其与国家法治之间存在的"弥补缺陷空白""变革调整法律""细化国家法律"等多重关系。参见陈海嵩:《生态环境政党法治的生成及规范化》,载《法学》2019 年第 5 期。

威也在于实施。"行政执法作为行政机关实施法律法规、履行政府职能、管理经济社会事务的主要方式，与人民群众之间的联系最为紧密、直接，既是行政机关最重要的职能，也是法治政府建设的关键环节。党的十八大以来，习近平总书记在多个重要场合针对严格执法作出一系列重要论述，无论是在广度还是深度上都超过了法治政府建设的其他环节，构成了习近平法治思想中极具本土特色的严格执法理论。为此，行政法学理论界就有必要对习近平法治思想中的严格执法理论展开相对独立系统的专门研究，凸显其在法治政府理论和实践中的核心地位。

就制度谱系而言，执法和司法都属于法律实施活动。虽然司法机关在实践中习惯于将执法办案作为主业代称，但严格执法还是专门指称行政机关实施法律法规、作出影响行政相对人权益的行为。在习近平法治思想"十一个坚持"的核心要义中，"严格执法"一方面是作为"坚持法治国家、法治政府、法治社会一体建设"中法治政府建设重点任务"严格规范公正文明执法"的统称出现，另一方面是作为"坚持全面推进科学立法、严格执法、公正司法、全民守法"中全面依法治国关键环节"执法"的要求出现。无论是在全面依法治国的工作布局还是重点任务中被提及，广义上的"严格执法"表征的都是严格规范公正文明执法这一整体，"要准确把握、全面贯彻，不能畸轻畸重、顾此失彼"[①]。在我国行政法学理上，行政立法、行政执法和行政司法的三分法得到了普遍认可，成为架构行政行为理论体系的基本概念工具。[②] 本部分结合近年来我国行政执法制度的丰富实践，全面阐释习近平法治思想中的严格执法理论，找准行政执法贯彻落实习近平法治思想的结合点和着力点，将习近平法治思想转化为现实的法治建设生产力，使其在鲜活的行政执法实践探索中得到进一步丰富和发展。

（一）习近平严格执法理论的基本要义

从在首都各界纪念现行宪法公布施行30周年大会上的讲话首次提出"必须全面推进科学立法、严格执法、公正司法、全民守法进程"，"切实做到

① 习近平：《论坚持全面依法治国》，中央文献出版社2020年版，第259页。

② 应松年主编：《行政行为法——中国行政法制建设的理论与实践》，人民出版社1993年版，第3—4页；姜明安主编：《行政执法研究》，北京大学出版社2004年版，第8页。

严格规范公正文明执法”①，到在十九届中央政治局第三十五次集体学习时的讲话再次强调“推进法治体系建设，重点和难点在于通过严格执法、公正司法、全民守法，推进法律正确实施，把‘纸上的法律’变为‘行动中的法律’”②，习近平总书记在多次重要讲话中论及严格执法的重要意义、实践要求和推进措施，形成了内涵丰富、逻辑严密、系统完备的严格执法理论。深入学习习近平总书记这些重要讲话精神，可从执法地位论、执法体制论、执法方式论、执法保障论和执法监督论五个方面把握习近平严格执法理论的基本要义。

1. 执法地位论

习近平总书记指出：“法律的生命力在于实施。如果有了法律而不实施，或者实施不力，搞得有法不依、执法不严、违法不究，那制定再多法律也无济于事。”③行政执法作为最重要、最经常性的法律实施活动，在治国理政全局中发挥着举足轻重的作用。“行政执法工作面广量大，一头连着政府，一头连着群众，直接关系群众对党和政府的信任、对法治的信心。”④“行政执法同基层和百姓联系最紧密，直接体现我们的执政水平。”⑤尤其是承担维护国家政治安全、确保社会大局稳定、促进社会公平正义、保障人民安居乐业职责任务的公安机关，“处于执法司法工作第一线，能不能做到严格规范公正文明执法，事关人民群众切身利益，事关党和政府法治形象”⑥。在谈及执法实践中人民群众反映强烈的粗放执法、变通执法、越权执法及关系案、人情案、金钱案的危害时，习近平总书记指出：“这些问题，不仅严重败坏政法机关形象，而且严重损害党和政府形象。”⑦将执法活动的重要性提升到执政水平、党和政府形象的战略全局高度，是严格执法理论的一次飞跃，与当下

---

① 习近平：《论坚持全面依法治国》，中央文献出版社 2020 年版，第 12、13 页。

② 习近平：《坚持走中国特色社会主义法治道路 更好推进中国特色社会主义法治体系建设》，载《求是》2022 年第 4 期。

③ 习近平：《论坚持全面依法治国》，中央文献出版社 2020 年版，第 20—21 页。

④ 习近平：《坚定不移走中国特色社会主义法治道路 为全面建设社会主义现代化国家提供有力法治保障》，载《求是》2021 年第 5 期。

⑤ 习近平：《论坚持全面依法治国》，中央文献出版社 2020 年版，第 221 页。

⑥ 同上书，第 259 页。

⑦ 同上书，第 45—46 页。

有效整合政治功能和行政功能的中国特色“党政体制”下的现代行政国家完全契合。[①]

在立足治国理政外部视角阐释的同时，习近平总书记还立足法治建设内部视角论述严格执法的重要地位。“天下之事，不难于立法，而难于法之必行。”“现在，我们的工作重点应该是保证法律实施，做到有法必依、执法必严、违法必究。有了法律不能有效实施，那再多法律也是一纸空文，依法治国就会成为一句空话。”[②]在“把纸面上的法律变为现实生活中活的法律的关键环节”的执法工作中，执法人员“必须忠于法律、捍卫法律，严格执法、敢于担当”[③]。受“以吏为师”传统文化的影响，执法人员是否严格执法对老百姓能否守法具有示范带动作用。“领导干部尊不尊法、学不学法、守不守法、用不用法，人民群众看在眼里、记在心上，并且会在自己的行动中效法。”[④]党的十八届四中全会《决定》提出实行国家机关“谁执法谁普法”的普法责任制之后，中共中央办公厅、国务院办公厅 2017 年 5 月印发《关于实行国家机关“谁执法谁普法”普法责任制的意见》，“全面落实‘谁执法谁普法’普法责任制”还相继写入《规划》《法治社会纲要》和 2021 年《法治政府纲要》之中，突出了严格执法在立法和守法环节之间的桥梁和纽带作用。

2. 执法体制论

党的十八大以来，全国各地稳步推行行政执法体制改革，为严格执法提供有力的体制支撑。习近平总书记指出：“针对当前依然存在的执法不规范、不严格、不透明、不文明以及不作为、乱作为等突出问题，必须加快建立权责统一、权威高效的依法行政体制。”[⑤]行政执法体制改革呈现横向综合执法和纵向重心下移的双轨推进模式。党的十九届三中全会通过的《深化党和国家机构改革方案》围绕“统筹配置行政处罚职能和执法资源”，着力推进综合行政执法体制改革，提出“根据不同层级政府的事权和职能，按照减少层次、整合队伍、提高效率的原则，大幅减少执法队伍种类，合理配置执法力

① 景跃进等主编：《当代中国政府与政治》，中国人民大学出版社 2016 年版，第 27 页。

② 习近平：《论坚持全面依法治国》，中央文献出版社 2020 年版，第 45 页。

③ 同上书，第 116 页。

④ 同上书，第 141 页。

⑤ 同上书，第 220 页。

量。一个部门设有多支执法队伍的,原则上整合为一支队伍。推动整合同一领域或相近领域执法队伍,实行综合设置"[1]。关于这次深化党和国家机构改革,习近平总书记指出:"把深化综合执法改革作为专项任务,在市场监管、生态环保、文化市场、交通运输、农业等领域整合组建执法队伍,大幅减少执法队伍类别,合理配置执法力量,着力解决多头多层重复执法问题,努力做到严格规范公正文明执法。"[2]综合行政执法体制改革的持续推进,有助于节约执法资源、增强执法权威、提升执法效能,真正促进严格执法局面的实现。

推动执法重心下移是又一重要面向的行政执法体制改革。中共中央办公厅、国务院办公厅 2016 年 12 月印发《关于深入推进经济发达镇行政管理体制改革的指导意见》,明确提出省级政府"可以将基层管理迫切需要且能够有效承接的一些县级管理权限包括行政审批、行政处罚及相关行政强制和监督检查权等赋予经济发达镇,制定目录向社会公布,明确镇政府为权力实施主体"的改革任务;2019 年 1 月印发《关于推进基层整合审批服务执法力量的实施意见》,进一步提出"按照依法下放、宜放则放原则,将点多面广、基层管理迫切需要且能有效承接的审批服务执法等权限赋予乡镇和街道,由省级政府统一制定赋权清单,依法明确乡镇和街道执法主体地位"的改革任务。在国家治理基础单元的乡镇街道,执法重心下移能够持续释放"基层事情基层办、基层权力给基层、基层事情有人办"的改革红利,"让基层群众有更直接的改革获得感"[3]。这些先期改革成果已为 2021 年修订的《行政处罚法》第 18、24 条确认,体现了在法治下推进改革、在改革中完善法治的辩证统一。2021 年 11 月,国务院印发《关于进一步贯彻实施〈中华人民共和国行政处罚法〉的通知》,将"纵深推进综合行政执法体制改革"和"积极稳妥赋权乡镇街道实施行政处罚"作为持续改革行政处罚体制机制的重要抓手,确保行政处罚权得到严格规范公正文明行使。

---

① 本书编写组编著:《〈中共中央关于深化党和国家机构改革的决定〉〈深化党和国家机构改革方案〉辅导读本》,人民出版社 2018 年版,第 65—66 页。

② 习近平:《论坚持全面依法治国》,中央文献出版社 2020 年版,第 220 页。

③ 同上书,第 221 页。

3. 执法方式论

创新行政执法方式,让执法既有力度又有温度,努力做到宽严相济、法理相融,是习近平严格执法理论的重要内容。“现实生活中出现的很多问题,往往同执法失之于宽、失之于松有很大关系。”①特别是生态环境保护、食品药品安全、网络空间治理等领域出现的种种乱象,就与执法不严、惩处不力直接有关。习近平总书记反复强调,要用最严格制度最严密法治保护生态环境。“要牢固树立生态红线的观念。在生态环境保护问题上,就是要不能越雷池一步,否则就应该受到惩罚。”②“对破坏生态环境的行为不能手软,不能下不为例。要下大气力抓住破坏生态环境的反面典型,释放出严加惩处的强烈信号。”③针对2018年发生的“长春长生疫苗造假案”,习近平总书记指出:“背后的原因也是有法不依、执法不严,把法律法规当儿戏。这就要求我们必须促进严格规范公正文明执法,让人民群众真正感受到公平正义就在身边。”④中共中央、国务院2019年5月印发《食品安全意见》,提出用“最严谨的标准、最严格的监管、最严厉的处罚、最严肃的问责”,确保人民群众“舌尖上的安全”。习近平总书记多次强调,互联网不是法外之地,没有网络安全就没有国家安全。“利用网络鼓吹推翻国家政权,煽动宗教极端主义,宣扬民族分裂思想,教唆暴力恐怖活动,等等,这样的行为要坚决制止和打击,决不能任其大行其道。利用网络进行欺诈活动,散布色情材料,进行人身攻击,兜售非法物品,等等,这样的言行也要坚决管控,决不能任其大行其道。”⑤对于公然阻碍执法、暴力抗法的行为,“要严格执法、依法惩治,不能怕惹事,不能缩手缩脚,不能让这种歪风邪气蔓延开来”⑥。

在反复强调加大重点领域执法力度、行政执法要“严”字当头的同时,习近平总书记也高度重视行政执法方式创新,通过行政机关的柔性执法、人性化执法,努力让人民群众在每一个执法行为中都能看到风清气正、从每一项

① 习近平:《论坚持全面依法治国》,中央文献出版社2020年版,第52页。
② 《习近平谈治国理政》,外文出版社2014年版,第209页。
③ 《习近平谈治国理政》第3卷,外文出版社2020年版,第364页。
④ 习近平:《论坚持全面依法治国》,中央文献出版社2020年版,第225页。
⑤ 《习近平谈治国理政》第2卷,外文出版社2017年版,第336页。
⑥ 习近平:《论坚持全面依法治国》,中央文献出版社2020年版,第260页。

执法决定中都能感受到公平正义。“强调严格执法，让违法者敬法畏法，但绝不是暴力执法、过激执法，要让执法既有力度又有温度。”[①]“涉及群众的问题，要准确把握社会心态和群众情绪，充分考虑执法对象的切身感受，规范执法言行，推行人性化执法、柔性执法、阳光执法，不要搞粗暴执法、‘委托暴力’那一套。”[②]一段时间以来，在征地拆迁、环境整治、城市更新、违建拆除等专项执法行动中，一些行政机关没有妥善处理好眼前利益与长远利益、个人利益与公共利益、执法手段与执法效果之间的关系，“暴力拆迁”、一律“关停并转”的运动式治理反而引发更多社会矛盾。严格执法要强调，文明执法、公正执法也要强调，不能顾此失彼、片面机械理解执法必严。“执法的最好效果就是让人心服口服。要树立正确法治理念，把打击犯罪同保障人权、追求效率同实现公正、执法目的同执法形式有机统一起来，坚持以法为据、以理服人、以情感人，努力实现最佳的法律效果、政治效果、社会效果。”[③]

4. 执法保障论

党的十八届四中全会《决定》首次将“有力的法治保障体系”纳入中国特色社会主义法治体系之中，《规划》专章规定为全面依法治国提供“政治、组织、队伍、人才、科技、信息等保障”，2021年《法治政府纲要》专章规定为法治政府建设提供“科技保障体系”。“行政执法是法治政府建设中的关键环节，也是行政机关依法行政水平最直观的展示窗口。”[④]严格执法尤其离不开坚强的政治组织保障和队伍人才保障。“党的领导是中国特色社会主义最本质的特征，是社会主义法治最根本的保证。坚持中国特色社会主义法治道路，最根本的是坚持中国共产党的领导。”[⑤]各级党政机关和领导干部要始终支持行政执法机关依法公正行使职权，不得让行政执法人员做不符合法律规定的事情。党“保证执法”就是实现严格执法的最大底气。“对执法机关严格执法，只要符合法律和程序的，各级党委和政府都要给予支持和保护，

---

① 习近平：《坚定不移走中国特色社会主义法治道路 为全面建设社会主义现代化国家提供有力法治保障》，载《求是》2021年第5期。

② 习近平：《论坚持全面依法治国》，中央文献出版社2020年版，第52页。

③ 同上书，第259—260页。

④ 马怀德：《迈向“规划”时代的法治中国建设》，载《中国法学》2021年第3期。

⑤ 习近平：《论坚持全面依法治国》，中央文献出版社2020年版，第106页。

不要认为执法机关给自己找了麻烦，也不要担心会给自己的形象和政绩带来什么不利影响。我们说要敢于担当，严格执法就是很重要的担当。”[①]中共中央办公厅、国务院办公厅2016年11月印发《党政主要负责人履行推进法治建设第一责任人职责规定》，2019年5月印发《督察规定》，以党内法规形式确认法治政府建设推进机制，推动形成全社会支持行政执法机关依法履职的氛围，为严格执法提供坚实的政治和组织保障。

习近平总书记指出：“全面推进依法治国，建设一支德才兼备的高素质法治队伍至关重要。”[②]作为将纸面之法转化为现实之法的专门法治工作队伍，行政执法人员的革命化、正规化、专业化、职业化对严格执法的实现具有特殊的支撑作用。“法律需要人来执行，如果执法的人自己不守法，那法律再好也没用！”[③]人民群众对党委和政府形象的评价，就是在与一个个行政执法人员打交道的过程中形成的。如果行政执法人员缺乏基本的政治素养、法律素养和职业良知，行政执法活动就得不到人民群众的内心认同。“执法不严、司法不公，一个重要原因是少数干警缺乏应有的职业良知。许多案件，不需要多少法律专业知识，凭良知就能明断是非，但一些案件的处理就偏偏弄得是非界限很不清楚。”[④]为此，习近平总书记指出：“行政机关是实施法律法规的重要主体，要带头严格执法，维护公共利益、人民权益和社会秩序。执法者必须忠于法律，既不能以权压法、以身试法，也不能法外开恩、徇情枉法。”[⑤]只有打造一支忠于党、忠于国家、忠于人民、忠于法律的社会主义高素质行政执法队伍，严格执法才有坚实的人力保障。

5. 执法监督论

“权力不论大小，只要不受制约和监督，都可能被滥用。”[⑥]与其他国家权力相比，行政执法权行使具有明显的面广量大特征，尤其需要受到全方位、

---

① 习近平：《论坚持全面依法治国》，中央文献出版社2020年版，第52页。

② 同上书，第115页。

③ 同上书，第21页。

④ 同上书，第46—47页。

⑤ 同上书，第21页。

⑥ 中共中央文献研究室编：《习近平关于全面依法治国论述摘编》，中央文献出版社2015年版，第58页。

全流程的监督。不过，我国目前法治体系存在的一大短板就是“法治监督体系不够严密，各方面监督没有真正形成合力”[①]。行政执法权的滥用，可能表现为执法不作为、执法乱作为、选择性执法、逐利性执法、人情化执法等多种异化的形态。特别是在我国这样一个人情社会，各种权势、金钱、人情、关系很容易介入执法过程之中，不仅对正常的行政执法工作形成干扰，而且极易造成执法权力寻租。习近平总书记指出：“我们要加强对执法活动的监督，坚决排除对执法活动的非法干预，坚决防止和克服地方保护主义和部门保护主义，坚决防止和克服执法工作中的利益驱动，坚决惩治腐败现象，做到有权必有责、用权受监督、违法必追究。”[②]执法领域的以权压法、权钱交易问题比较隐蔽，老百姓也深恶痛绝，必须通过执法公开促进执法公正、透明执法保障廉洁执法。“阳光是最好的防腐剂。权力运行不见阳光，或有选择地见阳光，公信力就无法树立。执法司法越公开，就越有权威和公信力。”[③]2021年《法治政府纲要》提出，坚持以公开为常态、不公开为例外，用政府更加公开透明赢得人民群众更多理解、信任和支持。

除了依托行政执法权力运行的公开寻求监督实效之外，习近平总书记同时强调要构建系统完备、规范高效的执法制约监督体系，确保执法活动各环节、全过程都在有效制约监督之下运行。“要加强党内监督、人大监督、民主监督、行政监督、司法监督、审计监督、社会监督、舆论监督，努力形成科学有效的权力运行和监督体系，增强监督合力和实效。”[④]“要加强省市县乡四级覆盖的行政执法协调监督工作体系建设，强化全方位、全流程监督，提高执法质量。”[⑤]2021年《法治政府纲要》明确提出，加强行政执法监督机制和能力建设，充分发挥行政执法监督统筹协调、规范保障、督促指导作用，2024年年底前基本建成省市县乡全覆盖的比较完善的行政执法协调监督工作体

---

① 习近平：《坚持走中国特色社会主义法治道路 更好推进中国特色社会主义法治体系建设》，载《求是》2022年第4期。

② 习近平：《论坚持全面依法治国》，中央文献出版社2020年版，第21—22页。

③ 同上书，第49页。

④ 中共中央文献研究室编：《习近平关于全面依法治国论述摘编》，中央文献出版社2015年版，第61页。

⑤ 习近平：《坚定不移走中国特色社会主义法治道路 为全面建设社会主义现代化国家提供有力法治保障》，载《求是》2021年第5期。

系。作为法治政府建设重要组成内容的健全行政执法工作体系和健全行政权力制约监督体系的“交集”，行政执法监督机制具有“依靠政治推动、行政落实的内部性制度建构与实施过程”[①]的特质，是又一项具有中国本土特色的法治实践活动，能够助推严格执法的实现。

（二）习近平严格执法理论的主要特征

作为习近平法治思想的重要组成内容，习近平严格执法理论同样源于“经验的升华、理性的凝练、历史的淬炼，具有鲜明的实践逻辑、科学的理论逻辑和深厚的历史逻辑”[②]。严格执法理论根源于法治政府建设的生动实践，特别是党的十八大以来行政执法领域鲜活的实践探索；严格执法理论是对邓小平理论中“有法可依，有法必依，执法必严，违法必究”法治思想的继承、创新和发展；严格执法理论也是在洞察人类社会法治发展历史进程和规律中传承和凝练的思想精华。总体而言，鲜明的政治导向、坚定的人民立场、丰富的实践理性、厚重的系统观念和科学的辩证思维构成了习近平严格执法理论的主要特征。

1. 鲜明的政治导向

习近平总书记指出：“我们推进全面依法治国，决不照搬别国模式和做法，决不走西方所谓‘宪政’、‘三权鼎立’、‘司法独立’的路子。”[③]在全面加强党的领导的新时代，理解行政执法决不能简单停留在行政管理的专业技术层面，应当置身于党政关系的宏大视野中予以把握。“处理好党政关系，首先要坚持党的领导，在这个大前提下才是各有分工，而且无论怎么分工，出发点和落脚点都是坚持和完善党的领导。”[④]坚持党的领导并不是一句空的口号，党保证执法、支持行政机关依法履职就是最好的体现。“在我国，党的坚强有力领导是政府发挥作用的根本保证。”[⑤]可见，坚持党对执法工作的领

① 刘国乾：《法治政府建设：一种内部行政法的制度实践探索》，载《治理研究》2021年第3期。

② 张文显：《习近平法治思想的实践逻辑、理论逻辑和历史逻辑》，载《中国社会科学》2021年第3期。

③ 习近平：《坚定不移走中国特色社会主义法治道路 为全面建设社会主义现代化国家提供有力法治保障》，载《求是》2021年第5期。

④ 《习近平谈治国理政》第3卷，外文出版社2020年版，第168页。

⑤ 《习近平谈治国理政》，外文出版社2014年版，第118页。

导彰显出严格执法理论鲜明的政治导向，是其最大亮点和优势所在。在中国特色党政体制下，党政机关合署合设、党政联合发文作为行政执法依据、重点领域实行“党政同责、一岗双责”，已经成为观察行政执法活动政治导向的重要窗口。

严格执法理论所蕴含的鲜明政治导向，要求行政机关将党的领导贯彻到行政执法活动的全过程和各方面，筑牢行政执法的政治方向，永葆行政执法的政治本色，不断将行政执法固有的政治优势转化为治理效能。一方面，行政机关在执法活动过程中要正确处理好作为执法依据的党的政策和国家法律之间的关系，自觉维护党的政策和国家法律的权威性，确保党的政策和国家法律都能够得到统一正确实施。另一方面，行政机关在执法活动过程中要紧紧依靠各级党委支持开展工作，排除各种人为因素的外在干扰。“执法部门代表的是人民利益，决不能成为家族势力、黑恶势力的保护伞。”[①]“该严格执法的没有严格执法，该支持和保护严格执法的没有支持和保护，就是失职，那也是要追究责任的。”[②]只有从执法依据和执法动力上找准严格执法与坚持党的领导的连接点和着力点，才能确保党始终总揽全局、协调各方作用的发挥，不断提高执法公信力、推动法治政府建设更好更快发展。

2. 坚定的人民立场

“人民立场是中国共产党的根本政治立场，是马克思主义政党区别于其他政党的显著标志。”[③]人民是全面依法治国最广泛、最深厚的基础，法治建设必须始终坚持为了人民、依靠人民的基本理念，“把体现人民利益、反映人民愿望、维护人民权益、增进人民福祉落实到全面依法治国各领域全过程”[④]。行政执法活动作为最重要的法律实施活动，与人民群众关系最密切、问题矛盾反映最集中、衡量执政水平最直接，必须始终做到“上接天线”明方向，“下接地线”暖民心。“执法为民是社会主义法治的本质要求，坚持执法为民就要坚持一切权力属于人民，以最广大人民根本利益为执法工作出发

---

① 习近平：《论坚持全面依法治国》，中央文献出版社 2020 年版，第 225 页。

② 同上书，第 53 页。

③ 习近平：《论坚持人民当家作主》，中央文献出版社 2021 年版，第 163 页。

④ 习近平：《坚定不移走中国特色社会主义法治道路 为全面建设社会主义现代化国家提供有力法治保障》，载《求是》2021 年第 5 期。

点和落脚点，尊重和保障人权，做到为人民执法、靠人民执法。”①

严格执法理论的各项内容都充分彰显了坚定的人民立场。重点领域执法力度的加大，直接源于民生关怀、民愿回应、民心叩问。良好的生态环境就是最普惠的民生福祉，保护和改善环境就是保护和改善生产力。“我国资源约束趋紧、环境污染严重、生态系统退化的问题十分严峻，人民群众对清新空气、干净饮水、安全食品、优美环境的要求越来越强烈。”②“只有实行最严格的制度、最严密的法治，才能为生态文明建设提供可靠保障。”③网络空间是亿万民众共同的精神家园，绝非法外之地、舆论飞地。“网络空间天朗气清、生态良好，符合人民利益。网络空间乌烟瘴气、生态恶化，不符合人民利益。”④执法体制改革、执法方式创新和执法监督强化，都是为了进一步提高人民群众的获得感、幸福感和安全感。新时代人民群众美好生活向往不断向民主、法治、公平、正义、安全、环境方面延伸，执法活动需要及时跟进。执法和执法监督力度的加大，同样需要依靠人民群众的支持。2021年《法治政府纲要》提出，畅通违法行为投诉举报渠道，对举报有功人员依法予以奖励和严格保护；加强和完善行政执法机关处理投诉举报制度建设，建立并实施行政执法监督员制度。《法治社会纲要》提出，建立人民群众监督评价机制，促进食品药品、公共卫生、生态环境、安全生产等关系群众切身利益的重点领域执法力度和执法效果不断提高。人民立场是社会主义法治的优势，也是严格执法理论的生命。

3. 丰富的实践理性

严格执法理论根植于一线行政执法实践，坚持问题导向、需求导向和目标导向，以着力解决执法领域人民群众反映强烈的突出问题为抓手，彰显了丰富的实践理性。习近平总书记高度重视目前法治领域存在的有法不依、执法不严、违法不究短板和薄弱环节，对多头执法、重复执法、逐利执法、暴力执法、过激执法、寻租执法、变通执法、粗放执法、选择性执法、运动式执

① 《胡锦涛文选》第2卷，人民出版社2016年版，第428页。

② 《习近平谈治国理政》第2卷，外文出版社2017年版，第198—199页。

③ 《习近平谈治国理政》，外文出版社2014年版，第210页。

④ 《习近平谈治国理政》第2卷，外文出版社2017年版，第336页。

法、一刀切执法、执法不作为、执法乱作为、执法关系案、执法人情案等多种面上的执法异化现象明察秋毫。“对执法司法状况，人民群众意见还比较多，社会各界反映还比较大，主要是不作为、乱作为特别是执法不严、司法不公、司法腐败问题比较突出。”[①]“对执法领域存在的有法不依、执法不严、违法不究甚至以权压法、权钱交易、徇私枉法等突出问题，老百姓深恶痛绝，必须下大气力解决。”[②]对重点领域执法体制机制存在的弊端，习近平总书记同样体察深刻。“现行以块为主的地方环保管理体制，使一些地方重发展轻环保、干预环保监测监察执法，使环保责任难以落实，有法不依、执法不严、违法不究现象大量存在。”[③]坚持从实际出发、与国情适应，使严格执法理论成为扎根中国大地、解决中国问题的务实管用理论。

作为行政执法实践经验和建设成就的科学总结，严格执法理论的本质属性是实践性，实践品格注定其将在执法实践新探索中得到进一步丰富和发展。在综合行政执法体制改革方面，要“继续探索实行跨领域跨部门综合执法，建立健全综合执法主管部门、相关行业管理部门、综合执法队伍间协调配合、信息共享机制和跨部门、跨区域执法协作联动机制”[④]。在加快重点领域执法方面，“资本无序扩张问题比较突出，一些平台经济、数字经济野蛮生长、缺乏监管，带来了很多问题”[⑤]。2021 年《法治政府纲要》已将加大执法力度的范围扩展至“金融服务、教育培训”等关系群众切身利益的新兴重点领域。在创新执法方式方面，《民法典》的实施对严格执法提出了新的更高要求。“各级政府要以保证民法典有效实施为重点抓手推进法治政府建设，把民法典作为行政决策、行政管理、行政监督的重要标尺，不得违背法律法规随意作出减损公民、法人和其他组织合法权益或增加其义务的决定。要规范行政许可、行政处罚、行政强制、行政征收、行政收费、行政检查、行政裁

---

① 习近平：《论坚持全面依法治国》，中央文献出版社 2020 年版，第 45 页。

② 同上书，第 97 页。

③ 《习近平谈治国理政》第 2 卷，外文出版社 2017 年版，第 391 页。

④ 本书编写组编著：《〈中共中央关于深化党和国家机构改革的决定〉〈深化党和国家机构改革方案〉辅导读本》，人民出版社 2018 年版，第 67 页。

⑤ 习近平：《坚持走中国特色社会主义法治道路 更好推进中国特色社会主义法治体系建设》，载《求是》2022 年第 4 期。

决等活动，提高依法行政能力和水平，依法严肃处理侵犯群众合法权益的行为和人员。”[①]实践理性既是严格执法理论的真实写照，也是其开放性的具体表征。

4. 厚重的系统观念

就思想精髓而言，系统观念指的是“加强前瞻性思考、全局性谋划、战略性布局、整体性推进”[②]。我国法治政府建设已经进入整体推动、协调发展的新阶段。作为法治政府理论的核心要义，严格执法理论充分体现了厚重的系统观念。就严格执法理论的外部大系统而言，严格执法与科学立法、公正司法和全民守法等法治建设的不同环节紧密相连、相互依存。良法是善治的前提，执法是纸面之法走向生活之法的桥梁，严格执法能够保障法律的生命力和权威；守法是善治的基础，执法是守法的引领和依托，严格执法能够为全民守法提供示范带动作用。在法治政府、法治社会一体建设的系统工程中，以严格执法为抓手还能够引领法治社会的形成。“与广大人民群众联系最密切、承担法律实施任务最重的行政机关及其领导干部既可以通过严格规范公正文明的执法来逐步树立并强化法治的权威，同时也可以深入地发挥动员社会、教育群众、进行文化层面的培育等作用，从而不断在社会中凝聚共识，使得这种现代治理方式深入地植入中国社会。”[③]

就严格执法理论的内部子系统而言，同样承载了厚重的系统观念。一方面，严格执法是对执法环节重点要求的特殊强调和高度概括，实际指称的还是作为一个整体要求的严格规范公正文明执法。严格执法不仅是对执法活动的一般性要求，而且也会自然延伸到各个具体行政管理领域之中，适用于所有的执法对象。严格执法重要，规范执法、公正执法和文明执法同样不可或缺，执法机关必须统筹兼顾。另一方面，严格执法理论的各个组成要素之间也构成了相互联系、相互作用的整体。横向到边、纵向到底的执法体制改革，宽严相济、刚柔并举的执法方式创新，执法保障和执法监督工作体系的构建，共同支撑起严格执法在治国理政和法治建设中的重要地位。只有

① 习近平：《论坚持全面依法治国》，中央文献出版社2020年版，第281页。
② 习近平：《把握新发展阶段，贯彻新发展理念，构建新发展格局》，载《求是》2021年第9期。
③ 马怀德：《论习近平法治思想中的法治政府理论》，载《政法论坛》2020年第6期。

各个子系统整体推进、同向发力，才能形成强大的制度合力，将严格执法全面嵌入“法治一体建设”的进程之中。

5. 科学的辩证思维

辩证思维是贯穿于严格执法理论各组成部分的世界观和方法论，强调应当采取普遍而非孤立、动态而非静态、全面而非片面、整体而非零散、立体而非平面的视角观察、分析、处理严格执法中的一系列关系。一方面，对严格执法文字表述和概念内涵的理解，需要遵循辩证思维。严格执法的本意在于法律规定能够得到不折不扣的落实，在全社会形成尊法学法守法用法的良好风尚。严格执法绝不是默认、鼓励甚至纵容暴力执法，相反的，对暴力执法行为应当予以严格追责。严格执法的要义在于宽严相济、裁量适当，既体现执法的力度也展示执法的温度。严格执法绝不是搞整齐划一的运动，更不是不问青红皂白地一刀切。人性化执法也非人情化执法，更不是选择性执法。“不论怎么做，对违法行为一定要严格尺度、依法处理。”[①]另一方面，对严格执法理论的各个要素以及不同要素之间关系的把握，同样需要坚持辩证思维。加大执法力度的重点领域并非一成不变，而是随着经济社会形势发展变化、党和国家方针政策调整而不断扩展的。“对人民群众反映强烈的电信网络诈骗、新型毒品犯罪和‘邪教式’追星、‘饭圈’乱象、‘阴阳合同’等娱乐圈突出问题，要从完善法律入手进行规制，补齐监管漏洞和短板，决不能放任不管。”[②]执法保障和执法监督也是辩证统一的关系，既不能将二者割裂开来，也不能将二者对立起来。对行政执法活动进行全方位、全流程监督，最终还是为了提高执法质量、防范执法风险，也是一种执法保障；加强行政执法活动的政治组织保障、队伍人才保障和科技信息保障，也能够更好起到寓监督于保障过程的实际效果。

辩证思维的科学性还要求将严格执法置于全面依法治国的大格局中推进，正确处理“政治和法治、改革和法治、依法治国和以德治国、依法治国和

---

① 习近平：《论坚持全面依法治国》，中央文献出版社 2020 年版，第 52 页。

② 习近平：《坚持走中国特色社会主义法治道路 更好推进中国特色社会主义法治体系建设》，载《求是》2022 年第 4 期。

依规治党的关系”[①]。在中国特色党政体制之下，严格执法已经成为党和人民赋予行政执法机关的光荣使命，严格执法能否实现更是衡量依法履职尽责和担当作为的重要标尺，要善于将党的领导和我国社会主义制度优势转化为推进严格执法的强大势能。2021年《法治政府纲要》将“坚持党的全面领导，确保法治政府建设正确方向”作为首要原则，并专篇规定完善法治政府建设推进机制。近年来，党中央以党内法规形式将严格执法纳入推进法治政府建设履职、督察和问责范围，对于整治一些民生重点领域存在的执法不作为、乱作为、慢作为、假作为和以言代法、以权压法、徇私枉法问题，全面落实行政执法责任制发挥了重要作用。[②] 这些推进严格执法制度建设的实践智慧，是我们党探索领导法治建设弥足珍贵的经验，个中蕴含的系统科学的辩证思维应当得到进一步弘扬。

（三）习近平严格执法理论的实践转化

习近平总书记指出：“每一种法治形态背后都有一套政治理论，每一种法治模式当中都有一种政治逻辑，每一条法治道路底下都有一种政治立场。”[③]严格执法理论孕育于新时代全面推进依法治国的伟大实践，必将在高质量“法治一体建设”的新征程中获得更多滋养，继续发展。中国特色党政体制在推进法治建设上的最大优势，是“将党政机关之间原有的外部领导关系变成了内部领导或共同管理的关系，缩短了从党的决策到政府执行的运行链条”[④]，这能够减少权力梗阻、提高法治建设效率。在当前和今后一段重要的法治建设机遇期，应当将习近平严格执法理论转化到行政执法体制机制改革的实践之中，进一步彰显其巨大的实践伟力。

1. 执法事项减少取向的职能转变

充分发挥市场在资源配置中的决定性作用，更好发挥政府作用，是新发

---

① 习近平：《论坚持全面依法治国》，中央文献出版社2020年版，第230—231页。

② 与严格执法相关的党内法规条款包括《党政主要负责人履行推进法治建设第一责任人职责规定》第6条、《法治政府建设与责任落实督察工作规定》第8条和第9条、《中国共产党问责条例》第7条。

③ 中共中央文献研究室编：《习近平关于全面依法治国论述摘编》，中央文献出版社2015年版，第34页。

④ 黄文艺：《论党法关系的规范性原理》，载《政法论坛》2022年第1期。

展阶段实现经济社会高质量发展的“鸟之两翼”“车之两轮”。习近平总书记指出：“在市场作用和政府作用问题上，要讲辩证法、两点论，‘看不见的手’和‘看得见的手’都要用好，努力形成市场作用和政府作用有机统一、相互补充、相互协调、相互促进的格局，推动经济社会持续健康发展。”[①]政府职能不断转变的过程，也是市场、社会力量发挥更大作用的过程。近些年来人民群众反映强烈的执法滥用、执法扰民、执法腐败问题，根子上还是政府管得太宽、管得太多。“要加强对行政处罚、行政强制事项的源头治理，最大限度减少不必要的执法事项。”[②]党的十九届四中全会《决定》指出：“深化行政执法体制改革，最大限度减少不必要的行政执法事项。”《优化营商环境条例》第3条规定，“最大限度减少政府对市场资源的直接配置，最大限度减少政府对市场活动的直接干预”。《规划》提出，深化行政执法体制改革，统筹配置行政执法职能和执法资源，最大限度减少不必要的行政执法事项。确立以执法事项减少为取向的政府职能转变范式，体现了市场选择优于行政介入的改革逻辑，契合了行政法上作为“私人自由优先代名词”[③]的辅助性原则。辅助性原则的要义表现为消极和积极两个层面，消极意义上的辅助性原则具有“权限防堵”功能，表明个人相对国家的自我规制优先性，只要个人能够胜任特定事项的处理，就不需要动用国家公权力；积极意义上的辅助性原则具有“援助”功能，表明国家之于个人的接续补充性，当个人无力胜任特定事项的处理时，国家基于公益保护就需要积极出手。[④]

从源头上不断减少执法事项，是习近平严格执法理论实践转化的首要任务，也是法治思维在行政执法体制改革中的生动体现。首先，应当严格按照《行政许可法》第13条有关“个人自主—市场调节—社会自治—事中事后监管—事前行政审批”的经济社会事务行政介入顺位的立法精神，继续大刀阔斧地进行取消不必要的行政审批事项改革，从源头上实现行政执法权的减量，促进政府职能转变从“简政放权”到“减政消权”的重点转移。一项行

---

① 《习近平谈治国理政》，外文出版社2014年版，第116页。

② 习近平：《论坚持全面依法治国》，中央文献出版社2020年版，第221页。

③ 〔德〕罗尔夫·斯特博：《德国经济行政法》，苏颖霞、陈少康译，中国政法大学出版社1999年版，第114页。

④ 詹镇荣：《民营化与管制革新》，元照出版有限公司2005年版，第285页。

政审批权的取消,意味着后续一连串监管、处罚、强制权的消释,能够起到事半功倍之效。2021年《法治政府纲要》明确提出“修改行政许可法”的任务,应当抓住修法契机明确将辅助性原则上升为行政许可的基本原则,推动有效市场和有为政府更好结合。其次,应当以2021年修订的《行政处罚法》增设的轻微违法、初次违法免予处罚条款实施为契机,全面推行免罚清单制度。《关于进一步贯彻实施〈中华人民共和国行政处罚法〉的通知》明确要求,各地区、各部门要全面落实“初次违法且危害后果轻微并及时改正的,可以不予行政处罚”的规定,根据实际制定发布多个领域的包容免罚清单,从源头上减少不必要的处罚事项。再次,应当基于备而慎用观对《行政强制法》中的行政强制实施条款进行限缩性解释,杜绝实践中频频出现的法外强制。最后,对不必要的行政检查、行政证明等其他执法事项,也应当尽可能减少,向市场主体和社会成员释放更多活力。国务院2019年9月印发的《关于加强和规范事中事后监管的指导意见》提出,要通过取消、整合、转为非现场检查等方式,压减重复或不必要的检查事项。浙江省义乌市全面清理各类证明材料,最大限度为群众和企业提供便利,在全国率先打造“无证明城市”,获得第五届“中国法治政府奖”。[①]

2. 执法重心下移改革的法治因应

2021年修订的《行政处罚法》第24条遵循体现和巩固行政执法领域重大改革成果、坚持权由法定的基本原则,对执法重心下移改革予以明确认可。从法律性质上看,将县级人民政府部门“依法”享有的行政处罚权“交由”乡镇人民政府、街道办事处行使,不仅是行政行为法层面一次行政执法权的重新配置,而且也是行政组织法意义上一次事权的纵向再配置。[②] 这一条款规定背后所体现的改革意图,在一定程度上改变了中国数千年来的基层治理格局,成为国家治理现代化进程中的重大课题。2021年《法治政府纲要》提出,稳步将基层管理迫切需要且能有效承接的行政执法事项下放给基层,坚持依法下放、试点先行,坚持权随事转、编随事转、钱随事转,确保放得

① 中国政法大学法治政府研究院主编:《中国法治政府奖集萃(第五届)》,社会科学文献出版社2018年版,第52—59页。

② 叶必丰:《执法权下沉到底的法律回应》,载《法学评论》2021年第3期。

下、接得住、管得好、有监督。按照这一改革思路,《行政处罚法》的修订经验会继续延伸至《行政许可法》《行政强制法》修订之中,确保执法重心下移具备相应的行政行为法规范依据。《地方各级人民代表大会和地方各级人民政府组织法》并未明确赋予乡镇和街道办事处的执法主体资格,其他特别规定乡镇和街道办事处执法职能的单行行政管理法同样稀缺。可见,执法重心下移改革还面临行政组织法与行政行为法、单行行政行为法与特别行政管理法之间的矛盾,加之基层执法能力特别是行政执法决定法制审核能力普遍孱弱,“行政执法权全面下移依然承受着合法性与有效性的双重考问”①。为了弥合不同行政法律规范之间的矛盾冲突,应当及时启动地方组织法的修改,明确赋予乡镇、街道执法主体资格。同时,应当按照具体下移事权的内容,针对相应的特别行政管理法中的赋权主体条款进行一揽子修改。至于执法重心下移改革的有效性保障,法律层面的问题主要集中在明确权力下移行使的具体形态,针对“委托”“派驻”“授权”形成的不同法律关系分别设计相应的监督保障机制。

如果说执法重心下移改革的合法性和有效性尚属形式法治层面问题,那么对执法重心下移改革引发行政争议数量上升的风险防范则属于实质法治问题。从时间轴来看,行政管理领域的执法重心下移改革与行政审判领域的管辖重心下移改革不期而遇。最高人民法院 2021 年 9 月印发《关于完善四级法院审级职能定位改革试点的实施办法》,明确基层人民法院职责“重在准确查明事实、实质化解纠纷”。此项改革举措既因人民法院行政审判工作倒金字塔结构所逼,也与实现矛盾纠纷就地及时化解的社会治理理念相符,体现了“法治建设既要抓末端、治已病,更要抓前端、治未病”,“推动更多法治力量向引导和疏导端用力”②的法治思想。伴随着执法重心下移改革的推进,行政争议数量面临上升风险,地位相对孱弱的基层人民法院如何同时履行好监督能力孱弱的基层行政执法和促进基层社会治理从化讼止争向少讼无讼转变的双重任务,将成为基层治理体系和治理能力现代化建设

---

① 卢护锋:《行政执法权全面下移的组织法回应》,载《政治与法律》2022 年第 1 期。

② 习近平:《坚定不移走中国特色社会主义法治道路　为全面建设社会主义现代化国家提供有力法治保障》,载《求是》2021 年第 5 期。

中亟待破解的现实难题。就行政审判理念坚守而言，身处基层执法扩张的时代，人民法院需要妥善处理好依法审理行政案件与行政争议诉源治理、监督与促进行政机关依法行政之间的辩证关系。就诉源治理理想类型而言，人民法院在以有效调控行政诉讼增量为目标的“政策参与型”诉源治理体系中，应当通过扮演参与者和分流者角色追求诉讼的源头治理；在以根除行政争议产生土壤为目标的“法治规范型”诉源治理体系中，应当通过扮演主导者和裁判者角色追求诉求的源头治理。[①] 基层司法只有不断穿行于依法审理案件与延伸服务功能之间，才能在保持“让司法更像司法”的同时，回应“让司法更能司法”的社会需求。[②]

3. 规范共同执法行为立法的制定

习近平总书记指出：“民法典为其他领域立法法典化提供了很好的范例，要总结编纂民法典的经验，适时推动条件成熟的立法领域法典编纂工作。”[③]在全国人大常委会2021年度立法工作计划中，“研究启动环境法典、教育法典、行政基本法典等条件成熟的行政立法领域的法典编纂工作”正式提上党和国家议事日程。在此前后，部门法的法典化迅速成为法学研究方兴未艾的重要问题域。围绕行政基本法典编纂的必要性、可行性、具体模式和框架结构，行政法学界展开了热烈讨论。就争论焦点而言，主要集中在融实体法与程序法为一体的实质性行政法典进路和程序主义进路两种不同方案上。[④] 综观这些行政基本法典编纂不同进路的学术主张，域外编纂实践和本土立法实践构成了两类最重要的理论论证资源，“适时推动”“条件成熟”应当付出的客观努力反而未能引起更多学术讨论。古语曰：临渊羡鱼，不如退而结网。只有对标对表高质量法治政府建设的现实需求，全面审视现行

---

① 章志远：《新时代行政审判因应诉源治理之道》，载《法学研究》2021年第3期。

② 顾培东：《人民法院改革取向的审视与思考》，载《法学研究》2020年第1期。

③ 习近平：《坚定不移走中国特色社会主义法治道路 为全面建设社会主义现代化国家提供有力法治保障》，载《求是》2021年第5期。

④ 主张实质性行政法典进路的代表性成果，参见薛刚凌：《行政法法典化之基本问题研究——以行政法体系建构为视角》，载《现代法学》2020年第6期；杨伟东：《基本行政法典的确立、定位与架构》，载《法学研究》2021年第6期。主张程序主义进路的代表性成果，参见叶必丰：《行政法的体系化：“行政程序法”》，载《东方法学》2021年第6期；王万华：《我国行政法法典编纂的程序主义进路选择》，载《中国法学》2021年第4期。

行政法律规范体系的短板与不足，才能及时通过法律制定和修改予以填补，为行政法的体系化提供更加健全的规范基础，使行政基本法典编纂的条件日臻成熟。

就我国现行行政法律规范体系而言，规范行政立法活动的有《行政法规制定程序条例》《规章制定程序条例》，规范行政决策活动的有《重大行政决策程序暂行条例》，规范行政司法活动的有《行政复议法》，规范行政执法活动的基本法则付之阙如。尽管"行政三法"基本规范体系已经形成，但碎片化的立法和修法成本高昂、速度太慢，相近制度的规定多有重复，更多其他类型的行政执法活动仍然处于无基本法可依的状态。与其继续进行零打碎敲式的立法，不如及时启动统一行政执法条例的制定，构筑覆盖行政立法、行政执法、行政司法活动的法律规范体系，为制定行政法总则奠定扎实基础。目前，已有福建、山西、乌鲁木齐等多个省市制定或修订了地方性法规性质的行政执法条例，全国范围内的行政执法体制机制改革也在快速推进，统一、权威的行政执法条例制定时机完全成熟。2021年《法治政府纲要》提出"加强规范共同行政行为立法""完善行政程序法律制度"的任务，无论采行制定行政程序法还是行政法总则的立法模式，都必须厚植行政基本法典编纂的规范基础。统一行政执法条例旨在规范共同的执法行为，既要实现行政执法公示制度、执法全过程记录制度、重大执法决定法制审核制度等行政执法"三项制度"入法，又要重点围绕行政执法主体、执法人员、执法程序、执法证据、"互联网＋执法"等关键问题作出明确规定。

4. 行政执法案例指导制度的推行

我国虽然是成文法国家，但案例指导制度十多年来在各个领域不断发展，对统一法律适用、弥补成文法律规范不足发挥了重要作用。在司法领域，最高人民检察院、最高人民法院分别于2010年7月、11月发布《关于案例指导工作的规定》，迄今为止已累计发布检察系统54批218号指导性案例、法院系统40批229号指导性案例。在行政领域，作为行政系统内部自发形成的约束行政执法行为的规则体系，行政执法案例指导制度经由河南、辽宁等地先期实践并经《湖南省行政执法案例指导办法》的制度体系化努力，逐步在全国范围内推广，"建立行政执法案例指导制度"相继载入《规划》和

2021年《法治政府纲要》。在纪检监察领域，中央纪委国家监委案件审理室于2021年建立执纪执法指导性案例制度，迄今为止已累计发布3批11号指导性案例。不同领域案例指导制度的相继实施，表明党和国家对维护社会公平正义和法治统一的高度重视，印证了“维护国家法治统一，是一个严肃的政治问题”[①]的重大论断。

相比较司法领域案例指导制度的规范化和常态化而言，行政执法案例指导制度整体上仍然处于各地、各部门自主实践探索阶段，制度运行中还存在遴选主体碎片化、遴选标准多样化、法律效力不明确、社会公开度欠缺等现实问题。[②] 近几年来，国家文物局、工业和信息化部、农业农村部以及河南、上海等地相继发布本部门、本地区行政执法十大指导性案例（或“典型案例”），在一定程度上提升了行政执法指导性案例的社会关注度。此举与2021年《法治政府纲要》关于“国务院有关部门和省级政府要定期发布指导案例”的规定相吻合，表明国家层面对行政执法指导性案例遴选主体高位性的新要求。如果说行政执法案例指导制度的兴起始于对行政裁量权的规范，那么在“法治一体建设”的当下则理应承载保障严格执法、维护法治统一、落实“谁执法谁普法”责任制的多重使命。立足新的制度功能定位，应当着重从三个方面进一步激活行政执法案例指导制度：一是程序面向的规范，即行政指导性案例的报送、审核和发布应坚持内部和外部相结合的方式，充分调动下级执法机关申报推荐的主动性和公众参与评议的积极性，确保最终对外公布的行政执法指导性案例具有专业性、典型性、权威性和可接受性。二是效力面向的规范，即赋予行政执法指导性案例对行政机关“应当参照”的拘束效力，行政执法决定应当参照相同或者类似的行政执法指导性案例所确立的规则，确保同案得到同样处理。三是关系面向的规范，即遵循中国特色党政体制下司法权与行政权之间“监督与互动并存”[③]的权力运行状态原理，通过行政与司法事前意见沟通协商与事后司法必要审查的结合，确

① 习近平：《坚定不移走中国特色社会主义法治道路 为全面建设社会主义现代化国家提供有力法治保障》，载《求是》2021年第5期。

② 胡敏洁：《行政指导性案例的实践困境与路径选择》，载《法学》2012年第1期；胡斌：《行政执法案例指导制度的法理与构建》，载《政治与法律》2016年第9期。

③ 章志远：《中国行政诉讼中的府院互动》，载《法学研究》2020年第3期。

保行政执法指导性案例的实效性,使其与人民法院的案例指导制度协同发挥作用,尽可能从源头上预防行政争议的发生。只有站在全面推进依法治国的高度重新审视制度的功能定位,才能通过具体运行规则的科学构建,进一步激活探索多年的行政执法案例指导制度,促进严格执法更好实现。

5. 统一行政执法监督条例的制定

加强对行政执法活动全流程、全方位、全覆盖的监督,既是中国特色社会主义法治体系建设的重要组成内容,也是严格执法的重要保障机制。作为一种最正式的内部层级监督方式,行政执法监督经由多个专门的省级地方性法规、规章或者规范行政执法的地方性法规的专章形式得以实现制度化。在国家监察体制改革之后,这种由政府司法行政部门牵头的执法监督已成为最重要的内部监督机制。不过,受制于法治理念、监督体制、监督机制等多种因素的现实影响,内部正式的行政执法监督机制并未产生良好成效。相反的,越来越多的外部国家机关开始对行政执法活动展开强有力的监督。中共中央 2021 年 6 月印发《关于加强新时代检察机关法律监督工作的意见》,强调检察机关“在履行法律监督职责中发现行政机关违法行使职权或者不行使职权的,可以依照法律规定制发检察建议等督促其纠正”,为检察机关成为行政执法外部监督中正式监督机关地位的确立提供了契机。①行政执法外部监督机制的兴起,有助于行政执法监督体系的完善,但也折射出行政执法内部监督机制的衰落,难以实现将行政争议化解在行政执法过程之中的社会治理目标。

为了激活行政执法内部专门监督制度的优势,形成内外双轮驱动的行政执法监督合力,2021 年《法治政府纲要》明确提出“研究制定行政执法监督条例”的任务,使整合行政执法监督地方立法、重塑行政执法监督应有的制度权威成为可能。作为一种体现行政自制理念的行政机关自我革新制度,行政执法监督可以从中国特色社会主义新时代“以伟大自我革命引领伟大社会革命”的实践中汲取智慧和力量,通过统一行政执法监督条例的制定,恢复其在整个行政执法权制约监督体系中的中心地位。具体来说,可以从

① 秦前红、陈家勋:《论行政执法外部监督中正式监督机关的确立》,载《行政法学研究》2022 年第 1 期。

三个方面进一步激活行政执法监督制度。一是党政体制统筹优势的充分发挥,即有效释放中央依法治国办设在司法部的机构改革红利,将行政执法监督从纯粹的业务事项转变为统筹推进"法治一体建设"的重大事项,借助党政合署合设的政治权威提高行政执法监督机关的实际地位。二是行政执法监督员群体参与积极性的充分调动,即利用行政执法监督员来自社会方方面面、与人民群众联系紧密的优势,参照人民法院实行人民陪审员、人民检察院实行人民监督员制度的规定,通过不断健全履行职责的程序保障和物质保障机制,充分激发行政执法监督员群体参与监督的积极性,弥补行政执法内部监督动能的不足。三是行政执法监督过程和处理结果公开制度的完善,即通过行政执法监督工作的透明化倒逼实效化,增强行政执法监督的公信力,真正恢复其作为正式监督机关应有的地位。自 2020 年 1 月以来,新组建的应急管理部已连续三年向全社会公布上一年度全国应急救援和生产安全事故十大典型案例,督促各地各部门认真吸取各类灾害事故教训,严格落实安全发展理念和行政执法责任制,筑牢防灾减灾救灾和安全生产的坚实防线。"要增强主动公开、主动接受监督的意识,完善机制、创新方式、畅通渠道,依法及时公开执法司法依据、程序、流程、结果和裁判文书。"[①]只有在制定统一行政执法监督条例的过程中全面贯彻开放、共治的执法监督理念,才能走出行政系统内部同体监督的困境,真正形成对行政执法活动进行监督的制度合力,为严格执法提供更好的制度保障。

三、公正司法:行政审判理念更新

在制约公权力任性与保障权利自由上,重申司法确切而言是行政审判的公权监督理念尤为迫切。一方面,行政机关承载着不得侵犯民事主体权利的消极义务,特别是行政征收征用权和行政管制权的行使尤需慎重;另一方面,行政机关肩负着促成民事主体权利实现的积极义务,特别是行政给付和行政干预活动的及时开展。对包括侵害行政、给付行政和分配行政在内的行政机关行使职权活动的监督,正是行政审判制度的根本目标所在。因

① 习近平:《论坚持全面依法治国》,中央文献出版社 2020 年版,第 49 页。

此，通过公正司法推进实现有限政府的切入点之一是行政审判理念的更新。

（一）公权监督理念

作为一种国家权力之间的结构设计，行政诉讼制度的发展“需要诉诸司法与行政关系的调整”[①]才能实现。回溯三十年来司法权与行政权之间关系的形态，大体上经历了“维护和监督—监督—监督和支持”的变迁。1989年《行政诉讼法》第1条将“维护和监督行政机关依法行使职权”作为行政审判制度的目标之一，意在把司法权树立为行政权的一种对峙力量；2014年修订的《行政诉讼法》第1条则将“维护”二字删除、保留“监督”表述，意在强调“行政诉讼法是监督行政机关依法行政的法律，而非维护和强化行政机关权威的法律”[②]；2019年2月，最高人民法院发布《关于深化人民法院司法体制综合配套改革的意见——人民法院第五个五年改革纲要（2019—2023）》（以下简称《五五改革纲要》），“监督和支持行政机关依法行政”成为推进行政诉讼制度改革的重要目标。行政诉讼制度目的规范表述的前后变化，实则司法权与行政权关系演进的缩影，是观察和理解当下行政审判制度走向的重要窗口。

2014年修订的《行政诉讼法》实施后，作为“衡量一国法治发达程度与社会文明程度重要标尺”[③]的行政诉讼制度的优势尚未完全发挥出来。在一些地方，“支持行政机关依法行政”被更多提及，而“监督行政机关依法行政”则存在弱化、淡化态势。一些行政案件频频以不具有原告资格、超过起诉期限、属于依政策行为等名义被拒，导致当事人频繁启动上诉、再审程序，行政诉讼倒金字塔结构日渐显现。究其根源，主要还在于公权监督理念的衰落。在全社会大力弘扬《民法典》精神的法治新时代，人民法院行政审判活动尤其需要重申对行政权力行使进行监督的理念，使行政审判实践回归到法律规范轨道，切实增强人民群众对行政审判制度的信心。最高人民法院新近在“永兴县鲤鱼塘东风机砖厂诉湖南省永兴县人民政府行政强制及行政赔偿再审案”的审理过程中，就较好地处理了依法监督与支持之间的关系。一

① 杨伟东：《权力结构中的行政诉讼》，北京大学出版社2008年版，第30页。

② 梁凤云：《新行政诉讼法讲义》，人民法院出版社2015年版，第4—5页。

③ 马怀德：《行政审判体制重构与司法体制改革》，载《国家行政学院学报》2004年第1期。

方面，裁定指出，虽然现行立法未对不符合国家产业政策的黏土砖企业的关闭退出工作及程序作出具体、明确的规定，但实践中仍应遵守正当程序与法治秩序的基本要求。这一意见充分彰显了人民法院对行政机关行使行政职权的监督，是依法审判精神的回归。另一方面，裁定指出，东风砖厂因政策性原因关闭，是多环节的综合过程，涉及不同主体不同行为，历经不同程序不同阶段，不同于通常意义的生效行政许可的撤回，而是永兴县政府贯彻落实产业结构调整、满足社会公共利益的现实需要。因此，不应以个别程序瑕疵作为认定整个关闭退出行为违法的依据，应当对整个关闭行为的合法性予以肯定。这一意见坚持了行政诉讼法上的行政行为合法性审查原则，体现出“寓支持于监督之中”的司法智慧。裁定最后还指出了争议解决的基本思路，东风砖厂因公共利益而关闭退出，不仅“因此所受的直接损失有权利主张公平合理的补偿”，而且永兴县政府在下一步对东风砖厂转型发展以及土地与附属设施再利用再开发时，要“最大限度减少东风砖厂的间接损失”[①]。在司法谦抑之风不断生长之际，该案裁判对强化公权监督理念、助力《民法典》规定落地生根都具有示范意义。为此，人民法院必须准确把握立案登记制和行政行为合法性审查原则的基本精神，永葆通过依法审判实现监督公权目的的初心。

（二）平等保护理念

行政审判中平等保护理念的践行，首先要求人民法院为所有类型的市场主体提供一视同仁的司法保护。在以往的行政审判实践中，城乡身份差别、国有企业与民营企业体制差别、大型企业与中小企业规模差别较为明显。人无恒产则无恒心，只有坚持产权的平等保护才能真正发挥法治固根本、稳预期、利长远的功效。2020 年 7 月 27 日，最高人民法院首次集中发布涉产权保护行政诉讼典型案例，产生了良好的示范效应。在“古田翠屏湖爱乐置业有限公司、福建爱乐投资有限公司诉古田县人民政府行政协议及赔偿案”中，法院强调“行政机关与民营企业依法签订的行政协议应受法律保护”；在“武汉市武昌南方铁路配件厂诉武汉市洪山区人民政府房屋征收补

---

① 最高人民法院(2020)最高法行申 7018 号行政裁定书。

偿决定案”中，法院强调行政机关要对“处于正常生产经营状态，特别是经济效益尚可的”被征收企业给予更为人性化的关怀，通过制定个性化的征收补偿安置方案，实现国家利益、社会公共利益与企业经营权、财产权保护和市场经济活力维系之间的平衡；在“广州市淦灿贸易有限公司诉原韶关市新丰县工商行政管理局工商行政登记案”中，法院强调“经营场所是企业从事经营活动的平台，关系到企业的竞争和发展，不能随意被政府以创建卫生文明城市等理由所限制”[①]。这些充分体现司法正能量的鲜活案例，代表着人民法院通过行政审判营造各类市场主体依法平等使用资源要素、公开公平公正参与竞争、同等受到法律保护的市场环境的努力，为行政审判活动协调好维护公共利益和保护个人利益之间的关系提供了清晰而明确的规则指引。

行政审判中平等保护理念的践行，还要求人民法院为归属新产业、新业态的市场主体提供平等的司法保护。我国目前已经进入新发展阶段，需要深入贯彻新发展理念，加快构建新发展格局。“与传统人盯人、普遍撒网式的无限监管模式所不同的是，新时代的监管越来越强调科学性和精准性，越来越离不开对被监管对象的精细化分类和量体裁衣式的差异化安排。”[②]在“陈超诉济南市城市公共客运管理服务中心行政处罚案”中，法院裁判就较好地处理了尊重行政机关对新业态经济包容审慎监管与权利平等保护之间的关系。一方面，法院裁判指出，网约车作为共享经济产物，其运营有助于提高闲置资源的利用效率，缓解运输服务供需时空匹配的冲突，有助于在更大程度上满足人民群众的实际需求。基于竞争理念和公共政策考虑，不能一概将新技术或新商业模式排斥于市场之外。另一方面，法院裁判也指出，网约车与传统出租汽车客运经营一样，同样关系到公民生命财产的安全，关系到政府对公共服务领域的有序管理，应当在法律、法规的框架内依法、有序进行。既要依据现行有效的法律规定审查被诉行政行为的合法性，以体现法律的权威性和严肃性，同时也要充分考虑科技进步激发的社会需求、市场创新等相关因素，作出既符合依法行政的当下要求，又为未来的社会发展和法律变化留有适度空间的司法判断。在上述综合考虑的基础上，法院最

① 《最高人民法院产权保护行政诉讼典型案例》，载《人民法院报》2020年7月28日第3版。
② 章志远：《监管新政与行政法学的理论回应》，载《东方法学》2020年第5期。

终以原告行为违法但社会危害性较小为由，判决撤销行政机关作出的2万元罚款决定。[①] 在新技术革命对国家治理方式、行政管理方式和社会生活方式产生深刻影响的当下，“专车第一案”的裁判展现了人民法院坚持依法审判和与时俱进的有机结合，对新发展阶段的行政审判工作具有重要指导意义。

（三）实质解纷理念

就一般意义而言，行政诉讼首先是一种解决行政争议的制度。1989年《行政诉讼法》并没有将“解决行政争议”写入第1条之中，直到2014年修订时才将之明确列为新的立法目的。其中的修订理由之一就是有利于化解行政争议中的民事争议，避免相互推诿造成“程序空转”。[②] 在此前后，实质性解决行政争议的行政审判观逐渐流行，日渐成为司法系统普遍认同的行政审判新理念。在《五五改革纲要》中，“推动行政争议实质性化解”已上升为行政诉讼制度发展的重要目标。为了积极推动实质解纷理念的贯彻实施，2020年12月10日，最高人民法院第二巡回法庭暨东北三省行政审判典型案例公开发布，这15件典型案例对于推进行政争议实质性化解、统一司法裁判标准都具有示范意义。此前，上海市高级人民法院和安徽省高级人民法院已经连续两年发布本行政区域的行政争议实质性化解典型案例。对这些典型样本的实证分析显示，所谓行政争议的实质性解决大体上具备四个要素：一是行政审判权的运用空间从起诉人表面的诉讼请求辐射到被诉行政行为合法性的全面审查；二是行政审判权的运用方式从依法裁判扩及灵活多样的协调化解；三是行政审判权的运用重心从行政争议的表层处理拓展到对相关争议的一揽子解决；四是行政审判权的运用结果从本案程序性终结延伸到对起诉人正当诉求的切实有效保护。[③]

在我国当下的行政审判实践中，与实质性解决行政争议理念密切关联的另外一项正在兴起的改革就是诉源治理。从历史逻辑和制度逻辑上看，诉源治理概念是党的十八届四中全会提出的以源头治理为核心的创新社会治理理念在司法领域的具体体现。《五五改革纲要》在“深化多元化纠纷解

---

① 《最高人民法院公报》2018年第2期。

② 梁凤云：《新行政诉讼法讲义》，人民法院出版社2015年版，第7页。

③ 章志远：《行政争议实质性解决的法理解读》，载《中国法学》2020年第6期。

决机制改革”的任务之下，提出要创新发展新时代“枫桥经验”，完善“诉源治理”机制，坚持把非诉讼纠纷解决机制挺在前面，推动从源头上减少诉讼增量。近几年来，浙江、上海、福建等地在行政审判中积极贯彻诉源治理理念，不断探索诉源治理机制，取得了一定成效。[1] 不过，学理上也存在对诉源治理可能引发的法官角色模糊、权力分工失衡、司法陷入盲动等异化风险的担忧。[2] 与民事争议诉源治理所不同的是，行政争议诉源治理包括“诉源同治”“诉源共治”“诉源根治”三个维度，具有更为丰富的内涵。[3] 人民法院的行政审判工作要积极回应诉源治理的时代新要求，在创新社会治理中发挥司法的应有作用。《民法典》的实施已经开启法治社会、法治政府一体建设的新征程，在努力实现行政争议化于未发、止于未诉的过程中，人民法院的行政审判活动具有广袤的生长空间。一方面，人民法院通过积极参与党委和政府主导的多元化纠纷解决体系建设，能够将一部分行政争议及时化解在司法程序之外，使得有限的行政审判资源真正能够配置到重大、疑难和复杂的行政争议解决之上；另一方面，人民法院通过依法裁判确立更多面向未来生活的规则，能够为政府守法和全民守法提供明确的指引，进而从根源上防范类似行政争议的再度发生。如果说前者是“御行政争议于司法之门之外”，那么后者就是“御行政争议于社会之门之外”。

第二节　有为政府的实现路径

党的十九大报告提出，我国社会主要矛盾已经转化为人民日益增长的美好生活需要和不平衡不充分的发展之间的矛盾。人民对物质文化生活的更高要求，对民主、法治、公平、正义、安全、环境等方面日益增长的要求，都对政府职能的行使、职责的履行提出了许多新的要求。改革开放四十多年来，特别是在社会主义市场经济体制的建立和完善过程中，我国政府职能不

① 章志远：《地方法院行政诉讼制度创新的法理解读——以上海法院近五年的实践为例》，载《华东政法大学学报》2020 年第 4 期。

② 周苏湘：《法院诉源治理的异化风险与预防——基于功能主义的研究视域》，载《华中科技大学学报(社会科学版)》2020 年第 1 期。

③ 汤媛媛：《行政争议的诉源“三治”》，载《人民法院报》2020 年 6 月 18 日第 6 版。

断转变,政府与市场之间的关系逐渐得到理顺。在此过程中,政府的定位从"全能政府"到"有限政府"再到"有为政府",无不体现出国家对新要求的积极回应。结合政府职能转型、服务型政府建设等改革实践经验,有为政府的实现需仰赖前端行政监管的刚柔并济,也需借助后端行政争议的有效化解和公民权益的切实保障。

一、行政监管的刚柔相济

作为"以解决市场失灵、维持市场经济秩序为目的","基于规则对市场主体的经济活动以及伴随其经济活动产生的社会问题进行干预和控制"[①]的政府活动,监管不仅成为"依法全面履行政府职能"的重要组成内容,而且成为我国行政法学重要的研究对象。党的十九届四中全会进一步提出,要构建职责明确、依法行政的政府治理体系,建设人民满意的服务型政府。事实上,在优化营商环境、推动经济高质量发展、建设法治政府的全新时代背景下,党和国家仅在2019年就出台了多项监管政策,一个监管理念、监管原则和监管手段不断推陈出新的"监管新政"时代已经来临。

(一)监管新政与行政法治理念的变迁

考察近年来诸多行政领域的政府监管实践,可以看出监管主体和监管对象的多元化、差异化趋势日益明显,个中蕴含着对党与政、政与社、政与企、政与事、政与民之间关系的重新定位。这些监管领域的深刻变化,预示着传统行政法治理念的更新。

第一,党政联合治理。党的十八大以来,加强党对国家和社会各项事务的全面领导、把党的领导落实到治国理政的各个领域各个方面各个环节,已经成为坚持和完善中国特色社会主义制度的首要任务。作为一个肩负特殊历史使命、具有广泛社会动员能力的马克思主义政党,中国共产党本身已经成为嵌入当代中国政治结构、具有与国家机构相对应的科层制结构的组织,形成了一种"有效实现执政党政治领导权与政府机构行政权相平衡"的极具

① 马英娟:《政府监管机构研究》,北京大学出版社2007年版,第22页。

中国本土特色的“党政体制”。[1] 除了思想、政治和组织领导外，党对国家和社会事务的领导还呈现出多元化的样态。以监管为例，至少表现为四种形态：一是组建新的党政融合式的监管机构，如宣传部统一管理新闻出版、电影工作，统战部统一管理民族、宗教、侨务工作，优化中央网络安全和信息化委员会办公室在维护国家网络安全方面的职责；二是通过党政联合发文的形式高位推动重点领域的监管，如在食品安全、生态保护等重点领域以中共中央、国务院或者中共中央办公厅、国务院办公厅名义联合发文强势推进；三是以党内法规或党内规范性文件形式补充、细化、调整国家法律的有关规定，如中共中央办公厅 2015 年 12 月印发《生态环境损害赔偿制度改革试点方案》，填补了《中华人民共和国环境保护法》(以下简称《环境保护法》)在这方面的空白；四是强化党内问责和党政同责机制，如《中国共产党问责条例》第 7 条将监管不力和民生重点领域的不作为、乱作为、慢作为、假作为悉数纳入党内问责范围，并在食品安全、安全生产、生态保护、扶贫脱贫等重点领域实行“党政同责、一岗双责”，倒逼这些领域监管实效的提升。党政联合治理现象的涌现，打破了传统的政府监管模式，开辟了中国特色政府监管的新纪元。

监管领域党政联合治理现象的兴起具有内在的正当性。以中共中央、国务院印发的《食品安全意见》为例，食品安全监管是近年来国家治理中的明显短板，虽然“史上最严”的《中华人民共和国食品安全法》(以下简称《食品安全法》)修订实施，但食品安全监管的实效仍然无法适应人民日益增长的美好生活需要。《食品安全意见》将“安全第一”作为食品安全监管的首要原则、将“四个最严”作为提振食品安全监管士气的主要抓手，体现了中国共产党以人民为中心的执政理念和永远把人民对美好生活的向往作为奋斗目标的使命初心。作为党政联合发文的《食品安全意见》，上承中国共产党的政策主张，中补国家法律留下的空白，下引行政执法的严格推行，其制定和

① 景跃进等主编：《当代中国政府与政治》，中国人民大学出版社 2016 年版，第 27 页。

实施生动地擘画出食品安全监管领域政党法治与国家法治之间的互联互通。[①] 党的力量在政府监管领域的呈现,对以公共行政为调整对象的传统行政法学观念更新提供了难得的历史机遇,也给行政法学者的智识带来了挑战。在“行政法治国”走向“政党法治国”[②]的进程中,如何阐释党政联合治理的空间、依据和方式,如何把握党内法规、党内规范性文件和国家法律之间的衔接协调,如何以行政法的理论视角准确定位党在行政法治秩序建构中的作用,这些问题都亟待法学理论界作出系统回应。可以预见的是,作为小切口的政府监管领域党政关系的新变化,将深刻影响到行政法理念的变迁,进而成为中国本土行政法建构新的逻辑起点。

第二,多元主体共治。与传统的政府独享监管权模式所不同的是,新时代的监管越来越强调协同性和集成性,越来越离不开政府之外的社会组织、行业协会、第三方专业机构和市场主体的积极参与、支持和配合。以国务院2019年9月印发的《关于加强和规范事中事后监管的指导意见》(以下简称《指导意见》)为例,可谓拉开了新一轮多元主体共治的大幕。作为事中事后监管的纲领性文件,《指导意见》明确提出了构建“市场自律、政府监管、社会监督互为支撑的协同监管格局”的目标。除了行政系统内部纵向和横向协同监管外,还需要充分发挥市场主体、行业协会和社会公众的作用。就市场主体而言,实际上是质量监管、安全监管的第一责任人,应当通过完善内部质量安全控制、生产经营过程控制机制实现最严格的自我规制;就行业协会而言,实际上担负着行业自治的重要责任,应当通过完善自治规范、行业标准等措施提升行业自治水准;就社会公众而言,实际上承载着自律、参与和监督的多重使命,应当通过培养公民意识、落实举报奖励和第三方评估等机制发挥社会监督作用。《食品安全意见》也将“坚持共治共享”作为食品安全监管的基本原则之一,努力形成市场主体自我规制、政府加强监管和公众积

---

① 有的学者已经关注到我国生态环境领域政党法治的生成与运作逻辑。参见陈海嵩:《中国环境法治中的政党、国家与社会》,载《法学研究》2018年第3期;陈海嵩:《生态环境政党法治的生成及其规范化》,载《法学》2019年第5期。

② 强世功:《从行政法治国到政党法治国——党法和国法关系的法理学思考》,载《中国法律评论》2016年第3期。

极参与社会监督的合力共治的工作新格局。在这种多元主体合作共治的“混合体制”中，政府实际上担负了召集人、经纪人、助成者、执行者、监督者、保障者等多种角色。“政府在混合体制中的主要作用，就是促进混合主体的介入，这种混合能够将具体公私安排所带来的风险降到最低。”[①]

监管领域多元主体共治局面的出现，既与中国共产党所倡导的源头治理、系统治理理念和打造共建共治共享社会治理格局的主张相契合，也与国际上“规制治理”[②]的规制新动向相向而行，更是近年来党和国家践行的“放管服”改革的胜利成果。多元主体共治为重新审视政府和市场、政府和社会的关系提供了契机，也为传统行政法理念的更新创造了条件。无论是市场主体的自我规制、行业协会的内部自治，还是第三方专业机构的参与、“吹哨人”的启动执法，都改变了政府单中心的管理模式，重塑了政府与市场和社会之间的共生关系。当然，政企和政社关系的新变化并非意味着国家的逐渐消亡，毋宁说需要一个更有活力、更加强大的理想政府，需要在“一个庞大的但软弱无力的政府”和“把自己局限于决策和指导从而把‘实干’让给他人去做的强有力的政府”[③]之间作出理性选择。在政府与市场、社会的关系由对立走向合作的进程中，如何廓清政府行政权的边界，如何激发市场和社会的活力，如何实现多元主体治理的有序对接，如何构建亲清型政商关系防止政府被围猎，这些都是摆在行政法学者面前亟待解决的课题，行政法理念变迁的时机也蕴含其中。

第三，分级分类监管。《指导意见》突出了科学监管、精准监管和有效监管的理念，明确将“分级分类”列为监管的基本原则之一，并提出了领域特点、风险程度和信用等级相结合的分类标准。一方面，对重点领域进行重点监管，对新兴产业实行包容审慎监管；另一方面，以信用监管为抓手，根据信

---

① 〔美〕朱迪·弗里曼：《合作治理与新行政法》，毕洪海、陈标冲译，商务印书馆2010年版，第190页。

② 所谓“规制治理”，是强调利用多元的治理主体和治理工具，通过更好、更公平、更有效率、更有参与性的治理体系完成规制任务。参见宋华琳：《迈向规制与治理的法律前沿——评科林·斯科特新著〈规制、治理与法律：前沿问题研究〉》，载《法治现代化研究》2017年第6期。

③ 〔美〕戴维·奥斯本、特德·盖布勒：《改革政府：企业家精神如何改革着公共部门》，周敦仁等译，上海译文出版社2006年版，第20页。

用等级的高低采取差异化的监管，并将“双随机、一公开”监管与信用等级相挂钩。这种通过优化监管成本、提升监管效能、减少市场干扰的“靶向性监管”模式，极大地改变了过往监管机关疲于奔命却又吃力不讨好的局面。综观近些年来的监管实践，已经形成了五级梯度的监管方略：对归属新产业、新业态的市场主体，坚持审慎监管的原则，甚至可以采行设置“观察期”的私人定制式的监管；[①]对信用好、风险低的市场主体，合理降低监管方式和频次，减少对其正常生产经营活动的不当介入；对信用风险一般的市场主体，按照常规进行抽查监管；对严重失信、风险较高的市场主体，提高抽查监管频次；对敏感时期、重点领域的违法市场主体，则采取最严厉的处罚和最严厉的监管。

分级分类监管模式的推行，因应了监管简约性和靶向性的发展之道，体现了鲜明的问题导向和效果导向，与中国共产党倡导的“法治一体建设”的战略目标完全契合。就其本质而言，分级分类监管折射出监管主体与监管对象之间关系的重塑，即普遍奉行“更多依赖市场，减少依赖政府”的基本理念，采取“先君子，后小人”的监管策略。对于守信的市场主体尽可能减少监管的频次和强度，努力为其创造公平竞争的市场环境和优质高效的公共服务，实现市场和政府的双赢共进；对于失信的市场主体则及时增加监管的频次和强度，通过有力的监管矫正市场的失灵，为全民守法的实现奠定基础。就其法治意蕴而言，分级分类监管彰显了科学施政和精准施策精神，对于提升行政法治的科学水准具有重要启示。在烦苛监管走向简约监管的进程中，如何将信用监管、自我规制和智慧监管融为一体，如何在自治与他治、德治与法治之间寻找平衡，如何兼顾监管的公平性与差异性，这些都是监管国家时代亟须回应的课题，也是类型化思维在行政法学理念变迁中引入的契机。

（二）监管新政与行政法原则的发展

行政法原则对于成文行政法律规范局限性的弥补、行政法律规范实施

---

① 例如，在受社会广泛关注的“专车第一案”中，受案法院虽然认定原告的行为违反了现行法律规定，但又以网约车属于共享经济新业态需要予以适度宽容对待为由，作出了撤销2万元处罚的行政判决。有关“陈超诉济南市城市公共客运管理服务中心行政处罚”一案，参见山东省济南市市中区人民法院(2015)市行初字第29号行政判决书。

的指引和行政法治观念的传播都具有特殊的意义。传统行政法上的法律保留、法律优位、比例和信赖保护原则，无不体现出对行政权的警惕与规训，具有明显的消极性。当然，在主流学说之外，也有学者从"现代法治国家之行政与法的关系要求"和"宪治精神具体化"的双重基点出发，提出了行政法定、行政均衡和行政正当的"三原则说"；[①]还有学者从"有效率的行政权"和"有限制的行政权"的双重基点出发，分别提出了行政效力推定、行政裁量合理和司法审查有限等三大原则以及行政职权法定、行政程序正当和司法审查必要等三大原则。[②] 监管新政的兴起，展现了行政积极性的面向，为行政法原则的发展提供了全新的素材。从积极行政和消极行政相结合的基点出发，行政法的原则可依次分为辅助性原则、合作性原则、效能性原则和传统的合法性原则。

1. 辅助性原则

监管新政是一个不断推进简政放权、放管结合和优化服务的过程，也是一个逐渐厘清政府和市场、社会关系的过程。就行政法原则的重构而言，监管新政所带来的最大启示就是有必要引入旨在划定行政权行使边界的辅助性原则。作为"私人自由优先代名词"[③]的辅助性原则，也可称为补充性原则，其原初意义是建构不同层级社会主体任务配置的标准，揭示出个人或者小的单元在整体的国家、社会结构中具有行为的优先性。消极意义上的辅助性原则具有"权限防堵"功能，表明个人相对国家的自我规制优先性，只要个人能够胜任特定事项的处理，就不需要动用国家公权力；积极意义上的辅助性原则具有"援助"功能，表明国家之于个人的接续补充性，当个人无力胜任特定事项的处理时，国家基于公益保护就需要积极出手。[④] 我国监管新政的实施，体现出对市场规律的遵循、对社会自治的尊重和对社会创新的鼓励，为辅助性原则的适用提供了生动的注脚。从我国行政法治的演进上看，已经有若干项法律、行政法规和权威性文件表达了辅助性原则的内涵。

---

① 周佑勇：《行政法基本原则研究》（第 2 版），法律出版社 2019 年版，第 106—134 页。

② 章剑生：《现代行政法基本理论》（第 2 版·上卷），法律出版社 2014 年版，第 90—108 页。

③ 〔德〕罗尔夫·斯特博：《德国经济行政法》，苏颖霞、陈少康译，中国政法大学出版社 1999 年版，第 114 页。

④ 詹镇荣：《民营化与管制革新》，元照出版有限公司 2005 年版，第 285 页。

一种“个人自主—市场调节—社会自治—事中事后监管—事前行政审批”的经济社会事务介入顺位模式在我国逐步形成，辅助性原则的核心内涵得以初步呈现。就行政法原则体系的内在逻辑而言，作为宣示行政权行使空间和时机的辅助性原则应当成为监管国家时代的首要原则。考虑到既往法律、行政法规和权威性文件相关表述的零散性和多样性，有必要在未来统一的行政程序法或行政法总则中对辅助性原则作出明确规定。

2. 合作性原则

监管新政本身也是一个政府不断“借力”和“接力”的过程，通过借助政府之外的多种主体和力量更好地完成监管任务。在既往的监管实践中，政府习惯于采取大包大揽的方式，通过人海战术、现身现场实施集中的运动式监管。这种单中心、封闭式的监管模式，造成了“政府急、企业不急”“消费者无奈、经营者无惧”的恶性循环。近年来，监管新政的基本动向之一就是强调“合作治理”，更多依赖社会主体的参与、企业责任的践行、行业协会的自我规制以及规制治理中的公众参与。[①] 从对象上看，政府在监管过程中广泛调动了包括各类市场主体、行业协会、第三方专业机构、普通消费者、举报人、新闻媒体在内的多样化的社会组织，形成了严密的监管网络；从层次上看，政府在监管过程中运用了包括标准监管、信用监管、智慧监管、随机抽检在内的多元化的治理工具，形成了丰富的监管弹仓。多中心、多主体、多层次监管网络结构的形成，有助于充分发挥公私部门各自的禀赋，更好地完成监管目标。就行政法基本原则的发展而言，监管新政中合作治理新动向的启示主要在于合作性原则的确立。“明确行政的责任与公民的责任属于行政法的重要任务，这有助于将合作原则上升为一般的行政原则。”[②]

考察现有的法律规范文本和监管政策性文件，可以看出合作性原则的核心内涵已经得到了展现。首先，党代会报告和全会决定中的“共建共治共享社会治理”新话语，为合作性原则的确立奠定了充分的政治基础；其次，《环境保护法》《食品安全法》《药品管理法》等重点监管领域基本法“总则”中的“社会共治”“行业自律”“奖励有功”条款，体现了合作性原则的具体要求；

① 宋华琳：《论政府规制中的合作治理》，载《政治与法律》2016年第8期。

② 〔德〕汉斯・J. 沃尔夫等：《行政法》(第1卷)，高家伟译，商务印书馆2002年版，第18页。

最后，具有具体化和填补性功能的权威监管政策性文件细化了社会共治的要求，丰富了合作性原则的内容。[①] 这些规定勾勒出行政法上合作性原则的雏形，表明社会公众并不是游离于监管之外的旁观者，而是置身监管全过程的参与者、助力者和见证者。从行政法基本原则的内在逻辑关系上看，合作性原则是紧随辅助性原则之后的第二顺位的原则，表明了合作治理在政府治理体系中的优先性。

3. 效能性原则

监管新政的推行，无论是监管目标的设定、监管体制的改革还是监管手段的配置，都彰显了对效能的追求。长期以来，人盯人式的传统监管模式成本投入高、监管效能低，已经成为监管领域的一大痛点。近年来的监管新政直面问题，以提高市场主体和公众的幸福感、获得感和安全感为导向，着力破解监管体制机制方面的沉疴。在监管体制改革方面，2018 年党和国家机构改革所遵循的原则之一就是“坚持优化协同高效”，多个监管机构的改革都要求做到履职到位、流程通畅，旨在全面提高监管执法效能和行政效率。在监管目标设定方面，国务院《“十三五”市场监管规划》直接将“激发市场活力”“提高监管效率”作为监管的指导思想，要求监管机构实现从“管住企业”到“激发企业”的思维转变。通过成本意识的强化和效能观念的增强，切实提高监管效率。党的十九届四中全会则进一步将“提高行政效能”作为坚持和完善中国特色社会主义行政体制的重要方向之一。在监管方式创新方面，国务院《指导意见》坚持“管出公平、管出效率、管出活力”的结果导向，开出了包括“互联网＋监管”“双随机、一公开”“信用监管”“包容审慎监管”在内的众多监管新“药方”，其目的就在于实现监管效能的最大化。就行政法基本原则的发展而言，监管新政中效能观兴起的启示就在于效能性原则的确立。在行政法规范的适用维度上，行政效能性原则包含了“行政手段有效实现目标原则”和“行政手段效益最大化原则”的双重规范内涵。[②]

---

① 以《食品安全意见》为例，在突出“四个最严”监管要求的同时，还强调要推进食品安全“社会共治”，并将作为风险监管重要方式的“风险交流”置于共治的首位，鼓励第三方专业机构、行业协会、媒体和消费者参与食品安全风险交流。

② 沈岿：《论行政法上的效能原则》，载《清华法学》2019 年第 4 期。

在“行政法有必要与行政学再度结合”[①]的时代，监管领域效能观的兴起应当辐射到行政法的各个领域，真正成长为行政法的基本原则。事实上，除了新近监管领域效能意识的觉醒和规范化改造之外，行政法治其他领域的一些制度变革也为效能性原则的确立提供了素材。在行政诉讼领域，“实质性解决行政争议观”[②]的倡导和以“简案快审、难案精审”为导向的行政案件繁简分流机制的完善，都体现了对行政纠纷解决过程中成本与收益关系的考量；在行政复议领域，相对集中行政复议权模式的推行和行政复议程序的改革，彰显了对行政复议实效的青睐；在行政立法和重大行政决策领域，成本收益分析报告和风险评估等相关制度的设计，折射出行政法学对政策目标及其相匹配的政策工具的关注。这些多领域、多层次的制度创新，蕴藏着行政效能性原则构建的契机。在理想的行政法基本原则谱系中，行政效能性原则位居辅助性原则和合作性原则之后，体现出实质法治主义时代对积极行政和行政效能的现实需求。相比之下，以防范行政权恣意行使为目的的传统合法性原则，则在行政法基本原则体系中扮演了兜底的角色。

（三）监管新政与行政行为法的拓展

与监管新政对行政法理念和行政法原则“润物细无声”式的影响所不同的是，监管新政对行政法手段的影响直接、深远。作为指引监管的最新权威政策性文件，《指导意见》可谓监管工具的“百宝箱”。在“创新和完善监管方式”思想的指导下，大量监管措施走上前台，“监管执法”[③]甚至成为新的法律术语。与此相对照的是，行政法学理尝试以“行政活动方式的两幅理论图景”加以阐释，即传统法解释学框架之下的行政行为形式论和法政策学脸谱之下的规制工具理论，认为二者“一个都不能少”。[④] 从积极意义上来看，新型监管工具的涌现为行政行为的型式化提供了新的素材，行政行为法拓展

① 廖义铭：《行政法基本理论之改革》，翰芦图书出版公司2002年版，第23页。

② 所谓“行政争议的实质性化解”，主要包括三层含义：一是案件已经裁决终结；二是当事人之间的矛盾真正得以解决且未留下后遗症；三是通过案件审理明晰了此类案件的处理界限，行政机关和社会成员能够自动根据法院判决调整自身行为。参见江必新：《论实质法治主义背景下的司法审查》，载《法律科学（西北政法大学学报）》2011年第6期。

③ 《优化营商环境条例》第五章“监管执法”和《指导意见》第18条“全面推进监管执法公开”。

④ 朱新力、唐明良：《现代行政活动方式的开发性研究》，载《中国法学》2007年第2期。

的契机也正蕴含其中。换言之，政府规制研究与行政行为研究之间并非水火不容的关系，二者理应相辅相成、相得益彰。综观新一轮监管实践，行政行为法未来的拓展表现在刚性手段硬化、柔性手段软化和中性手段精化等三个方面。①

1. 硬化的刚性手段

基于分级分类监管的思路，《指导意见》《食品安全意见》在《食品安全法》《环境保护法》《广告法》等行业基本法的基础上，继续推行了“最严格的监管”“最严厉的处罚”策略，使得行政法上的若干刚性手段趋于硬化。概而论之，日益硬化的刚性行政活动手段包括：第一，失信联合惩戒。在构建以信用为基础的新型监管体系的过程中，对于重点领域的严重失信市场主体列入“黑名单”予以公布，并构建跨部门、跨行业、跨领域的失信联合惩戒机制，通过行政性、市场性、行业性和社会性约束惩戒机制的综合运用，达到“一次失信，处处受限”的特殊监管效果。其中，公布黑名单、一定期限内的市场和行业禁入措施、终身禁入等具有明显制裁性质的监管方式就有不断硬化刚性行政手段的属性。第二，巨额罚款。在“按日连续罚款”“最高30倍罚款”等已有严厉制裁措施的基础上，《指导意见》提出建立完善违法严惩制度、惩罚性赔偿和巨额罚款制度，让严重的违法者付出高昂成本；《食品安全意见》则提出“处罚到人”要求，对违法企业及其各类直接负责人员进行严厉处罚，大幅度提高违法的成本。第三，多样态的行政检查。在保持日常监督检查全覆盖的基础上，实行按比例的“双随机”抽查、重点检查和“飞行检查”等灵活多样的行政检查，倒逼市场主体切实履行好首要责任人职责。第四，重奖保护“吹哨人”。为弥补行政执法资源短缺，通过物质上重奖和人身上严格保护措施的并举激励“吹哨人”举报，实现对严重违法违规行为的靶向性监管。

上述硬化监管措施的推行，为传统行政行为法的拓展性研究提供了丰富素材。就行政处罚研究而言，要抓住《行政处罚法》修订的契机，将黑名单

① 刚性行政行为、柔性行政行为与中性行政行为的“三分法”是笔者率先提出的理论命题，参见章志远：《行政法学总论》，北京大学出版社2014年版，第261页；章志远：《当代中国行政行为法理论发展的新任务》，载《学习与探索》2018年第2期。

公布、终身禁入等失信联合惩戒措施中明显具有处罚属性的手段纳入法律规范的调整之中，尽早消除其形式合法性和实质合法性的危机；[①]重新研究行政处罚的分类，将信用监管中的声誉罚和资格罚剥离出来，成为申诫罚、财产罚、行为罚和人身罚之外的两类新型行政处罚；重新审视行政治理手段与刑事治理手段之间的衔接，继续开发包括行政制裁在内的更多行政法上的治理手段。就行政许可研究而言，要深入总结近些年来包括“放管服”“加强事中事后监管”“互联网＋政务服务”“智慧政府”在内的行政审批制度改革新成果新经验，为《行政许可法》全面修改做好充分的理论准备。就行政检查研究而言，要聚焦“双随机”“飞行检查”等新型检查方式的研究，在增强监管实效的同时注意对市场主体正常生产经营活动的保护。就行政执法研究而言，要关注“吹哨人”制度的实施效果，探索“举报—查处”的新型行政执法模式的系统构建。

2. 软化的柔性手段

不断推进柔性行政执法本身就是我国行政法治发展的重要方向，行政指导、行政合同、行政奖励等多种非强制手段的兴起，造就了行政管理领域“刚柔并济”的格局。基于对包容审慎监管、简约监管和精准监管理念的施行，一些协商式、激励式乃至私人定制式监管方式走上前台。概而论之，日益软化的柔性行政活动手段包括：第一，守信联合激励。按照“褒扬诚信、惩戒失信”的原则，信用监管贯穿于市场主体的全生命周期，衔接事前、事中、事后监管的各个环节。通过信用承诺、诚信教育等柔性方式培育市场主体的诚信意识，对于守信市场主体给予列入“红名单”树立诚信典型予以公布、享受行政审批便利服务、优先提供公共服务便利等一系列行政优惠待遇，充分释放“让守信者受益”的红利。第二，多元协商监管。《指导意见》针对新产业、新业态的市场主体采行鼓励创新的理念，专门设置了极具个性化和人性化的监管举措，包括分类量身定制监管标准、设置一定的观察期等。这些举措一改过去命令服从式的威慑性监管策略，通过软化方式过渡到协商合作式的顺从性监管策略。

---

① 张晓莹：《行政处罚视域下的失信惩戒规制》，载《行政法学研究》2019年第5期。

上述软化监管措施的推行，对行政行为法研究的深化具有重要启示。就方法论而言，行政行为研究不仅需要精准的形式论导向，而且应当承认行政机关享有相对的行为形式选择自由权。“除非法律明确地规定行政机关应采取特定形式的行为，否则行政机关为了适当地履行公共行政任务达成公共行政目的，可以选取适当的行政行为，甚至也可以在法律所容许的范围内选择不同法律属性的行为。”①特别是对于行政许可研究而言，告知承诺制、容缺受理制等软化措施的推行，使得行政许可流程得以再造，开阔了行政审批类型化研究的视野。就资源论而言，行政行为研究不仅需要植根政府监管实践，而且还可以从监管对象本身的管理模式中获得启发。其中，差异化的公共服务便利享有举措就与市场主体对其客户等级评定有异曲同工之处，即优质客户、金牌客户享有更多的市场实惠和服务便利。这种依据市场主体自身信用等级对行政给付、公共服务乃至监管标准进行私人定制的个性化制度安排，体现了行政主体与行政相对人之间的深层互动，极大地改变了二者之间的紧张对立关系，真正促进了法治一体化建设的进程。可见，未来的行政行为法理论不仅要继续重视单一化的柔性手段的型式化研究，而且还要透过多样化的柔性手段软化把握行政行为方法论的更新，进一步实现政府规制研究与行政行为研究的融合。

3. 精化的中性手段

无论是硬化的刚性手段还是软化的柔性手段，都是行政活动方式“软”与“硬”光谱两极的一端，更多的行政活动方式则介于软硬两极之间。“如果人都是天使，就不需要任何政府了。如果是天使统治人，就不需要对政府有任何外来的或内在的控制了。”②正是基于对市场理性和公权理性的客观判断，《指导意见》《食品安全意见》开列了中性监管手段的清单，试图提升监管的科学性、精准性和靶向性。概而论之，不断精化的中性行政活动手段包括：第一，标准。标准化监管是提高监管有效性和精准性的前提，也是防范监管风险的根本保障。在标准化国家时代，强化标准体系建设已经成为监管新政的重中之重。从监管标准的功能承载来看，有产品标准、服务标准、

① 程明修：《行政法之行为与法律关系理论》，新学林出版股份有限公司2005年版，第290页。

② 〔美〕汉密尔顿等：《联邦党人文集》，程逢如等译，商务印书馆1980年版，第264页。

管理标准、安全标准、技术标准、质量标准等；从监管标准的制定主体来看，有国家标准、地方标准、行业标准、团体标准、企业标准；从监管标准的效力强度来看，有强制性标准、推荐性标准。第二，约谈。作为一种典型的介于软硬之间的中性监管手段，约谈被广泛运用于食品安全、生态保护、安全生产等领域，对督促市场主体及时整改、防范重大风险起到了重要的过滤作用。监管新政中的约谈日益灵活，提示性、协商性、警示性约谈方式推陈出新，与其他硬性监管手段互相配合，大幅提升了监管的实效性。第三，评估。信用评级、风险评估、产品认证等形式多样的评估手段在监管新政中被频繁使用，为进一步的风险管控、差异化监管实施提供了可靠依据。

上述中性监管手段的运用，为更大范围内行政行为的型式化提供了可能。就各类标准的精细化研究而言，能够促进行政规范的具象化研究，在功能意义上把握不同类型行政规范性文件在国家治理进程中的地位。就作为“一种以遵从理论为基础、以促成守法为目标的规制方式”①的行政约谈研究而言，也可以在尝试约谈类型化分析的基础上把握其行为属性。就落实分级分类监管原则的评估手段研究而言，既可以聚焦行政评级等具体类型的评估活动，也可以抽象出行政评估行为的一般原理。鉴于中性监管手段尚在不断开发、渐次精化过程之中，大量非型式化的行政活动方式有待进一步归纳提炼，应当成为未来行政行为形式论研究的重要方向。

二、行政争议的有效化解

公平正义是我国全面依法治国追求的价值目标之一，公平正义的实现是“有为政府”的践行表现之一。在落实这一价值目标中，有效化解行政争议是凸显中国特色社会主义法治特质的典型策略，亦是践行“法治一体建设”战略布局的重要阵地。作为解决行政争议的两大法定渠道，行政复议、行政审判与实质性化解行政争议目标应进行合法、有效契合，以在法治完善中助推法治政府的建设、法治社会的塑造，进而铸就法治国家的实现。

① 朱新力、李芹：《行政约谈的功能定位与制度建构》，载《国家行政学院学报》2018年第4期。

（一）行政复议解决争议功能的实现

2023年修订的《行政复议法》第1条将“发挥行政复议化解行政争议的主渠道作用”明确列举为行政复议制度的基本目的之一，标志着我国行政争议化解格局从“大信访、中诉讼、小复议”的“旧三国时代”向“大复议、中诉讼、小信访”的“新三国时代”的正式迈进。这一修改既是对习近平法治思想中有关“把非诉讼纠纷解决机制挺在前面”“发挥行政复议公正高效、便民为民的制度优势”“法治建设既要抓末端、治已病，更要抓前端、治未病”等重要论述精神的贯彻落实，也是总结新时代行政争议化解经验、回应社会转型时期社会矛盾预防化解现实需要的应对之举。从某种意义上来说，行政复议化解行政争议主渠道地位的确立是这次修法的最大亮点。如何理解主渠道定位的内涵，如何促成主渠道目标的实现，都是贯彻实施新《行政复议法》必须着力解决的“一号课题”。

从语义上看，“主渠道”具有形式和实质两个层面的内涵。就形式意义而言，主渠道的定位表明现实生活中的绝大多数行政争议都能够进入行政复议渠道进行化解，行政复议机关的实际受案数量远远超过人民法院行政案件和信访机关信访案件的数量；就实质意义而言，主渠道的定位表明越来越多的行政争议经由行政复议渠道就能够获得最终的一揽子解决，行政相对人发自内心地首选行政复议作为行政争议化解的渠道。前者立足表层的案件数量，后者立足深层的实质化解，二者共同构成行政复议主渠道地位的基本内涵。综观新《行政复议法》的制度规定，行政复议化解行政争议主渠道地位的形成，有赖如下四个路径：

1. 二元结构的行政复议体制保障

行政复议化解行政争议主渠道地位的形成，首先有赖于强有力的体制保障。在过往的行政争议化解实践中，行政复议制度之所以公信力不高、吸引力不大，主要原因就是行政复议体制设计上的碎片化、分散化障碍。为此，2023年修订的《行政复议法》第4条明确规定“县级以上各级人民政府以及其他依照本法履行行政复议职责的行政机关是行政复议机关”，以法律形式确认了“块块为主、条条为辅”的行政复议体制改革的重要成果。主要以一级政府名义作出行政复议决定，能够充分彰显相对集中行使行政复议权的制度优势，为行政争议实质性化解提供体制保障。在新法实施过程中，要发挥“行政复议工作坚持中国共产党的领导”原则条款的规范功能，使各级人民政府切实担负起为行政复议机构“造血”的职责，以强有力的人力、物力护航行政复议化解行政争议主渠道地位的形成。

扮演“输血”角色的行政复议委员会制度虽然没有规定在2023年修订的《行政复议法》总则之中，但其实际作用不可小觑。作为相对集中行使行政复议权体制设计的一种有益补充，行政复议委员会通过吸收各方面术业有专攻的专家、学者和律师代表的参与，能够发挥体制外社会人士相对超脱的身份优势，更好促进行政争议在行政复议审议过程中得到妥善化解。在法治政府建设高地和法治人才集聚高地的上海，行政复议委员会制度已经稳步运行多年，其先进经验可以为国务院行政复议机构制定关于行政复议委员会组成和开展工作的具体办法提供借鉴。经由“造血”和“输血”功能的二元行政复议体制结构的优化，行政复议化解行政争议主渠道地位的形成就具备坚实的体制根基。

2. 应收尽收的行政复议范围支撑

鉴于行政复议机关特有的组织、专业和技术优势，行政复议的受案范围理应宽于行政诉讼。虽然2023年修订的《行政复议法》沿袭了《行政诉讼法》有关受案范围的规定模式，但还是实实在在地拓展了行政复议制度运行的空间。例如，第11条的“例示性规定”就明确了不履行法定职责的情形包括“拒绝履行”“未依法履行”“不予答复”，明确写明“等行政协议”，第12条的“否定性规定”将“行政机关作出的行政处分或者其他人事处理决定”限缩为“行政机关对行政机关工作人员的奖惩、任免等决定”，第13条的一并申请附带审查的规范性文件拓展至“法律、法规、规章授权的组织的规范性文件”。相比较行政诉讼的受案范围而言，行政复议范围的文本规定已经迈进了一大步，为行政复议化解行政争议主渠道地位的形成提供了有力支撑。

主渠道作用法定目的的实现，还有赖行政复议范围规定的扩张性解释。在《行政复议法》修法过程中，也许是出于与《行政诉讼法》规定保持相对一致性的考虑，行政法学理论界提出的行政复议范围“负面清单式”规范模式最终并未被立法机关采纳。从行政复议与行政诉讼的功能定位上看，这并不妨碍新法实施过程中对行政复议范围作出“应收尽收”的解释。道理很简单，在《信访工作条例》已经对信访进行类型化分流处理、《行政诉讼法》已经对受案范围作出相对明确的规定之后，行政复议制度就应当发挥行政争议化解的兜底功能，将行政争议尽可能引导到常规渠道进行化解。经由“应收尽收”的“类负面清单式”解释，行政复议化解行政争议主渠道地位的形成就具备重要的制度前提。

3. 应调尽调的行政复议程序助推

作为行政复议被申请人的上级机关，行政复议机关拥有强大的组织优势、监督优势和资源优势，完全能够通过调解程序及时化解行政争议、弥合社会纷争。与修订草案仅在“行政复议审理”一章“一般规定”中规定“行政复议机关审理行政复议案件，可以按照合法、自愿原则进行调解”所不同的是，最终修订的《行政复议法》在总则第5条明确规定“行政复议机关办理行政复议案件，可以进行调解”。从“审理篇”到“总则篇”、从“审理”到“办理”的表述变迁中，可以看出立法机关对行政复议调解程序优先地位和实际功效的期许。调解程序规定进入总则是这次修法的亮点之一，是行政复议实质性化解行政争议的重要制度抓手，也是行政复议与行政诉讼的重大区别所在。

与行政复议决定的刚性相比，行政复议调解更具柔性特质。建立在遵循合法、自愿原则基础上的调解程序，能够充分尊重行政复议参加各方的意愿，寻求最大限度的共识，进而彻底弥合双方的分歧。在新法实施过程中，行政复议机关应当秉承“应调尽调”的法解释立场，在办理行政复议案件的全过程和各环节，充分挖掘调解程序适用的可能性，为及时、彻底化解行政争议创造条件。在现代行政活动几乎等同于行政裁量的背景之下，行政复议调解具有广袤的生存空间。经由“应调尽调”的法规范解释，行政复议化解行政争议主渠道地位的形成就具备可靠的程序助推。

4. 应改尽改的行政复议决定引领

相较于行政诉讼法上司法变更权的有限性而言，基于行政一体主义的复议变更权则有着巨大空间。与修订草案仅在维持决定、驳回复议请求决定、履行决定之后规定“裁量不当纠错型”“法律适用纠错型”行政复议变更决定所不同的是，最终修订的《行政复议法》不仅将变更决定置于行政复议决定体系之首，而且还将变更决定的适用情形扩充至“事实认定纠错型”，确立了变更决定在行政复议决定体系中优先适用的地位。这一修改既实现了行政复议变更决定的全覆盖，也彰显了行政复议活动自身的行政性、主动性优势，成为此次修法的亮点之一，并构成行政复议与行政诉讼制度的又一重大差别。

在行政复议变更决定中心主义已经形成的新法时代，应当坚持“应改尽改”的解释进路，切实发挥行政复议在化解行政争议中的能动作用，积极回应行政复议申请人的正当诉求。从第63条有关变更决定适用情形的规定来看，无论是事实问题、证据问题，还是法律适用、内容适当问题，几乎所有类型的被申请行政行为都存在被改变的可能。在新法的实施过程中，应当充分释放修法的制度红利，积极拓展变更决定的适用空间。经由“应改尽改”的法规范解释，行政复议化解行政争议主渠道地位的形成就具备坚强的决定引领作用。

（二）行政审判因应诉源治理的进路

党的十九届四中全会《决定》指出：“新中国成立七十年来，我们党领导人民创造了世所罕见的经济快速发展奇迹和社会长期稳定奇迹。”“两个奇迹”的取得是我们党治国理政经验日臻成熟的重要标志，也是中国特色社会主义制度优势的集中体现。加强预防和化解社会矛盾机制建设对恢复秩序、凝练共识和安顿民心具有特殊的“压舱石”作用，是加强和创新社会治理的重要内容，也是国家治理现代化的题中应有之义。习近平总书记高度重视矛盾纠纷的多元化解和源头治理，强调“要善于把党的领导和我国社会主义制度优势转化为社会治理效能”，“坚持和发展‘枫桥经验’……从源头上提升维护社会稳定能力和水平”[①]。源头防控、多元解纷社会治理理念的提出，回应了新时代我国社会主要矛盾变化的现实需求，是开启全面建设社会主义现代化国家新征程、续写“两个奇迹”的坚实保障和根本遵循。“矛盾消解于未然、风险化解于无形”的社会治理观已嵌入我国政法改革实践之中，

① 《习近平谈治国理政》第3卷，外文出版社2020年版，第353、222页。

坚持把非诉讼纠纷解决机制挺在前面，把诉讼作为纠纷解决最后防线，加快构建起分类分工、衔接配套的多元化纠纷解决体系成为新时代政法改革的主体内容之一。[①] 行政争议的诉源治理，既涉及司法权与行政权关系的调整，也影响到行政诉讼制度在行政争议解决体系中的定位，是当下中国特色行政审判制度运行中的重大课题。人民法院在行政审判活动中积极参与、推动行政争议诉源治理格局的形成，能够提升行政审判在党政体制中的实际地位，但部分机制的运用与行政诉讼制度法定目的之间也存在张力，需要进行系统的理论反思和精准的制度设计。[②] 下文立足近年来国内行政审判因应诉源治理具体样态的成效观察，揭示其存在的制度逻辑和理想类型，探寻诉源治理制度存量和增量的规范构造，希冀通过人民法院行政审判依法因应诉源治理，把我国行政审判制度优势更好转化为司法社会治理效能。

1. 行政审判因应诉源治理的实践反思

“诉源治理”已被频繁写入权威司法文件之中，但其确切内涵迄今并未获得正式解释。成都中院此项改革主事者曾提出，诉源治理是指社会个体及各种机构“对纠纷的预防及化解所采取的各项措施、方式和方法”，使潜在和已在纠纷当事人的相关利益和冲突得以调和。[③] 此后，有研究者立足纠纷化解过程论，提出“源头预防为先”“非诉机制挺前”“法院裁判终局”的三维解读；[④]有研究者立足“原发性纠纷”和“继发性纠纷”二元区分论，提出“诉源同治”“诉源共治”“诉源根治”的三层次解读。[⑤] 这些描述大体上概括了诉源治理的工作流程，但未能展现人民法院行政审判诉源治理的针对性。从近年各地法院的探索来看，实际上存在两种意义上的行政审判诉源治理，即“诉讼”的源头治理和“诉求”的源头治理。前者强调对已经形成争议的行政案件的多元共治，后者强调对诉求产生基础的源头防控。行政审判的诉源

① 黄文艺：《新时代政法改革论纲》，载《中国法学》2019 年第 4 期。

② 有学者指出：“将‘解决行政争议’替换成‘实质性解决行政争议’，可能会导致行政诉讼多重立法目的之间的价值冲突，从而影响行政诉讼法的整体性实效。”章剑生：《行政诉讼“解决行政争议”的限定及其规则——基于〈行政诉讼法〉第 1 条展开的分析》，载《华东政法大学学报》2020 年第 4 期。

③ 郭彦：《内外并举全面深入推进诉源治理》，载《法制日报》2017 年 1 月 14 日第 7 版。

④ 薛永毅：《“诉源治理”的三维解读》，载《人民法院报》2019 年 8 月 11 日第 2 版。

⑤ 汤媛媛：《行政争议的诉源“三治”》，载《人民法院报》2020 年 6 月 18 日第 6 版。

治理,是指人民法院在依法履行行政审判职责的过程中,围绕行政争议化解和诉求源头防控,通过诉讼内外单独或联合行动,实现确立公权行使规则和融入社会治理进程有机统一的状态。诉源治理观嵌入人民法院的行政审判活动,明确了司法政治效果的判断标准,回应了人民群众不断增长的司法需求,能够促进行政审判活动法律效果、社会效果和政治效果相统一,促进"司法能力提升取向"的行政诉讼制度改革目标的实现。[①]

(1) 行政审判因应诉源治理的三重形态

《五五改革纲要》实施以来,各地法院以"把非诉讼纠纷解决机制挺在前面"为原则,将法定诉讼调解程序前置到立案阶段,促进行政争议诉前分流。争议调解未果转入立案程序之后,通过繁简分流机制的设置实现行政案件审理快慢分道。在繁案精审过程中,将府院联动协调化解挺在前面,实现协调与裁判结案的分进。三重形态的行政审判诉源治理机制,孕育于行政争议多元化解体系构建的时代背景之中,依托于各地司法政策文件的推动,逐渐获得最高人民法院的认可。

第一,非诉调解前置的分流。与民事争议非诉调解存在程序基本法依据所不同的是,行政争议非诉调解并无直接法律依据。2016 年 6 月,最高人民法院印发《关于人民法院进一步深化多元化纠纷解决机制改革的意见》(以下简称《多元化纠纷解决意见》),有关"探索建立调解前置程序"的规定主要针对民事案件而言。2017 年 3 月,浙江省安吉县在全国率先建立行政争议调解中心;2019 年 12 月,浙江省行政争议调解中心揭牌,在全国率先实现省市县三级行政争议调解中心全覆盖。法院与行政机关共同设立的行政争议调解中心,承载着将非诉讼纠纷解决机制挺在行政诉讼之前的历史使命,经由实体化、规范化、实质化运作,实现了行政纠纷化解"最多跑一地"、一审行政案件上升态势得到扭转和协调撤诉率持续领跑全国的局面。行政争议调解中心诉前过滤作用的充分发挥,为"社会调解优先,法院诉讼断后"的分层递进式行政纠纷化解体系构建奠定了坚实基础,成为诉源治理"浙江

① 顾培东:《人民法院改革取向的审视与思考》,载《法学研究》2020 年第 1 期。

模式”的“金招牌”。[1] 2019 年 6 月，山东省高级人民法院印发《关于建立行政争议审前和解机制的若干意见》，推动全省市县两级普遍建成实体化运行的行政争议审前和解中心，将“委派和解案件数占一审行政案件收案数 50%以上”作为实体化运行达标的主要标准之一。审前和解中心的规范化运作释放出诉源治理的红利，山东省 2019 年行政审判上诉率全国最低，率先发布的“行政争议审前和解中心十大典型案例”展示了审前和解对于行政争议化解的积极成效。[2] 2018 年 5 月，上海市高级人民法院印发《关于进一步完善行政争议实质性解决机制的实施意见》，全市三级法院相继设立行政争议多元调处中心，作为诉调对接中心的组成部分和行政争议协调化解的专门平台，为实质性解决行政争议提供全方位保障。[3] 虽然名称各异，但行政审判特色区域诉源治理创新实践的共性都是关口前移，通过固定化平台以委派或联合调解方式最大限度在诉讼程序前防范化解矛盾纠纷，实现从源头上减少诉讼案件增量的目标。这种“御行政争议于法院门外”的主动介入之举，逐渐取得由点到面的试验成果，正在被向更多地方推广。2020 年 2 月，最高人民法院印发《关于人民法院深化“分调裁审”机制改革的意见》(以下简称《分调裁审意见》)，明确提出“探索建立行政争议审前和解(调解)中心，促进行政争议实质性化解”“逐步将人民法院调解平台调解事项从民事纠纷扩展到行政纠纷”等改革任务，非诉调解前置的分流作用将进一步被激发。

第二，案后繁简分流的分道。行政争议固有的复杂性和对抗性特质，决定了诉前调解分流功能的有限性。当诉前无法达成和解或者当事人明确拒绝调解的行政争议转入诉讼程序成为具体的行政案件之后，繁简分流、速裁

---

① 有关浙江行政争议调解中心建设及运行情况，参见危辉星、管征：《实质性化解行政争议的路径探寻——基于浙江法院“行政争议调解中心”实践分析》，载最高人民法院行政审判庭编：《行政执法与行政审判》(总第 75 集)，中国法制出版社 2019 年版；朱新力：《深化府院联动，强化诉源治理，共同发力全面推进行政争议调解中心建设》，“华东五省(市)行政争议化解府院联动座谈会”，2019 年 6 月 6 日；浙江省高级人民法院 2019 年、2020 年、2021 年工作报告。

② 有关山东行政争议审前和解中心建设及运行情况，参见《山东法院提升行政审判质效取得较大发展》，载最高人民法院行政审判庭编：《行政审判通讯》2020 年第 2 期；《山东省高级人民法院多措并举提升行政审判质效》，载最高人民法院行政审判庭编：《行政审判通讯》2020 年第 5 期。

③ 章志远：《地方法院行政诉讼制度创新的法理解读——以上海法院近五年的实践为例》，载《华东政法大学学报》2020 年第 4 期。

快审成为行政审判因应诉源治理的又一实践创新。《行政诉讼法》单设的第一审简易程序虽为人民法院快速审理部分简单行政案件提供了直接依据，但受制于“法律规定过于原则”“不同审级程序同质”“激励保障机制缺失”“分流一体化程度不高”等因素影响，简易程序规定几乎从一开始就成为“休眠条款”。[①]《多元化纠纷解决意见》最早提出“按照行政诉讼法规定，完善行政案件繁简分流机制”的设想。2016 年 9 月，最高人民法院印发《关于进一步推进案件繁简分流优化司法资源配置的若干意见》(以下简称《繁简分流若干意见》)，明确提出“简化行政案件审理程序”“探索建立行政速裁工作机制”“探索实行示范诉讼方式”等系统性改革任务。最高人民法院《关于建设一站式多元解纷机制 一站式诉讼服务中心的意见》(以下简称《一站式意见》)进一步提出“普遍开展一审案件繁简分流工作，探索二审案件的繁简分流”“建立简案速裁快审配套机制”“实行类案集中办理”“建立示范诉讼模式”等深度改革任务，《分调裁审意见》则提出“完善行政案件繁简分流标准”“推动建立行政速裁快审团队”“推行要素式审判和示范裁判”等具体目标。旨在优化司法资源配置、全面提升司法效能的行政案件繁简分流改革，契合了当下行政案件审理倒金字塔结构造成人案矛盾的现实需求，通过简案速裁快审、类案参照示范案例批量办理，从诉讼程序流程再造上实现行政案件的源头减量。江苏南通法院积极拓展简易程序适用功能，用最简便程序、最短时间和最小成本审理政府信息公开行政滥诉案件、不履行法定职责案中案，依法限缩当事人借案发挥的时空机会，有效遏制这类案件频发势头。[②]广州铁路运输两级法院通过组建新型行政审判专业团队，不断优化调整审判资源配置，积极运用行政速裁有效应对跨区划集中管辖后审判压力骤增、程序空转、滥诉行为“抬头”等问题，行政案件审理质效得到明显优化。[③] 作为“化行政争议于法院之内”的主动调适之举，行政诉讼繁简分流通过程序

---

① 程琥等：《新行政诉讼法疑难问题解析与实务指引》，中国法制出版社 2019 年版，第 235—238 页。

② 《南通法院关于深入推进行政诉讼简易程序的实践、思考及展望》，载最高人民法院行政审判庭编：《行政审判通讯》2018 年第 4 期。

③ 林晔晗等：《广铁法院：打造行政案件集中管辖改革“羊城样本”》，载《人民法院报》2021 年 2 月 1 日第 8 版。

机制变革提升司法效能，有助于从源头上减少征地补偿安置、政府信息公开等系列性或群体性行政诉讼案件的发生。

第三，诉中府院协调的分进。在诉前过滤和案后分流之外，案情复杂、影响重大的行政争议能否获得实质性化解，是行政审判因应诉源治理的关键。《五五改革纲要》在规划行政诉讼制度改革方向时，将"推动行政争议实质性化解"置于与"依法保护行政相对人合法权益""监督和支持行政机关依法行政"同等重要的地位。《行政诉讼法》为行政案件的实体处理提供了"依法判决""依法调解""和解撤诉"三种常规方式。对实质性化解行政争议典型案例的实证观察显示，人民法院尚存在明显的通过府院互动协调化解的路径偏好。[①] 在法治建设示范区的上海，府院互动一直是其行政审判工作的特色和亮点所在，一条重要的经验就是"始终将化解行政争议作为府院联动的出发点，各项工作都是围绕化解争议本身以及为化解争议创造必要的环境与条件"[②]。2020年12月，最高人民法院在吉林长春召开东北三省行政争议化解联动工作机制座谈会，"促进依法行政和纠纷实质性化解"依旧被视为构建矛盾纠纷化解联动工作机制的立足点。[③] 就诉讼中的府院协调化解争议而言，表现出"协调化解撤诉准许的裁定—附记协调未果事实的判决—寄望未来协调化解的判决"分层递进的发展态势。最高人民法院在"郴州饭垄堆矿业有限公司诉国土资源部国土资源行政复议决定案"再审判决中，载明"本院审理期间，曾多次组织各方当事人并邀请湖南省国土厅、郴州市人民政府、前期曾经签订整合并购协议的相关公司参与协调整合事宜，但因故协调未果"的事实；[④]在"李建珍诉广西壮族自治区人民政府行政复议案"再审判决中，表达"政府在重新作出复议决定时，应当按照实质性化解争议的要求，力争采取协调化解等多种方式一次性解决纠纷"的期许。[⑤] 这种"记府

---

① 章志远：《行政争议实质性解决的法理解读》，载《中国法学》2020年第6期。

② 张斌：《增进府院联动，扩大互动效果，不断提高上海法院行政审判工作水平》，"华东五省(市)行政争议化解府院联动座谈会"，2019年6月6日。

③ 李阳：《学习践行习近平法治思想 推动完善矛盾纠纷化解联动工作机制》，载《人民法院报》2020年12月11日第1版。

④ 最高人民法院(2018)最高法行再6号行政判决书。

⑤ 最高人民法院(2019)最高法行再184号行政判决书。

院协调于判决之前""寓府院协调于判决之后"的时兴做法，代表了诉源治理观嵌入行政争议解决过程后人民法院行政裁判文书发展的新模式。

(2) 行政审判因应诉源治理的双重效应

从前几年全国各地行政审判相关统计数据、典型案例和媒体报道上看，依据文件推行的诉源治理改革似已取得显著成效。覆盖浙江全省的行政争议调解中心被誉为新时代的"枫桥经验"，是国家治理现代化在司法领域的生动写照，开创了浙江社会治理新格局。[①] 福建省深入推进诉源治理减量行动，以无讼夯基、化讼解纷、息讼止争三大工程为依托，推动多元解纷功能整合、资源聚合、力量统合。[②] 以行政诉讼制度功能的视角观察，诉源治理在行政审判活动中的嵌入，同时产生了积极效应和消极效应。

行政审判因应诉源治理举措的推进，使得行政案件数量增幅放缓，行政审判结构不断优化，司法参与社会治理能力得以增强。2014 年《行政诉讼法》修订之后，行政案件数量持续高速增长，加之管辖制度经过重大调整，行政诉讼人案矛盾陡增。近几年诉源治理系列措施的推行，开始释放控制行政案件增长过快的改革红利。尽管这种诉讼增量减少效应主要还是针对进入诉讼程序的案件量而非整个社会的行政争议量而言，但诉前分流对于"减轻员额法官工作负担、调动非员额法官力量从而优化配置司法资源"的作用还是不容忽略的。[③] 行政案件繁简分流、快慢分道的稳步实施，形成了一种特殊的分层递进式解纷格局，使得大一统的行政审判程序结构得到了整体性优化，客观上也起到了诉讼减量作用。法院无论在诉讼之内还是诉讼之外、单独还是联合采取旨在实现行政争议多元分层化解的举措，都展现出司法积极参与社会治理、推动社会发展的崭新面貌，在增强司法能力的同时提升了自身实际地位，诠释了"司法不能脱离政治而存在""司法只有充分发挥

① 陈东升、王春：《诉源治理开创浙江社会治理新格局》，载《法治日报》2021 年 1 月 20 日第 1 版。

② 何晓慧：《诉源治理新模式 多元解纠新路径——福建法院一站式多元解纠和诉讼服务体系建设纪实》，载《人民法院报》2020 年 9 月 1 日第 1 版。

③ 左卫民：《通过诉前调解控制"诉讼爆炸"——区域经验的实证研究》，载《清华法学》2020 年第 4 期。

政治功能才能真正显现作用"的司法政治观。[①]

行政审判对诉源治理过急的功利性回应,也造成了法律规定落空、司法角色模糊和诉讼功能异化的隐忧。当下行政审判实践对诉源治理的参与和推动,主要还是出于一种从外部控制并减少进入行政诉讼程序案件数量的本能反应,疏解办案压力事实上取代源头预防争议成为行政审判因应诉源治理的首要目标。基于"管控型理念"的诉前分流机制在实践中备受推崇,与《行政诉讼法》规定的立案登记制之间明显存在紧张关系。[②] 受万人成讼率、无讼社区量、协调和解率、快速办结率等现实指标考核的利益驱动,行政审判固有的监督行政、保障诉权、定分止争功能呈现一定萎缩态势,不仅有悖诉源治理的初衷,而且容易造成致力解决行政诉讼"三难"最突出的"立案难"一系列诉权保障法律规定的落空。[③] 在坚持全面依法治国的时代语境中,这种整体上主要依靠政策性力量推动的制度改革还需要接受法律规范层面的检验,通过法律解释和修订缓解文件推行与规范供给之间的张力,促进中国特色行政审判制度在加强和创新社会治理的进程中行稳致远。

2. 行政审判因应诉源治理的逻辑证成

作为维护社会公平正义重要制度架构和国家法制统一的重要支撑力量,行政诉讼制度的建立被誉为"中国法治建设的重要里程碑"[④]。1989 年《行政诉讼法》实施以来,行政诉讼制度与国家民主法治进程同步前进,与社会转型同频共振,已经成为观察国家治理体系和治理能力现代化的重要窗口。2014 年《行政诉讼法》的修订,回应了全社会对行政诉讼制度摆脱实施困境的期待,但"行政诉讼能否从此走向新天地,仍然有待观察"[⑤]。法律修订推出了一批新的行政诉讼程序制度,拉高了行政诉讼案件数量,但实效未

---

① 江必新:《司法与政治关系之反思与重构》,载《湖南社会科学》2010 年第 2 期。

② 张卫平:《民事诉讼法学:分析的力量》,法律出版社 2017 年版,第 106 页。

③ 信春鹰:《关于〈中华人民共和国行政诉讼法修正案(草案)〉的说明》,载全国人大常委会法制工作委员会行政法室编:《行政诉讼法立法背景与观点全集》,法律出版社 2015 年版。

④ 江必新、梁凤云:《行政诉讼法理论与实务》(第 2 版·上卷),北京大学出版社 2011 年版,第 3 页。

⑤ 何海波:《行政诉讼法》(第 2 版),法律出版社 2016 年版,第 28 页。

必理想甚至引发诸多新的争论。[①] 最高人民法院近年来不断通过印发司法文件、公布典型案例等方式，继续弥合《行政诉讼法》与社会发展之间的缝隙，各地法院围绕诉源治理观的贯彻实施所展开的一系列行动就是典型例证。面向2035年基本实现社会主义现代化“法治国家、法治政府、法治社会基本建成”的远景目标，行政诉讼应该成为可以撬动三个“一体建设”的“有力制度支点”。[②] 人民法院行政审判工作未来仍然具有进一步因应诉源治理观的必要，其逻辑基础体现在如下三个层面：

(1) 坚持党对人民法院工作绝对领导的政治逻辑

党的十八大以来，党中央把政法工作摆到治国理政全局中更加重要的位置来抓，作出一系列重大决策，实施一系列重大举措，政法工作取得举世瞩目的成就。习近平总书记在党的十九大报告中指出，“中国特色社会主义最本质的特征是中国共产党领导，中国特色社会主义制度的最大优势是中国共产党领导”[③]。这一政治论断随即载入修订后的《中国共产党章程》，并写入十三届全国人大一次会议通过的宪法修正案。2019年1月，中共中央印发《中国共产党政法工作条例》，以党内基本法规形式将“加强党对政法工作的绝对领导”确立为新时代政法工作应当遵循的首要原则，实现了党领导政法工作的规范化、系统化和法治化。人民法院作为国家审判机关和政法工作专门力量，在“中国特色党政体制”下必须始终坚持党对人民法院工作的绝对领导。[④] 党对人民法院工作的领导主要是方针政策和政治思想的领

① 以2014年修订的《行政诉讼法》第26条第2款规定的行政复议“双被告”制度而言，原本希望借此倒逼行政复议机关认真履职进而通过行政复议渠道分流大部分行政争议，结果非但没有实现预期目标反而滋生更多问题，被学者定位为“本质上是通过行政诉讼来解决复议问题的一剂‘头痛医头脚痛医脚’的‘问题导向性’药方”，并主张予以废除。参见曹鎏、冯健：《行政复议“双被告”制度的困境与变革》，载《中外法学》2019年第5期。《行政复议法(修订)(征求意见稿)》第10条作出了事实上废除行政复议“双被告”的规定，再次引发行政法学理的争论。参见潘巧：《行政复议“双被告”制度引热议》，载《民主与法制时报》2020年12月12日第3版。

② 江必新：《行政诉讼三十年发展之剪影——从最高人民法院亲历者的角度》，载《中国法律评论》2019年第2期。

③ 《习近平谈治国理政》第3卷，外文出版社2020年版，第16页。

④ 景跃进等主编：《当代中国政府与政治》，中国人民大学出版社2016年版，第27页。从最高人民法院近几年的工作报告和人民法院《五五改革纲要》上看，“坚持党对人民法院工作的绝对领导”都被置于突出位置予以论述。

导,并非介入具体案件的审判过程。党的十八届四中全会《决定》明确提出“建立领导干部干预司法活动、插手具体案件处理的记录、通报和责任追究制度”,中共中央办公厅和国务院办公厅2015年3月印发专门党内法规予以落实,此举还写入2018年10月十三届全国人大常委会第六次会议修订通过的《人民法院组织法》,彰显了“全面加强党对人民法院工作的绝对领导”与“人民法院依法独立公正行使审判权”之间的有机统一。

作为使命型政党的中国共产党,在百年奋斗历程中始终坚持实践创新、理论创新和制度创新。中华人民共和国成立以来政法体制“专政逻辑—稳定逻辑—治理逻辑”的生成和演变,就贯穿着执政党对国家治乱之道与时俱进的不懈探索。[①] 从党的十八大“加强和创新社会管理”到党的十九大“加强和创新社会治理”,“管理”与“治理”的一字之差,体现出治国理政观念思维的新变化。诉源治理就是创新社会治理理念在社会矛盾预防和化解领域的具体体现,契合了新时代政法工作“维护国家政治安全、确保社会大局稳定、促进社会公平正义、保障人民安居乐业”[②]的任务定位。行政审判作为人民法院审判事业的重要组成部分,面对的争议都因公民私权与国家公权冲突所致,化解的方式都因公平正义与社会稳定兼顾所需,因而更需要法治思维和政治思维的贯通。尤其是在贯彻新发展理念、构建新发展格局的新发展阶段,人民群众日益增长的美好生活需要与民生保障短板、社会治理弱项之间的矛盾更加凸显。这就要求行政审判工作既要努力减少行政诉讼案件存量,也要有效缓解行政诉讼案件增量,使进入人民法院的行政案件数量保持在合理的区间范围;既要从人民法院内部挖掘潜能提高审判质效,也要善于借助外力协同化解,使行政诉讼制度在行政争议多元化解决体系中更好发挥作用。诉源治理所追求的“化于未发、止于未诉”理想,就是人民法院行政审判活动执行党的政策与国家法律有机统一的目标。在迈向国家治理现代化的征程中,行政审判主动融入党委领导的诉源治理格局,就是坚持党对人民法院工作绝对领导的最好诠释,也是其存在的政治逻辑基础。

---

① 黄文艺:《中国政法体制的规范性原理》,载《法学研究》2020年第4期。

② 习近平:《论坚持全面依法治国》,中央文献出版社2020年版,第193页。

(2) 人民法院纾解行政审判工作面临困境的现实逻辑

2014 年修订的《行政诉讼法》实施以来,人民法院行政审判工作在取得新成就的同时也遇到很多新问题和新挑战。受案范围的拓宽和立案登记制的推行,使得行政案件数量持续大幅增长,各级人民法院特别是高级人民法院和最高人民法院案多人少矛盾日益突出。一些当事人利用法律规定的疏漏非理性行使诉权,频繁提起不解决实际问题、无端耗费司法资源的"连环诉讼""同类诉讼";[1]在政府信息公开领域,当事人要求公开"会议纪要""政府领导行程安排""领导签字""拆迁补偿明细"等行政案件逐年增多。[2] 这种"一人多案""一事多案"的滥诉、缠诉现象的发生,使得行政案件审理时常陷入程序空转境地,无助于核心行政争议的实质性化解,大量泡沫争议的衍生还干扰了人民法院正常的审判工作。城市化进程的迅猛推进,导致征收补偿安置、违法建筑拆除等时间跨度长的行政争议多发易发。行政机关往往片面追求签约率、搬迁率,忽略行政行为的合法性和行政相对人正当财产权益的保护。[3] 有些行政案件因地方党委和政府集中整治行动引发,处理不慎极易滋生群体性事件。在维护行政相对人财产权益和保障党委和政府中心工作顺利推进之间,人民法院时常陷入两难困境。[4] 一些新类型案件大量出现,行政争议与相关民事争议交织,特别是行政协议诉讼引入之后,案件审理思路尚不成熟,亟须确立明确统一的法律适用规则。

人民法院难以从行政诉讼法中直接找到解决行政审判工作新困难的方案,《行政诉讼法》新增加的一些制度在实践中反而屡受"冷遇"。[5] 为了最大

---

① 蔡超等:《"连环型诉讼"与"同类型诉讼"引发"程序空转"的困境与出路——以中部某省 2013—2017 年五年数据为样本》,载最高人民法院行政审判庭编:《行政执法与行政审判》(总第 73 集),中国法制出版社 2019 年版。

② 河南省高级人民法院行政庭:《2015—2017 年河南省法院行政案件司法审查报告》,载最高人民法院行政审判庭编:《行政执法与行政审判》(总第 76 集),中国法制出版社 2019 年版。

③ 孙焕焕等:《国有土地上房屋征收补偿协议案件实证研究——以上海市四区 2016—2018 年度 641 起案件为分析样本》,载最高人民法院行政审判庭编:《行政执法与行政审判》(总第 74 集),中国法制出版社 2019 年版。

④ 浙江省高级人民法院联合课题组:《关于涉"三改一拆"行政诉讼案件有关问题的调研》,载最高人民法院行政审判庭编:《行政执法与行政审判》(总第 72 集),中国法制出版社 2018 年版。

⑤ 有研究者专门撰文剖析了规范性文件附带审查制度的"冷热现象",参见谭爱华、周敏:《规范性文件附带审查制度的"冷热现象"思考》,载最高人民法院行政审判庭编:《行政执法与行政审判》(总第 74 集),中国法制出版社 2019 年版。

限度弥合法律文本与审判实践之间的缝隙，人民法院本能地抓住《行政诉讼法》第1条“解决行政争议”的规定，对其扩大解释为“行政争议实质性解决”，以回应官方和民间对行政诉讼程序空转的诘问。在行政诉讼制度功能工具化生存策略的引导下，一幅游移在“法外”的行政审判运行图景依稀可见：诉讼制度改革“以审判为中心”转至“以协调化解为中心”，“以当事人行政诉权保障为原则”转至“引导当事人选择非诉方式解决纠纷”，“以普通程序为主、以简易程序为辅”的一审行政案件审理模式转至“繁简分流、快慢分道”在行政案件审理程序中的全面铺开，“多样化、精细化”行政判决的适用反而被“积极拓展行政审判职能”的司法建议、行政审判白皮书、行政机关负责人出庭应诉等边缘性制度创新冲淡。这种“另类”行政审判画卷展现了人民法院在自身资源有限和负载期望过重之间的生存智慧，恰与旨在实现社会矛盾纠纷源头预防和化解的诉源治理策略相契合，呈现强劲的发展势头。[①] 置身社会转型加速、利益格局重组的新发展阶段，人民法院纾解行政审判工作面临困境的应对之举顺应了诉源治理观的推行，具备充分的现实逻辑基础。

(3) 中国特色行政审判模式时代变迁的理论逻辑

回溯我国行政诉讼制度建立的过程，规范政府权力、保护公民权利的法治理想浸润其中。从党的十三大报告明确提出“制定行政诉讼法”的立法任务，到1989年4月4日七届全国人大二次会议审议通过《行政诉讼法》，“条件尚不成熟”“执行可能造成混乱”“先试行再完善”“束缚行政机关手脚”的担忧和质疑并非鲜见。[②] 如果不是党中央的高度重视和有力支持，这些争议和干扰就不可能被及时排除，更无法想象《行政诉讼法》能够迅速获得通过。这段弥足珍贵的行政诉讼制度史表明，“权力结构设计”是理解中国特色行政审判模式的绝佳窗口。[③] 旨在用法治给行政权力“定规矩、划界限”的《行

---

① 来自行政审判一线的实践经验表明，“对内”挖掘行政诉讼制度本身潜力、“对外”健全行政争议多元解决机制和“创新”构建行政案件诉前调解机制，已经成为推进行政争议实质性解决的“系统化”机制。参见侯丹华等：《行政争议实质性解决机制实证研究——以A直辖市B法院行政案件集中管辖实践为分析样本》，载最高人民法院行政审判庭编：《行政执法与行政审判》（总第71集），中国法制出版社2018年版。

② 何海波编：《行政法治奠基时：1989年〈行政诉讼法〉史料荟萃》，法律出版社2019年版，第110—125页；蔡小雪编撰：《行政诉讼30年：亲历者的口述》，法律出版社2019年版，第7页。

③ 杨伟东：《权力结构中的行政诉讼》，北京大学出版社2008年版，第2页。

政诉讼法》,在全社会开启了权力应当受限的思想启蒙,使之成为“通过各种具体裁判去实现宪法和行政法的方式”。[①] 有关“行政案件审理坚持行政行为合法性审查”“不适用调解”等诸多强制性规定,凸显了行政审判“权力对抗”模式的特质。

《行政诉讼法》实施的过程,正值我国经济社会快速发展、利益格局不断调整的特殊时期。面对社会矛盾纠纷的增多和社会运行风险的加剧,执政党不断探索治国理政新方式,党政关系结构随之出现新变化。在确保党始终总揽全局、协调各方的基础上,司法机关和行政机关之间分工有别、目标一致。党政主导的经济社会发展模式,使得地位孱弱、资源有限的司法机关难以担当权力对抗的角色,一种新的强调司法机关与行政机关“权力互动”的行政审判模式开始兴起。“作为执行同一法律法规、追求同一法治目标的国家机关,司法与行政具有协调一致、取得共识的前提和基础,应当相互理解和良好合作。”[②]2007 年 4 月,最高人民法院印发《关于加强和改进行政审判工作的意见》,首次正式提出“司法与行政良性互动”。2015 年 11 月 2 日,最高人民法院院长周强在十二届全国人大常委会十七次会议上,代表最高人民法院首次报告行政审判工作情况。此后,人民法院就行政审判工作情况主动向党委汇报、向人大常委会报告、积极与政府进行沟通成为“新常态”。人民法院主动接受权力机关监督、寻求权力机关支持行政审判工作的做法,既体现了与时俱进的生存智慧,也彰显出司法应对行政的借力策略。[③]在这种新型的国家权力结构设计中,人民法院行政审判工作对党政主导的诉源治理自然十分敏感,具备当然的理论基础。

3. 行政审判因应诉源治理的理想类型

诉源治理既是执政党创新社会治理政策在司法领域的具体体现,也是

---

① 〔德〕弗里德赫尔穆·胡芬:《行政诉讼法》(第 5 版),莫光华译,法律出版社 2003 年版,第 283 页。

② 曹建明:《当前行政审判工作中的几个问题》,载《法律适用》2007 年第 5 期。

③ 近年来,全国多个高级人民法院主动向省级人大常委会报告工作,人大常委会经审议后作出专门决定,此举使“权力互动”行政审判模式趋于定型。近年的实例如 2020 年 11 月 25 日云南省第十三届人大第二十一次会议通过《关于加强行政审判工作的决定》,明确提出各级人民法院和行政机关“要加强行政争议源头治理”“合力推进行政争议实质性化解”。

深化社会矛盾纠纷多元化解决机制改革的内在要求。在当代中国，创新社会治理、建设法治社会是实现国家治理体系和治理能力现代化的重要组成内容。2020年12月，中共中央印发《法治社会纲要》，提出社会主义法治社会的六项基本标准——信仰法治、公平正义、保障权利、守法诚信、充满活力、和谐有序，明确“依法有效化解社会矛盾纠纷”是“推进社会治理法治化”的重要内容。就此而言，人民法院因应诉源治理展现出一副兼容“纠纷解决型司法”与“政策实施型司法”的“混合型司法”新面孔。[①] 诉源治理观嵌入司法活动因民商事案件爆发式增长而起，以波及其他类型案件审理而兴。行政审判承载权力监督、权利保护的法治理想，贯彻实施诉源治理不宜简单沿袭民事审判做法。近几年行政审判实践中出现的若干应景式改革举措，反映了一些地方法院急于求成的功利心态。究其原因，还在于未能全面、准确地理解诉源治理的内涵以及人民法院行政审判在行政争议诉源治理格局中的定位。从功能主义立场上看，人民法院因应诉源治理存在“外与内”和“近与远”之分，前者指人民法院是立足司法外部还是内部贯彻诉源治理，后者指人民法院是聚焦当下纠纷化解还是立足长远预防因应诉源治理。行政审判因应诉源治理据此可以区分为“政策参与型”和“法治规范型”两种理想类型，二者在司法观念、目标、手段和角色上都存在明显差别，要努力形成“法治规范型为主、政策参与型为辅”的诉源治理新格局。

（1）作为有效调控行政诉讼增量的政策参与型诉源治理

“把非诉讼纠纷解决机制挺在前面”“减少诉讼增量”是诉源治理政策的核心要义，也是民商事审判工作的基本遵循。受行政案件管辖制度改革影响，行政审判领域一度也出现过案多人少矛盾，但这一现象近年已得到有效缓解。一则《五五改革纲要》明确提出“规范行政案件管辖机制，完善案件管

① “纠纷解决型司法”与“政策实施型司法”是美国学者达玛什卡在考察现代国家中的司法制度时，结合“司法与国家权力结构之间的关系”和“司法与政府职能的关系”的双重视角得出的理想类型。参见〔美〕米尔伊安·R.达玛什卡：《司法和国家权力的多种面孔——比较视野中的法律程序》（修订版），郑戈译，中国政法大学出版社2015年版，第114页。

辖标准及类型”任务，行政案件审理中的倒金字塔结构正在得到改变；[①]二则既往行政诉讼案件存在一定的“虚高”现象，征地拆迁等领域“案中案”经由滥诉规制已经得到遏制。相较民商事审判而言，行政审判因应诉源治理减少行政诉讼案件产生并无多少现实急迫性，人民法院只是引导适宜通过非诉方式解决的行政争议在立案之前向诉外分流。从贯彻实施“发挥行政复议化解行政争议主渠道作用”“努力将行政争议化解在行政程序之中”的社会治理政策要求上看，人民法院行政审判工作仍然需要积极参与其中。

就政策参与型诉源治理的目标而言，应当定位为“有效调控”行政诉讼增量，使行政诉讼案件数量处于可控范围之内。至于具体年份行政案件数量的适度回落或小幅上涨，则无须过度解读。与“国家鼓励和支持人民调解”“民事案件审理以调解优先为原则”“民事争议先行调解”已经入法不同的是，行政复议强制前置、行政争议先行调解并无明确法律依据。人民法院在司法外部因应行政争议诉源治理，是对政法机关外部关系中“社会自治优位”“基层治理优位”“前端治理优位”规范性原理的遵循。[②] 其背后的逻辑是，人民法院在行政诉讼程序开启之前，利用自身专业优势分析研判行政争议可能走向，引导、鼓励和支持当事人积极选择行政复议、行政裁决、行政调解或者申请仲裁等非诉方式解决。非诉方式能否获得实际利用、能否最终化解已经出现的行政争议，主要取决于当事人的意愿和非诉方式本身的公信力。人民法院既不能在诉前强行对行政争议进行调解，也不能硬性将行政争议推向其他非诉通道，更无必要自我设定行政案件万人起诉率、行政争议审前调解率等刚性指标负载不可承受之重。[③] 人民法院只有准确理解和执行立案登记制的有关规定，才能实现 2014 年修订《行政诉讼法》解决行政

---

① 2020 年 2 月，湖南省高级人民法院印发《关于正确执行案件管辖制度 充分发挥基层人民法院化解行政纠纷作用的指导意见（试行）》，明确提出七类行政案件由基层人民法院管辖，实现“努力把矛盾纠纷化解在基层”的目标。

② 黄文艺：《中国政法体制的规范性原理》，载《法学研究》2020 年第 4 期。

③ 2020 年 4 月，湖南省高级人民法院印发《关于推进诉源治理，加强“两个一站式”建设的实施意见（试行）》，提出“确保在 2020 年各地将民事、行政案件万人起诉率等指标和加强诉源治理有关工作纳入平安建设考核的覆盖率达到 100%，逐步实现行政案件万人起诉率下降至合理区间”的目标；2020 年 5 月，福建省高级人民法院印发《关于进一步深化诉源治理减量工程建设的实施意见》，提出“诉前分流调解案件占比争取达到 40%”“万人成讼率不高于 2019 年水平并争取逐年下降”的目标。

案件起诉难的旨趣，避免再度陷入“立案政治学”的境地。[①]

（2）作为根除行政争议产生土壤的法治规范型诉源治理

如果说“解纠纷于萌芽”只是诉源治理的初级目标，那么“止纠纷于未发”就是诉源治理的终极目标。在行政案件总量峰值已经来临、人案矛盾趋于缓和的当下，行政审判因应诉源治理的重心应当及时转向司法内部，通过繁简分流的程序再造和行政裁判的示范引领，促进行政争议的高效公正化解，实现面向未来社会的“规则之治”。诉讼机制的社会价值除了通过解决社会冲突得以展示外，还在于为“抑制后续冲突发生提供一种常规性手段”[②]。当行政争议无法通过诉前分流进入诉讼程序之后，人民法院既不能简单一判了之致使行政争议得不到实质性化解，也不能一味诉诸府院联动协调化解漠视司法裁判对潜在行政争议发生的预防功能。特别是在行政案件协调化解之风复苏、实体裁判率持续低迷之际，更要认真对待行政诉讼中司法的过度谦抑现象，有效遏制“法院规避司法评判倾向”的蔓延。[③]

相比较程序封闭、面向过去的府院联动协调化解而言，依托程序保障、面向未来的司法裁判对类似行政争议的发生更具预防价值。依法裁判是行政审判工作的底色，人民法院在任何时候、任何情况下都不能失去依法审判的底线。“司法谦抑是在依法审判的大前提下需要兼顾考量的，绝对不能将司法谦抑凌驾于依法审判之上。”[④]为了真正达到从源头上减少行政争议发生的实际功效，应当在今后的行政审判实践中大力倡导“法治规范型”诉源治理，通过个案公正裁判树立明确法律规则，使“审一案、推全案、管类案、减量案”成为行政诉讼制度新的生长点。最高人民法院近年来公布的若干典型行政案例，事实上已经起到明确示范规则、预防争议发生的治理效果。在“贝汇丰诉海宁市公安局交通警察大队道路交通管理行政处罚案”中，法院

---

① 汪庆华：《政治中的司法：中国行政诉讼的法律社会学考察》，清华大学出版社2011年版，第44页。

② 顾培东：《社会冲突与诉讼机制》（修订版），法律出版社2004年版，第17页。

③ 最高人民法院行政审判庭调研组：《关于当前行政诉讼协调情况的调研报告》，载最高人民法院行政审判庭编：《行政执法与行政审判》（总第60集），中国法制出版社2014年版。

④ 黄永维、郭修江：《司法谦抑原则在行政诉讼中的适用》，载最高人民法院行政审判庭编：《行政执法与行政审判》（总第79集），中国法制出版社2020年版，第11页。

生效判决通过解释何为“正在通过人行横道”，支持了被告作出的行政处罚决定，为机动车驾驶人确立了礼让行人的基本规则。[①] 在“陈超诉济南市城市公共客运管理服务中心行政处罚案”中，法院生效判决以作为新业态经济形式的网约车社会危害性较小、行政处罚未遵循比例原则为由，撤销了被告作出的行政处罚决定，为新产业、新业态经济发展确立了包容审慎监管原则。[②] 在“广州德发房产建设有限公司诉广东省广州市地方税务局第一稽查局税务处理决定案”中，法院生效判决以“拍卖行为有效并不意味税务机关不能行使应纳税额核定权，另行核定应纳税额也并非否定拍卖行为的有效性”为由，部分撤销了被告作出的税务处理决定，对行政机关专业认定确立了应予尊重的一般原则。[③] 这些具有示范引领意义判决的作出，为行政机关和行政相对人的行为提供了明确指引和稳定预期，从源头上防止类似行政争议的再度产生。以裁判引领为核心的法治规范型诉源治理，契合了从源头上防止“诉求”发生的机理，与以案前分流为核心、旨在实现调控“诉讼”增量的政策参与型诉源治理相辅相成，共同构成了行政审判因应诉源治理的理想格局。（如表 4-1 所示）

表 4-1　政策参与型诉源治理与法治规范型诉源治理的比较

	政策参与型诉源治理	法治规范型诉源治理
司法观念	诉讼源头治理	诉求源头治理
司法目标	有效调控行政诉讼增量	根除行政争议产生土壤
司法手段	诉前释明引导、委派调解	诉后依法判决、示范诉讼
司法角色	参与者、分流者	主导者、裁判者

4. 行政审判因应诉源治理的规范构造

社会矛盾化解是新时代各级政府承担的一项基本职能，基于源头治理的“多元纠纷解决体系构建”是习近平法治思想中法治政府理论的重要组成内容。[④] 人民法院行政审判工作主动融入党委和政府领导的诉源治理格局，

---

① 最高人民法院指导案例 90 号。

② 《最高人民法院公报》2018 年第 2 期。

③ 最高人民法院(2015)行提字第 13 号行政判决书。

④ 马怀德：《论习近平法治思想中的法治政府理论》，载《政法论坛》2020 年第 6 期。

既是贯彻习近平法治思想的具体体现，也是践行司法为民宗旨的生动实践。诉源治理的兴起及其嵌入，对行政审判的观念、原则、制度和程序产生了整体性影响。《五五改革纲要》提出，要"围绕推进法治政府建设"改革完善行政审判工作机制；中共中央印发的《规划》提出，中国特色社会主义司法制度建设要"坚持符合国情和遵循司法规律相结合"。在当下行政审判因应诉源治理的工具箱中，有的仅仅依托司法文件推行，有的经由法律解释可以证成，有的最终需要通过法律修订才能提供正当化依据。作为助力法治政府、法治社会一体建成的重要制度，行政审判因应诉源治理的规范构造尚需从以下五个方面展开：

（1）诉讼目的条款内涵的延展

诉源治理观嵌入人民法院行政审判活动过程，对行政诉讼制度影响最大的当数诉讼目的。2014年修订的《行政诉讼法》第1条新增"解决行政争议"作为行政诉讼制度的目的，虽可扩大解释为实质性解决行政争议，但难以兼容诉源治理所蕴含的源头预防行政争议发生的观念。在以往的研究中，虽然行政诉讼中"预防性保护"措施常被提及，但立足点还停留在为行政相对人提供"富有实效性的司法保护"[①]。习近平总书记指出："要完善预防性法律制度，坚持和发展新时代'枫桥经验'，促进社会和谐稳定。"[②]预防性法律制度的建立和完善，离不开立法目的条款的引领和支撑。在多元化解纠纷的地方立法中，"预防和化解相结合""源头预防"等表述已经明确载入。今后在进一步修改《行政诉讼法》时，可以将诉讼目的条款中的"解决行政争议"延展为"预防和解决行政争议"，实现"把非诉讼纠纷解决机制挺在前面"国家治理政策的法律化。这一调整能够为行政审判因应诉源治理具体手段的运用提供基础性规范依据，促进政策参与型诉源治理逐步转向法治规范型诉源治理，形成人民法院行政审判依法因应诉源治理的理想格局。

（2）诉前调解合法性的补强

在行政法学理上，有观点认为可将诉前调解解释为"将《行政诉讼法》第

① 罗智敏：《我国行政诉讼中的预防性保护》，载《法学研究》2020年第5期。

② 习近平：《论坚持全面依法治国》，中央文献出版社2020年版，第4页。

60条规定的诉讼调解程序提前到了诉讼开始之前而已”,以此为诉前调解披上形式合法性“外衣”。[①] 不过,诉前调解与诉讼调解的区别不仅在于运行的时空环境不同,而且后者适用的范围相对明确,具备基本的程序保障和法律文书支撑。相比之下,诉前调解既缺乏直接的法律依据,这一做法本身还“有损法院中立形象、不符合立案登记制精神”[②]。诉前调解客观上能够起到分流部分行政争议的功效,应当对其进行必要的合法性补强。首先,可对《行政诉讼法》第51条规定的诉状必备要素“释明”进行扩张性解释,使立案阶段释明的事项范围涵盖“诉讼潜在风险提示”“非诉适宜机制优先”,以释明的中立性和服务性弱化其前置强制性。其次,应将立案前适宜调解的行政争议导入委派调解程序,按照《多元化纠纷解决意见》《分调裁审意见》的规定,充分发挥法院之外行业性、专业性调解组织和特邀调解员的专业优势,避免法院因诉前过度介入混淆立案调解与诉讼调解的界限。最后,可参酌全国人大常委会授权最高人民法院在部分地区开展民事诉讼程序繁简分流改革试点工作的有益做法,探索建立行政争议诉前调解司法确认程序,实现诉调对接的规范化和法治化。[③] 作为诉源治理的重要机制创新,行政争议诉前委派调解及其司法确认,涉及行政相对人诉权保护规定的调整和行政诉讼立案前程序的再造,属于《立法法》第8条规定的“法律绝对保留事项”,只能通过修改《行政诉讼法》最终夯实其合法性基础。

(3) 案后繁简分流的程序规范

自《繁简分流若干意见》颁行以来,各地法院掀起行政案件繁简分流改革热潮。以优化行政审判资源配置、提高行政审判效能为旨趣的“行政速裁工作机制”和“示范诉讼方式”,与从源头上减少行政案件理念相契合而备受青睐,先后被《一站式意见》《分调裁审意见》持续肯定。2020年7月,重庆市

---

① 章剑生:《行政诉讼“解决行政争议”的限定及其规则——基于〈行政诉讼法〉第1条展开的分析》,载《华东政法大学学报》2020年第4期。

② 何海波:《行政诉讼法》(第2版),法律出版社2016年版,第508—509页。

③ 2020年1月,最高人民法院印发《民事诉讼程序繁简分流改革试点实施办法》,“优化司法确认程序”是排在首位的改革措施。此举将进一步激活实践中的委派调解机制,发挥其在诉源治理中的基础性作用。根据授权改革试点工作方案,两年试点期满后,对实践证明可行的做法,将修改完善有关法律。

高级人民法院印发《全市法院行政案件标准诉讼规则(试行)》,推动示范行政诉讼制度的试行;同年8月,安徽省高级人民法院印发《关于行政诉讼案件繁简分流的实施意见(试行)》,率先在全省范围内整体推进行政诉讼繁简分流改革。就法律属性而言,行政速裁并非简单的工作机制,实则一类独立于普通程序和简易程序之外的行政诉讼程序。尽管行政速裁的适用范围与法定简易程序的案件范围具有一定的重叠性,但行政速裁适用的空间更广、灵活度更大、审限要求更严,难以寄居在简易程序之下发展。示范诉讼是法院依据职权针对多个当事人分别提起的同类型或系列性行政案件,先行选取个别案件进行示范审理,其他类案则直接参照示范案件批量办理的审理方式。对于因土地房屋征收补偿安置等引发的系列性、群体性行政诉讼案件而言,示范诉讼是比法定代表人诉讼更为有效的化解方式,可以及时防范、阻却更多同类纠纷涌向法院。示范诉讼承载"解决纠纷和法律秩序之社会实现的整合性功能",对行政争议诉源治理尤为必要。[①] 行政速裁和示范诉讼的引入,涉及行政案件审理方式改革和现行行政诉讼程序结构调整,在提升行政案件审理效率的同时,也可能影响到当事人的基本程序保障。[②] 为此,应当在总结各地行政案件繁简分流实践经验和行政诉讼案件发展态势的基础上,通过进一步修改《行政诉讼法》,明确行政速裁和示范诉讼的适用范围和程序规范,避免行政诉讼案件反复出现异化性增长,使之成为行政审判因应诉源治理的有力制度支撑。

(4) 一并解决民事争议条款的扩容

在行政审判实践中,大量行政争议或因原始民事争议引发,或其背后存在高度关联民事争议。人民法院在审理这类行政案件时,如果就案论案就会出现"官了民不了"现象,后续更多循环诉讼的产生既会增加当事人诉累,也无端耗费国家司法和行政资源,成为行政诉讼中程序空转、争议无法获得

---

① 俞惠斌:《示范诉讼的价值再塑与实践考察》,载《北方法学》2009年第6期。

② 2020年11月,江苏省高级人民法院印发《关于国有土地上房屋征收与补偿行政案件若干问题审理指南》,第7条规定"部分被征收人对房屋征收决定提起诉讼,法院作出生效裁判后,其他被征收人对同一房屋征收决定提起诉讼的",法院不予立案。在现行法律框架之下,这种做法虽有"诉讼标的已为生效裁判所羁束"勉强作为支撑,但未起诉者的合法权益如何保护同样不可忽略。如果明确引入示范诉讼制度,这类问题就能够迎刃而解。

实质性化解现象的典型。[①] 2014 年修订的《行政诉讼法》第 61 条明确规定“一并解决民事争议”制度，试图从源头上一揽子解决相关行政争议和民事争议，避免再次引发新的争议。一些法院充分利用这一制度优势，在行政争议与民事争议交织案件的审理中实现了诉源治理目标。在“2020 年度人民法院十大案件”的“尚某诉江苏省如东县民政局婚姻行政登记案”中，法院生效行政裁判认为，并非只有胁迫缔结的婚姻才属于应当纠错的情形，对于冒用他人身份信息登记结婚、严重侵犯被冒名公民人格权益的情形，行政机关同样应当履行主动纠错责任；生效离婚判决仅产生向后终止夫妻双方婚姻关系的法律后果，并不向前证明原结婚登记行为合法或者违法、有效或者无效，不应阻却行政诉讼中对原结婚登记行为的合法性审查。[②]《民法典》中存在众多涉行政法规范性质条款，或直接新设行政机关职权行使依据，或直接划定行政机关职权行使边界，其实施将进一步增加行政争议和民事争议相互交织的情形。特别是类似《民法典》第 286 条第 3 款、第 1177 条新增的行政机关“处理”行为，都因相关基础性民事争议一方当事人“报告”“投诉”“请求”而启动，“处理”不当就会陷入行政争议与民事争议相互缠绕的境地。基于诉源治理的客观要求，有必要对一并解决民事争议条款进行适度扩容，将因“行政处理”行为引发的行政与民事争议交织情形增列其中，使得人民法院在行政审判活动中能够掌握一并审理、解决民事争议的程序主导权。[③]

(5) 变更判决适用范围的适度拓宽

行政诉讼变更判决涉及司法权与行政权的关系，其适用范围大小需要审慎作出安排。2014 年修订的《行政诉讼法》将变更判决的范围设定为“行政处罚明显不当”“其他行政行为涉及对款额的确定、认定确有错误”，适度扩大了司法变更权。就法律属性而言，变更判决可以视为对撤销重作判决

① 章志远:《行政争议实质性解决的法理解读》，载《中国法学》2020 年第 6 期。

② 江苏省南通经济技术开发区人民法院(2020)苏 0691 行初 325 号行政判决书。

③ 最高人民法院 2009 年 6 月印发的《关于当前形势下做好行政审判工作的若干意见》曾规定，充分发挥行政诉讼附带解决民事争议的功能，在受理行政机关对平等主体之间的民事争议所作的行政裁决、行政确权、行政处理、颁发权属证书等案件时，可以基于当事人申请一并解决相关民事争议。相比之下，2014 年修订的《行政诉讼法》则作出了限缩性规定。

的一种有益补充，其最终适用与否往往需要“综合考虑变更判决与撤销重作判决的利弊”[①]。一般认为，“确定”大致包括行政机关在支付抚恤金、最低生活保障待遇、社会保险待遇案件中对相关款额的计算，“认定”是指行政机关对企业营业额等客观存在事实的判断。[②] 从诉源治理效果上看，变更判决比撤销重作判决更易实现定分止争，行政法学理多倾向于进一步扩大其适用范围。在司法实践中，法院对变更判决的运用却显得过于谦抑。[③] 从“款额确定、认定错误”的行为具体分布上看，变更判决主要适用于土地房屋征收补偿决定和社会给付决定，个别也涉及社会抚养费征收决定和行政裁决等其他行政行为。[④] 作为引领性判决的典型代表，变更判决对有效规范行政裁量权行使、从源头上预防行政争议发生具有特殊意义，人民法院在行政审判实践中应当通过更为灵活的法律解释把握变更判决适用的主动权。2021 年修订的《行政处罚法》第 34 条设定了行政机关向社会公布所制定的行政处罚裁量基准的义务，为人民法院参酌适用裁量基准变更行政处罚决定提供了便利。“其他行政行为”“款额确定、认定”“确有错误”等概念都存在很大解释适用空间，只要“裁判时机已经成熟”“款额计算无需再行行政调查”，人民法院就应当直接适用变更判决实现行政争议的源头治理。[⑤]

---

① 李广宇：《新行政诉讼法逐条注释》（下），法律出版社 2015 年版，第 665 页。

② 薛政：《行政诉讼法注释书》，中国民主法制出版社 2020 年版，第 609 页。

③ 笔者于 2021 年 2 月 15 日以“《行政诉讼法》第七十七条”为“法律依据”关键词在“中国裁判文书网”进行检索，仅获得行政裁判文书 135 份。其中，2015 年 40 份，2016 年 69 份，2017 年 26 份。即使排除统计口径差异、少量行政裁判文书未上网等因素影响，法院对变更判决的适用也是极为谨慎的。

④ 在“张绪斌诉白河县卫生和计划生育局社会抚养费征收决定案”中，二审法院对社会抚养费征收决定作出变更判决，参见陕西省安康市中级人民法院（2016）陕 09 行终 26 号行政判决书；在“仇怀淦诉上海市浦东新区建设和交通委员会房屋拆迁裁决案”中，一审法院对行政裁决行为作出变更判决，参见上海市浦东新区人民法院（2015）浦行初字第 214 号行政判决书。2020 年 12 月，广东省高级人民法院印发《关于审理土地山林确权纠纷行政案件的指引》，将变更判决的适用范围扩展到“土地山林权属归属确权行政处理决定”。

⑤ 〔德〕弗里德赫尔穆·胡芬：《行政诉讼法》（第 5 版），莫光华译，法律出版社 2003 年版，第 589 页。

第三节 公私合作的实现路径

在我国社会转型时期的行政法治实践中,一种全景式的公私合作治理新动向正在生成。该现代治理新动向既是"法治一体建设"实践持续推进的成果表现,也是"法治一体建设"深化的基本路径之一。面对合作行政模式的兴起,建立在公私对立基础之上、以行政合法性控制和行政相对人权利保障为取向、以司法审查为后盾的传统行政法学遭遇了结构性挑战,在行政法观念与原则、行政法关系与主体、行政法行为与责任等不同层面面临艰巨的重整任务。基于全面依法治国的战略布局,为了顺应合作行政时代的需求,建构中观部门行政法意义上的合作行政法尤为必要。

一、公私合作治理在当代中国行政实践中的兴起

当前我国的行政管理体制和社会结构形式正在发生深刻的变化,行政权力分散化与社会化、社会结构复杂化与多元化的发展趋势尤为明显。在"从行政泛化到行政分化、从社会结构的单一化到多元化、从强化控制到优化服务"[①]的进程中,"合作国家"的图像日渐清晰。

(一) 行政横轴:合作领域的拓宽

就具体的行政领域而言,公私合作实践在我国最早出现在基础设施和公用事业建设运营方面,如今正向更为广泛的公共服务领域推进。20 世纪 90 年代初期,一种内涵为"政府授予某一私人组织直接向公众出售其产品或服务权利"的特许经营制度在我国基础设施和公用事业领域逐渐兴起。就法律关系而言,公用事业特许经营是"政府的事情,通过合同的约定,交给企业去办"[②]。三十多年来,尽管社会争议不断、立法几经周折,特许经营依旧是我国大力推行的基础设施和公用事业建设运营的基本模式。[③] 继 2015 年

---

① 章志远:《行政法学总论》,北京大学出版社 2014 年版,第 69 页。

② 徐宗威:《公权市场》,机械工业出版社 2009 年版,第 10 页以下。

③ 早期有关公私合作制在我国公用事业领域整体实践的评析,可参见余晖、秦虹主编:《公私合作制的中国试验》,上海人民出版社 2005 年版。

4月国家发展和改革委员会会同财政部等六部门联合发布《基础设施和公用事业特许经营管理办法》之后,2017年7月国务院法制办向社会公布《基础设施和公共服务领域政府和社会资本合作条例(征求意见稿)》,政府和社会资本合作的基本法呼之欲出。随后,公私合作模式以政府购买方式继续向公共服务进军。党的十八届三中全会《决定》指出,“推广政府购买服务,凡属事务性管理服务,原则上都要引入竞争机制,通过合同、委托等方式向社会购买。”2014年12月,财政部会同民政部和国家工商总局联合发布《政府购买服务管理办法(暂行)》。2018年6月,财政部向社会公布《政府购买服务管理办法(征求意见稿)》,政府购买公共服务的法制框架基本成型。财政部政府和社会资本合作中心、国家发展和改革委员会固定资产投资司官方网站公布了全国各地大量PPP项目的典型案例,反映出政府社会资本合作的广阔前景。

在公私合作逐步覆盖给付行政领域的同时,私人力量的身影也开始频繁出现在秩序行政领域。以权力性行政最为典型的警察行政领域为例,治安承包、消防民营、警务辅助、社区戒毒、奖励拍违、社区矫正等私人参与执行警察任务现象不断涌现,标志着传统秩序行政领域向社会开放。[①] 尤其是大量警务辅助人员的出现,对缓解警力不足、维护社会秩序起到了积极作用,但其职责权限不清的问题也屡遭社会质疑。[②] 自2012年以来,警务辅助人员先后获得了不同层面法律规范的认可。除江苏省苏州市、无锡市和徐州市及辽宁省大连市、湖北省武汉市相继出台警务辅助人员的政府规章外,首部专门规范警务辅助人员的地方性法规——《深圳经济特区警务辅助人员条例》于2017年8月通过,创造性地利用特区法规授权形式将辅警定位为“公安机关工作人员”。在国家层面,2015年《法治政府纲要》明确提出要“规范执法辅助人员管理,明确其适用岗位、身份性质、职责权限”等;2016年11月国务院办公厅印发《关于规范公安机关警务辅助人员管理工作的意见》,

① 章志远:《行政任务民营化法制研究》,中国政法大学出版社2014年版,第21页以下。

② 辽宁抚顺、陕西延安、湖南临武等地2013年发生的协管员、辅警、联防队员等执法“临时工”打人事件曾引起了社会的广泛关注。参见白靖利:《一次次,总是“临时工惹祸”?》,载《文汇报》2013年6月19日第5版;杨丁淼、姜刚:《执法“临时工”为何频出格》,载《文汇报》2013年7月25日。

推动了警务辅助人员管理的规范化和法治化;2017年1月公安部印发《治安管理处罚法(修订公开征求意见稿)》,"警务辅助人员"概念有望首度正式入法。此外,在煤矿安全监管、环境污染治理等诸多秩序行政领域,主管行政机关通过选择与管辖企业之间签署各类"责任书"的形式建立了一种新型政企共治关系,有效促进了公共治理目标的实现。2023年11月,国家发展和改革委员会与财政部发布《关于规范实施政府和社会资本合作新机制的指导意见》,对政府和社会资本合作新机制提出新方案。

(二)行政纵轴:合作流程的覆盖

公私合作除被广泛应用于各具体行政领域外,还覆盖了行政活动的各个流程,展现出强劲的发展势头。在行政立法阶段,为克服传统政府主导型立法模式过程封闭、部门本位的弊病,一种以"委托第三方起草法律法规规章草案"为载体的相对回避型立法模式正在形成。这一新模式的特质在于重塑行政部门、法制机构及外部第三方在行政立法过程中的关系,通过公共部门和私人部门各自禀赋优势的发挥,缓解行政立法科学性和民主性之间的张力,在消除部门利益法律化的同时推进行政立法科学化,促进良法善治局面的实现。在行政立法活动实践中,作为独立第三方的专家学者、教学科研单位和社会组织频繁接受政府委托,承担起行政立法前评估、立法后评估和法规草案起草任务,对提高政府立法质量发挥了重要作用。在2015年《立法法》赋予所有设区的市以地方立法权的背景下,"行政立法主体扩张与立法能力不足紧张关系的消解,为行政立法相对回避模式奠定了重要的市场基础"[①]。

在行政执法阶段,公私合作的具体形态更多,至少有三类较为典型:其一,有奖举报。行政执法过程,实际上就是执法信息的收集、积蓄、利用和提供的过程。[②] 为了有效缓解行政执法资源的不足,我国食品安全、税收征管、环境保护、计划生育、交通运输、安全生产等诸多领域都在大力推广有奖举报制度,通过奖励私人举报提供案件线索及时启动执法程序。尤其是生产经营企业内部人员的举报,往往更能起到精准执法的效果。作为一种补充

① 章志远:《行政立法相对回避模式之建构》,载《浙江社会科学》2018年第3期。

② 〔日〕盐野宏:《行政法总论》,杨建顺译,北京大学出版社2008年版,第216页。

性、辅助性的执法手段，有奖举报彰显出公私合作震慑违法者和助力执法者的双重功效。其二，行政担保。担保制度源于民事领域，近年来在我国海关监管、税收征管、治安管理、环境保护、安全生产、公共工程建设、行政许可等诸多领域得到了广泛运用，成为确保行政相对人履行义务和实现预期行政目标的重要手段。国务院2010年制定了《中华人民共和国海关事务担保条例》，国家税务总局2005年颁发了《纳税担保试行办法》，初步实现了行政担保制度的法制化。与民事担保着眼于保障债权实现所不同的是，行政担保侧重于通过行政相对人或第三人提供的信用或财产保证行政管理目标的实现，体现了公私合作共治的基本理念。其三，执行和解。与行政执法过程中的和解不同，[①]执行和解仅限在行政相对人履行行政决定的义务阶段。《行政强制法》第42条规定，实施行政强制执行，行政机关可以在不损害公共利益和他人合法权益的情况下，与当事人达成执行协议。执行协议可以约定分阶段履行；当事人采取补救措施的，可以减免加处的罚款或者滞纳金。执行和解蕴含着丰富的公私合作元素，增强了行政强制的谦抑色彩。

在行政纠纷解决阶段，公私合作的趋势也十分明显。《中华人民共和国行政复议法实施条例》第40条明确规定复议申请人与被申请人在行政复议决定作出之前可以自愿达成和解，进而提前终止行政复议程序。2014年修订后的《行政诉讼法》虽然继续坚持行政案件审理不适用调解原则，但同时也规定了调解结案的例外情形，并保留规定原告可以基于同意被告改变所作行政行为而撤诉结案。结合经当事人各方同意即可适用简易程序审理等其他规定，可以看出新法对当事人合意解决行政纠纷的认可。在信访领域，近年来各地纷纷尝试通过引入律师、专家等外部第三方力量参与信访积案

---

① 中国证监会2015年公布实施《行政和解试点实施办法》，行政执法过程中的和解在规范层面初步确立，其意指行政机关在对行政相对人涉嫌违反有关法律法规规定的行为进行调查执法过程中，根据行政相对人的申请，与其就改正涉嫌违法行为，消除涉嫌违法行为不良后果，交纳行政和解金等内容进行协商达成行政和解协议，并据此终止调查执法程序的行为。由于行政执法和解存在“合法律性的怀疑”和“可能损害公益引发腐败”，迄今为止证监会尚未实施过一次和解。参见王贵松：《论行政法上的法律优位》，载《法学评论》2019年第1期。

化解,成效颇为明显。[①]

综上所述,在我国社会转型时期的行政实践中,已然呈现出“全景式”的公私合作治理新动向。无论是处于横轴的具体行政领域,还是处于纵轴的相应行政过程,公私合作的基因都已深深嵌入其间。党的十九大报告指出,中国特色社会主义进入新时代,我国社会主要矛盾已经转化为人民日益增长的美好生活需要和不平衡不充分的发展之间的矛盾。社会主要矛盾的变化对公共服务的提供和行政法治模式提出了新要求,共建共治共享社会治理格局的形成也需要实现政府负责和社会协同之间的良性互动。在更好完成既定行政任务目标的引领之下,行政机关在越来越广泛的行政领域和越来越多的行政环节,与形形色色的社会力量展开多种形式的合作,形成了超越域外行政任务民营化及公私协力框架,“以信任为基础、以多元合作主体间交织互动和共同担责为特征”[②]的合作行政新模式,摹绘出新时代行政法学发展的重要图景。

二、合作行政模式下传统行政法学面临的挑战

合作行政模式的兴起,在“合作协定的复杂性和参与主体的多样性、政府控制管理的能力、治理形式的选择、私人部门组织可能的战略行为、使得评估更加困难的合同的时间跨度等方面”,对公共行政的传统形式提出了挑战。[③] 与国家垄断行政事务模式下的私人消极参与不同,合作行政模式下的私人以伙伴身份与行政机关分享行政任务的履行,传统行政法学知识体系因之需要进行结构性调整。“此等挑战几乎难以组织法——例如行政受托人与行政助手——以及作用法上之传统理论加以克服。”[④]就当代中国合作行政的新发展而言,传统行政法学在理念、原则和结构上面临的整体性挑战

① 相关典型经验介绍,可参见司晋丽:《引入“第三方”律师 化解信访难题——为湖北恩施州“律师进村、法律便民”改革创新实践叫好》,载《人民政协报》2015 年 11 月 17 日第 12 版;何婷婷:《海宁首创“信访评议团”》,载《决策》2017 年第 1 期。

② 谢新水:《作为一种行为模式的合作行政》,中国社会科学出版社 2013 年版,第 106 页以下。

③ 〔英〕奥斯本编著:《新公共治理? ——公共治理理论和实践方面的新观点》,包国宪、赵晓军等译,赵晓军校,科学出版社 2016 年版,第 145 页。

④ 詹镇荣:《公私协力与行政合作法》,新学林出版股份有限公司 2014 年版,第 6 页。

更为明显。

（一）行政法观念与原则

长期以来，政府主导是我国经济社会发展的基本模式，行政权几乎渗透到社会生活的各个角落。在社会主义市场经济体制的建立过程中，虽然市场因素在社会资源配置中的作用不断增强，但行政权事实上的主导地位仍难撼动。尤其是在社会运行矛盾叠加、经济下行压力增大的背景下，社会稳定的现实需求陡增，“集中力量办大事”的体制优势时隐时现。我国的行政法正是在这样复杂的社会转型过程中孕育生长的。在传统的行政法观念中，政府拥有广泛的社会资源和动员能力，完全可以通过自身力量获取足够的信息针对具体行政事务作出判断，行政相对人只需要配合和服从。在传统的“命令—服从”行政模式下，行政法的任务就在于将行政权力关进法律制度的笼子里，防止行政相对人的权利遭受行政机关的不法侵害。这种行政法观念立基于“人性恶”的前提预设，即行政机关在本质上倾向于滥用权力而侵害人民权益，法治国家的任务就是划定公共领域与私人领域的边界，将容易滥权的行政机关纳入法律拘束的轨道。

正是在公域与私域区分、公法与私法二元论的思想基础上，传统行政法的体系逐步形成。在我国，“立法机关预先授权—行政机关依法执行—司法机关事后审查”的流程设计成为行政法得以体系化的重要标志。除了依托行政组织法、行政行为法和行政救济法“三位一体”地实现对行政权力的驯化外，由法律保留和法律优位组成的依法行政原则也是行政权力行使的戒律。即便是晚近兴起并已逐步实现法教义化的比例原则和诚信原则，也是基于公私对立、有效规制行政权力行使而产生的。经过三十多年的法制累积和学说演进，以行政合法性控制和权利保障为取向、以司法审查为后盾的行政法释义学在我国逐步建成。

如果说行政任务仅仅局限于社会秩序的维护，上述传统行政法观念和原则尚可实现对干预行政的有效规制。然而，伴随着经济社会的快速发展，行政任务已日趋多元化和复杂化。从 2015 年《法治政府纲要》的规定来看，“完善宏观调控”“加强市场监管”“创新社会治理”“优化公共服务”“强化生态环境保护”都是政府必须依法全面履行的职能。在这些新型的给付行政、规制行政和风险行政活动中，行政机关的“单打独斗”已经捉襟见肘，“协商—合作”的行政模式开始形成。伴随着行政机关与社会力量越来越多的合作，立基于公私对立的传统行政法观念和原则受到了前所未有的挑战。“严格公/私区分的消逝可能提供了我们期待已久的机会，使公法得以将其领地延伸到以前属‘私’域而现在仍然很大程度上缺乏问责性的、有关社团利益的权力。”[①]可见，在公私合作治理兴起的背景下，行政法的观念与原则都亟待更新。

（二）行政法关系与主体

在国家垄断行政事务模式的支配下，行政机关是唯一的管理中心。行政机关依托上下层级结构的组织安排，通过发号施令、制定和实施政策及作出具体处理决定，对社会公共事务实行单一向度的管理。在行政系统内部，权力的运行呈现自上而下的放射状结构，传达和落实上级指示是下级行政机关的最高使命；在行政系统外部，配合和服从行政机关的管理则成为行政相对人的天然义务。这种封闭的权力运行方式造成了传统行政法关系“行政主体—行政相对人”单一化的面向，公私对立的基础使得行政主体与行政相对人之间在主、客体地位上泾渭分明。即便是参与型行政的兴起，行政主体的主导性地位也始终未被撼动。于是，立基于行政一体化构造上的行政组织法在传统行政法中一直处于边缘地位。在我国行政法学上，甚至还出现了以行政主体理论直接替代行政组织法学研究的局面。[②]

伴随着合作行政模式的兴起，行政法关系和主体的形态都发生了深刻变化。合作治理是一个上下互动的管理过程，不同主体之间通过协商、合作共同完成行政任务的履行，从而形成了多中心、分散化的新结构。一方面，国家开始试图重新界定自己的角色，倡导一种“灵活、助成的政府观念”，即

① 〔新西兰〕迈克尔·塔格特编：《行政法的范围》，金自宁译，中国人民大学出版社 2006 年版，第 48 页以下。

② 综观我国当下林林总总的行政法学教科书，鲜有对行政组织法学基本原理展开详尽论述者，大多直奔行政主体理论。有鉴于此，学者在分析行政组织法学研究的滞后时就曾指出：“由于我国的行政主体理论从诞生起就以取代对行政组织法的研究为要旨，因而该理论本能地排斥对行政组织法的全面研究。”参见周汉华主编：《行政法学的新发展》，中国社会科学出版社 2013 年版，第 65 页。

"政府必须有能力在混合体制中扮演多重角色:经纪人、网络管理者、监督者、执行者与合作伙伴,政府在混合体制中的主要作用,就是促进混合主体的介入,这种混合能够将具体公私安排所带来的风险降到最低"[①]。另一方面,私人力量不再是纯粹的机械服从权力的客体,而是以辅助者、缔约者、供给者、交易者、受托者等多重灵活角色与行政机关一起分享公共治理任务。在公私合作的背景下,更多类似"行政主体—承担行政任务履行的私人部门—行政相对人"的三角关系不断涌现,传统的行政一体化构造被打破,多层级、扁平化的新构造开始形成,这对传统上着眼于静态描述的行政组织法构成了直接挑战。"合作导向的国家行政组织法不拘泥于公法的组织形式,相互融合的总体法律制度思想也适用于组织法,国家享有广泛的合作自由和组织选择自由。"[②]

(三) 行政法行为与责任

传统行政法学理论的体系化紧紧围绕行政行为这个兼具行政诉讼法、行政程序法和行政实体法三重功能的精致概念展开,行政行为几乎是行政法学理论中"阿基米德支点"般的核心概念。"行政之行为形式理论乃基于法概念操作技术之方便性,就行政机关为达成一定行政目的或任务所实施之各种活动中,选定某一特定时点之行为,作为控制行政活动适法范围或界限时之审查对象(基本单元),以达成对行政机关进行适法性控制之目的。"[③]行政行为形式论的任务,在于区分不同类型行政活动的特质,通过相应的程序性制度规范,确保依法行政目标的实现。行政行为以其概念的精致、构造的均衡和逻辑的严密而具有教义学上的"制度化功能""衔接性功能"和"储藏性功能",对行政法的体系化发挥了至关重要的作用。[④] 在我国行政法上,

① 〔美〕朱迪·弗里曼:《合作治理与新行政法》,毕洪海、陈标冲译,商务印书馆2010年版,第189页以下。

② 〔德〕汉斯·J.沃尔夫等:《行政法》(第3卷),高家伟译,商务印书馆2007年版,第367页。

③ 赖恒盈:《行政法律关系论之研究——行政法学方法论评析》,元照出版有限公司2003年版,第53页。

④ 林明锵:《论型式化之行政行为与未型式化之行政行为》,载翁岳生教授祝寿论文集编辑委员会编:《当代公法理论》,月旦出版股份有限公司1993年版,第347页。

尽管行政行为几乎成了“最大的概念谜团和陷阱”[①]，但其自身也是全部行政法学理论建构的基石。

合作行政模式的兴起，挑战了行政行为范畴的核心地位。其一，行政行为偏重“结果导向”，对纷繁复杂的行政活动实施“瞬间掠影”式的裁剪处理；合作行政则强调“过程导向”，关注最终决定作出之前的协助、沟通、协商、合作乃至让步。其二，行政行为的重心在已经定型化的行政处理，合作行政则更加倚赖行政契约手段，“契约取代了作为管制典范的命令与控制”[②]。其三，行政行为具有高度抽象性，试图通过行政机关机械运用型式化行政行为，实现形式合法性控制的目的；合作行政则具有高度灵活性，通过行政机关对未型式化行政行为的运用和行为形式的相对灵活选择（包括公法形式与私法形式之间的自由选择、型式化行为与未型式化行为之间的自由选择以及具体的型式化行为之间的自由选择等三个层次），实现行政任务最佳履行的目的。

2014年修订后的《行政诉讼法》将“具体行政行为”一律修改为“行政行为”，行政行为学术概念与法律概念实现了形式上的统一，为发展以行政行为为中心的行政法教义学提供了新契机。同时，面对合作行政模式的兴起，行政行为理论的发展也面临着挑战，几乎成为一种学术“宿命”。原因在于，对于合作行政实践中大量援用的未型式化行为，出于行政合法性控制和权利救济的现实需要，不得不扩大既有行政行为形式的涵盖范围，将行政行为改造为无所不包的概念，从而维系既有行政合法性控制机制。[③] 这种无限扩大行政行为范围的做法，将使得行政行为的概念内涵负担加重，不得不更加

---

① 赵宏：《法治国下的目的性创设——德国行政行为理论与制度实践研究》，法律出版社2012年版，第50页。

② 〔新西兰〕迈克尔·塔格特编：《行政法的范围》，金自宁译，中国人民大学出版社2006年版，第27页。

③ 在2014年《行政诉讼法》修订之后的制度解读潮中，有观点认为，确定行政行为的范围应当回应保障公民诉权的修法目的，最大限度接近对公民权利的司法无遗漏保护，将实践中影响公民权益的行政权力运行形态尽可能纳入行政行为概念之中，行政行为包括但不限于受案范围逐项列举的情形，事实行为、重大决策行为、规范性文件也包括在内。参见王万华：《新行政诉讼法中“行政行为”辨析——兼论我国应加快制定行政程序法》，载《国家检察官学院学报》2015年第4期。如果按照这样的逻辑推演，作为法律概念的行政行为将与目前行政法学理上所谓的行政行为“最广义说”高度趋同，这已经与大陆法系行政法学理上内涵清晰、功能精确的行政行为概念渐行渐远。

追求抽象化，进而"有发生概念崩解的危险，且最终将使其丧失作为法治国家规律的工具性格"[1]。

与此同时，合作行政的兴起对传统的通过司法审查追究违法行政责任、维系依法行政原则的既有模式也构成了挑战。"私人主体愈来愈多地履行传统的公共职能却又摆脱了通常与公权力的运用相伴的严格审查，在这种情况下，私人的参与确实会引起对责任性的关注，使不受制约的行政机关裁量权相形见绌。"[2]尽管司法审查仍然是一种不可或缺的问责机制，但在解决合作行政和背离"命令与控制"行为的争议中已明显力不从心。[3] 一方面，在合作行政模式下的责任性追究中，司法审查的中心地位已被撼动，应当通过合作关系形态的梳理，勾勒出司法审查发挥作用的大致范围；另一方面，需要在行政过程中积极开发各种替代性的责任机制，既保障公共利益不因公私合作的推行而遭受损害，也避免行政任务履行因公共部门和私人部门责任分担不均而受到影响。

综上所述，合作行政模式的兴起对变迁中的中国行政法学理论体系提出了一系列挑战。无论是在行政法观念与原则等思想层面，还是在行政法关系与主体、行为与责任等制度层面，都面临着重整任务。同时，公私合作在我国局部行政领域和行政过程中的曲折实践，也加剧了行政法学理论回应的难度。"与政府治理中的契约'革命'相映成辉的公私权力交融的权力形态的存在，引发了对行政法的着重点和概念体系的基本怀疑。"[4]

---

① 赖恒盈：《行政法律关系论之研究——行政法学方法论评析》，元照出版有限公司2003年版，第248页。

② 〔美〕朱迪·弗里曼：《合作治理与新行政法》，毕洪海、陈标冲译，商务印书馆2010年版，第142页。

③ 关于公私合作引发的法律争议能否通过传统行政诉讼加以解决，我国学理上存在不同看法。支持者认为，"这种实现行政任务的私法行为还在游走于公、私法两域的边缘，成为公、私法都不能尽心照顾的'流浪儿'"，因此应"将这类行政行为中引起的法律争议通过立法全部纳入行政诉讼，以防止行政'遁入私法'而失去法律监督"。章剑生：《现代行政法基本理论》（第2版·上卷），法律出版社2014年版，第20页。质疑者则认为，"解决问题的关键在于为相对人提供一定的司法救济途径，而并不意味着对于所有的相关争议都应当通过行政诉讼途径得到解决"。刘飞：《试论民营化对中国行政法制之挑战——民营化浪潮下的行政法思考》，载《中国法学》2009年第2期。

④ 〔英〕卡罗尔·哈洛、理查德·罗林斯：《法律与行政》（下卷），杨伟东等译，商务印书馆2004年版，第591页。

三、合作行政法的新思维

从世界范围上看，在公私合作因子全面导入现代行政法之后，相关行政法律制度必然要随之作出变革，以便及时回应私人履行行政任务可能引发的责任性、合法性和确定性价值失落的难题。德国行政法上有关联邦行政程序法的研修和公私合作制促进法的制定，就体现出回应公私合作兴起的制度重构努力。[①] 在这一过程中，围绕行政法学革新动力之一的民营化所展开的“新行政法”研究，以“基础建设行政法”“民营化后处理法”“行政公司法”“行政合作法”“担保行政法”“招标行政法”“管制行政法”“服务行政法”等名义持续推进，并引发了有关德国行政法学总论更新的反思。[②] 在美国，面对混合行政的兴起，“国家是什么”“国家与私人部门的关系应该如何定位”的追问挑战了传统的行政法观念，学者们普遍认为“行政法首先必须有效地将自身重新定位，要研究体现当代管制特征的复杂公私安排”[③]。可以说，公私合作所催生的“新行政法”[④]研究正成为各国行政法方兴未艾的主题。

参酌德国公私合作法制建构的基本经验，我国除了继续在相关行政领域制定或修改特别的公私合作促进法外，还应当在行政法总则的制定中为公私合作的有序推行奠定法制基础。公私合作对传统行政法制的挑战是全方位的，需要行政组织法、行政程序法和行政救济法的协同推进。在此过程中，作为中观部门行政法的合作行政法的建构尤为重要。就其功能定位而言，合作行政法能够在微观的部门行政法与行政法总论之间架起交流沟通的新平台，最终反哺行政法总论知识体系的更新。“从个别领域之专业部门

---

① 程明修：《行政私法与私行政法》，新学林出版股份有限公司2016年版，第41页以下；李以所：《德国公私合作制促进法研究》，中国民主法制出版社2013年版前言。

② 李建良主编：《民营化时代的行政法新趋势》，新学林出版股份有限公司2012年版，第100页以下。

③ 〔美〕朱迪·弗里曼：《合作治理与新行政法》，毕洪海、陈标冲译，商务印书馆2010年版，第191页。

④ 诚如学者所言：“新行政法学对于行政法研究最主要的贡献在于创造介于总论与各论间的论述层次，借由分析行政履行任务之不同模式及其各该调控脉络，观察不同行政法各论面对类似问题情境之解决模式，并检验个别解决方案一般化的可能性。”李东颖：《行政法学作为调控科学——以公私部门伙伴关系为例》，载台湾行政法学会主编：《行政法学作为调控科学》，元照出版有限公司2018年版。

行政法发展而成的行政法学总论，与个别专业行政法演变对于行政法学结论的引导，形成一种互动的过程。”[①]鉴于中外公私合作的发展进程、表现形式和规制进路存在差异，我国合作行政法的建构需从新思维的形塑入手，致力于新原则的确立和新范畴的引入，为现代行政法学回应公私合作治理的兴起奠定法理基础。

（一）合作行政法的新原则

与追求行政合法性控制和权利保障为目标的传统行政法不同，合作行政法的使命在于促进行政任务的有效履行和公共福祉的增进。在合作行政兴起的诸多领域，伴随着行政任务的复杂化和专业化，“立法授权—行政实施—司法审查”的传统规制模式日渐“失灵”：立法机关无法先知先觉地对社会生活预先作出整齐划一的安排，行政机关也难以依据既有的法制框架对社会变迁及时作出妥善的应对，司法机关更无力机械适用法律审查日渐扩张的行政裁量。“行政法体系的广度必须足以掌握当代行政任务的光谱。传统行政法学之所以受到批评，乃是因为它未能关注到行政任务，或将行政任务限缩在自由法治国危险预防的范围。”[②]因此，基于合作行政兴起的新行政法就应当超越传统的行政合法性控制导向，坚持行政任务有效履行的新导向，对公私合作作出更加缜密的行政法制度安排。“行政是一项以大量不同主体之间的相互依赖为特征的工作。政府和非政府主体的运作具有丰富的制度背景，彼此相互关联，而且具有法律规则、非正式惯行与共识的背景。这些公私安排形式不可能被简单地划分为纯粹公的与纯粹私的作用。”[③]在行政任务导向的新语境下，依法行政原则所追求的行政合法性目标将被行政正当性目标所超越。换言之，为了保障行政机关能够更加有效地完成预定的行政任务，法律上应当赋予其更大的行政自主决定空间，承认其在具体的行政组织形态和行政活动方式上的选择裁量。

在新的行政正当性理念的支配下，行政法学应当及时引入“辅助性原

① 〔德〕施密特-阿斯曼：《行政法总论作为秩序理念：行政法体系建构的基础与任务》，林明锵等译，元照出版有限公司2009年版，第1页以下。

② 〔德〕施密特-阿斯曼：《行政法总论作为秩序理念：行政法体系建构的基础与任务》，林明锵等译，元照出版有限公司2009年版，第169页。

③ 〔美〕朱迪·弗里曼：《合作治理与新行政法》，毕洪海、陈标冲译，商务印书馆2010年版，第193页。

则”和“合作原则”，作为传统依法行政原则的适用指引和有益补充。一方面，辅助性原则也被称作补充性原则，其原始理念在于建构不同社会层级之间任务分配的基准，通常被理解为个人与团体以及不同层级团体之间权限分配的原则。在行政法学上，辅助性原则揭示了个人相对于社会和国家，较小的下位组织相对于较大的上位组织所具有的事务处理优先权。具体来说，当公民个人或较小的下位组织能够胜任某项事务的处理时，社会、国家或较大的上位组织就不应介入，此即所谓的“消极面向的辅助性原则”。反之，当个人或较小的下位组织无法胜任某项事务的处理时，社会、国家或较大的上位组织才能够积极支援协助，必要时亲自接手完成相关任务，此即所谓的“积极面向的辅助性原则”。[①] 作为行政事务管辖权界限原则，辅助性原则已经超越给付行政领域而成为现代行政法上一项重要的一般原则。从我国行政法制发展进程上看，辅助性原则的实质内涵已经在《行政许可法》第13条、国务院2004年《纲要》第6条及2015年《法治政府纲要》有关“深化行政审批制度改革”和“优化公共服务”的若干规定中得以体现，可谓一项“呼之欲出”的行政法一般原则。[②] 辅助性原则的及时引入，不仅能够为公私合作的推行提供法理依据，而且也能够为公私合作的发展提供立法指引。

另一方面，合作原则的内涵是指行政任务并非仅仅属于国家的责任，也非仅仅依靠社会或市场等单方面的民间力量可以达成，而是需要国家、社会、个人等所有力量的共同合作才能完成。正如学者所言：“在行政法实施过程中个人保护和全面考虑关系人利益的前提是行政对话和合作性的行政结构，惟由此才能建立因国家高权和权力垄断而很少产生的合作关系。明

---

① 詹镇荣：《民营化与管制革新》，元照出版有限公司2005年版，第285页。

② 《行政许可法》第13条规定，第12条所列事项，通过下列方式能够予以规范的，可以不设行政许可：(1) 公民、法人或者其他组织能够自主决定的；(2) 市场竞争机制能够有效调节的；(3) 行业组织或者中介机构能够自律管理的；(4) 行政机关采用事后监督等其他行政管理方式能够解决的。《纲要》第6条规定，凡是公民、法人和其他组织能够自主解决的，市场竞争机制能够调节的，行业组织或者中介机构通过自律能够解决的事项，除法律另有规定的外，行政机关不要通过行政管理去解决。2015年《法治政府纲要》除了规定建立健全政府购买公共服务制度外，还规定直接面向基层、量大面广、由地方实施更方便有效的行政审批事项，一律下放地方和基层管理。从这些规定上看，辅助性原则经由行政许可而扩大到更为广泛的行政管理和公共服务领域。这种“个人—市场—社会—国家”的行政任务履行顺位，与辅助性原则的内涵具有高度契合性，完全可以提炼为行政法上的一般原则。

确行政的责任与公民的责任属于行政法的重要任务，这有助于将合作原则上升为一般的行政原则。”[①]从我国环境保护、食品安全等具体行政领域法制发展的进程上看，合作原则的实质内涵已经有所体现，亟待行政法学理予以总结提炼。[②] 合作原则的及时引入，能够为法律上课予行政机关、行业组织、企业及个人共同合作完成行政任务的义务提供规范依据，进而保障行政机关相对自主地选择具体的公私合作方式。

（二）合作行政法的新范畴

公私合作的推行预示着国家活动的“柔软化”，可能带来“削弱现行法的拘束力”“危及国家活动的法安定性和预测可能性”和“损及法治国家规制的普遍性”的负面效应，面临着理论上的本能质疑。[③] 在美国，“大量的外包、权力下放与授权强化了对私人权力的不安。通过唤起下述担忧，即政府会不断将其责任转交给私人主体，而这些私人主体又不受通常与公共权力相伴的审查约束，这些趋向已促使某些行政法学者建议为私人权力规定更大的限制。”[④]在德国，“很长时期内人们认为，不能将警察行政委任给民间予以私化。但是，近期，即使在警察行政中，在承担该事务的州行政财政状况恶化、犯罪增加的背景之下，有人开始主张行政改革，特别是将能委任给民间的业务交给民间，将警察集中在不可或缺的业务上。”[⑤]在我国，“国家本位”的固有传统天然地拷问着公私合作的正当性。公用事业特许经营改革的受挫、PPP领域的“政热社冷”、对警务辅助人员存在必要性的普遍质疑、治安事务能否承包的争论、行政强制执行和解从原则条款到程序条款的嬗变，无不折

① 〔德〕汉斯·J.沃尔夫等:《行政法》(第3卷),高家伟译,商务印书馆2007年版,第18页。

② 例如,《环境保护法》第6条规定:“一切单位和个人都有保护环境的义务。地方各级人民政府应当对本行政区域的环境质量负责。企业事业单位和其他生产经营者应当防止、减少环境污染和生态破坏,对所造成的损害依法承担责任。公民应当增强环境保护意识,采取低碳、节俭的生活方式,自觉履行环境保护义务。”这一规定显示出合作原则不仅是国家所奉行的环境保护基本政策,而且也是环境基本法的一般原则。

③ 刘宗德:《公私协力与自主规制之公法学理论》,载《月旦法学杂志》2013年第6期。

④ 〔美〕朱迪·弗里曼:《合作治理与新行政法》,毕洪海、陈标冲译,商务印书馆2010年版,第356页。

⑤ 〔日〕米丸恒治:《私人行政——法的统制的比较研究》,洪英等译,中国人民大学出版社2010年版,第151页以下。

射出相关制度变迁背后私人目标与公共目标之间剧烈的利益冲突。“严格执法”“公权力不可处分”等传统观念的流行，更成为公私合作深度推行的观念障碍。[①]

为了厘清公私合作的观念障碍、保障公私合作的顺利推行，我国合作行政法的建构应当秉承“界限论”和“责任论”的思想进路。其中，界限论的旨趣在于宣示公私合作的有限性，承认公私合作自身的功能局限；责任论的旨趣则在于彰显公私合作的有为性，消除公私合作引发的可追责性疑虑。为此，应当吸收“国家保留”和“国家担保”概念，作为建构合作行政法的新范畴。

一方面，需要引入“国家保留”概念，确立公私合作的界限，凸显国家自为行政任务实施的“履行责任”，防止行政任务公共性的丧失。在传统行政模式下，行政机关承担了所有行政事务的执行责任。公私合作模式的推行并非简单地“去国家化”。从域外合作行政的实践上看，真正采取国家全部放弃行政任务执行责任的“完全民营化”极为鲜见，绝大多数公私合作方案都“采行游走在‘单纯组织私法化’与‘任务完全私人化’两个民营化光谱极点间之模式”。其中，“任务部分私人化”则成为各国普遍采行的合作模式。[②]就我国局部行政领域公私合作的实践而言，确实存在极端化之举。[③] 尽管行

① 有学者在反思目前较为混乱的行政委托现象时指出，行使公权力的组织原则上应当受民主统制——通过代议民主制和国家机构组织法特别是行政组织法等一系列法律制度，公权力的行使者接受民主统制，并在最终意义上向人民负责，“主权在民”原理由此也得到体现。公权力行使原则上不能委托给非行政机关组织，这是行政委托的内在边界。有鉴于此，论者认为我国的行政委托理论亟须正本清源，行政委托实践亟须适当收缩和明确界限。参见王天华：《行政委托与公权力行使——我国行政委托理论与实践的反思》，载《行政法学研究》2008 年第 4 期。

② 詹镇荣：《民营化与管制革新》，元照出版有限公司 2005 年版，第 3 页以下。

③ 例如，重庆市一度推行的所谓“政府回避型”立法模式就是典型事例。2007 年 4 月 4 日，重庆市人民政府以渝府发〔2007〕52 号文的形式发布《重庆市人民政府 2007 年立法计划》，提出要“全面实施开门立法”，“探索立法起草回避制度”，“进一步完善委托起草和招标起草的立法模式”，规定与某一立法项目有直接明显利害关系的单位和个人，不得参与法规和规章的起草、审查和评审，不得主导立法进程。参见秦力文、高维峰：《重庆试行立法回避制度 首批 6 个立法项目规避利害关系单位实施委托或招标起草》，载《法制日报》2007 年 7 月 12 日第 1 版。与传统的政府主导型行政立法模式相比，政府回避型行政立法模式对立法过程封闭性和部门利益本位性的克服都有助益。但是，这种极端做法在事实上改变了行政立法权的分配，难以保障行政立法的科学性、专业性和现实回应性，甚至与依法行政原则直接相悖。又如，媒体披露的“禹州式截访”事件中信访部门利用“黑监狱”“黑保安”打压访民的做法就发人深思。参见杨继斌等：《禹州式截访》，载《南方周末》2013 年 2 月 21 日第 A11 版。

政法学理上尚存争议,但鉴于我国既往公私合作的实践教训和社会转型的行政主导特质,仍然需要及时引入"国家保留"概念,为公私合作能否推行、推行到何种程度划定相应的边界。换言之,在当下中国特殊的时空背景之下,应当对公私合作采行相对保守的立场,承认"绝对国家任务"[①]的客观存在。一般来说,"组成行政、立法、司法等国家机关的所谓国家的自我组织事项"和"以物理强制力为后盾的行政事务"属于较为典型的国家保留事项,原则上应当排除私人力量的介入。[②] 就实证法律规范而言,我国《行政强制法》第17条有关"行政强制措施权不得委托","行政强制措施应当由行政机关具备资格的行政执法人员实施,其他人员不得实施"和第18条有关"由两名以上行政执法人员实施行政强制措施"的规定,《行政处罚法》第16条有关"限制人身自由的行政处罚权只能由公安机关行使"和第37条有关"行政机关在调查或者进行检查时,执法人员不得少于两人"的规定,都为国家排他性责任的保留提供了佐证。

另一方面,需要引入"国家担保"概念,规范公私合作的运行,凸显国家在合作行政时代下的"担保责任"和"兜底责任",防止国家责任的转嫁和逃逸。公私合作的兴起,预示着行政机关不再单方面地承担行政任务的履行责任,而是享有更为广泛的任务履行方式裁量空间。私人力量的引入在促进行政任务履行的同时,也使得公共福祉的增进和民众权利的保护面临新的威胁。为此,必须引入"国家担保"概念,区分不同层级的国家责任,确保国家"公益维护者"的角色不至于在合作行政的进程中丧失。担保责任指的是"特定任务虽由国家或其他公法人以外之私人与社会执行之,但国家或其他公法人必须负起担保私人与社会执行任务之合法性,尤其是积极促其符合一定公益与实现公共福祉之责任"[③]。相比较常态化的担保责任而言,"兜底责任"具有明显的备位性和补充性,只有在承担行政任务履行的私人一方

---

① 有关"绝对国家任务"与"相对国家任务"的区分,参见詹镇荣:《民营化与管制革新》,元照出版有限公司2005年版,第269页。

② 许宗力:《论行政任务民营化》,载翁岳生教授祝寿论文编辑委员会编:《当代公法新论》(中),元照出版有限公司2002年版。

③ 詹镇荣:《民营化与管制革新》,元照出版有限公司2005年版,第125页。

出现重大危机或影响到公共利益时,行政机关才能够借助接管等措施予以应对。例如,公用事业特许经营严重不善时的临时接管、对严重违反社区戒毒协议的人员实施强制隔离戒毒等都属于"兜底责任"的具体体现。基于国家基本权利保障者角色满足的需要,担保责任的具体化将成为合作行政法建构的重要内容。应当根据合作行政具体领域、环节和方式的不同,对国家和私人之间的责任层级和责任分配加以框定,适应"从国家任务到行政责任"时代变迁的需要。在给付行政领域的公私合作中,许宗力曾经归纳出行政任务后民营化阶段担保责任的几项内容,即"给付不中断的担保义务""维持与促进竞争的担保义务""持续性的合理价格与一定给付品质的担保义务""既有员工的安置担保义务"等。[①] 在以私人参与警察任务履行为代表的秩序行政领域的公私合作中,"准入监督"和"行为监督"是国家担保责任的基本内容,但在特殊的合作形态下尚有例外的责任形式,如对民营消防队需要给予财政扶持、对民间拖吊从业者需要进行价格管制、对治安承包需要按照协议进行监督等。[②] 可见,国家的担保责任和兜底责任是"浮动的",不同层次的保护需求决定了不同形式的保护机制。

四、合作行政法的逻辑展开

每一种行政法理论背后,皆蕴藏着一种国家理论。[③] 合作行政法的建构,并非要逃逸传统行政法学理论体系的束缚,而是对传统行政法学理论的某种补强和更新,是主动因应"法治国家"脸谱下的行政法学转向"合作国家"脸谱下的行政法学的现实需要。"合作国家"概念的首倡者是德国学者利特尔,合作国家形态的出现,暴露出法治国理念支配下的传统行政法学知识体系解释力和回应性的不足,但也远未达到需要予以整体性解构的程度。事实上,传统行政法学的总体框架大体上仍然能够适用于合作行政,但在基

① 许宗力:《论行政任务民营化》,载翁岳生教授祝寿论文编辑委员会编:《当代公法新论》(中),元照出版有限公司 2002 年版。

② 章志远:《行政任务民营化法制研究》,中国政法大学出版社 2014 年版,第 98 页。

③ 〔英〕卡罗尔·哈洛、理查德·罗林斯:《法律与行政》(下卷),杨伟东等译,商务印书馆 2004 年版,第 29 页。

本概念的重述和规范框架的扩展方面尚待用力。"新行政法学并未挑战合法性在行政法学中的重要地位,其仅强调依法行政的观点不足以掌握行政法学的全貌,而应补充对其他行政法所规范之客体(行政部门)而言重要的观点。"[①]为此,合作行政法框架结构的形成将面临"重申"和"重述"的双重任务,具体表现在主体论、行为论和救济论的更新之中。

(一)合作行政法的主体论

在合作行政模式兴起的新时代,主体论面临着三项具体的重述任务。

首先,应当以"行政任务履行"置换"行政权力行使"作为认定行政主体的核心要素。沈岿早在2000年就指出:"当代公共行政的有效实施,必须建立在中央和地方合理分权以及国家和社会合理分权的基础之上。"[②]合作行政现象的出现,本身就预示着国家和社会之间的某种分权。《国务院关于推进中央与地方财政事权和支出责任划分改革的指导意见》的实施,描绘了中央和地方事权划分的法治蓝图。在分权改革的进程中,行政主体的概念应当与现代行政分散化和多样化的发展趋势相适应。为此,在重申行政主体作为"行政所由出的主体"描述性概念的同时,可将"行政权力行使"置换为"行政任务履行",作为重述行政主体概念的核心要素。

其次,应当通过授权者、委托者、辅助者、举发者、监督者、和解者、私营者等相应角色的引入,在不同层次的合作法律关系中确定公私双方各自的法律地位。"法律关系理论的观察,特别重视整体生活现实中,作为法规范之规范对象的'所有法主体'之可能行为的特殊事实结构,强调对于具体法律关系的事实,不只局限于行政此一法主体的特定行为,而是针对所有法主体之行为为法的分配。"[③]一般来说,私人参与履行行政任务后,会在行政机关、履行任务的私人及第三人之间形成多种面向的法律关系。为此,需要及时引入行政任务取向的法律关系思维,在不同的法律关系语境下识别相应的法主体身份,避免陷入"行政主体—行政相对人"的单线结构。

---

① 李东颖:《行政法学作为调控科学——以公私部门伙伴关系为例》,载台湾行政法学会主编:《行政法学作为调控科学》,元照出版有限公司2018年版。

② 沈岿:《重构行政主体范式的尝试》,载《法律科学(西北政法大学学报)》2000年第6期。

③ 张锟盛:《行政法学另一种典范之期待:法律关系理论》,载《月旦法学杂志》2005年第6期。

最后,应当以多层级、扁平化的行政组织法教义学研究超越传统国家直接行政独步天下的单纯行政主体理论研究。合作行政的兴起已经催生了大量新的组织形态,私法形式的行政组织也成为行政组织法的表现形式之一。“公共行政部门不仅可以以私法方式活动,而且可以以私法组织的形式与公民打交道,有人称之为国家组织的下位方式或者替代方式。”[①]为此,新行政法学的一项重要任务就在于“探究如何使组织的存在形式能够与扩大了的行政任务的形态相适应”[②]。

(二)合作行政法的行为论

就行为论而言,面对合作行政兴起可能引发的行政法体系的典范转移,同样需要依次完成三项具体的重述任务。

首先,契约作为社会治理的崭新工具,正在诸多行政领域和具体环节获得广泛应用,现代行政国家因之逐渐演变为契约国家。行政机关寻找和培育私人合作伙伴、实现由“通过权力的治理”转向“通过契约的治理”,已成为公共行政发展的大趋势。“就程度和光谱的一端为原始权力、另一端是合同而言,我们已经把治理的中心移向了合同。从权力转向合同并不意味着政府部门的终结。恰恰相反,它意味着需要建立一种制度和管理能力去迎接我们面临的许多新的挑战。”[③]为此,在行政行为大家族中,行政契约有望与传统的行政处理行为形成双峰并峙的景观,行政契约法制将成为行政行为法的核心议题。

其次,合作行政的兴起衍生了大量未型式化的行政行为,“不断对未型式化的行政行为加以型式化”将成为行为论发展的新任务。[④] 除了适度保留以命令控制为特质的行政处理行为、发展以协商合作为特质的行政契约行为外,还应当积极探索行政和解、行政评估、行政约谈等“中性”行政手段的

① 〔德〕汉斯·J.沃尔夫等:《行政法》(第3卷),高家伟译,商务印书馆2007年版,第412页以下。

② 〔日〕大桥洋一:《行政法学的结构性变革》,吕艳滨译,中国人民大学出版社2008年版,第52页。

③ 〔美〕菲利普·库珀:《合同制治理——公共管理者面临的挑战与机遇》,竺乾威等译,竺乾威校,复旦大学出版社2007年版,第51页。

④ 林明锵:《论型式化之行政行为与未型式化之行政行为》,载翁岳生教授祝寿论文集编辑委员会编:《当代公法理论》,月旦出版股份有限公司1993年版,第347页。

运用，在行政行为内部体系构造上形成刚性行为、柔性行为和中性行为三足鼎立的格局。如此一来，行政任务有效履行取向下的行为论将更加灵活，新型行政手段的运用也能够依据功能的不同而作出情境化的阐析和定位，避免陷入与传统行为形式一一对应的窘境。例如，公布违法事实手段近年来在我国食品安全监管、环境治理、交通整治、价格监管等诸多领域得到了广泛运用，并取得了十分明显的实施效果。立足功能主义的视角进行观察，可以看出其自身至少具有“声誉罚”“行政强制执行”“公共警告”和“行政处罚结果公开”的四重属性。①

最后，需要有限度地承认行政机关的行为形式选择自由，以便更好地完成日渐扩张和复杂化的行政任务。行政的行为形式选择自由是指除非法律明确规定行政机关应采取特定形式的行为，否则行政机关为了适当履行公共行政任务，达成公共行政目的，得以选取适当的行政行为，甚至也可以在法所容许的范围内选择不同法律属性的行为。② 事实上，警务辅助、治安承包、执行和解等现象的涌现，就暗含着对行政机关行为形式选择自由的某种默认。同时，相关领域立法的跟进和规范也体现出对形式选择自由负面效果的矫正努力。行政机关行为形式的选择自由，是行政裁量权行使的具体表现，仍然需要受制于裁量的一般界限。总体而言，法律规范的强制性规定、干预行政与给付行政任务的区分、公法形式与私法形式绩效的对比影响着行为形式选择自由的行使，构成了行政机关合义务的裁量限度。

（三）合作行政法的救济论

就救济论而言，合作行政的兴起动摇了司法审查的中心地位，使得救济论面临着三项具体的重述任务。

首先，法律为行政提供的“目的模式”超越了传统的“条件模式”，司法审查的用武之地明显受到限制。基于对行政合法性控制的不懈追求，传统行政法为行政机关提供了一种由“构成要件”和“法律效果”所组成的条件模式，即构成要件一旦被满足就会发生相应的法律效果。合作行政的兴起则衍生了更为灵活的目的模式，即法律并未规定明确的构成要件，仅规定法律

---

① 章志远、鲍燕娇：《公布违法事实的法律属性分析》，载《山东警察学院学报》2011年第6期。
② 程明修：《行政法之行为与法律关系理论》，新学林出版股份有限公司2005年版，第290页。

所要达成的目的，至于达成目的的手段则由行政机关在个案中自主决定。条件模式既为行政行为提供了预设的程序规范，也为司法审查提供了直接的评判标准。然而，目的模式的流行割裂了这种内在关联，使得司法审查在面对合作行政事项时显得力不从心。“司法审查的通病是为人熟知的。它可以在特定时候救济特定人，但很少提供制度性的救济。”[①]为此，面向行政的行政法学将逐渐取代面向司法的行政法学的中心地位。

其次，在救济体系的内部构造上，应当充分发挥行政复议的“主渠道”功能、行政调解的分流作用和协商谈判的补充作用，回应合作行政不同层面争议解决的现实需求。2014 年修订后的《行政诉讼法》第 12 条将“行政机关不依法履行、未按照约定履行或者违法变更、解除政府特许经营协议”的纠纷纳入行政诉讼的受案范围之中，显示出新法对合作行政兴起的局部回应。不过，多年来的司法实践表明，这一仓促的制度安排并未取得预期成效。一方面，此类协议纠纷真正进入司法审查程序的情况非常少见；另一方面，《政府采购法》《基础设施和公用事业特许经营管理办法》等法律规范有关争议解决的规定与《行政诉讼法》并不一致。面对更多行政领域和具体环节合作进程中的潜在争议，《行政诉讼法》则未予回应。为此，在国家治理体系和治理能力现代化的语境中，应当充分发挥司法之外的多元化纠纷解决机制的作用。其中，除了寄望于公私合作双方自行协商谈判解决争议外，更应将行政复议制度建设成为我国行政纠纷解决的“主渠道”。[②] 同时，还应当发挥正在生长之中的行政调解制度的分流作用，使得合作行政引发的纠纷能够得到快速解决。

最后，就有限的司法审查而言，应当坚持行政纠纷实质性化解和预防行政纠纷发生的新理念。一方面，2014 年修订后的《行政诉讼法》第 1 条已将“解决行政争议”明确列为行政审判的基本目的，需要更加注重协商和解式纠纷解决机制的运用，有效管控公私合作运行中的风险，推动公私合作的顺利进行；另一方面，“从源头上预防和减少行政争议发生”是我国和谐社会政

---

① 〔新西兰〕迈克尔·塔格特编：《行政法的范围》，金自宁译，中国人民大学出版社 2006 年版，第 59 页。

② 应松年：《行政复议应当成为解决行政争议的主渠道》，载《行政管理改革》2010 年第 12 期。

治话语体系的重要组成内容，应当体现在司法解决合作行政争议的过程之中。“法院有必要提供原则上的灵活性以容纳公与私的新混合，而不作非此即彼的选择。”[①]为此，应当倡导合意的行政争议解决方式，充分保障公私合作的有效运转。

综上所述，面对合作行政模式的兴起，行政法学应当从新思维的塑造开始，通过新原则和新范畴的引入，实现主体论、行为论和救济论的全面更新。合作行政法的形塑，既非简单套用总论，也非完全另起炉灶，而是一项兼有重申和重述任务的事业。一方面，合作行政模式并未完全颠覆传统行政法学的知识体系和思维方式，甚至在某些问题的处理上还有新瓶装旧酒的意蕴，重申传统行政法学的范畴和原则仍有必要；另一方面，合作行政模式也的确为传统行政及行政法的理念更新和制度建构带来了新的推动力，在若干问题的处理上必须有新的思维和技术，重述行政法学的范畴和原则相当迫切。“行政合作法将是行政任务民营化潮流中现代行政法之不可或缺部分，其主要结构特征应是在宪法框架下，连接组织、程序、行为形式以及争讼、赔偿权利救济途径等各个行政法领域所形成的整体法规网络。”[②]

---

① 〔新西兰〕迈克尔·塔格特编：《行政法的范围》，金自宁译，中国人民大学出版社2006年版，第141页。

② 詹镇荣：《民营化与管制革新》，元照出版有限公司2005年版，第39页。

第五章

法治一体建设的保障

法治一体建设除了需要进行内部性制度构建，还需要配置外部性机制保障。根据现有规范和实践经验，法治一体建设的过程监督和成果巩固应从党的领导的统筹协调、责任落实的法治督察和典型引领的示范创建三个方面重点推进。其中，党的领导是法治一体建设的政治引领，法治督察是法治一体建设的刚性保障，示范创建是法治一体建设的柔性保障，三者的良性运转能够保证以最合理的法治资源投入，产生最大的法治一体建设成效，避免法治国家建设缺基础、法治政府建设无动力、法治社会建设被忽视。相应的，法治一体建设的显著优势可以更好地转化为党领导人民治国理政，维护社会公平正义，实现党和国家长治久安的治理效能。

第一节　党的领导的统筹协调

习近平总书记强调："党的领导是推进全面依法治国的根本保证。"[①]进入新时代，法治中国建设的系统性、体系性和均衡性特征愈发明显。[②]"法治一体建设"作为全面推进依法治国的工作布局，是党尊重法治建设客观规律所作出的符合我国国情的重大战略部署。党的二十大报告再次重申，要坚

---

① 习近平：《论坚持全面依法治国》，中央文献出版社 2020 年版，第 2 页。

② 周佑勇：《习近平法治思想的系统辩证方法论》，载《党内法规研究》2022 年第 1 期。

持法治一体建设，到 2035 年基本建成法治国家、法治政府、法治社会。[①] 既往关于“法治一体建设”的研究主要集中于对其时代价值、方法论要义、内部结构关系及发展进路等本体性问题的探讨，[②]而关于党领导法治建设的研究也习惯于将法治建设视为整体进行宏观性概述，[③]或者聚焦法治建设的局部事项进行针对性分析。[④] 作为习近平法治思想的重要组成部分，“法治一体建设”的开拓性研究尤其需要引入党的政治引领和组织保障这一外部视角。为此，本部分立足于坚持党的领导、人民当家作主和依法治国有机统一的根本原则，全面揭示党通过依法执政驱动“法治一体建设”的内在逻辑，并提出新时代新征程上如何进一步发展完善的具体实施路径，从而服务于中国式现代化向纵深发展。

一、党依法执政之于“法治一体建设”的特殊意义

党的十六大在阐释改革和完善党的领导方式和执政方式时，首次提出依法执政这一重要原则。党的十六届四中全会通过了《中共中央关于加强党的执政能力建设的决定》，正式将依法执政确立为党执政的基本方式，并将依法执政与科学执政、民主执政一同纳入加强党的执政能力建设的总目标。由此起步，依法执政的内涵不断丰富和完善，并融入坚持党的领导、人民当家作主和依法治国有机统一的伟大实践探索之中，逐渐成为党领导法治建设不可或缺的主要抓手。具体而言，依法执政之于“法治一体建设”的特殊意义体现在以下四个方面：

---

① 习近平：《高举中国特色社会主义伟大旗帜　为全面建设社会主义现代化国家而团结奋斗——在中国共产党第二十次全国代表大会上的报告》，载《求是》2022 年第 21 期。

② 代表性文献，参见张清：《习近平“法治国家、法治政府、法治社会一体建设”法治思想论要》，载《法学》2022 年第 8 期；张鸣起：《论一体建设法治社会》，载《中国法学》2016 年第 4 期；余凌云：《法治国家、法治政府与法治社会一体建设的途径》，载《法学杂志》2013 年第 6 期。

③ 代表性文献，参见郝铁川：《论以全面从严治党带动全面依法治国的中国式法治现代化道路》，载《政治与法律》2022 年第 12 期；喻中：《政党驱动型法治的兴起》，载《法律科学（西北政法大学学报）》2022 年第 4 期；黄文艺：《论党法关系的规范性原理》，载《政法论坛》2022 年第 1 期。

④ 代表性文献，参见王学辉、曹梦娇：《党支持司法的规范内涵及其制度逻辑》，载《华侨大学学报（哲学社会科学版）》2022 年第 2 期；封丽霞：《中国共产党领导立法的历史进程与基本经验——十八大以来党领导立法的制度创新》，载《中国法律评论》2021 年第 3 期；秦前红：《依规治党视野下党领导立法工作的逻辑与路径》，载《中共中央党校（国家行政学院）学报》2017 年第 4 期。

第一，凝聚“法治一体建设”基本共识。“法治一体建设”的首要任务是国家和社会各领域一切主体行为活动的规范化和制度化，确立法治在国家和社会生活中至高无上的权威。中华人民共和国成立初期，基于国内外政治环境的需要以及计划经济体制的影响，党的执政集中表现为“依政策执政”，人治的色彩较为浓厚。以党的十一届三中全会为开端，民主法制建设驶入快车道，邓小平同志提出的“有法可依，有法必依，执法必严，违法必究”的十六字方针，标志着法治在与人治两者孰优孰劣问题的大讨论中取得了“完胜”。[①] 从党的十六大正式提出到十六届四中全会首次阐释，依法执政被定义为党执政的基本方式，这意味着党的领导和党的建设活动都要在宪法和法律的框架之内，遵循法治化标准，采用法治化方式。中国共产党作为领导党和执政党，既然各级党组织和全体党员都要依法办事，那么国家、政府和社会主体也概莫能外。依法执政产生了引领和带动全社会遵纪守法的示范效应，这也与党的二十大提出的“全面推进国家各方面工作法治化”的要求不谋而合。

第二，统合“法治一体建设”各方主体。根据依法执政“三统一”“四善于”的基本要求，党的执政行为与国家、政府、社会各主体息息相关，但与之保持适度的距离，具有相对的独立性，由此才能产生统合法治建设各方主体的可能性。首先，依法执政的主体为由各级党组织和全体党员构成的中国共产党，本质上属于政党组织，与人大、政协和“一府一委两院”等具备专业化分工的国家政权机关不同，并不直接行使国家公权力，也不同于主要发挥公共服务等职能的一般社会组织。政党组织一旦国家化便会趋于官僚化，从而“丧失制约、防范国家机构官僚化的能力”[②]。其次，在领导国家与社会的途径和方式上，依法执政借助国家政权机关予以实施，通过立法、选举等法定程序将机构和人员等党的组织力量嵌入国家政权机关，进而将党的主张转化为国家意志融入国家、政府和社会运行之中。最后，依法执政固然需要党发挥总揽全局、协调各方的领导核心作用，但领导地位的彰显不是靠大

---

① 《邓小平文选》第2卷，人民出版社1994年版，第146—147页。

② 张恒山：《中国共产党依法执政与执政体制创新》，载《中共中央党校（国家行政学院）学报》2010年第1期。

包大揽和越俎代庖，而是建立在党绝不逾越宪法法律边界并且模范遵守宪法法律的基础之上，充分尊重各类国家机关依法依章程履行职能，支持、保证、监督宪法法律有效实施，调动法治建设各方主体的积极性和主动性。

第三，彰显"法治一体建设"民主底色。习近平法治思想发展了马克思主义法治理论中"人是法律的主体"这一理论，指出"全面依法治国最广泛、最深厚的基础是人民，必须坚持为了人民、依靠人民。要把体现人民利益、反映人民愿望、维护人民权益、增进人民福祉落实到全面依法治国各领域全过程"①。之所以要推进"法治一体建设"，很大程度上源于广大人民群众对法治的需求与法治发展不平衡不充分的现实之间存在张力。因此，"法治一体建设"必须坚持民生导向，通过厚植党内党外民主实现人民主权。依法执政与科学执政、民主执政均为党执政的主要经验和加强执政能力建设的重要目标。其中，依法执政本质上是为了实现民主执政，民主执政提供了依法执政的社会基础和群众基础。② 换言之，依法执政成为沟通政党执政权、国家公权力和公民基本权利的桥梁，与"一切权力属于人民"的人民主权原则存在更多"对话"的可能。③ 我们党没有自己特殊的利益，为民谋利是执政的唯一出发点，而依法执政作为执政为民的基本途径，充分体现了我们党全心全意为人民服务的宗旨，敦促"法治一体建设"始终贯彻坚持党的领导、人民当家作主和依法治国有机统一的战略选择。

第四，弘扬"法治一体建设"宪治精神。党的二十大报告指出，"坚持依法治国首先要坚持依宪治国，坚持依法执政首先要坚持依宪执政"④。依宪执政是依法执政的核心要求，为依法执政注入宪治精神。作为国家根本大法，宪法"是国家各种制度和法律法规的总依据"⑤，可以成为检验"法治一体建设"中包括政策、法律法规、党内法规和规范性文件以及社会自治规范等在内的诸多制度依据的"黄金标准"，任何制度规范都不得与宪法相抵触，任

① 习近平：《论坚持全面依法治国》，中央文献出版社 2020 年版，第 2 页。

② 江必新、程琥：《国家治理现代化与依法执政》，中国法制出版社 2016 年版，第 97 页。

③ 蒋银华：《习近平法治思想中的依法执政理论》，载《法学评论》2021 年第 4 期。

④ 习近平：《高举中国特色社会主义伟大旗帜 为全面建设社会主义现代化国家而团结奋斗——在中国共产党第二十次全国代表大会上的报告》，载《求是》2022 年第 21 期。

⑤ 习近平：《论坚持全面依法治国》，中央文献出版社 2020 年版，第 215 页。

何制度规范都要经得起合宪性审查。宪法不仅“具有最高的法律地位、法律权威、法律效力”，其在治国理政过程中同样发挥着“根本性、全局性、稳定性、长期性”的重要作用。[①] 一方面，宪法规定了党的领导地位、国体、政体、公民权利义务、国家机构以及治国理政的基本原则和制度，建立起中国特色社会主义的道路自信、理论自信、制度自信、文化自信，成为推进中华民族伟大复兴的纲领和宣言；另一方面，宪法是党治国理政的根本活动准则，不论是党组织、国家机关、社会组织，还是领导干部、普通公民，都要一律遵守。[②] 在依宪执政的价值指引下，党持续加强宪法实施和监督保障机制建设，在全国人大下设宪法和法律委员会专司宪法实施和监督职能，推动设立国家宪法日和宪法宣誓制度，宪法权威进一步彰显，这也为“法治一体建设”营造了良好的社会氛围和环境土壤。

二、通过依法执政驱动“法治一体建设”的内在逻辑

在习近平法治思想博大精深的理论体系中，全面依法治国的工作布局除“一体建设”外，还包括“依法治国、依法执政、依法行政共同推进”。从法治建设的全局视野来看，“一体建设”无法覆盖法治建设全部领域和各个环节，研究“一体建设”必须勇于跳出“一体建设”本身，避免画地为牢。例如，有学者主张我国的法治建设存在法治行为和法治目标两条主线，“共同推进”指向法治行为，“一体建设”指向法治目标。[③] 其中，依法执政的角色尤为关键，虽然其无法与“一体建设”中的任何一者简单对应，但其所蕴含的党的领导的政治势能，使其与依法行政、依规治党和依法治理等机制形成系统性耦合，从而为“法治一体建设”注入源源不断的动力。

（一）依法执政赋能依法行政转型升级

“行政执法同基层和百姓联系最紧密，直接体现我们的执政水平。”[④] 基

---

① 习近平：《论坚持全面依法治国》，中央文献出版社 2020 年版，第 10 页。

② 张文显：《深刻把握坚持依宪治国、依宪执政的历史逻辑、理论逻辑和实践逻辑》，载《现代法学》2022 年第 5 期。

③ 胡建淼主编：《法治政府建设：全面依法治国的重点任务和主体工程》，人民出版社 2021 年版，第 5 页。

④ 习近平：《论坚持全面依法治国》，中央文献出版社 2020 年版，第 221 页。

于公共行政的广泛性和多元性，执政权与行政权的关联最为密切，依法执政深刻改变了我国传统的内驱型法治政府建设模式。[①] 作为一党执政、长期执政的马克思主义政党，中国共产党全面领导的治国理政实践塑造了中国特色的党政双轨制权力结构，执政党深度嵌入国家政权体系。[②] 譬如“政法口”“宣传口”“统战口”等归口管理的组织形式，客观上使中央政法委、中央宣传部和中央统战部等党的组织机构，得以围绕事务内容来牵头，将职能相近的党政部门进行结构性重组，实现党政二元权力体系在形式上的统一。在此基础上，党的十九届三中全会通过了《中共中央关于深化党和国家机构改革的决定》和《深化党和国家机构改革方案》，提出“党的有关机构可以同职能相近、联系紧密的其他部门统筹设置，实行合并设立或合署办公，整合优化力量和资源，发挥综合效益”，党政合署合设成为这一轮党和国家机构改革的制度生长点。

相比归口管理这一形式上的党政关系调适，满足依法执政需要的党政合署合设是更具实质意义的党政融合，对行政主体、行政行为和行政救济等传统行政法治理念和制度带来挑战的同时，[③]也为依法行政理论与实践的升级重构提供了崭新契机。[④] 例如，在食品安全和环境保护等民生领域的监管事项上，依法行政注重行政问责而一定程度上忽视对党委的政治问责，依法执政通过创设党政同责在上述领域形成齐抓共管的监督合力，是党的领导方式和法治责任落实的一次重要变革，有效解决了党政体制下党委和政府权责不一的问题。[⑤] 又如，在党和国家监督体系贯通融合的执政背景下，督察等行政监督机制与巡视等党内监督机制的衔接联动愈加频繁，环保督察和法治督察等专项督察中逐步形成党政一体监督的“大督察”格局，[⑥]有助于行政执法监督更加严密有力。“行政执法工作面广量大，一头连着政府，一

---

① 林华：《通过依法执政实现依法行政的制度逻辑》，载《政法论坛》2020年第6期。

② 景跃进等主编：《当代中国政府与政治》，中国人民大学出版社2016年版，第65页。

③ 林鸿潮：《党政机构融合与行政法的回应》，载《当代法学》2019年第4期。

④ 金国坤：《党政机构统筹改革与行政法理论的发展》，载《行政法学研究》2018年第5期。

⑤ 马迅、李尧：《党政同责的逻辑与进路——以食品安全责任制为例》，载《河南社会科学》2020年第12期。

⑥ 王磊、李小龙：《扎实推动法治督察工作高质量发展》，载《中国司法》2022年第6期。

头连着群众，直接关系群众对党和政府的信任、对法治的信心。”[①]党的二十大报告在“坚持全面依法治国，推进法治中国建设”部分，专题讨论“扎实推进依法行政”，结合新时代新征程法治政府建设新形势，从转变政府职能、深化执法体制改革、强化执法监督和执法问责等方面提出了诸多新举措和新要求，这些都是依法执政赋能依法行政的发展方向，需要在法治政府建设中予以重点关注并着力推进。

在依法执政的牵引下，党政关系立足党对全面依法治国的领导发生了一系列新变化，其对依法行政的影响从主体领域扩展到行为领域，而党政联合发文便是行为领域具有代表性的实践样态。建立在新型党政关系基础上，党委和政府在依法行政领域的共同性规制事项逐渐增多，两者联合发文不仅可以节约立法立规成本，而且客观上提高了治理实效，避免分散立法立规可能产生的部门本位主义和交叉重复冲突，防止法治政府建设的碎片化。[②] 此外，党政联合发文相比传统行政性立法具有灵活高效的特质，可以通过前期探索和先行先试，弥合社会发展变迁与现实立法空缺之间的裂隙。譬如，为强化地方环境监管职责而创设的“河长制”，便是先在2016年由中共中央办公厅和国务院办公厅印发《关于全面推行河长制的意见》，后于2017年在修改《中华人民共和国水污染防治法》时予以增设相应规定，体现出前期党政联合发文对于后续行政性立法的示范指导意义。再以依法行政纲领性文件的制定主体为例，2004年《纲要》和2010年《国务院关于加强法治政府建设的意见》均由国务院单独制发，而2015年和2021年两版《法治政府纲要》则变为中共中央和国务院联合印发，文件制定主体的党政复合属性集中体现了依法执政在依法行政中的贯彻和融入，党对法治政府建设的领导力不断增强。

（二）依法执政鞭策依规治党权威高效

依法治国的主体是人民，而依法执政的主体是党。打铁还需自身硬，能否在长期执政中坚持依法执政，关键在党。党的十八届四中全会《决定》首

① 习近平：《坚定不移走中国特色社会主义法治道路 为全面建设社会主义现代化国家提供有力法治保障》，载《求是》2021年第5期。

② 封丽霞：《党政联合发文的制度逻辑及其规范化问题》，载《法学研究》2021年第1期。

次提出:“依法执政,既要求党依据宪法法律治国理政,也要求党依据党内法规管党治党。”这一论断丰富了依法执政的法治内涵,使得依法执政得以联结治国理政和管党治党两大工程,辐射国家法律和党内法规两种规范。

回望建党百余年的法治历程,我国的法治建设经历了三次历史性飞跃:一是党的十一届三中全会提出“加强社会主义法制,使民主制度化、法律化”;二是党的十五大提出“依法治国,建设社会主义法治国家”;三是党的十八大以来提出“全面依法治国、建设法治中国”。可以说,法治中国是新时代我国法治建设的3.0版,也是新征程上深入推进全面依法治国的目标指引。相比法治国家,法治中国的立意更为高远,不仅包括法治政府和法治社会等国内法治,而且从维护国家主权、安全和发展利益的高度囊括涉外法治。①更为关键的是,法治中国确认了依法执政这一党领导法治建设的基本方式,法治政党成为法治国家、法治政府、法治社会一体建设的引领力量和政治保障,“四位一体”法治中国建设模式准确反映了中国特色政党驱动型法治的发展现实。

相比科学执政和民主执政,在法治语境下提出的依法执政更加强调对权力的监督和制约,即各级党组织和全体党员都要严格自我约束,一体遵守党纪国法,把权力关进制度的笼子里。马克思曾反复提及的“防止国家和国家机关从社会公仆变为国家主人”②,始终是执政所要解决的根本问题。治国必先治党,治党务必从严,从严必依法度,这里的法度便是指党内法规制度。作为“四个全面”战略布局的重要组成部分,全面从严治党是一场党的自我革命,事关能否顺利完成中国式现代化这一执政兴国的历史使命。习近平总书记明确指出:“加强党内法规制度建设是全面从严治党的长远之策、根本之策。”③不同于外部性监督制约机制可能产生的权威掣肘或减损,依规治党作为一种内部性的自我革命机制,并不会消解法治建设所需的权威。④ 相反,在全面从严治党的各种方式手段中,依规治党的制度性、稳定性

① 习近平:《坚定不移走中国特色社会主义法治道路 为全面建设社会主义现代化国家提供有力法治保障》,载《求是》2021年第5期。

② 《马克思恩格斯选集》第3卷,人民出版社2012年版,第55页。

③ 习近平:《论坚持全面依法治国》,中央文献出版社2020年版,第169页。

④ 王若磊:《依规治党与依法治国的关系》,载《法学研究》2016年第6期。

和可预期性更强，是一种坚守底线的刚性约束，与党的组织工作、思想工作“一刚一柔”，同向发力、同时发力，有助于树立“全周期管理”的管党治党新思维新理念，一体推进不敢腐、不能腐、不想腐的长效机制建设，从而更好地服务于“法治一体建设”事业的有序推进。

依法执政除了在执政内容上将依规治党予以纳入之外，同样在执政依据上创造性地提出“中国特色社会主义法治体系”的命题。依法执政之“法”的范畴同时涵盖国家法律与党内法规，党内法规由此成为依法执政与依规治党的共通性法源。习近平总书记在庆祝中国共产党成立100周年大会上庄严宣布，我们党已经“形成比较完善的党内法规体系”。“有没有法规很重要，更加重要的是提高法规执行力。”[①]尤其是党的二十大之后，如何增强党内法规的权威性和执行力，加快形成完善的党内法规制度体系，成为依法执政视域下持续推进依规治党的重中之重。强化依规治党的制度执行需要围绕立规质量、执规解释、备案审查、评估清理、监督问责和宣传教育等重点环节精准发力，促进党内法规的高效实施。[②] 与此同时，要注重党内法规同国家法律的衔接协调，经由依法执政实现依法治国与依规治党的有机统一。

（三）依法执政助推依法治理共建共享

不同于国外政党主要作为联结国家与社会的桥梁纽带角色，中国共产党肩负全面领导和长期执政的崇高使命，承担着建设国家、改造社会的重任。[③] 就社会革命而言，党的执政不是社会公众向政权机关传递诉求的媒介，而是要引领社会发展，最终达成法治社会的理想愿景。在“四个全面”战略布局中，改革与法治如“鸟之两翼、车之两轮”[④]，两者“相统一、相促进”[⑤]。在党的十八届三中全会将“治理现代化”确立为全面深化改革的总目标后，党的十九届四中全会再次聚焦这一主题，为如何更好地推进治理现代化开

① 中共中央党史和文献研究院编：《习近平关于依规治党论述摘编》，中央文献出版社2022年版，第165页。

② 章志远主编：《党内法规学原论》，中国法制出版社2020年版，第179—196页。

③ 周淑真：《依法治国、依宪执政、依规治党三者关系及内在逻辑》，载《理论视野》2015年第1期。

④ 中共中央文献研究室编：《习近平关于全面依法治国论述摘编》，中央文献出版社2015年版，第14页。

⑤ 《中共中央关于深化党和国家机构改革的决定》，人民出版社2018年版，第19页。

具了“良方”。基于法治和治理的同构性，“法治一体建设”与治理现代化高度统一。具体而言，“法治一体建设”既是治理现代化的重要内容，又是治理现代化的重要保障。以国家与社会二元划分为前提，治理现代化不仅要重视国家治理，更要突出社会治理的基础性地位，通过社会治理法治化补足“法治一体建设”的短板弱项。依法执政必须体现全体人民的共同意志，而在社会领域，依法治理所追求的善治状态便体现了人民对美好生活的向往。因此，依法执政成为深化依法治理这一法治社会建设主体工程的关键推动力。

为加强党对法治社会建设的领导，中共中央于2020年年底专门印发《法治社会纲要》，明确了各级各类党组织的领导职责，在发挥党的统筹协调组织优势的同时，注重责任落实和考核评价等具体机制的运用，为法治社会建设提供坚强的组织保障。习近平总书记在中央全面依法治国委员会第三次会议的讲话中特别指出，“法治建设需要全社会共同参与，只有全体人民信仰法治、厉行法治，国家和社会生活才能真正实现在法治轨道上运行。”[①]为引领和推动社会公众有效参与依法治理，《法治社会纲要》在“推进社会治理法治化”部分将“完善社会治理体制机制”作为首要任务，鲜明提出“打造共建共治共享的社会治理格局”的主张，并将“完善党委领导”置于社会治理体系的核心领头位置，彰显各级党委在依法治理过程中总揽全局、协调各方的独特功效。[②] 可见，依法执政对于依法治理的推动作用首先体现在治理格局的塑造上。在《中国共产党政法工作条例》和《中国共产党支部工作条例（试行）》等党内法规的具体条款之中，也对上述党领导社会治理的体制机制予以确认，而诸如中共中央、国务院发布的《信访工作条例》等党政联合立规更是为矛盾纠纷化解等依法治理重点事项提供了规范依据和操作指南。

党的二十大报告指出，“推进多层次多领域依法治理，提升社会治理法治化水平”，“加快建设法治社会”[③]。基层是社会的末梢，基层治理自然是依

① 习近平：《论坚持全面依法治国》，中央文献出版社2020年版，第275页。

② 陈柏峰：《习近平法治思想中的法治社会理论研究》，载《法学》2021年第4期。

③ 习近平：《高举中国特色社会主义伟大旗帜 为全面建设社会主义现代化国家而团结奋斗——在中国共产党第二十次全国代表大会上的报告》，载《求是》2022年第21期。

法治理的重中之重。《法治社会纲要》也指出，充分发挥基层党组织在法治社会建设中的战斗堡垒作用。对此，中共中央针对高校、国企、机关和农村等不同类型的基层党组织制定了相应的组织工作条例，中央全面依法治国委员会也相继印发了《关于加强法治乡村建设的意见》（以下简称《乡村建设意见》）和《关于进一步加强市县法治建设的意见》（以下简称《市县建设意见》）等党的规范性文件，党领导基层依法治理的能力和水平显著提升。例如，作为中国特色基层治理体系的典型特征，自治、法治、德治“三治融合”满足了基层治理差异化、弹性化和精细化需求，而以基层党组织与党员为主体的依法执政力量在其中发挥了组织领导的核心功能，有效统合了复杂多元的基层治理主体，推动形成“人人有责、人人尽责、人人享有”的基层治理共同体。

三、新征程上党领导“法治一体建设”的发展进路

我国宪法和党章主要是从政治原则的角度对党的领导予以确认，但党的领导在各领域、各方面的践行和落实则要仰赖一系列领导机制的建立健全。党的二十大报告指出，要“完善党中央重大决策部署落实机制”[①]。在明晰党领导“法治一体建设”的内在逻辑后，新征程上进一步推进“法治一体建设”需要着眼于具体领导机制的构建。其中，规划牵引机制、统筹协调机制、以上率下机制和协商民主机制共同勾勒出党领导“法治一体建设”的发展图景。

（一）突出法治建设规划的牵引功能

党的十八大以来，以习近平同志为核心的党中央从全局和战略高度对全面依法治国作出一系列重大决策部署，推动我国社会主义法治建设，取得历史性成就，发生历史性变革。继党的十八届四中全会首次以中央全会形式专题研究全面推进依法治国若干重大问题以来，党的十九大报告将全面依法治国上升到“中国特色社会主义的本质要求和重要保障”的高度，党的

---

① 习近平：《高举中国特色社会主义伟大旗帜 为全面建设社会主义现代化国家而团结奋斗——在中国共产党第二十次全国代表大会上的报告》，载《求是》2022年第21期。

二十大报告更是首次以专章形式对推进法治中国建设作出新的部署，提出“在法治轨道上全面建设社会主义现代化国家”，法治中国建设的整体宏伟蓝图已然绘就。

作为后发现代化国家，“我们要在短短几十年时间内在十三亿多人口的大国实现社会主义现代化，就必须自上而下、自下而上双向互动地推进法治化”[①]。在双向互动的法治实践中，我国找到了一种符合本国国情的目标责任制治理模式，集中表现为以法治建设规划的方式明晰法治建设目标任务，引导法治建设资源配置，凝聚各方主体向心合力，共同推进中国式法治现代化。法治建设规划最早体现在国民经济和社会发展五年规划中，从“七五”计划开始，五年规划中的法治元素逐渐增多。[②] 中央全面依法治国委员会第二次会议明确提出“法治建设规划，事关全面依法治国工作全局”[③]的论断，进一步凸显了完善法治建设规划的重要性。通过在立法、行政、司法和党规等具体法治建设领域出台专门规划的前期探索，2020 年 12 月，中共中央发布了《法治社会纲要》；2021 年 1 月，中共中央发布《规划》；同年 8 月，中共中央和国务院发布 2021 年《法治政府纲要》。“一规划两纲要”全面规定了“十四五”阶段“法治一体建设”的目标任务和途径方法，标志着法治中国建设正式迈入“规划”时代。[④]

规划制定固然重要，规划落实更为关键。与一系列法治建设规划相呼应，近年来中共中央办公厅和国务院办公厅以党政联合发文的形式出台了《关于加快推进公共法律服务体系建设的意见》（以下简称《公共法律服务意见》）、《关于依法从严打击证券违法活动的意见》（以下简称《证券违法活动意见》）、《关于加强打击治理电信网络诈骗违法犯罪工作的意见》（以下简称《电信诈骗意见》）、《关于加强社会主义法治文化建设的意见》（以下简称《法治文化建设意见》）等文件匹配规划实施，中央全面依法治国委员会也印发了《乡村建设意见》《市县建设意见》等重要规范性文件分解规划中的各项重

① 习近平：《论坚持全面依法治国》，中央文献出版社 2020 年版，第 136 页。

② “十四五”规划在第十七篇第五十九章专章规定了“全面推进依法治国”的相关内容。

③ 习近平：《论坚持全面依法治国》，中央文献出版社 2020 年版，第 253 页。

④ 马怀德：《迈向“规划”时代的法治中国建设》，载《中国法学》2021 年第 3 期。

要任务。然而,若要更为有力有效地贯彻“法治一体建设”,单靠任务举措的分解远远不够。唯有建立健全以中央法治督察为代表的法治建设责任落实推进机制,才能发挥严密的法治监督体系所特有的反向激励功能,调动监督对象履职尽责、干事创业的主动性和积极性,进而释放中国特色监督制度在“法治一体建设”中的治理效能。

(二)强化中央全面依法治国委员会的统筹协调

党的二十大报告提出,“完善党中央决策议事协调机构,加强党中央对重大工作的集中统一领导。”[①]“法治一体建设”作为全面依法治国的工作布局,属于法治建设领域的重大工作。对此,党的十九届三中全会审议通过的《深化党和国家机构改革方案》中,决定组建中央全面依法治国委员会,“法治一体建设”也顺理成章地成为该机构的主要职责之一。“法治一体建设”涉及法治中国建设的方方面面,参与主体众多、相互关系复杂、内容千头万绪,需要进一步突出中央全面依法治国委员会的“牵头抓总”地位。

根据机构改革的职责定位,中央全面依法治国委员会是“管宏观、谋全局、抓大事”[②]的,不宜拘泥于“法治一体建设”的局部和细节,而是要正确处理好当下与长远的关系,既要关注到当下“法治一体建设”所存在的短板和问题,更要立足长远,结合现状进行长远谋划,分别制定短期、中期和长期发展规划,聚焦重大决策、重大问题和重大事项。例如,历次中央全面依法治国委员会的会议内容涉及“全面依法治国新理念新思想新战略”“制定完善各领域法治建设规划”“营造良好法治环境”“发挥法治在国家治理体系和治理能力现代化中的积极作用”等,均为法治中国建设的重点任务。虽然中央全面依法治国委员会作用重大,但其并不能取代政法委、各类政法机关以及其他国家政权机关的职能作用,而是要做到“总揽不包办、统筹不代替、到位不越位”[③],保证和支持“法治一体建设”中涉及的党和国家各部门依法履行职责,以任务为导向,形成工作合力。

① 习近平:《高举中国特色社会主义伟大旗帜 为全面建设社会主义现代化国家而团结奋斗——在中国共产党第二十次全国代表大会上的报告》,载《求是》2022年第21期。

② 习近平:《论坚持全面依法治国》,中央文献出版社2020年版,第235页。

③ 同上书,第236页。

“法治一体建设”不仅关涉中央和地方关系，而且牵扯到部门利益，需要中央全面依法治国委员会予以统筹协调，整合各方法治建设资源力量，消弭并解决部门和地区间的分歧。例如，“法治一体建设”中长期存在的立法质量与效率滞后于改革、掣肘高质量发展的弊病，其中一个主要原因来自立法过程中的部门利益割据。这就需要发挥中央全面依法治国委员会中的各协调小组和办公室的作用，他们的身份相对独立且职权行使具备权威性，可以针对部门间的矛盾和分歧居间协调并当机立断，避免久拖不决，影响立法效率和决策落实。

此外，中央全面依法治国委员会应进一步促进“法治一体建设”的“央地互动”，合理划分中央与地方的工作重心。具体而言，中央法治建设决策议事协调机构应围绕人民群众反映强烈的突出问题，重点关注“法治一体建设”的顶层设计和重大决策部署，通过法治督察等方式准确查找地方法治建设的短板，纠正偏差的同时严肃问责；相反，地方法治建设决策议事协调机构的重心则要落到推进中央“法治一体建设”各项决策部署的贯彻落实上来，指导地方科学地将各项任务要求层层分解，通过考核评估等方式督促和掌握具体执行情况，同时保持与中央的沟通和对话，及时将推进情况进行请示或报告。

（三）激发领导干部“关键少数”的头雁效应

作为全面推进依法治国的工作布局，“法治一体建设”不仅蕴含着法治建设的系统观和方法论，而且承载着各项具体的法治建设任务举措，需要国家和社会在内的各方主体有序参与并积极践行。其中，各级领导干部是“法治一体建设”的重要组织者、推动者和实践者，涵盖党政机关、事业单位、群众组织等各类组织机构，掌握执政权、立法权、行政权、监察权、司法权等党和国家公权力。在领导干部依法履职的过程中，党委、政府、市场、社会等多元主体交互影响、互联互通，共同培育了“法治一体建设”的环境土壤。“领导干部对法治建设既可以起到关键推动作用，也可能起到致命破坏作用。”[①]因此，加强党对“法治一体建设”的领导必须狠抓各级领导干部这一“关键少

① 中共中央文献研究室编：《习近平关于全面依法治国论述摘编》，中央文献出版社2015年版，第120页。

数”,使其信念、决心和行动与“法治一体建设”的各项任务要求保持一致,发挥其对“法治一体建设”其他参与主体的正向引领与模范带头作用。

提升各级领导干部的法治素养,尊法、学法、守法、用法是基本前提。为实现2035年基本建成法治国家、法治政府、法治社会的目标,领导干部需要根据“法治一体建设”的方针指引,结合工作实践进一步严格要求自己。一是进一步强调法治的平衡性。既往的法治建设偏重于对行政权的监督和制约,党内法规和社会自治制度规范的建设相对滞后。“法治一体建设”要求领导干部统筹推进依规治党与依法治国,坚持依法治国和以德治国相结合,实现法律规范、党内规范、政策规范、社会规范的贯通协调。二是进一步注重学法的实效性。“法治一体建设”不仅要求领导干部知晓更多治国理政的法治规范,而且要求学有所用、学以致用。为此,应建立领导干部学法清单制度,在学深悟透习近平法治思想的基础上,全面系统学习宪法、党内法规和民法典三类重点规范,同时熟练精通掌握与岗位职责相关的业务规范,形成“1+3+N”兼顾共性与个性的学法清单。[①] 三是进一步增强守法用法的自觉性和主动性。受到“以吏为师”传统观念的影响,领导干部能否守法用法,会对全体党员干部和社会公众产生上行下效的示范效应,进而直接影响全社会的法治化水平。领导干部手握权力,更要审慎用权。杜绝选择性执法和偏向性司法等权力滥用现象,保证和支持政法机关依法独立公正行使职权。

在领导干部群体中,各级领导班子“一把手”对于“法治一体建设”尤为关键。党的十八届四中全会首次提出,党政主要负责人是推进法治建设的第一责任人。为此,2016年中共中央办公厅和国务院办公厅印发《党政主要负责人履行推进法治建设第一责任人职责规定》,党政“一把手”由此成为“法治一体建设”“关键少数”中的“关键少数”。加强党对“法治一体建设”的领导,需要党政主要负责人身体力行,“亲自部署、亲自过问、亲自协调、亲自督办”。一方面,要将“法治一体建设”与经济社会发展“同部署、同推进、同督促、同考核、同奖惩”。党政主要负责人谋划工作要运用法治思维,守规

① 北京市延庆区司法局:《抓实“关键少数”学法用法的实践与思考》,载《中国司法》2022年第9期。

则、重程序、谋平等、护人权、受监督，处理问题要运用“法治方式深化改革、推动发展、化解矛盾、维护稳定、应对风险”①。另一方面，要将“法治一体建设”纳入考核评价和提级晋升指标体系。“用人导向最重要、最根本、也最管用。”②党政主要负责人的注意力很大程度上决定了本地区或本部门的资源配置和政策议程。将履行推进法治建设第一责任人职责情况列入年终述职、绩效考核和法治督察，有助于在破解“一把手”监督难题的同时，推动形成厉行法治、依法办事的用人导向。

（四）释放社会主义协商民主的整合潜力

相比以往分散于各自领域的法治“分体”建设，法治“一体”建设主体更为多元、内容更为广泛、关系更难协调，急需一套成熟的法治整合机制予以最大限度凝聚共识。中国共产党领导下的社会主义协商民主是实践全过程人民民主的重要形式，最先发轫于政治协商，而后从政治领域扩展到社会领域，从国家层面扩展到地方和基层，逐渐成为中国特色社会主义民主政治的一张“金色名片”。③ 在坚持和加强党对“法治一体建设”领导的背景之下，协商民主与法治整合的价值导向不谋而合。一方面，协商民主具有参与性和公益性。“法治一体建设”是在系统观念指引下的主动求变，相比庞大的国家公权力网络，能否吸纳以公众参与为代表的社会力量决定了改革的成败。协商民主的实质是公民有序的政治参与，这种参与是一种公民主人翁意识的体现，不单是个人偏好的表达，更为重要的是通过理性反思寻求各方诉求的“最大公约数”，服务于增进公共利益。④ 另一方面，协商民主具有包容性和平等性。在政协协商这一最为重要的协商主体之外，还包括政党协商、人大协商、政府协商、人民团体协商、基层协商以及社会组织协商等，基本可以囊括“法治一体建设”的全部主体。所有受决策影响的利益相关者，都享有平等表达利益诉求和参与决策过程的机会，并且既能反映多数人的普遍愿望，又能吸纳少数人的合理主张，弥补了选举民主的不足。

---

① 习近平：《论坚持全面依法治国》，中央文献出版社2020年版，第6页。

② 中共中央文献研究室编：《习近平关于全面依法治国论述摘编》，中央文献出版社2015年版，第127页。

③ 张裔炯主编：《社会主义民主政治建设》，人民出版社、党建读物出版社2015年版，第128页。

④ 陈家刚：《协商民主与全过程人民民主的实践路径》，载《中州学刊》2022年第12期。

协商民主的法治整合以“广泛多层制度化”为价值取向，涵盖决策之前和决策实施全过程，尤其要从以下三方面作出努力：一是坚持民主集中制原则。民主集中制不仅是党的根本组织原则，而且是国家政权组织形式。为实现公平与效率的有机统一，“法治一体建设”中的协商民主应始终坚持程序主义进路，[①]处理好“发扬民主与增进团结”“建言资政与凝聚共识”两对关系，实现民主与集中的均衡发展。二是健全人大与政协工作机制。人民代表大会制度是我国的根本政治制度，依法行使立法权、监督权、决定权、任免权的人大在“法治一体建设”中扮演关键性角色。譬如在立法权的行使上，应通过设立基层立法联系点等方式进一步吸纳民意、汇集民智。同样，人民政协作为专门协商机构，要充分发扬中国共产党领导的多党合作和政治协商传统，将发展协商民主与巩固统一战线相结合，譬如通过构建亲清政商关系等制度化举措理顺政府与市场关系。三是促进多元化解矛盾纠纷。法治整合的最终目标在于规范诉求表达、利益协调和权益保障，而调解在矛盾纠纷化解中处于主渠道地位。为此，协商民主不仅要重视重大行政决策中的“公众参与、专家论证、风险评估、合法性审查和集体讨论决定”等程序建设，而且要着力构建以人民调解为基础的“大调解”工作格局，加强人民调解、行政调解、司法调解、行业性专业调解等各种调解机制间的协调联动，聚焦调解组织和调解队伍的发展建设，吸引更多社会力量参与“法治一体建设”矛盾纠纷的预防、调处和化解。

第二节　责任落实的法治督察

“一分部署还要九分落实。制定制度很重要，更重要的是抓落实，九分气力要花在这上面。”[②]作为抓落实的重要手段，督察最先发轫于行业监管实践，警务督察、土地督察、区域环保督察、检务督察相继出现。自 2013 年开始，为督促和保证政府工作报告中各项政策部署的贯彻执行，中央政府启动国务院大督查，督察由行业和地方的内部权力监督探索逐步跃升为全国性

① 江必新、程琥：《国家治理现代化与依法执政》，中国法制出版社 2016 年版，第 402 页。

② 中共中央纪律检查委员会、中共中央文献研究室编：《习近平关于党风廉政建设和反腐败斗争论述摘编》，中央文献出版社、中国方正出版社 2015 年版，第 129 页。

的政策执行和责任落实机制。[①] 前期的督察类型虽然形式多样,但基本集中在政府系统内部,可统称为行政督察。以 2016 年年初首个中央环境保护督察组进驻河北开展督察试点工作为标志,中央生态环境保护督察进入公众视野,督察由以往"督政"为主迈入"党政同责"新时代。[②]

全面依法治国是国家治理的一场深刻革命,而法治政府建设作为其中的"重点任务和主体工程,对法治国家、法治社会建设具有示范带动作用"[③]。为督促推动法治政府建设与责任落实,中共中央办公厅和国务院办公厅于 2019 年 4 月印发《法治政府建设与责任落实督察工作规定》(以下简称《督察规定》),法治督察应运而生。相较其他督察类型,中央法治督察属于新生事物,只有少数实务工作者对其制度价值和规范依据进行了粗略的宏观介绍,[④]而关于其生成动因、作用机理、功能定位和发展路径等深层次问题亟待从理论层面予以回应。为此,本部分立足"法治一体建设"的全局视野,阐释中央法治督察的治理逻辑,廓清其在中国特色社会主义法治监督体系中的角色定位,进而凝聚长效化建设的发展共识。

一、时代背景:法治督察的生成动因

进入新时代,中国共产党运用法治方式制约和监督权力的理念进一步彰显。在 2012 年首都各界纪念现行宪法公布施行 30 周年大会上,习近平总书记就强调,"要健全权力运行制约和监督体系,有权必有责,用权受监督,失职要问责,违法要追究,保证人民赋予的权力始终用来为人民谋利益"。

① "督查"的出发点和落脚点在于促进工作开展、任务落实,重点是监督检查上级机关及其领导的决策部署、改革任务、指示批示是否得到贯彻落实,而"督察"的主要目标是监督检查有关单位和人员是否遵守法律、法规、纪律、政策等制度规定,是否依法履职尽责,并很有可能带来"不利"的后果,甚至可能是制裁。近年来,两者的区分不再明显,混用的情形较为普遍。为行文方便,这里除"政府督查""国务院大督查"外统一使用"督察"概念。参见潘波:《解词说法:机关工作词义考》,商务印书馆 2021 年版,第 195—198 页。

② 陈海嵩:《环保督察制度法治化:定位、困境及其出路》,载《法学评论》2017 年第 3 期。

③ 习近平:《坚定不移走中国特色社会主义法治道路 为全面建设社会主义现代化国家提供有力法治保障》,载《求是》2021 年第 5 期。

④ 黄伟:《以强化督察工作纵深推进法治政府建设》,载《中国党政干部论坛》2019 年第 10 期;王磊、李小龙:《扎实推动法治督察工作高质量发展》,载《中国司法》2022 年第 6 期。

党的十八届四中全会将建设中国特色社会主义法治体系确立为全面推进依法治国的总目标，而严密的法治监督体系便是其中不可分割的重要组成部分，法治监督由此成为法治中国建设的关键维度。在“强化对行政权力的制约和监督”部分，党的十八届四中全会《决定》提出，“加强党内监督、人大监督、民主监督、行政监督、司法监督、审计监督、社会监督、舆论监督制度建设，努力形成科学有效的权力运行制约和监督体系，增强监督合力和实效”。党的十九大报告将监督制度建设上升到监督体系构建的高度，首次提出“健全党和国家监督体系”的命题，除明确监督体系由党统一指挥外，还将体系建设的目标总结为“全面覆盖”和“权威高效”。[①] 党的十九届四中全会从推进国家治理体系和治理能力现代化的高度出发，进一步明确了党内监督在监督体系中的主导地位。

通过长期以来对监督体系中不同监督类型的认识深化和统筹考量，十九届中央纪委四次全会将党和国家监督体系概括为包括党内监督、人大监督、民主监督、行政监督、司法监督、审计监督、财会监督、统计监督、群众监督、舆论监督在内的十种监督力量。[②] 回望中国特色社会主义监督制度的时代变迁，由主要对行政权力的制约监督扩展到对整个公权力行使的制约监督，由分立的监督制度到关联的监督体系，由增强监督合力到以党内监督为主导，党和国家监督体系不断发展完善。面向新征程，党的二十大报告再次重申“健全党统一领导、全面覆盖、权威高效的监督体系”的发展目标。作为生发成长于党和国家监督体系中的新兴样态，中央法治督察肩负着更好地发挥监督在治国理政中的治理效能以及促进各类监督贯通协调的时代使命，成为管窥中国式法治现代化的重要窗口。

（一）精准把脉地方法治建设难点痛点

我国单一制的国家结构形式决定了法治建设必须遵循中央的集中统一领导，严格贯彻宪法精神、法治理念和各项法治原则，杜绝地方保护主义和

---

① 习近平：《决胜全面建成小康社会 夺取新时代中国特色社会主义伟大胜利——在中国共产党第十九次全国代表大会上的报告》，载《人民日报》2017 年 10 月 28 日第 1 版。

② 姜洁：《一以贯之全面从严治党强化对权力运行的制约和监督 为决胜全面建成小康社会决战脱贫攻坚提供坚强保障》，载《人民日报》2020 年 1 月 14 日第 1 版。

部门利益法制化，维系社会主义法治体系的统一性。法治建设任务繁重，不仅涉及立法、执法、司法、普法、守法等不同领域的内容，而且涵盖法治规范、法治实施、法治监督和法治保障等法治运转全过程。整体主义法治观要求中央享有法治建设的绝对统辖权，但法治实践的复杂性和差异性决定了，中央在宏观决策和整体统筹之外，无力事必躬亲推进具体的法治建设事项。地方党委领导下的地方各级人大及其对应的“一府一委两院”成为法治建设的主要责任主体。法治的人民性也决定了地方才是法治建设的主要载体，只有经由地方法治才能实现法治中国。[①] 换言之，地方法治并非脱离我国整体法治而独立存在的本体性概念，而是一种具有法治建设方法论意义的重要范畴，[②]为法治中国建设提供最基本的动力。

当前，地方法治建设虽然取得了一定的成绩，但在责任落实层面仍然存在不少偏差。例如，为凸显对法治工作的重视，地方密集出台法治建设“决议”“规划”“纲要”或“意见”“办法”等文件，用来极力“匹配”中央层面的“一规划两纲要”或其他专项的法治建设决策部署。诸多文件和方案多是对上级主张的“照抄照搬”，结合地方和部门实际进行实施性细化和创造性转化的动力不足，不乏“以文件贯彻文件”的形式主义。[③] 在地方立法方面，重复性规范、空洞性条款依然较多；在严格执法方面，个别执法机关权力滥用的隐蔽性增强，机械执法的负面效应开始凸显。[④] 有的地方在法治建设上缺少必要的担当精神，热衷于难度小、好落实、易解决的工作，而将问题突出、关系复杂、触及深层次利益的矛盾束之高阁、置若罔闻。[⑤] 监督体系改革及其在政府治理中的深度参与，带来了超越于其他权力的问责权。在问责总领的权力结构之下，央地间形成了新的分权模式以维持中央权威与地方效率。[⑥] 为此，针对任性用权、滥发文件、“运动式”执法、“一刀切”执法、“关停

---

① 于文豪：《论建设社会主义法治国家中的地方》，载《法学家》2020年第4期。

② 郑智航：《国家治理现代化的中国逻辑及其展开》，载《法制与社会发展》2021年第3期。

③ 朱未易：《地方法治建设研究》，中国社会科学出版社2022年版，第52页。

④ 江必新主编：《中国法治实施报告(2022)》，人民法院出版社2022年版，第7页。

⑤ 刘川：《统筹推进法治政府建设是新时代司法行政机关必须肩负起的重大历史责任》，载《中国司法》2022年第9期。

⑥ 何艳玲、肖芸：《问责总领：模糊性任务的完成与央地关系新内涵》，载《政治学研究》2021年第3期。

式"执法、"选择式"执法、政府"新官不理旧账"、国有企业"店大欺客"以不平等合同条款损害民营企业权益、办事难证明多手续繁等人民群众反映强烈的地方法治问题,[①]中央法治督察的介入可以进一步提升监督强度,推动问责处理的精准高效,确保地方法治责任落实的同时,在全社会树立起法治权威。

(二)有效承接监察体制改革后的行政监察职能

"国家监察体制改革是事关全局的重大政治体制改革,是强化党和国家自我监督的重大决策部署。"[②]在监察体制改革之前,行政监察是行政监督的重要方式之一,根据《中华人民共和国行政监察法》(以下简称《行政监察法》)主要行使执法监察、效能监察和廉政监察三项职责。为优化反腐败资源配置,监察体制改革整合了中央和地方各级行政监察部门、预防腐败机构和检察机关反腐败的相关职责。随着十三届全国人大一次会议表决通过《监察法》,《行政监察法》同时废止,行政监察制度正式退出历史舞台。诚然,中央和地方各级监察委员会可以按照机构改革的要求实现对行政监察机构的归并和人员的吸纳,但难以承接行政监察的所有职能。除廉政监察与监察委员会"开展廉政建设与反腐败"的核心职能高度契合外,执法监察和效能监察两项职能的简单移转存在很大障碍。

一方面,根据《监察法》第3条,监察委员会监察权的对象是所有行使公权力的公职人员,属于"对人"监察,而根据《行政监察法》第18条第1款第1项,执法监察的对象为行政机关,属于"对事"监察。虽然有观点提出"对人"监察可以间接实现"对事"监察的目标,[③]但缺少对行政执法过程的直接监督将难以及时察觉执法规范漏洞、执法设施陈旧、执法资源错配和执法协作不力等制度和体制层面的执法问题。[④] 另一方面,行政效能是行政法上的一项重要原则,[⑤]关于效率和效益的评估具有较强的内部性和日常性,是事中监

① 肖向荣:《关于做好全面依法治省工作的几点思考》,载《中国司法》2020年第4期。

② 《习近平谈治国理政》第3卷,外文出版社2020年版,第512页。

③ 张郁:《监察体制改革背景下行政监督的发展趋向》,载《中国社会科学院大学学报》2022年第6期。

④ 江利红:《行政监察职能在监察体制改革中的整合》,载《法学》2018年第3期。

⑤ 沈岿:《论行政法上的效能原则》,载《清华法学》2019年第4期。

督与事后监督的结合，不宜由监察委员会这一外部主体进行事后监督。换言之，在行政监察职能的承接问题上，相比监察监督和行政检察监督等外部监督机制，发轫于法治政府建设实践的法治督察具备内部监督的先天优势，可以通过更为灵活机动的方式对监督体系进行衔接与补强。

（三）主动促进各类监督机制贯通协调

关于党和国家监督体系的运行现状，习近平总书记特别指出，“目前，各方面监督总体上有力有序，但协同衔接不够顺畅的问题比较突出”[①]。党的十八大以来，监督体系的设计始终以监督主体为基调进行补充完善：从十八大报告中的“党内监督、民主监督、法律监督、舆论监督”四种，到党的十八届四中全会《决定》中的“党内监督、人大监督、民主监督、行政监督、司法监督、审计监督、社会监督、舆论监督”八种，直到十九届中纪委四次全会将其明确为“党内监督、人大监督、民主监督、行政监督、司法监督、审计监督、财会监督、统计监督、群众监督、舆论监督”十种，整体上都可归纳为党内监督、国家机关监督和社会监督三个大类。基于党的全面领导这一中国特色社会主义的本质要求，经由党的十九大报告提出的“党统一指挥”和党的十九届四中全会《决定》提出的“以党内监督为主导”的方针指引，以纪检监察机关为代表的党内监督主体逐渐具备对党和国家监督体系中其他监督主体尤其是人大、政协、行政机关和司法机关等国家机关的统筹协调能力，[②]监督体系的协同衔接有了很大改善。但是，监督体系仍然存在诸如纷繁复杂的国家机关监督主体之间如何更好地协调，如何更好地发挥社会监督主体的作用等优化空间，尤其是与党的二十大报告所提出的“各类监督贯通协调”目标还有不小差距。

不同于目前“1+9”监督体系中以监督主体为体系设计的基准，法治监督与政治监督、组织监督和业务监督等监督概念的划分方式类似，属于“领域型”监督机制，天然具有辐射范围广和贯通力度大的优势。具体而言，法

---

① 中共中央党史和文献研究院编：《十九大以来重要文献选编》（中），中央文献出版社 2021 年版，第 388—389 页。

② 吕佳蓉：《探索深化监督贯通协同有效路径》，载《中国纪检监察报》2022 年 3 月 11 日第 1 版。

治监督以监督客体为判断标准，涵盖对立法活动、执法活动、司法活动和守法活动等全部宪法和法律实施过程的监督。[①] 其中，包括宪法解释和备案审查等对立法活动的监督职责主要由全国人大及其常委会行使，属于人大监督的重要组成部分。对行政权力的制约和监督主体更为广泛，除人大监督和政协的民主监督外，法院的行政诉讼监督和检察院的行政检察监督构成司法监督面向，同时还有行政复议等行政机关内部的自我监督和信访举报等群众监督。至于对司法活动的监督，除了最为典型的检察机关对审判机关的诉讼监督外，也有为加强对检察机关查办职务犯罪工作的监督而探索设立的人民监督员制度，[②]以及媒体的司法舆论监督等。可见，法治监督因监督客体即法治实施活动的广泛性而与当下监督体系中的绝大多数监督主体产生关联，尤其对于国家机关各监督主体之间以及国家监督主体与社会监督主体的融会贯通具有积极的推动作用。在此意义上，中央法治督察作为法治监督的新兴表现形式之一，成为检验“领域型监督”机制贯通协调能力的绝佳样本，在党内监督之外发挥着主动促进各类监督机制有机贯通、相互协调的重要角色。

二、内在逻辑：法治督察的运作机理

监督是治理的内在要素，在管党治党、治国理政中居于重要地位。[③] 中央法治督察通过高规格的政治权威主动介入地方科层体制，依托中央在地方人事权与惩戒权上的总体性保留以及“党管干部”的一整套权力机制，[④]督促地方切实承担起各项法治建设主要责任，实现了自我革命与人民监督的辩证统一。

---

① 黄进、蒋立山主编：《中国特色社会主义法治体系研究》，中国政法大学出版社 2017 年版，第 132—139 页。

② 郭冰：《检察机关践行全过程人民民主的具体实践——以人民监督员制度为视角》，载《人民检察》2022 年第 7 期。

③ 中共中央党史和文献研究院编：《十九大以来重要文献选编》(中)，中央文献出版社 2021 年版，第 388 页。

④ 陈海嵩：《我国环境监管转型的制度逻辑——以环境法实施为中心的考察》，载《法商研究》2019 年第 5 期。

（一）坚持问题导向回应民生关切

习近平法治思想发展了马克思主义法治理论中“人是法律的主体”这一理论，指出“全面依法治国最广泛、最深厚的基础是人民，必须坚持为了人民、依靠人民。要把体现人民利益、反映人民愿望、维护人民权益、增进人民福祉落实到全面依法治国各领域全过程”[①]。中央法治督察作为中央依法治国办的重要战略举措，集中体现了习近平法治思想“坚持以人民为中心”的核心要义。截至2022年年底，中央依法治国办已完成三次专项法治督察和三轮法治政府建设综合督察。其中，三次专项督察分别围绕“食品药品监管执法司法”“营造法治化营商环境、保护民营企业发展”和“市县法治建设”展开，不论食药监管中的校园安全、疫苗安全、餐饮企业监管和打击食药违法犯罪，营商环境优化中的“一刀切”执法、涉案财物处置以及小微企业免罚清单，还是法治建设重心下移、力量下沉、保障下倾和基层综合执法改革等，皆为民生法治的重点和难点问题，反映了人民群众对法治的迫切需求，由此成为专项法治督察率先选择的督察主题。党的二十大报告强调，问题是时代的声音，必须坚持问题导向。[②] 以北京市怀柔区的法治督察实践为例，反馈的法治督察报告中，对于几乎每个被督察到的问题均给出了解决之道，让原本“最好别来”的督察工作，变成了“欢迎上门”。[③] 可见，法治督察的最终目标不是“找问题”，而是在发现问题基础上的助力破解。

习近平总书记指出，“抓住重点带动面上工作，是唯物辩证法的要求，也是我们党在革命、建设、改革进程中一贯倡导和坚持的方法。”[④]中央法治督察注重运用整体推进和重点突破相统一的辩证思维方法，闪烁着两点论与重点论相统一的哲学智慧。除《督察规定》明文列举的督察对象的法定职责内容外，法治政府建设综合督察重点督察党政主要负责人履行推进法治建设第一责任人职责情况、“放管服”改革落实情况以及行政机关落实行政执

---

① 习近平：《论坚持全面依法治国》，中央文献出版社2020年版，第2页。

② 习近平：《高举中国特色社会主义伟大旗帜 为全面建设社会主义现代化国家而团结奋斗——在中国共产党第二十次全国代表大会上的报告》，载《求是》2022年第21期。

③ 黄洁、徐伟伦：《北京怀柔法治督察的“解题”之路》，载《法治日报》2022年8月12日第5版。

④ 《高举中国特色社会主义伟大旗帜 为决胜全面小康社会实现中国梦而奋斗》，载《人民日报》2017年7月28日第1版。

法“三项制度”的情况等，[①]这些内容均为法治政府建设的最新要求与核心举措，反映了中央法治督察直面法治建设“重大问题”和善于抓“主要矛盾”的制度取向。

（二）勇于自我革命践行权责统一

中央法治督察构建起守责尽责、失责追责的法治政府建设与责任落实工作机制，融党内监督与行政层级监督于一体，集中体现了自我革命的战略思想。回顾党的历史，我们党总是在推动社会革命的同时，勇于推动自我革命。[②] 党的十八大以来，我们以前所未有的勇气和定力推进全面从严治党，极大增强党自我净化、自我完善、自我革新、自我提高能力，探索出一条长期执政条件下解决自身问题、跳出历史周期率的成功道路，构建起一套行之有效的权力监督制度和执纪执法体系。[③] 党的十九届六中全会深刻总结党的百年奋斗重大成就和历史经验，将“坚持自我革命”概括为党百年奋斗的重要经验。党的二十大报告进一步强调“党的自我革命永远在路上”，要“完善党的自我革命制度规范体系”[④]。自我革命思想在行政层级监督领域具体表现为行政自制理念。行政自制是指“行政主体自发地约束其所实施的行政行为，使其行政权在合法合理的范围内运行的一种自主行为”[⑤]。面对内部行政违法或不当的可能性，行政自制理念强调适格行政主体的主动介入和主动干预，不仅在内部行政过程的前端注重自我预防，在内部行政全过程注重自我发现和自我遏制，而且在发现违法行政或不当行政后敢于启动纠错机制、实施问责。可见，中央法治督察的创设体现出法治建设责任主体勇于自我革命、主动接受监督的魄力。

“有权必有责，有责要担当，失责要追究”是马克思主义权力观的必然逻辑，是马克思主义政党执掌政权的必然要求，是社会主义国家政治生活的重

① 魏哲哲：《真督实察，用法治守护美好生活》，载《人民日报》2021年5月25日第16版。

② 中共中央党史和文献研究院编：《十九大以来重要文献选编》（中），中央文献出版社2021年版，第379页。

③ 中共中央纪律检查委员会、中华人民共和国国家监察委员会、中共中央党史和文献研究院编：《习近平关于坚持和完善党和国家监督体系论述摘编》，中国方正出版社2022年版，第18页。

④ 习近平：《高举中国特色社会主义伟大旗帜 为全面建设社会主义现代化国家而团结奋斗——在中国共产党第二十次全国代表大会上的报告》，载《求是》2022年第21期。

⑤ 刘福元：《行政自制：探索政府自我控制的理论与实践》，法律出版社2011年版，第11页。

要标志。[①] 不同于党内监督或行政层级监督在监督对象上的专属性，法治督察的监督对象具有党政双重属性。一方面，根据《督察规定》第6条第1款，地方各级党委承担本地区法治建设的领导职责，地方各级政府及县级以上政府部门则承担所辖地区和部门范围内法治建设的主体职责。虽然"领导职责"和"主体职责"的责任内容不尽相同，但毫无疑问在法治建设问题上，地方党委和政府均负有重要责任，属于"党政同责"的范畴。因此，地方各级党委、各级政府及县级以上政府部门成为法治督察的对象。另一方面，《督察规定》第6条第2款表明，地方党政主要负责人和党政领导班子成员也是法治督察的重点对象，分别承担法治建设第一责任人职责和分管职责。况且，由《督察规定》第2条不难推知，法治督察旨在"形成从党政主要负责人到其他领导干部直至全体党政机关工作人员的闭环责任体系"。简言之，法治督察的对象具有复合属性，既包括地方党委和政府在内的单位主体，也涵盖主要负责人、其他领导干部在内的全体党政机关工作人员这一自然人主体，实现了权力与责任的统一。

（三）运用政治势能打破科层常规

党的领导是推进全面依法治国的根本保证。习近平总书记指出："全面依法治国决不是要削弱党的领导，而是要加强和改善党的领导。"[②]中央法治督察相比常规型科层监督的最大不同之处在于，其采用政治逻辑取代常规的行政逻辑，也即充分发挥"加强党的全面领导"的政治势能，打破科层常规的束缚。政治势能是对党的十八大以来"全面加强党的领导"这一政治话语的学理性表达，是党在新时代实现治国理政的方法与路径。[③] 具体到中央法治督察的实践运作中，主要体现为迅捷的介入能力、全面的整合能力和强大的动员能力。

首先，中央法治督察体现出迅捷的介入能力。由《督察规定》第5条可

① 刘泾：《试论习近平权责统一观的基本内涵与实践要求》，载《新疆社会科学》2021年第4期。

② 习近平：《坚定不移走中国特色社会主义法治道路 为全面建设社会主义现代化国家提供有力法治保障》，载《求是》2021年第5期。

③ 贺东航、高佳红：《政治势能：党的全面领导提升社会治理效能的一个分析框架》，载《治理研究》2021年第5期。

知，中央依法治国办组织开展对省级政府和国务院各部门的法治督察工作。根据党的十九届三中全会通过的《深化党和国家机构改革方案》，中央全面依法治国委员会负责全面依法治国的“顶层设计、总体布局、统筹协调、整体推进、督促落实”①。其中，“整体推进”和“督促落实”集中体现了中央依法治国办在中央法治督察中的职能定位。不同于科层监督中压力的逐级传递以及循规蹈矩的程序控制，中央法治督察依托督察组强大的政治权威，以发现问题和解决问题为导向，可以通过“一竿子插到底”等跨越科层鸿沟的操作，及时找准问题的症结。

其次，中央法治督察具备全面的整合能力。作为中央法治督察的权力来源，中央全面依法治国委员会除了是党中央的组织机构外，其办事机构中央依法治国办设在司法部，地方各级法治督察组织主体的设置也遵循了此种逻辑，最大限度发挥党政合署合设的制度潜力。② 在督察组的人员组成上，法治督察会根据督察事项的相关性，吸纳多个不同党政职能部门的领导同志，增强法治督察工作的专业性。由此，法治督察以党领政、以上率下，在深入推进法治建设“党政同责”的基础上，巧妙地将职能部门之间的横向协调关系转化为纵向的“命令—执行”关系，③实现对法治建设资源的全面整合。

最后，中央法治督察拥有强大的动员能力。督察背后关联着严厉的问责和惩罚，“一票否决”“就地免职”等从快从重的运动式惩处机制，构成中央法治督察的威慑基础。回顾历次中央法治督察行动，只要督察组一到地方，该地的党政主要负责人必定亲自出面配合督察、接受反馈、牵头整改，“照单全收、立行立改”几乎是地方主政官员表态的主旋律。一旦地方党政主要负责人将注意力转移到法治建设议程上来，其作为撬动地方官僚体系的“关键少数”，必然带来一呼百应的示范效应。

---

① 本书编写组编著：《〈中共中央关于深化党和国家机构改革的决定〉〈深化党和国家机构改革方案〉辅导读本》，人民出版社2018年版，第30页。

② 章志远：《习近平法治思想中的严格执法理论》，载《比较法研究》2022年第3期。

③ 王浦劬、汤彬：《当代中国治理的党政结构与功能机制分析》，载《中国社会科学》2019年第9期。

（四）优化管理流程激发制度潜能

中央法治督察不仅仅是进驻被督察单位和提交督察报告，而且是包括一整套环环相扣的全周期管理流程。经过几年的摸索，现已形成从前期督察规划、动员培训到中期督察进驻、督察实施、督察报告、督察反馈再到后期督察整改、“回头看”和督察问责等在内的较为规范和稳定的程序装置。[①] 就督察规划而言，法治督察是整个督查检查考核工作序列中的一种类型，为了防止层层加码、增加基层负担，制定督察工作年度计划以加强统筹协调非常有必要。[②] 前期的动员培训也可以增强督察人员的业务能力和行动魄力，为督察进驻做好充分的准备。

实地督察结束后，督察组除了向上提交督察报告外，督察单位还要向督察对象反馈督察结果并提出整改要求。鉴于督察单位不享有强制执行权，而督察整改情况又是制约督察效力能否发挥的关键，法治督察效仿环保督察的成功经验，也设置了“回头看”程序，继续向整改监管主体传递压力，避免督察组离开后留下规制真空。例如，中央依法治国办于 2022 年 7 月 19 日启动对八省份的市县法治建设工作督察，督察活动结束后，又于同年 11 月 24 日启动市县法治建设工作实地督察反馈整改，分别向山西、辽宁、江苏、福建、河南、湖北、贵州、云南八省份反馈市县法治建设工作实地督察有关情况，督促被督察省份提高政治站位，推动督察反馈问题得到切实有效整改。同样，督察问责也是督察结果运用的主要形式。简言之，法治督察的全周期管理既让督察工作具备正当程序的规范属性，又最大化做好督察整改和成果运用的“后半篇文章”，切实将法治督察的监督优势转化为治理效能。

三、正本清源：法治督察的功能定位

既然中央法治督察体现出显著的治理效能，那是否可以将其作为权力监督的主导或者取代其他监督手段呢？党和国家监督体系以党内监督为主

① 黄伟：《以强化督察工作纵深推进法治政府建设》，载《中国党政干部论坛》2019 年第 10 期。

② 根据中共中央办公厅 2018 年印发的《关于统筹规范督查检查考核工作的通知》，督查检查考核工作容易出现“名目繁多、频率过高、多头重复、重留痕轻实绩”等问题，导致地方和基层应接不暇、不堪重负。

导，推动人大监督、民主监督、行政监督、司法监督、审计监督、财会监督、统计监督、群众监督、舆论监督有机贯通、相互协调。[①] 监督体系的多元性意味着权力监督职能的履行不能只靠中央法治督察，运动式治理常规化的梗阻也要求正视中央法治督察的功能界限，以确保监督体系的融贯性和督察治理的有效性。

（一）作为常规型法治监督的补充机制

法治监督是在立法监督、执法和司法监督、守法监督基础上的全面监督，[②]贯穿于依法治国的时代进程之中，监督种类愈发健全并逐渐形成严密的体系。在法治督察产生之前，便有一系列相对成熟的法治监督手段，活跃在法治建设实践的方方面面。例如，作为宪法实施监督机关的人大，享有对"一府一委两院"的监督权，检察院则是专门的法律监督机关，行使对公安机关、人民法院、监狱和看守所活动的监督权。再比如，层级监督是法治监督中最为常见的监督类型，包括备案审查、行政复议、审判监督、涉法涉诉信访等均是打通层级监督的重要法定渠道，具有"依法有序、上下贯通、及时纠错"的鲜明特征。[③] 此外，行政检查、权责清单以及诸多系统内的工作规范和程序规则等，也都是国家机关内部法治监督常态化的题中之义。

随着官僚系统的精细化发展，常规型治理为了克服科层惰性，将越来越多的公共任务以"专项治理"的运动式方式予以推进，呈现出科层运动化的图景；而运动式治理受到科层系统中目标责任制和绩效考核制等制度举措的影响，在组织和行动上也展现出运动科层化的特征。[④] 科层运动化和运动科层化的实践现象表明，运动式治理和常规型治理并非决然对立，两者具有共存共生的可能性。近年来，督察机制本身也作出了诸多常态化的努力，例

---

① 中共中央党史和文献研究院编：《十九大以来重要文献选编》（中），中央文献出版社 2021 年版，第 389 页。

② 黄进、蒋立山主编：《中国特色社会主义法治体系研究》，中国政法大学出版社 2017 年版，第 118 页。

③ 黄文艺：《权力监督哲学与执法司法制约监督体系建设》，载《法律科学（西北政法大学学报）》2021 年第 2 期。

④ 郝诗楠、李明炎：《运动式治理为何"用而不废"——论作为一种治理工具的运动式治理》，载《探索与争鸣》2022 年第 10 期。

如完善法律依据、规范督察程序、强调“回头看”以及严禁整改“一刀切”等，[①]但仍然无法改变督察本身属于运动式治理方式的本质。运动式治理的“过度常规化”只会加剧“内卷化”危机，无法从根本上实现常规型治理的规范化诉求。法治监督体系是一个全方位、制度化的监督体系，要求将所有公权力的配置与运行都置于法治的轨道上。[②]建立在科层逻辑之上的常规型法治监督手段本就是权力制约监督良善化的产物，在法治监督体系中发挥着主体性作用。一旦大范围、高频率地启动中央法治督察，甚至以督察代替日常监督，则高压机制的深度介入难免干扰常规型法治监督手段的正常运转，也会压缩地方党政机关在履行法治建设职责上的运作空间，降低地方法治建设责任人的履职积极性和能动性。既然运动式治理只能作为常规型治理的补充机制，那么在法治监督体系中，中央法治督察也不宜“越俎代庖”，而是应充当常规型法治监督的补充机制，在传统监督手段“力有不逮”时出场，确保法治监督严密性的同时维系体系的稳定性。

（二）兼采政府督查和党内巡视的双重特性

基于“领域型监督”的功能优势，法治督察固然与党和国家监督体系中的诸多监督主体产生联系，但运动式治理的本质属性决定了，其在制度特性上与政府督查和党内巡视两项监督机制的关联更为紧密，如何处理与两者的关系也是定位法治督察的关键。

政府督查是常态化行政监督之外的重要补充力量。2020年12月，国务院公布了《政府督查工作条例》，这是我国政府督查领域的第一部行政法规，政府督查在行政监督乃至整个党和国家监督体系中的重要性进一步凸显。根据《政府督查工作条例》第4条的规定，政府督查的内容包括地方政府“法定职责的履行情况”，无疑与法治督察在部分职能上产生了交叉。相比专业性和领域性的法治督察，政府督查的行政性和综合性更强，在法治建设具体事项的研判处理能力上不具有显著优势，但在督察覆盖度方面可以与法治督察形成交叉互补，减少督察盲区和问题遗漏。为减少政府督查和法治督

① 陈海嵩：《环保督察制度法治化：定位、困境及其出路》，载《法学评论》2017年第3期。
② 江必新、张雨：《习近平法治思想中的法治监督理论》，载《法学研究》2021年第2期。

察在督察整体资源上的损耗,除打破部门壁垒加强信息和资源共享外,应尽快建立两者之间的衔接联动机制,尤其是政府督查发现的相关问题要及时移送法治督察跟进处理,提升督察效率。

受党规与国法二元规范体系的影响,既往常规型法治监督与党内监督鲜有交集。为充分发挥新时代党政体制的统领优势,①中央法治督察在督察主体和督察对象上实现了党政融合,不仅由中央法治建设议事决策机构负责督察组织,而且督察对象实现了对地方各级党组织和党员领导干部的全覆盖,在某种程度上植入了党内巡视的政治基因。党的二十大报告强调“发挥政治巡视利剑作用”②。作为“党内监督的战略性制度安排”③,巡视在保持高度权威性、鲜明政治性和系统全面性的基础上,相比常规型党内监督手段更加凸显相对独立性和机动灵活性两项制度特性,在党和国家监督体系中发挥着重要的统合功能。④ 然而,巡视毕竟属于党内监督范畴,政治监督是其核心特质,无法取代法治督察作为党政混合监督机制在监督体系中的特殊功用。对此,中央依法治国办应当与中央巡视办密切合作,在加强日常沟通联络和信息共享的同时,选取全面从严治党和全面依法治国中的共性重点领域、重大工作和重要问题,探索开展联合监督。在监督过程中,中央巡视办和中央依法治国办要善于运用商请“协助”或“委托”等形式汇聚监督合力。在监督完成后,中央巡视办要向中央依法治国办移交法治建设相关问题线索和办理事项,中央依法治国办则要及时将督察发现的共性问题和短板、被督察单位个性问题反馈清单等向中央巡视办通报。唯有深化法治督察和党内巡视在交流研讨、会商处理法治建设共性问题上的协作机制,才能更为精准地推动问题整改。

(三)谨防过度化和机械化适用

某些政府部门为凸显对治理任务之重视,将各类日常检查、指导调研活

① 王清、刘子丹:《统领式改革:新时代党政体制的结构功能分析》,载《政治学研究》2022年第3期。

② 习近平:《高举中国特色社会主义伟大旗帜 为全面建设社会主义现代化国家而团结奋斗——在中国共产党第二十次全国代表大会上的报告》,载《求是》2022年第21期。

③ 《习近平谈治国理政》第3卷,外文出版社2020年版,第511页。

④ 刘诗林、蔡志强:《论巡视在党和国家监督体系中的统合功能》,载《中共中央党校(国家行政学院)学报》2022年第2期。

动等冠以督察之名，导致督察行为泛化。[①] 建构严密的法治监督体系不能单单仰赖督察，督察不是法治建设中包治百病的“灵丹妙药”，其同样存在功能界限。

一方面，要合理控制督察启动频率。中央法治督察的督察主体即督察组的权力，是作为督察组织者的党的法治决策议事协调机构授予的。督察组不但是非常设机构，组成人员都是兼职身份临时组队，而且其权力具有衍生性，只能进行个案式监督。这意味着督察组独立获取信息的能力永远滞后于督察对象，在与督察对象的信息博弈关系中天然处于劣势。从法经济学的角度出发，中央法治督察的启动频率不宜过高，过度使用不仅会带来难以估量的运行成本，而且无益于督察成效的提升。结合目前的体制承载能力看，每年1—2次的督察频率较为适宜，否则将会过度干扰地方和基层的法治建设政策议程，降低其主动履职和自主创新的积极性。

另一方面，要灵活运用各类督察手段。法治督察的法定方式包括听取汇报、查阅案卷、询问约谈、个别访谈、实地走访和突查暗访等。其中，听取汇报、查阅案卷和询问约谈虽然是基础性的督察方式，可以在较短时间内掌握整体情况，但受制于纵向发包和横向竞争的治理格局，[②]地方与中央、下级与上级之间的利益关系十分复杂，地方和部门在“向上”汇报时必然对汇报内容进行了“缜密处理”，或多或少存在“报喜不报忧”或避重就轻的现象。与此同时，制度文件、会议纪要和执法案卷等都属于静态的文字材料，未必能够真切反映鲜活的法治实践，而询问约谈的对象也大多是法治督察事项的主管官员或直接责任人，存在主观上趋利避害的人性弱点。上述因素共同叠加，导致听取汇报、查阅案卷和询问约谈存在一定程度“失真”的可能性。最为关键的是，若中央法治督察依然沿用常规监督方式，将加剧与日常监督的同质化趋势，削弱和干扰常规型治理的作用发挥。简言之，中央法治督察应当重点和优先运用个别访谈、实地走访和突查暗访等非常规手段，弥

① 李声宇：《从嵌入到独立：督查机制的模式演化与政策匹配逻辑》，载《华中科技大学学报（社会科学版）》2020年第1期。

② 周黎安：《转型中的地方政府：官员激励与治理》（第2版），格致出版社2017年版，第316—326页。

补常规型手段固化、泛化的不足，还原法治实践的“堵点”和“盲点”，达到出其不意、出奇制胜和真督实察的特殊功效。

四、发展路径：法治督察的长效化建设

中央法治督察的运动式本质决定了，其无法与常规型治理采取同样的法治化路径，而是应当以人民的满意度为最终评判标准，寻求长效化发展。中央法治督察应当通过一系列长效机制的建立和完善，具体处理好中央和地方（纵向）、党委和政府（横向）、国家和社会（内外）这三组关系，实现督察治理主体间的良性互动。

（一）央地关系中法治督察的激励相容

在中央法治督察的内部权力结构中，由督察单位和督察对象构成的纵向央地关系是督察运作的基础。基于法治建设央地互动的宪治格局，央地关系处理唯有坚持“充分发挥中央和地方两个积极性”的原则，[①]而“两个积极性”有效发挥的关键则是如何在法治督察中兼顾负面约束和正向激励。为此，中央法治督察应当围绕约束和激励并重的理念匹配相应的制度举措，实现中央和地方的激励相容。

第一，激活以督促整改权为核心的督察权力束。督促整改是督察单位享有的法定权力。在此基础上，根据《督察规定》第29条的规定，督察单位可以就督察对象“不履行或者不正确履行法治建设职责且依法依规需要追责”的情形，在移送有关执纪执法单位的同时，建立重大责任事项的约谈和挂牌督办制度，督促查处和整改。其中，约谈、挂牌督办和督促查处，都是建立在督促整改权基础上的附随权力。此外，值得关注的是，在督促整改权这一核心权力之外，法治督察引入声誉机制，建立了典型案例通报、曝光制度。[②] 通报、曝光以披露督察对象负面信息的方式降低其社会评价，在追责问责之外产生相对独立的制裁效果，[③]这也成为增强法治督察威慑力的新的制度生

---

① 景跃进等主编：《当代中国政府与政治》，中国人民大学出版社2016年版，第185页。

② 《督察规定》第31条。

③ 王瑞雪：《声誉制裁的当代图景与法治建构》，载《中外法学》2021年第2期。

长点。

第二,做好法治督察与问责追责的有序衔接。从规范属性上看,督察单位的督促整改权并不具有法律强制力,其对于督察对象整改与否以及整改是否到位,缺乏必要的约束。中央法治督察之所以能够产生制约和威慑的强制效果,实际上来源于组织人事部门和纪检监察机关对于督察结果的肯认,即督察结果是考核评价的重要参考或者监督问责的重要依据。因此,督察效果的落地有赖于后续问责追责的及时跟进,变"权力问责"为"制度问责",不断补充和完善两者之间转交移送、证据互认、结果共享等衔接机制。

第三,充分发挥容错免责和典型示范的正向激励。以问题发现和问责追责为主的威慑式督察策略假定被规制者都是理性经济人,能够对外界刺激作出回应,并假定一旦对依法依规需要追责的对象施以足够严厉的惩戒,潜在的督察对象就能受到震慑而不再越轨。但实际上,威慑策略具有自身难以克服的局限性,①容易使督察对象渐渐失去对督察单位的信任感。中央法治督察应当在做好与追责问责的衔接之外,着力推广容错免责机制和示范创建机制。为鼓励督察对象结合地方和部门实际,在法治建设事项上深化改革、大胆创新,而不是因循守旧、亦步亦趋,要将创新者、担当者、实干者的先行先试、无意过失等探索性工作予以容错免责,如此督察对象才能从"不违法、不违规"的"被动守法"层面上升到勇于担当履职的"主动作为"境界。2022 年 3 月,中央依法治国办在对前期实地督察发现的典型经验做法进行梳理汇总的基础上,首次从中精选出八个典型案例予以通报,此种举措充分发挥了正面典型在法治建设中的引领示范作用,是法治督察融通负面约束与正向激励的有益探索。②

(二) 党政关系中法治督察的权威塑造

对于事关民生、可持续发展的重大管理领域,呈现出以党领政、党政合

---

① 〔英〕罗伯特·鲍德温等编:《牛津规制手册》,宋华琳等译,宋华琳校,上海三联书店 2017 年版,第 134 页。

② 《中央依法治国办关于法治政府建设实地督察发现的典型经验做法的通报》,载《法治日报》2022 年 3 月 2 日。

力开展督察的趋势。[①] 在法治督察的治理网络中，除纵向的央地关系外，以各级法治建设决策议事协调机构为纽带的横向党政关系成为凝聚督察共识的重要力量。中央法治督察的长效化建设需要不断深化党对法治建设的全面领导，推动法治责任落实的实践创新，塑造督察权威。

一方面，将“法治政府”督察升格为“全面依法治国”督察。我国的法治建设是一项覆盖全局的系统工程，除作为关键环节具有示范带动意义的法治政府建设外，还包括法治国家和法治社会建设，三者需要共同发力、一体建设，无法截然区隔。作为法治中国建设的顶层设计，《规划》在最后部分“加强党对法治中国建设的集中统一领导”的具体要求中，明确提出“加强对重大法治问题的法治督察”。换言之，只要是重大法治问题，都可以纳入法治督察的视野。同样，在《法治社会纲要》的最后一部分“加强组织保障”中，也明确提出“建立健全对法治社会建设的督促落实机制”[②]。可见，法治督察在法治国家建设和法治社会建设领域也具备制度文本层面的支撑依据。为此，待法治督察的实践探索较为成熟之际，党中央和国务院应当联合制定《法治建设责任落实督察工作条例》，内容覆盖“法治一体建设”的全部重点问题，进而取代效力位阶较低且适用范围有限的《督察规定》，实现法治督察的优化升级。[③]

另一方面，通过“党政同责、一岗双责”形成齐抓共管的督察合力。新时期新任务给各级党政官员带来了新的压力，官员的行为方式也发生了趋势性转变，从过去的“邀功”为主转变成“避责”为主。[④] 在以往政府推进型法治

---

① 唐璨：《论我国督查工作及其法治化建议》，载《人民论坛·学术前沿》2020年第4期。

② 其实，在《督察规定》关于督察对象的职责条款中，也有不少涉及法治社会建设的内容。例如，“推进政府职能转变和简政放权、放管结合、优化服务，激发市场活力和社会创造力，推动经济社会持续健康发展”，以及“自觉尊法学法守法用法，大力弘扬社会主义法治精神，认真落实‘谁执法谁普法’普法责任制，积极在工作中向人民群众普法，做法律法规的遵守者、执行者、宣传者”等，均是法治社会建设的重要面向。

③ 根据党的十九届三中全会通过的《深化党和国家机构改革方案》，法治一体建设本就是各级党的法治建设决策议事协调机构的主要职责之一，将现有的法治政府督察升格为法治建设督察后，督察组织主体不需要作出任何调整，从而实现法治督察工作的平稳过渡，最大限度降低改革成本。

④ 谷志军、陈科霖：《责任政治中的问责与避责互动逻辑研究》，载《中国行政管理》2019年第6期。

的问责框架中，行政问责是主导，党内问责的受关注度较低。法治督察效仿环保督察，引入党的领导权威，甚至坚持党的全面领导的政治属性成为法治督察的根本属性。[①] 既然党的领导是法治督察的突出优势，那么中央法治督察的长效化发展就必须坚持和完善法治建设党政同责。党政同责并不是指党委和政府在法治建设事项上的职责混同、互相替代，[②]而是各司其职、协同发力，地方党委承担领导责任，地方政府承担主体责任，从而得以整合党内巡视和政府督查的“双重资源”服务于法治督察。根据 2016 年 12 月中共中央办公厅和国务院办公厅印发的《党政主要负责人履行推进法治建设第一责任人职责规定》，党政“一把手”是法治建设的第一责任人，其法治建设责任履行情况是法治督察的重点内容之一。在督察实践中，各地的督察整改领导小组也基本是党政“一把手”的“双组长”配置。这表明，法治督察党政同责还要求抓住领导干部这一“关键少数”，发挥党政“一把手”的“头雁效应”，始终保持督察运转全过程的高位推动。在党政同责之外，之所以在法治督察的党政关系处理中强调“一岗双责”，是因为督察是一项牵涉法治建设方方面面的系统工程，既要抓住“关键少数”，也要动员“绝大多数”。各级党政机关工作人员要把法治建设与业务工作同等对待，将法治督察的各项任务要求融入依法依规履职尽责的日常工作中去，以此强化齐抓共管的督察合力。

（三）政社关系中法治督察的开放共享

作为督察监督者和受益者的社会主体虽然不是督察权的直接相对方，但督察的问题意识来源于人民，督察也是从人民最关心和最不满意的问题开始，社会公众以监督者身份介入督察全过程，参与并影响包括督察动员、督察进驻和督察反馈在内的诸环节。既然法治督察为了人民、依靠人民，那么督察成效也必然最终由人民评判。政社互动为督察长效化建设注入新的力量之源，唯有促进国家和社会之间的开放共享，才能提升法治督察的社会认同，夯实法治督察的群众基础。

---

① 王磊、李小龙：《扎实推动法治督察工作高质量发展》，载《中国司法》2022 年第 6 期。

② 马迅、李尧：《党政同责的逻辑与进路——以食品安全责任制为例》，载《河南社会科学》2020 年第 12 期。

第一，加强督察运转的信息公开。法治督察包括督察规划、督察进驻、督察展开、督察反馈、督察整改、督察问责以及“回头看”等多个环节。就目前的督察信息公开情况而言，督察准备和督察进驻的新闻报道较多，督察组织者在宣传每批次督察实施的背景和重点的同时，地方党政主要负责人也借此释放其高度重视和积极配合的信号，展示地方法治的“亲民形象”。然而，相比督察运行的前端环节，其实社会公众更加关心督察发现的问题以及问题的整改情况，而这恰恰是督察信息公开的薄弱环节。以督察“回头看”为例，公开渠道往往只能查询到“回头看”的时间节点和以人数、件数等数字形式笼统勾勒的整改、问责概况，具体内容和举措往往语焉不详。在中央法治督察的多中心网络中，作为第三方主体的社会公众是重要的利益相关者或外部监督者，督察运转的“半封闭化”状态使得社会公众被隔绝于督察主体和督察对象的单线信息流之外，严重制约着公众参与的积极性和有效性。智慧社会背景下，信息共享的趋势无法阻挡，“要求—回馈”性的权力结构将会更加巩固。① 因此，增强法治督察运转的透明度是长效性建设的当务之急，有必要在前期法治政府年度报告等制度创新的基础上，借鉴国务院办公厅“互联网＋督察”平台的成功经验，利用技术赋能推动中央法治督察的数字化转型，②通过实时、在线、动态管理提高督察效率的同时，也能够更好地服务于法治建设社情民意的采集和研判。

第二，优化督察队伍的人员结构。作为督察单位的代理人，督察组接受督察单位的委托，在督察派驻过程中实际行使督察权。督察组的人员组成相对灵活，除党政机关的领导同志外，人大代表、政协委员、专家学者和新闻记者等都是《督察规定》等督察规范明确予以确认的参与主体。作为面向法治建设领域的专门性督察，法治督察的督察组成员除了要了解社情民意而具备广泛的“代表性”外，还必须熟悉法治实践而具备法治素养上的“专业性”。③ 中央法治督察应重视人民调解员、人民监督员、人民陪审员和公益律

① 彭中礼：《智慧法治：国家治理能力现代化的时代宣言》，载《法学论坛》2020年第3期。

② 崔萌：《地方政府督查工作制度化实践的内容、影响因素与数字化转型》，载《管理评论》2021年第11期。

③ 王磊、常雪峰：《在法治督察工作中坚持人民主体地位》，载《学习时报》2018年10月19日。

师等专门性群众队伍的建设，既能充实督察力量，又能反映基层诉求，以便让更多的社会公众从督察中感知法治进步的力量。

第三，提升督察参与的广度深度。在当前的法治督察工作中，除督察实施过程中社会公众的投诉举报外，似乎在督察的其他环节缺乏“人民在场”，不论是公众参与的广度还是深度都明显不足。中央法治督察在对待公众参与的态度上应当由“被动”变为“主动”，提升社会公众在真督实察上的获得感。例如，中央法治督察在持续关注市县法治建设、“放管服”改革和“关键少数”履职尽责等某个领域或面上的法治建设重点和难点工作外，也要善于回应网络舆情和突发事件等以点状形式涌现的法治事件，充分发挥法治督察灵活机动的制度优势，实现法治建设点面结合、统筹兼顾，更好地体察民情、汇聚民意、赢得民心。作为对法治建设的监督，法治督察本身也需要接受监督，除纪法责任层面的建章立制外，社会主体的外部监督同样重要。以督察效果的第三方评估为例，如果能将督察实效交由社会公众进行评价和评议，不仅有助于提升社会公众督察参与的主人翁意识，而且可以进一步统合督察各方主体的行为逻辑，汇聚督察合力。

第三节　典型引领的示范创建

法治示范创建较早出现在普法领域，2008 年全国普法办印发《关于开展法治城市、法治县（市、区）创建活动的意见》，紧接着在次年《关于开展首批“全国法治县（市、区）创建活动先进单位”评选表彰工作的通知》中进一步加以落实。2013 年，全国普法办再次出台了《关于深化法治城市、法治县（市、区）创建活动的意见》，将普法领域的示范创建活动推向了高潮。

开展法治政府建设示范创建活动是持续推进法治政府建设的重要抓手。2015 年《法治政府纲要》提出，“积极开展建设法治政府示范创建活动，大力培育建设法治政府先进典型”。为进一步加快新时代法治政府建设进程，以示范带发展、以创建促提升，形成一批可复制、可推广的做法和经验，树立新时代法治政府建设标杆，经中央全面依法治国委员会批准，2019 年 5 月，中央依法治国办印发《关于开展法治政府建设示范创建活动的意见》（以下简称《法治政府示范意见》），明确全国范围的创建活动主要由中央依法治国办组织开展；中央依法治国办印发《关于开展2019年法治政府建设示范创建活动的实施方案》，提出从2019年启动第一批法治政府建设示范地区评估认定开始，每两年开展一次创建活动，创建活动范围对象主要是面向市县政府，包括综合示范创建和单项示范创建。

一、示范创建的意义：典型树立的样板效应

2019年7月，第一批法治政府建设示范创建活动正式启动，各地对标《市县法治政府建设示范指标体系》（以下简称《指标体系》），历经自愿申报、初审推荐、第三方评估、人民群众满意度测评以及实地核查等多个环节，中央依法治国办经会议审议，并报中央全面依法治国委员会批准，共评选出40个综合示范地区和24个单项示范项目，于2020年8月21日在《人民日报》公布。示范地区经验材料随后也陆续在《法治日报》刊登。2021年8月，中央依法治国办启动了第二批全国法治政府建设示范创建活动。依据《关于开展2021年全国法治政府建设示范创建活动的实施方案》和《指标体系》（2021年版），按照客观公正、公开透明、杜绝形式主义、务求实效的原则，同样经过自愿申报、省级初审、第三方评估、人民群众满意度测评、社会公示等程序，经报中央全面依法治国委员会批准，决定对第二批全国法治政府建设示范地区和项目予以命名。随着2022年11月28日第二批全国法治政府建设50个示范地区和59个示范项目的正式公布，法治政府示范创建再次被推向新高潮。

2023年6月，中央依法治国办启动开展第三批全国法治政府建设示范创建活动，计划经过两轮评选，于2024年10月前从全国各省推荐的100多个综合示范地区和150多个单项示范项目中，评出入选名单。根据方案安排，第三批全国法治政府建设示范创建活动2023年5月至9月为自愿申报和省级推荐阶段，2023年10月至2024年2月为填报材料阶段，2024年3月至8月为评估测评和回访抽查阶段。最终中央依法治国办将根据评估测评结果，确定若干综合示范地区和单项示范项目，按程序经公示、报批后予以命名。第三批全国法治政府建设示范创建活动总体要求是：以习近平新时

代中国特色社会主义思想为指导，深入学习贯彻习近平法治思想，深刻领悟“两个确立”的决定性意义，增强“四个意识”、坚定“四个自信”、做到“两个维护”，坚持公开、公平、公正，坚持严格、规范、权威，坚持突出创建质量，防止弄虚作假、形式主义，杜绝“形象工程”“政绩工程”，努力评选出经得起实践检验、获得各方面广泛认可的法治政府建设先进典型，不断带动法治政府建设水平整体提升。

第一，为“法治一体建设”树立标杆典型。以“一规划、两纲要”为代表的一系列法治建设规划，为新时代新征程推进中国式法治现代化绘制了蓝图。规划制定固然重要，但法治建设的成效依然取决于规划能否有效执行。对于各行各业的法治工作者而言，不论是种类繁多的法治规范还是层级不一的法治规划，都具有相对宏观性和抽象性，加之法治工作者之间在法治素养和个体认知上的差异，难以在法治建设具体事项上形成较为明确的指引和参照。相比既往的法治国家、法治政府、法治社会建设，“法治一体建设”是法治中国建设迈入系统化、体系化和协同化发展新阶段的产物，并无现成经验可循，多数时候要靠“摸着石头过河”的方式不断探索积累。法治示范创建所肯认的先进事例更为生动、鲜活，能够将法治工作者带入具体的实践场景之中，使其结合自身经历加以理解和感悟，先进典型中的经验做法也能够在相同或相似的情形下进行复制和推广，比静态制度文本更具可操作性。

第二，激励“法治一体建设”地区协同推进。受到历史、经济、环境等诸多因素的影响，我国的法治建设具有地区间的不平衡性特质。[①] 有的地区法治建设基础较好，具有先发优势，但为了满足人民群众日益多样的法治需求，仍需百尺竿头更进一步；有的地区法治基础相对薄弱，必须对标先进、迎头赶上，否则法治建设的“贫富差距”就会越拉越大。不论对于哪类地区，法治示范创建都能够产生重要的激励效应。对于前者，示范创建的一系列政策优惠和制度红利，可以为其提供更为宽松便利的法治环境，助力打造领跑全国的“法治特区”；对于后者，示范创建可以发挥辐射带动作用，为其提供相对明确的技术指引，激发其不断进取的内在动力。可见，法治示范创建通

① 邢鸿飞：《充分发挥法治政府建设示范创建的样板效应》，载《中国司法》2020 年第 12 期。

过对“先进”和“后进”的双向激励，有助于“法治一体建设”的区域协同发展。

第三，提升“法治一体建设”人民获得感。作为全面依法治国的工作布局，“法治一体建设”能否顺利推进，事关我国法治现代化的实现程度。目前，示范创建已经成为与责任督察相并列的“法治一体建设”推进机制。督察重在压实主体责任，自上而下传导外部压力；示范创建重在树立标杆，自下而上激发内生动力。[①] 两者一内一外，共同形成推动“法治一体建设”向纵深发展的合力。示范创建作为“法治一体建设”的重要抓手，是一种释放法治政策信号的柔性工具，[②]拓展了法治建设的方式和途径。更为关键的是，示范创建不是目的，整改提升才是归宿。各地针对示范创建中发现的薄弱环节和关键问题，找差距、补短板，边创建、边整改，进一步明确工作重点。正是在此种意义上，法治示范创建在树立标杆典型的同时，结合人民群众的法治需求不断发现问题、改进工作，注重为群众办实事、谋幸福，而不是为了标榜政绩的形式主义。因此，示范创建体现了习近平法治思想中以人民为中心的理念，着眼于提升人民群众法治获得感。[③]

二、示范创建的前提：科学规范的评估体系

开展示范创建的前提是，经由客观公正的评估机制，严格遴选出一批具有法治建设标杆引领意义的示范地区和示范项目。示范创建评估体系的科学规范与否，事关法治示范创建活动能否最大限度发挥辐射带动的样板效应。量化评估强调用数据说话，注重用数值展现和说明依法行政的状况和成效，更直观、更精确，也更有说服力，因而越来越受到重视。[④] 从世界范围来看，法治评估是“社会指标运动”和“法律与发展运动”的结晶，经历了从

---

① 张维：《以点带面 以评促建 加快实现法治政府建设率先突破》，载《法治日报》2023 年 2 月 6 日。

② 祁凡骅：《驱动创新的柔性治理工具——以国务院七次大督查中的最佳实践为研究样本》，载《人民论坛》2022 年第 4 期。

③ 法治示范创建在指标体系中设置了大量与群众利益密切相关的指标，在确定示范地区时也将群众满意度测评得分和实地评估得分作为主要依据。

④ 杨伟东：《以示范创建助推法治政府建设向纵深发展》，载《法制日报》2019 年 5 月 23 日。

"附属"到"独立"的精细化过程。[①] 目前，法治评估已经成为一种具有世界影响力的现象，对世界各国的法治进程产生着不同程度的影响。[②] 检视既有的法治示范创建评估工作可以发现，其与世界银行营商环境评估等较为成熟的评估体系相比，还存在不小差距。

（一）拓展示范创建评估的对象范围

法治政府建设是"法治一体建设"的重点任务和主体工程，目前的两版示范指标体系也均是围绕法治政府建设进行设计的。"法治一体建设"不仅需要法治政府建设重点突破，而且需要法治国家建设和法治社会建设同向发力，尤其是亟待补充"科学融贯的规范依据""协作联动的共治格局""高效顺畅的权力制约""尊法守法的良好风尚"等契合"法治一体建设"独有特征的指标内容。易言之，法治示范创建应当在逐步完善《指标体系》的基础上，探索开发《法治一体建设示范指标体系》。与此相适应，示范创建评估对象也不宜仅聚焦市场监管等重要的行政执法权行使主体，而是要拓展至包括地方党委、人大、政协、监委、法院、检察院以及其他社会公权力组织等全部公权力主体，以此解决深层次动力和绩效考核问题。[③] 例如，地方各级党委承担"法治一体建设"的领导职责，其决策法治化问题应当在示范创建评估内容中予以体现。同样，部分社会组织具有社会权力属性，承担部分公共职能，如何平衡其赋权和限权问题，保证社会权力的规范化行使也是示范创建评估应予考量的因素之一。

（二）细化示范创建评估指标的权重设置

早在 2019 年中央依法治国办发布《法治政府示范意见》时，便一并出台了《指标体系》(2019 年版)。为提升示范创建评估标准的时代性和引领性，中央依法治国办又于 2021 年对其中的部分指标作出了修改、调整和优化，形成《指标体系》(2021 年版)。审视两版指标体系不难发现，虽然 2021 年版相比 2019 年版表现出与时俱进的特征，但两者在三级指标的设置上，均严格对

---

① 程琥主编：《法治政府评估研究》，中国法制出版社 2019 年版，第 2—9 页。

② 鲁楠：《全球化视野下的法律与发展》，法律出版社 2016 年版，第 73 页。

③ 王静、田勇军：《法治政府示范创建评估：地方治理能力现代化的重要抓手》，载《中国司法》2020 年第 11 期。

标同时期的《法治政府纲要》,调整之处也多是缘于两版《法治政府纲要》在内容设置上的些许差异,导致评估重点难以突出。换言之,目前的两版《指标体系》充其量只能称为《法治政府纲要》的"简化版"或"分级版",难以凸显法治示范创建的针对性和可操作性。《指标体系》(2021 年版)曾特别指出,指标体系各项指标的分值、权重和评测方式由中央依法治国办组织专家研究确定。这项授权具有笼统性和很大的不确定性,不利于对示范创建工作形成明确的指引。为此,今后的示范创建评估体系建设应致力于采取层次分析等成熟实用的计量分析方法,明确各指标项权重及具体分值,解决示范创建评估中重点不明的问题。[①] 在指标设计的前期探索阶段,可以配套出台相应的裁量基准和动态调整机制,真正实现法治示范创建工作的可量化、可证明、可比较。

(三) 提升示范创建评估的权威性

法治示范创建评估的对象均为法治化水平过硬的典范,这意味着示范创建本身也要具有规范化和程序化特质,彰显正式性和权威性。例如,在具体的评估中,评估文书等应当具备与行政案卷同等的公正公平,其过程也要符合正当程序、比例原则等公法基本原则。譬如面谈要保留原始记录,形成类似行政讯问笔录的文书,请面谈人签字。此外,由于评估指标体系庞大、具体要求繁杂,需要给被评估方提供指引清晰的资料准备清单。更为重要的是,为了体现不是为了创建而创建、不是为了评估而评估,强化创建意义、弱化功利色彩,评估结束后,评估专家组应当为被评估方提供书面评估报告,在条件合适的情况下,还可进行具体讲解,指导被评估地方法治政府建设未来的努力方向和可行举措。[②] 与此同时,为确保专家评审的公正、客观,可以探索每年从各地选取一定数量的专家成立动态专家库,然后随机抽取相应数量的专家组成年度专家评审,以此确保专家评分的客观性。[③]

---

① 祁伟栋:《〈市县法治政府建设示范指标体系〉层次分析》,武汉大学 2022 年硕士学位论文。

② 王静、田勇军:《法治政府示范创建评估:地方治理能力现代化的重要抓手》,载《中国司法》2020 年第 11 期。

③ 方学勇、龙飘飘:《从政策文本到实践展开:地方性知识视角下的省域法治政府建设示范创建》,载《地方法制评论》2021 年第 1 期。

（四）兼顾示范创建评估的地区差异

诚然，“法治一体建设”在“科学融贯的规范依据”“协作联动的共治格局”“高效顺畅的权力制约”“尊法守法的良好风尚”等方面具有共同性要求。但放眼各地区、各行业，“法治一体建设”的进度不可能做到步调一致，遑论在起点上，东部发达地区与中西部偏远地区、成熟行业和新兴领域之间就存在巨大差距。基此，法治示范创建的遴选标准应当兼顾一统性与分殊性，相较于本地区、本领域、本行业具有引领意义，便可树立为典型。例如，相较东部经济发达省份，中西部地区的法治基础总体上较为薄弱，如若采用法治现代化水准作为遴选示范创建对象的唯一标尺，则很大可能入围的地区和项目大多集中于东部地区。同样，城市和农村也存在此类问题，如若不作区分，基层法治建设的诸多亮点将难以得到很好的发掘，基层法治建设的积极性和主动性也难以被充分调动。为此，在法治建设示范地区的遴选上，应当适度向中西部地区倾斜，在名额上给予一定的照顾，激发其超越自我、对标先进、创先争优的动力，唯有如此才能真正做到法治示范创建的区际平等。在地域之外，特定领域和行业的法治示范创建则要充分发挥“项目制”的优越性，通过创设法治示范项目的方式，坚守“法治一体建设”共性标准的同时，彰显不同领域或行业的特色，达成一统性和分殊性的动态均衡。

三、示范创建的运行：有序健全的实施体系

习近平总书记指出：“要加强对示范创建活动的指导，杜绝形式主义，务求实效。”[①]示范创建活动要由各市县政府视情况自主确定、自愿申报，避免层层加码，要坚持实事求是，客观公正，杜绝“形象工程”“政绩工程”，防止形式主义，务求实效，避免增加基层负担。

（一）增强示范创建组织动员力度

回顾既往的法治示范创建实践，部分地区的准备工作做得并不充分，部分单位工作停留在表面，提交材料质量把关不严等，形成了创建“上热中温下冷”的局面。例如，创建工作往往重迎检材料打造、轻面上工作布局，重档

① 习近平：《论坚持全面依法治国》，中央文献出版社2020年版，第252页。

案资料整理、轻实际工作开展;又如,个别地区单项创建主题不明显,多集中在普法与依法治理领域等,亮点不够突出。① 究其原因,主要在于创建地区或部门未真正建立示范创建的主体意识,或为了迎合上级部门和领导的偏好,缺乏足够的热情和积极性,导致相关部门和人员的参与感不强。对此,法治示范创建要坚持宁缺毋滥的精神,保证创建地区或单位具备充足的法治竞争力和代表性,在此基础上组织部门要充分发挥统筹协调职能,确保相关部门和人员都能实质性参与到示范创建活动中来。

在法治示范创建的组织领导上,各地区要认真抓好示范创建活动的动员部署、督促落实、监督检查,制定创建方案,明确目标方向,切实避免示范创建活动的盲目性、随意性。在地方层面,党政主要负责人要切实履行推进法治建设第一责任人职责,将"法治一体建设"示范创建活动纳入重要议事日程。在中央层面,中央依法治国办则要加强对示范创建活动的统筹指导,推动示范创建活动达到预期效果。

在法治示范创建的支持保障上,各地区要加大对示范地区的支持力度,在经济社会发展政策上给予倾斜,在有关督察考核中简化任务要求,在相同条件下优先提拔使用法治素养好、依法办事能力强的干部,并对示范地区以及做出突出贡献的人员进行表彰。中央依法治国办在开展重要改革试点、干部培训交流、先进单位或者人员表彰等方面工作时,优先考虑示范地区,加强支持和保障。

(二)实现与深化改革的有效衔接

根据《法治政府示范意见》,"坚持改革引领"是法治示范创建的基本原则之一,即要求"形成一批可复制、可推广的做法和经验,着力实现示范创建与深化改革的有效衔接"。管窥既往法治示范创建实践可以发现,在与深化改革的有效衔接上仍有待进一步完善。例如,在第二批全国法治政府建设示范创建活动中,贵州省遵义市的"探索跨领域跨部门综合执法改革"成功入围中央依法治国办 2022 年 10 月 10 日《关于第二批全国法治政府建设示范地区和项目名单的公示》之列,但在短短的两个月之后的 2023 年 1 月 4

① 方学勇、龙飘飘:《从政策文本到实践展开:地方性知识视角下的省域法治政府建设示范创建》,载《地方法制评论》2021 年第 1 期。

日，中央依法治国办《关于第二批全国法治政府建设示范地区和项目命名的决定》中却不见其踪影。究其原因，在于2022年6月贵州省人民政府发布的《贵州省人民政府关于遵义市优化调整跨部门跨领域集中行政执法权范围的批复》，明确将综合行政执法部门行使的一系列行政处罚权等调整至同级相应业务主管部门，这也就意味着遵义市探索四年的跨领域跨部门综合执法改革宣告破产。在普通公民的建议之下，虽然最终的示范地区名单中它被拿掉，但它能够进入公示环节，也值得深入反思和警醒。

第二批全国法治政府建设示范创建活动开始于2021年8月，各地区经自愿申报、省级初审，共向中央依法治国办推荐了87个综合候选地区和149个单项候选项目，而中央依法治国办也开展了书面评审、实地评估和人民群众满意度测评，确定了包括贵州遵义在内的60个示范项目名单。这从侧面表明，中央和地方的两道评估程序在遵义项目的把关上是失灵的，地方改革与示范创建之间存在一定的脱节和信息不对称。换言之，地方的"省级初审"和中央的"书面评审""实地评估"没有起到应有的过滤作用，甚至也会让"人民群众满意度测评"机制的公信力受到质疑。因此，今后法治示范创建评估机制的完善应当从加强央地互动和官民互动两方面展开：一是明确省级初审、书面评审、实地评估等程序要采用"实质性审查"标准，以责任追究等刚性手段倒逼公权力积极主动审慎作为，避免示范创建评估中的程序空转和形式主义；二是在人民群众满意度测评等机制中，应当突出参与群众的"代表性"，评估参与人要对评估地区或项目具有客观、准确、真实的认知判断，避免外行评价内行，同时通过群众监督等机制兜底，通过社会公开最大限度保证示范创建评选的客观公正。

（三）注重成果运用与动态更新

一是促进经验交流。中央依法治国办通过开展业务培训、组织现场考察、建立信息平台等多种形式，建立示范创建交流合作机制，及时总结、推广示范地区的好做法、好经验。各地区要充分发挥先进典型的示范引领作用，促进相互学习、取长补短，形成"先进带后进"的创建机制，促进法治政府建设区域协同推进。

二是注重新闻宣传。各地区要充分利用报刊、网站、微博、微信等新闻媒体，广泛宣传法治政府建设示范创建的动态、成效和经验。中央依法治国办积极搭建宣传平台，与主流媒体深化合作，深入报道各地区示范创建的新思路、新举措、新经验，努力营造良好的社会舆论氛围。

三是动态更新名录。法治示范创建标杆的意义是以少数辐射带动多数，故示范创建地区和项目不在多而在精。在法治政府建设示范创建的监督管理上，规定了包括年度报告、回访抽查和摘牌退出在内的三项制度。其中，摘牌退出的要求很高，只有在发生严重违法行为、弄虚作假申报和回访抽查不及格的情况下，才会启动这一退出程序。我们认为，随着法治示范创建的推广和积累，示范地区和示范项目的动态调整十分必要。示范地区或者示范项目的退出，不代表其违法违规或者不符合“法治一体建设”的要求，而是在一定时期和特定任务过后，该示范地区或项目的辐射带动和标杆引领作用下降，无须再耗费过多的人力物力财力资源去宣传推广。因此，在摘牌退出之外，还应建立科学的动态调整机制，避免出现示范创建“终身制”现象，确保示范创建活动的权威性、针对性、实效性，始终与中国式法治现代化的进程同频共振。

参考文献

一、著作类

（一）党的领导人经典著作

1.《邓小平文选》第1卷，人民出版社1993年版。

2.《邓小平文选》第2卷，人民出版社1994年版。

3.《胡锦涛文选》第2卷，人民出版社2016年版。

4.《江泽民文选》第1卷，人民出版社2006年版。

5. 习近平：《论党的自我革命》，党建读物出版社2023年版。

6. 习近平：《论坚持全面深化改革》，中央文献出版社2018年版。

7. 习近平：《论坚持全面依法治国》，中央文献出版社2020年版。

8. 习近平：《论坚持人民当家作主》，中央文献出版社2021年版。

9.《习近平谈治国理政》，外文出版社2014年版。

10.《习近平谈治国理政》第2卷，外文出版社2017年版。

11.《习近平谈治国理政》第3卷，外文出版社2020年版。

12.《习近平谈治国理政》第4卷，外文出版社2022年版。

13.《习近平著作选读》第2卷，人民出版社2023年版。

14. 习近平：《在庆祝中国共产党成立100周年大会上的讲话》，人民出版社2021年版。

15. 习近平：《在哲学社会科学工作座谈会上的讲话》，人民出版社2016年版。

16. 习近平：《之江新语》，浙江人民出版社2007年版。

（二）中文原创图书

1. 本书编写组编著：《〈中共中央关于坚持和完善中国特色社会主义制度、推进国家治理体系和治理能力现代化若干重大问题的决定〉辅导读本》,人民出版社2019年版。

2. 本书编写组编著:《〈中共中央关于深化党和国家机构改革的决定〉〈深化党和国家机构改革方案〉辅导读本》,人民出版社2018年版。

3. 本书编写组编著:《党的十九大报告学习辅导百问》,党建读物出版社、学习出版社2017年版。

4. 蔡小雪编撰:《行政诉讼30年:亲历者的口述》,法律出版社2019年版。

5. 程琥等:《新行政诉讼法疑难问题解析与实务指引》,中国法制出版社2019年版。

6. 程琥主编:《法治政府评估研究》,中国法制出版社2019年版。

7. 程明修:《行政法之行为与法律关系理论》,新学林出版股份有限公司2005年版。

8. 程明修:《行政私法与私行政法》,新学林出版股份有限公司2016年版。

9. 樊崇义主编:《诉讼原理》,法律出版社2003年版。

10. 方福前:《公共选择理论——政治的经济学》,中国人民大学出版社2000年版。

11. 费孝通:《乡土中国》,北京出版社2005年版。

12. 龚祥瑞主编:《法治的理想与现实》,中国政法大学出版社1993年版。

13. 顾培东:《社会冲突与诉讼机制》(修订版),法律出版社2004年版。

14. 郭道晖:《法的时代精神》,湖南出版社1997年版。

15. 何海波:《行政诉讼法》(第2版),法律出版社2016年版。

16. 何海波:《行政诉讼法》(第3版),法律出版社2022年版。

17. 何海波编:《行政法治奠基时:1989年〈行政诉讼法〉史料荟萃》,法律出版社2019年版。

18. 胡建森主编:《法治政府建设:全面依法治国的重点任务和主体工程》,人民出版社2021年版。

19. 胡玉鸿:《"个人"的法哲学叙述》,山东人民出版社2008年版。

20. 黄进、蒋立山主编:《中国特色社会主义法治体系研究》,中国政法大学出版社2017年版。

21. 黄茂荣:《法学方法与现代民法》(第5版),法律出版社2007年版。

22. 季卫东:《法治秩序的建构》,中国政法大学出版社1999年版。

23. 江必新、程琥:《国家治理现代化与依法执政》,中国法制出版社2016年版。

24. 江必新、梁凤云:《行政诉讼法理论与实务》(第2版·上卷),北京大学出版社2011年版。

25. 江必新:《法治社会的制度逻辑与理性构建》,中国法制出版社2014年版。

26. 江必新等:《国家治理现代化——十八届三中全会〈决定〉重大问题研究》,中国法制出版社 2014 年版。

27. 江必新主编:《中国法治实施报告(2022)》,人民法院出版社 2022 年版。

28. 江伟等:《民事诉权研究》,法律出版社 2002 年版。

29. 姜明安主编:《行政执法研究》,北京大学出版社 2004 年版。

30. 蒋传光:《马克思主义法学理论在当代中国的新发展》,译林出版社 2017 年版。

31. 景跃进等主编:《当代中国政府与政治》,中国人民大学出版社 2016 年版。

32. 赖恒盈:《行政法律关系论之研究——行政法学方法论评析》,元照出版有限公司 2003 年版。

33. 李广宇:《新行政诉讼法逐条注释》(下),法律出版社 2015 年版。

34. 李建良主编:《民营化时代的行政法新趋势》,新学林出版股份有限公司 2012 年版。

35. 李雪勤:《清廉中国——反腐败国家战略》,浙江人民出版社 2021 年版。

36. 李以所:《德国公私合作制促进法研究》,中国民主法制出版社 2013 年版。

37. 梁凤云:《新行政诉讼法讲义》,人民法院出版社 2015 年版。

38. 梁凤云:《行政诉讼法司法解释讲义》,人民法院出版社 2018 年版。

39. 梁凤云:《行政诉讼讲义》,人民法院出版社 2022 年版。

40. 梁治平:《法治在中国:制度、话语与实践》,中国政法大学出版社 2002 年版。

41. 梁治平编:《法律解释问题》,法律出版社 1998 年版。

42. 廖义铭:《行政法基本理论之改革》,翰芦图书出版公司 2002 年版。

43. 刘福元:《行政自制:探索政府自我控制的理论与实践》,法律出版社 2011 年版。

44. 刘艳红等:《预惩协同型反腐败国家立法体系战略问题研究》,法律出版社 2019 年版。

45. 鲁楠:《全球化视野下的法律与发展》,法律出版社 2016 年版。

46. 吕世伦、叶传星:《马克思恩格斯法律思想研究》,中国人民大学出版社 2018 年版。

47. 马颜昕等:《数字政府:变革与法治》,中国人民大学出版社 2021 年版。

48. 马英娟:《政府监管机构研究》,北京大学出版社 2007 年版。

49. 潘波:《解词说法:机关工作词义考》,商务印书馆 2021 年版。

50. 全国人大常委会法制工作委员会行政法室编:《行政诉讼法立法背景与观点全集》,法律出版社 2015 年版。

51. 沈岿:《行政法理论基础:传统与革新》,清华大学出版社 2022 年版。

52. 舒晓琴主编:《中国信访制度研究》,中国法制出版社 2019 年版。

53. 苏力:《道路通向城市:转型中国的法治》,法律出版社 2004 年版。

54. 苏永钦、方流芳:《寻找新民法——苏永钦、方流芳对话中国民法法典化》,元照出版有限公司 2019 年版。

55. 苏永钦:《民事立法与公私法的接轨》,北京大学出版社 2005 年版。

56. 苏永钦:《走入新世纪的私法自治》,中国政法大学出版社 2002 年版。

57. 台湾行政法学会主编:《行政法学作为调控科学》,元照出版有限公司 2018 年版。

58. 田毅鹏、漆思:《"单位社会"的终结——东北老工业基地"典型单位制"背景下的社区建设》,社会科学文献出版社 2005 年版。

59. 汪庆华:《政治中的司法:中国行政诉讼的法律社会学考察》,清华大学出版社 2011 年版。

60. 翁岳生:《行政法与现代法治国家》,台湾大学法学丛书编辑委员会,1990 年。

61. 翁岳生教授祝寿论文编辑委员会编:《当代公法新论》(中),元照出版有限公司 2002 年版。

62. 翁岳生教授祝寿论文集编辑委员会编:《当代公法理论》,月旦出版股份有限公司 1993 年版。

63. 吴英姿:《作为人权的诉权理论》,法律出版社 2017 年版。

64.《习近平法治思想概论》编写组编:《习近平法治思想概论》,高等教育出版社 2021 年版。

65. 谢新水:《作为一种行为模式的合作行政》,中国社会科学出版社 2013 年版。

66. 徐以祥:《行政法学视野下的公法权利理论问题研究》,中国人民大学出版社 2014 年版。

67. 徐宗威:《公权市场》,机械工业出版社 2009 年版。

68. 薛刚凌:《行政诉权研究》,华文出版社 1999 年版。

69. 薛政:《行政诉讼法注释书》,中国民主法制出版社 2020 年版。

70. 杨海坤、马迅编著:《中国行政法发展的理论、制度和道路》,中国人事出版社 2015 年版。

71. 杨荣馨主编:《民事诉讼原理》,法律出版社 2003 年版。

72. 杨伟东:《权力结构中的行政诉讼》,北京大学出版社 2008 年版。

73. 应松年主编:《行政行为法——中国行政法制建设的理论与实践》,人民出版社 1993 年版。

74. 余晖、秦虹主编:《公私合作制的中国试验》,上海人民出版社 2005 年版。

75. 俞可平主编:《治理与善治》,社会科学文献出版社 2000 年版。

76. 詹镇荣:《公私协力与行政合作法》,新学林出版股份有限公司 2014 年版。

77. 詹镇荣:《民营化与管制革新》,元照出版有限公司 2005 年版。

78. 张卫平:《民事诉讼法学:分析的力量》,法律出版社 2017 年版。

79. 张文显:《二十世纪西方法哲学思潮研究》,法律出版社 1996 年版。

80. 张文显:《法哲学范畴研究》(修订版),中国政法大学出版社 2001 年版。

81. 张裔炯主编:《社会主义民主政治建设》,人民出版社、党建读物出版社 2015 年版。

82. 章剑生:《现代行政法基本理论》(第 2 版·上卷),法律出版社 2014 年版。

83. 章剑生:《现代行政法总论》,法律出版社 2014 年版。

84. 章志远、黄娟主编:《公报行政案例中的法理》,中国人民大学出版社 2022 年版。

85. 章志远:《社会转型与行政诉讼制度的新发展》,北京大学出版社 2019 年版。

86. 章志远:《行政法学总论》(第 2 版),北京大学出版社 2022 年版。

87. 章志远:《行政法学总论》,北京大学出版社 2014 年版。

88. 章志远:《行政任务民营化法制研究》,中国政法大学出版社 2014 年版。

89. 章志远主编:《党内法规学原论》,中国法制出版社 2020 年版。

90. 赵宏:《法治国下的目的性创设——德国行政行为理论与制度实践研究》,法律出版社 2012 年版。

91. 中共中央党史和文献研究院编:《十九大以来重要文献选编》(中),中央文献出版社 2021 年版。

92. 中共中央党史和文献研究院编:《习近平关于全面从严治党论述摘编(2021 年版)》,中央文献出版社 2021 年版。

93. 中共中央党史和文献研究院编:《习近平关于依规治党论述摘编》,中央文献出版社 2022 年版。

94.《中共中央关于深化党和国家机构改革的决定》,人民出版社 2018 年版。

95. 中共中央纪律检查委员会、中共中央文献研究室编:《习近平关于党风廉政建设和反腐败斗争论述摘编》,中央文献出版社、中国方正出版社 2015 年版。

96. 中共中央纪律检查委员会、中华人民共和国国家监察委员会、中共中央党史和文献研究院编:《习近平关于坚持和完善党和国家监督体系论述摘编》,中国方正出版社 2022 年版。

97. 中共中央文献研究室编:《十八大以来重要文献选编》(上),中央文献出版社 2014 年版。

98. 中共中央文献研究室编:《习近平关于全面从严治党论述摘编》,中央文献出版社 2016 年版。

99. 中共中央文献研究室编:《习近平关于全面依法治国论述摘编》,中央文献出版社 2015 年版。

100. 中共中央宣传部理论局编:《中国制度面对面》,学习出版社、人民出版社 2020 年版。

101. 中国政法大学法治政府研究院主编:《中国法治政府奖集萃(第五届)》,社会科学文献出版社 2018 年版。

102. 中国政法大学法治政府研究院主编:《中国法治政府奖集萃(第一至四届)》,社会科学文献出版社 2018 年版。

103. 周汉华主编:《行政法学的新发展》,中国社会科学出版社 2013 年版。

104. 周黎安:《转型中的地方政府:官员激励与治理》(第 2 版),格致出版社 2017 年版。

105. 周佑勇:《行政法基本原则研究》(第 2 版),法律出版社 2019 年版。

106. 周佑勇:《行政法原论》(第 3 版),北京大学出版社 2018 年版。

107. 朱未易:《地方法治建设研究》,中国社会科学出版社 2022 年版。

108. 卓泽渊:《法治国家论》,法律出版社 2008 年版。

109. 最高人民法院行政审判庭编:《行政执法与行政审判》(总第 60 集),中国法制出版社 2014 年版。

110. 最高人民法院行政审判庭编:《行政执法与行政审判》(总第 71 集),中国法制出版社 2018 年版。

111. 最高人民法院行政审判庭编:《行政执法与行政审判》(总第 72 集),中国法制出版社 2018 年版。

112. 最高人民法院行政审判庭编:《行政执法与行政审判》(总第 73 集),中国法制出版社 2019 年版。

113. 最高人民法院行政审判庭编:《行政执法与行政审判》(总第 74 集),中国法制出版社 2019 年版。

114. 最高人民法院行政审判庭编:《行政执法与行政审判》(总第 75 集),中国法制出版社 2019 年版。

115. 最高人民法院行政审判庭编:《行政执法与行政审判》(总第 76 集),中国法制出版社 2019 年版。

116. 最高人民法院行政审判庭编:《行政执法与行政审判》(总第 79 集),中国法制出版社 2020 年版。

(三)译著

1.〔美〕E. A. 罗斯:《社会控制》,秦志勇等译,华夏出版社1989年版。

2.〔美〕E. S. 萨瓦斯:《民营化与公私部门的伙伴关系》,周志忍等译,中国人民大学出版社2002年版。

3.〔美〕E. 博登海默:《法理学:法律哲学与法律方法》,邓正来译,中国政法大学出版社1999年版。

4.〔英〕奥斯本编著:《新公共治理?——公共治理理论和实践方面的新观点》,包国宪、赵晓军等译,赵晓军校,科学出版社2016年版。

5.〔日〕大木雅夫:《比较法》,范愉译,法律出版社1999年版。

6.〔日〕大桥洋一:《行政法学的结构性变革》,吕艳滨译,中国人民大学出版社2008年版。

7.〔美〕戴维·奥斯本、特德·盖布勒:《改革政府:企业家精神如何改革着公共部门》,周敦仁等译,上海译文出版社2006年版。

8.〔德〕蒂堡、萨维尼:《论统一民法对于德意志的必要性:蒂堡与萨维尼论战文选》,朱虎译,中国法制出版社2009年版。

9.〔美〕菲利普·库珀:《合同制治理——公共管理者面临的挑战与机遇》,竺乾威等译,竺乾威校,复旦大学出版社2007年版。

10.〔德〕弗里德赫尔穆·胡芬:《行政诉讼法》(第5版),莫光华译,法律出版社2003年版。

11.〔德〕哈特穆特·毛雷尔:《行政法学总论》,高家伟译,法律出版社2000年版。

12.〔英〕哈耶克:《法律、立法与自由》(第一卷),邓正来等译,中国大百科全书出版社2000年版。

13.〔英〕哈耶克:《自由秩序原理》,邓正来译,生活·读书·新知三联书店1997年版。

14.〔美〕汉密尔顿等:《联邦党人文集》,程逢如等译,商务印书馆1980年版。

15.〔德〕汉斯·J. 沃尔夫等:《行政法》(第1卷),高家伟译,商务印书馆2002年版。

16.〔德〕汉斯·J. 沃尔夫等:《行政法》(第3卷),高家伟译,商务印书馆2007年版。

17.〔德〕卡尔·施米特:《合法性与正当性》,冯克利等译,上海人民出版社2014年版。

18.〔英〕卡罗尔·哈洛、理查德·罗林斯:《法律与行政》(上下卷),杨伟东等译,商务印书馆2004年版。

19.〔英〕罗伯特·鲍德温等编:《牛津规制手册》,宋华琳等译,宋华琳校,上海三联书店 2017 年版。

20.〔德〕罗尔夫·斯特博:《德国经济行政法》,苏颖霞、陈少康译,中国政法大学出版社 1999 年版。

21.《马克思恩格斯全集》第 6 卷,人民出版社 1961 年版。

22.《马克思恩格斯文集》第 3 卷,人民出版社 2009 年版。

23.《马克思恩格斯选集》第 3 卷,人民出版社 2012 年版。

24.《马克思恩格斯选集》第 4 卷,人民出版社 1995 年版。

25.〔德〕马克斯·韦伯:《论经济与社会中的法律》,张乃根译,中国大百科全书出版社 1998 年版。

26.〔新西兰〕迈克尔·塔格特编:《行政法的范围》,金自宁译,中国人民大学出版社 2006 年版。

27.〔日〕美浓部达吉:《公法与私法》,黄冯明译,周旋勘校,中国政法大学出版社 2003 年版。

28.〔美〕米尔伊安·R.达玛什卡:《司法和国家权力的多种面孔——比较视野中的法律程序》(修订版),郑戈译,中国政法大学出版社 2015 年版。

29.〔日〕米丸恒治:《私人行政——法的统制的比较研究》,洪英等译,中国人民大学出版社 2010 年版。

30.〔日〕棚濑孝雄:《纠纷的解决与审判制度》,王亚新译,中国政法大学出版社 2004 年版。

31.〔法〕让-皮埃尔·戈丹:《何谓治理》,钟震宇译,社会科学文献出版社 2010 年版。

32.〔德〕施密特·阿斯曼:《行政法总论作为秩序理念:行政法体系建构的基础与任务》,林明锵等译,元照出版有限公司 2009 年版。

33.〔日〕穗积陈重:《法典论》,李求轶译,商务印书馆 2014 年版。

34.〔日〕盐野宏:《行政法总论》,杨建顺译,北京大学出版社 2008 年版。

35.〔美〕约翰·亨利·梅利曼:《大陆法系》(第 2 版),顾培东、禄正平译,李浩校,法律出版社 2004 年版。

36.〔美〕朱迪·弗里曼:《合作治理与新行政法》,毕洪海、陈标冲译,商务印书馆 2010 年版。

二、论文类

1. 北京市延庆区司法局:《抓实“关键少数”学法用法的实践与思考》,载《中国司法》

2022年第9期。

2. 曹建明:《当前行政审判工作中的几个问题》,载《法律适用》2007年第5期。

3. 曹鎏、冯健:《行政复议“双被告”制度的困境与变革》,载《中外法学》2019年第5期。

4. 曹鎏:《论我国法治政府建设的目标演进与发展转型》,载《行政法学研究》2020年第4期。

5. 常健、饶常林:《论法治国家、法治政府、法治社会一体建设的基本路径》,载《南通大学学报(社会科学版)》2016年第4期。

6. 陈柏峰:《习近平法治思想中的法治社会理论研究》,载《法学》2021年第4期。

7. 陈柏峰:《中国法治社会的结构及其运行机制》,载《中国社会科学》2019年第1期。

8. 陈海嵩:《环保督察制度法治化:定位、困境及其出路》,载《法学评论》2017年第3期。

9. 陈海嵩:《生态环境政党法治的生成及其规范化》,载《法学》2019年第5期。

10. 陈海嵩:《我国环境监管转型的制度逻辑——以环境法实施为中心的考察》,载《法商研究》2019年第5期。

11. 陈海嵩:《中国环境法治中的政党、国家与社会》,载《法学研究》2018年第3期。

12. 陈家刚:《协商民主与全过程人民民主的实践路径》,载《中州学刊》2022年第12期。

13. 陈金钊:《以法治中国战略为目标的法学话语体系建构》,载《求是学刊》2019年第5期。

14. 陈金钊:《用法治推进社会平衡发展——化解新时代社会主要矛盾的基本方式》,载《社会科学战线》2020年第5期。

15. 陈天祥:《治理现代化进程中政府角色定位的变迁》,载《国家治理》2020年第4期。

16. 陈莹莹:《党内法规执行机制研究》,载《法学评论》2020年第3期。

17. 陈远星、陈明明:《有限政府与有效政府:权力、责任与逻辑》,载《社会科学文摘》2022年第1期。

18. 程金华:《法律人才与中国“新文治”》,载《中国法律评论》2021年第1期。

19. 程金华:《也论法治社会》,载《中国法律评论》2017年第6期。

20. 崔萌:《地方政府督查工作制度化实践的内容、影响因素与数字化转型》,载《管理评论》2021年第11期。

21. 崔卓兰、于立深:《行政自制与中国行政法治发展》,载《法学研究》2010 年第 1 期。

22. 段磊:《论党内法规的明确性原则》,载《法学评论》2019 年第 5 期。

23. 范进学:《“法治中国”析》,载《国家检察官学院学报》2014 年第 4 期。

24. 方学勇、龙飘飘:《从政策文本到实践展开:地方性知识视角下的省域法治政府建设示范创建》,载《地方法制评论》2021 年第 1 期。

25. 封丽霞:《党政联合发文的制度逻辑及其规范化问题》,载《法学研究》2021 年第 1 期。

26. 封丽霞:《中国共产党领导立法的历史进程与基本经验——十八大以来党领导立法的制度创新》,载《中国法律评论》2021 年第 3 期。

27. 高鸿:《行政诉讼起诉条件的制度与实践反思》,载《中国法律评论》2018 年第 1 期。

28. 高鸿:《行政行为自我纠正的制度构建》,载《中国法律评论》2021 年第 3 期。

29. 葛洪义:《“法治中国”的逻辑理路》,载《法制与社会发展》2013 年第 5 期。

30. 谷志军、陈科霖:《责任政治中的问责与避责互动逻辑研究》,载《中国行政管理》2019 年第 6 期。

31. 顾培东:《人民法院改革取向的审视与思考》,载《法学研究》2020 年第 1 期。

32. 关保英:《〈行政法典总则〉对行政法治理念的整合》,载《法学》2021 年第 9 期。

33. 郭冰:《检察机关践行全过程人民民主的具体实践——以人民监督员制度为视角》,载《人民检察》2022 年第 7 期。

34. 郭道晖:《法治新思维:法治中国与法治社会》,载《社会科学战线》2014 年第 6 期。

35. 韩大元:《“法治中国”的宪法界限》,载《环球法律评论》2014 年第 1 期。

36. 韩大元:《简论法治中国与法治国家的关系》,载《法制与社会发展》2013 年第 5 期。

37. 郝诗楠、李明炎:《运动式治理为何“用而不废”——论作为一种治理工具的运动式治理》,载《探索与争鸣》2022 年第 10 期。

38. 郝铁川:《论以全面从严治党带动全面依法治国的中国式法治现代化道路》,载《政治与法律》2022 年第 12 期。

39. 何婷婷:《海宁首创“信访评议团”》,载《决策》2017 年第 1 期。

40. 何艳玲、肖芸:《问责总领:模糊性任务的完成与央地关系新内涵》,载《政治学研究》2021 年第 3 期。

41. 贺东航、高佳红:《政治势能:党的全面领导提升社会治理效能的一个分析框架》,载《治理研究》2021 年第 5 期。

42. 胡斌:《行政执法案例指导制度的法理与构建》,载《政治与法律》2016 年第 9 期。

43. 胡敏洁:《行政指导性案例的实践困境与路径选择》,载《法学》2012 年第 1 期。

44. 胡伟强:《运动式执法的社会效果》,载《法律和社会科学》2017 年第 1 期。

45. 胡玉鸿:《"以人民为中心"的法理解读》,载《东方法学》2021 年第 2 期。

46. 黄东:《系统耦合:新发展阶段法治社会建设的方法论特质》,载《行政论坛》2021 年第 2 期。

47. 黄海华:《行政处罚的重新定义与分类配置》,载《华东政法大学学报》2020 年第 4 期。

48. 黄伟:《以强化督察工作纵深推进法治政府建设》,载《中国党政干部论坛》2019 年第 10 期。

49. 黄文艺:《对"法治中国"概念的操作性解释》,载《法制与社会发展》2013 年第 5 期。

50. 黄文艺:《法治中国的内涵分析》,载《社会科学战线》2015 年第 1 期。

51. 黄文艺:《论党法关系的规范性原理》,载《政法论坛》2022 年第 1 期。

52. 黄文艺:《权力监督哲学与执法司法制约监督体系建设》,载《法律科学(西北政法大学学报)》2021 年第 2 期。

53. 黄文艺:《推进中国式法治现代化 构建人类法治文明新形态——对党的二十大报告的法治要义阐释》,载《中国法学》2022 年第 6 期。

54. 黄文艺:《新时代政法改革论纲》,载《中国法学》2019 年第 4 期。

55. 黄文艺:《中国政法体制的规范性原理》,载《法学研究》2020 年第 4 期。

56. 黄学贤:《形式作为而实质不作为行政行为探讨——行政不作为的新视角》,载《中国法学》2009 年第 5 期。

57. 黄永维等:《〈关于行政机关负责人出庭应诉若干问题的规定〉的理解与适用》,载《人民司法·应用》2020 年第 22 期。

58. 江必新、黄明慧:《习近平法治思想研究之研究》,载《法学评论》2022 年第 2 期。

59. 江必新、张雨:《习近平法治思想中的法治监督理论》,载《法学研究》2021 年第 2 期。

60. 江必新:《论实质法治主义背景下的司法审查》,载《法律科学(西北政法大学学报)》2011 年第 6 期。

61. 江必新:《司法与政治关系之反思与重构》,载《湖南社会科学》2010 年第 2 期。

62. 江必新:《习近平法治思想与法治中国建设》,载《环球法律评论》2021 年第 3 期。

63. 江必新:《行政诉讼三十年发展之剪影——从最高人民法院亲历者的角度》,载《中国法律评论》2019 年第 2 期。

64. 江国华、王磊:《检察机关实质性化解行政争议的制度分析和实践完善》,载《国家检察官学院学报》2022 年第 3 期。

65. 江利红:《行政监察职能在监察体制改革中的整合》,载《法学》2018 年第 3 期。

66. 姜明安:《法治中国建设中的法治社会建设》,载《北京大学学报(哲学社会科学版)》2015 年第 6 期。

67. 姜明安:《论法治国家、法治政府、法治社会建设的相互关系》,载《法学杂志》2013 年第 6 期。

68. 姜明安:《以“五位一体”的总体布局推进法治中国建设》,载《法制与社会发展》2013 年第 5 期。

69. 蒋银华:《习近平法治思想中的依法执政理论》,载《法学评论》2021 年第 4 期。

70. 金诚波:《论党内法规实施体系的构建》,载《中共中央党校(国家行政学院)学报》2021 年第 1 期。

71. 金国坤:《党政机构统筹改革与行政法理论的发展》,载《行政法学研究》2018 年第 5 期。

72. 李步云:《论人权的三种存在形态》,载《法学研究》1991 年第 4 期。

73. 李少婷:《构建国家治理现代化的坚固基石——法治国家、法治政府、法治社会一体化建设研究》,载《人民论坛·学术前沿》2017 年第 16 期。

74. 李声宇:《从嵌入到独立:督查机制的模式演化与政策匹配逻辑》,载《华中科技大学学报(社会科学版)》2020 年第 1 期。

75. 梁艺:《“滥诉”之辩:信息公开的制度异化及其矫正》,载《华东政法大学学报》2016 年第 1 期。

76. 廖奕:《中国共产党法治话语体系的百年生成——以习近平法治思想的集成创新为重点》,载《法学家》2022 年第 4 期。

77. 林鸿潮:《党政机构融合与行政法的回应》,载《当代法学》2019 年第 4 期。

78. 林华:《通过依法执政实现依法行政的制度逻辑》,载《政法论坛》2020 年第 6 期。

79. 刘川:《统筹推进法治政府建设是新时代司法行政机关必须肩负起的重大历史责任》,载《中国司法》2022 年第 9 期。

80. 刘飞:《试论民营化对中国行政法制之挑战——民营化浪潮下的行政法思考》,载《中国法学》2009 年第 2 期。

81. 刘国乾:《法治政府建设:一种内部行政法的制度实践探索》,载《治理研究》2021年第3期。

82. 刘泾:《试论习近平权责统一观的基本内涵与实践要求》,载《新疆社会科学》2021年第4期。

83. 刘诗林、蔡志强:《论巡视在党和国家监督体系中的统合功能》,载《中共中央党校(国家行政学院)学报》2022年第2期。

84. 刘太刚:《中国行政法法典化的障碍、模式及立法技术》,载《甘肃行政学院学报》2008年第1期。

85. 刘旭东、庞正:《"法治社会"命题的理论澄清》,载《甘肃政法学院学报》2017年第4期。

86. 刘艳红:《人性民法与物性刑法的融合发展》,载《中国社会科学》2020年第4期。

87. 刘宗德:《公私协力与自主规制之公法学理论》,载《月旦法学杂志》2013年第6期。

88. 刘作翔:《当代中国的规范体系:理论与制度结构》,载《中国社会科学》2019年第7期。

89. 刘作翔:《法治社会中的权力和权利定位》,载《法学研究》1996年第4期。

90. 卢护锋:《行政执法权全面下移的组织法回应》,载《政治与法律》2022年第1期。

91. 罗智敏:《我国行政诉讼中的预防性保护》,载《法学研究》2020年第5期。

92. 马怀德:《论习近平法治思想中的法治政府理论》,载《政法论坛》2020年第6期。

93. 马怀德:《迈向"规划"时代的法治中国建设》,载《中国法学》2021年第3期。

94. 马怀德:《行政基本法典模式、内容与框架》,载《政法论坛》2022年第3期。

95. 马怀德:《行政审判体制重构与司法体制改革》,载《国家行政学院学报》2004年第1期。

96. 马怀德:《中国行政法典的时代需求与制度供给》,载《中外法学》2022年第4期。

97. 马迅、李尧:《党政同责的逻辑与进路——以食品安全责任制为例》,载《河南社会科学》2020年第12期。

98. 马颜昕:《论行政法典对数字政府建设的回应》,载《现代法学》2022年第5期。

99. 莫于川:《法治国家、法治政府、法治社会一体建设的标准问题研究——兼论我国法制良善化、精细化发展的时代任务》,载《法学杂志》2013年第6期。

100.《南通法院关于深入推进行政诉讼简易程序的实践、思考及展望》,载最高人民法院行政审判庭编:《行政审判通讯》2018年第4期。

101. 倪斐:《地方先行法治化的基本路径及其法理限度》,载《法学研究》2013年第

5期。

102. 庞正:《法治秩序的社会之维》,载《法律科学(西北政法大学学报)》2016年第1期。

103. 彭中礼:《智慧法治:国家治理能力现代化的时代宣言》,载《法学论坛》2020年第3期。

104. 祁凡骅:《驱动创新的柔性治理工具——以国务院七次大督查中的最佳实践为研究样本》,载《人民论坛》2022年第4期。

105. 钱焰青:《论新时代行政规范性文件的正当性及其界限》,载《中国法律评论》2021年第3期。

106. 强世功:《从行政法治国到政党法治国——党法和国法关系的法理学思考》,载《中国法律评论》2016年第3期。

107. 秦前红、陈家勋:《论行政执法外部监督中正式监督机关的确立》,载《行政法学研究》2022年第1期。

108. 秦前红、张晓瑜:《论党政联合发文的制度属性》,载《中共中央党校(国家行政学院)学报》2021年第4期。

109. 秦前红:《依规治党视野下党领导立法工作的逻辑与路径》,载《中共中央党校(国家行政学院)学报》2017年第4期。

110. 《全国依法行政工作会议》,载《中国法律年鉴》2000年第1期。

111. 《山东法院提升行政审判质效取得较大发展》,载最高人民法院行政审判庭编:《行政审判通讯》2020年第2期。

112. 《山东省高级人民法院多措并举提升行政审判质效》,载最高人民法院行政审判庭编:《行政审判通讯》2020年第5期。

113. 沈宝祥:《一次引人注目的中央全会——谈十六届三中全会的历史地位》,载《中国党政干部论坛》2003年第11期。

114. 沈国明:《在大国治理新征程中推进法治中国建设——习近平法治思想研究综述》,载《东方法学》2023年第1期。

115. 沈岿:《论行政法上的效能原则》,载《清华法学》2019年第4期。

116. 沈岿:《重构行政主体范式的尝试》,载《法律科学(西北政法大学学报)》2000年第6期。

117. 宋功德:《党内法规的百年演进与治理之道》,载《中国法学》2021年第5期。

118. 宋功德:《坚持依规治党》,载《中国法学》2018年第2期。

119. 宋华琳:《论政府规制中的合作治理》,载《政治与法律》2016年第8期。

120. 宋华琳:《迈向规制与治理的法律前沿——评科林·斯科特新著〈规制、治理与法律:前沿问题研究〉》,载《法治现代化研究》2017年第6期。

121. 宋世明:《坚持在法治轨道上推进国家治理体系和治理能力现代化》,载《中国政法大学学报》2021年第3期。

122. 孙宪忠:《中国民法典总则与分则之间的统辖遵从关系》,载《法学研究》2020年第3期。

123. 唐璨:《论我国督查工作及其法治化建议》,载《人民论坛·学术前沿》2020年第4期。

124. 王贵松:《论行政法上的法律优位》,载《法学评论》2019年第1期。

125. 王贵松:《作为利害调整法的行政法》,载《中国法学》2019年第2期。

126. 王海军:《"法律监督"概念内涵的中国流变》,载《法学家》2022年第1期。

127. 王建学:《中国特色廉洁宪法体系及其整体性诠释》,载《西南政法大学学报》2022年第6期。

128. 王敬波:《面向整体政府的改革与行政主体理论的重塑》,载《中国社会科学》2020年第7期。

129. 王敬波:《行政不作为的治理之道》,载《中国行政管理》2016年第1期。

130. 王敬波:《行政基本法典的中国道路》,载《当代法学》2022年第4期。

131. 王静、田勇军:《法治政府示范创建评估:地方治理能力现代化的重要抓手》,载《中国司法》2020年第11期。

132. 王静:《法治社会建设的理念与举措》,载《理论视野》2016年第7期。

133. 王磊、李小龙:《扎实推动法治督察工作高质量发展》,载《中国司法》2022年第6期。

134. 王利明:《民法典:国家治理体系现代化的保障》,载《中外法学》2020年第4期。

135. 王利明:《民法典人格权编的亮点与创新》,载《中国法学》2020年第4期。

136. 王利明:《体系创新:中国民法典的特色与贡献》,载《比较法研究》2020年第4期。

137. 王利明:《彰显时代性:中国民法典的鲜明特色》,载《东方法学》2020年第4期。

138. 王浦劬、汤彬:《当代中国治理的党政结构与功能机制分析》,载《中国社会科学》2019年第9期。

139. 王奇才:《论社会主要矛盾转化语境下的法治发展不平衡不充分》,载《法治现代化研究》2019年第2期。

140. 王青斌:《民法典时代的法治政府建设转型》,载《中国法学》2022年第6期。

141. 王青斌:《行政法总则的立法技术》,载《法学》2022 年第 11 期。

142. 王清、刘子丹:《统领式改革:新时代党政体制的结构功能分析》,载《政治学研究》2022 年第 3 期。

143. 王清平:《法治社会在中国建设的意义、难点和路径》,载《学术界》2017 年第 8 期。

144. 王瑞雪:《声誉制裁的当代图景与法治建构》,载《中外法学》2021 年第 2 期。

145. 王若磊:《依规治党与依法治国的关系》,载《法学研究》2016 年第 6 期。

146. 王天华:《行政委托与公权力行使——我国行政委托理论与实践的反思》,载《行政法学研究》2008 年第 4 期。

147. 王万华:《我国行政法法典编纂的程序主义进路选择》,载《中国法学》2021 年第 4 期。

148. 王万华:《行政复议法的修改与完善——以"实质性解决行政争议"为视角》,载《法学研究》2019 年第 5 期。

149. 王伟国:《党内法规作为新时代中国法学新范畴论纲》,载《中共中央党校(国家行政学院)学报》2021 年第 1 期。

150. 王伟国:《国家治理体系视角下党内法规研究的基础概念辨析》,载《中国法学》2018 年第 2 期。

151. 王学辉、曹梦娇:《党支持司法的规范内涵及其制度逻辑》,载《华侨大学学报(哲学社会科学版)》2022 年第 2 期。

152. 王轶:《行政许可的民法意义》,载《中国社会科学》2020 年第 5 期。

153. 吴元元:《认真对待社会规范——法律社会学的功能分析视角》,载《法学》2020 年第 8 期。

154. 吴元元:《双重博弈结构中的激励效应与运动式执法——以法律经济学为解释视角》,载《法商研究》2015 年第 1 期。

155. 习近平:《把握新发展阶段,贯彻新发展理念,构建新发展格局》,载《求是》2021 年第 9 期。

156. 习近平:《充分认识颁布实施民法典重大意义 依法更好保障人民合法权益》,载《求是》2020 年第 12 期。

157. 习近平:《高举中国特色社会主义伟大旗帜 为全面建设社会主义现代化国家而团结奋斗——在中国共产党第二十次全国代表大会上的报告》,载《求是》2022 年第 21 期。

158. 习近平:《坚定不移走中国特色社会主义法治道路 为全面建设社会主义现代化

国家提供有力法治保障》，载《求是》2021 年第 5 期。

159. 习近平：《坚持走中国特色社会主义法治道路 更好推进中国特色社会主义法治体系建设》，载《求是》2022 年第 4 期。

160. 肖金明：《推进法治社会理论与实践创新》，载《法学杂志》2017 年第 8 期。

161. 肖向荣：《关于做好全面依法治省工作的几点思考》，载《中国司法》2020 年第 4 期。

162. 谢鸿飞：《〈民法典〉中的“国家”》，载《法学评论》2020 年第 5 期。

163. 邢鸿飞：《充分发挥法治政府建设示范创建的样板效应》，载《中国司法》2020 年第 12 期。

164. 熊丙万：《法律的形式与功能——以“知假买假”案为分析范例》，载《中外法学》2017 年第 2 期。

165. 薛刚凌：《行政法法典化之基本问题研究——以行政法体系建构为视角》，载《现代法学》2020 年第 6 期。

166. 严存生：《法治社会的“法”与“治”》，载《比较法研究》2005 年第 6 期。

167. 杨代雄：《〈民法典〉第 153 条第 1 款评注》，载《法治研究》2020 年第 5 期。

168. 杨海坤：《论我国行政法学的理论基础》，载《北京社会科学》1989 年第 1 期。

169. 杨伟东：《基本行政法典的确立、定位与架构》，载《法学研究》2021 年第 6 期。

170. 杨寅、罗文廷：《我国城市不动产登记制度的行政法分析》，载《法学评论》2008 年第 1 期。

171. 叶必丰：《行政法的体系化：“行政程序法”》，载《东方法学》2021 年第 6 期。

172. 叶必丰：《执法权下沉到底的法律回应》，载《法学评论》2021 年第 3 期。

173. 应松年：《关于行政法总则的期望与构想》，载《行政法学研究》2021 年第 1 期。

174. 应松年：《中国行政法法典化的基本思想》，载《法学评论》2023 年第 1 期。

175. 于安：《论行政廉洁原则的适用》，载《中国法学》2016 年第 1 期。

176. 于安：《守护城市发展的法治底线——评李波、张平诉山东省惠民县政府案裁定》，载《中国法律评论》2019 年第 2 期。

177. 于安：《我国行政法的体系建构和结构调整》，载《中国法律评论》2023 年第 1 期。

178. 于文豪：《论建设社会主义法治国家中的地方》，载《法学家》2020 年第 4 期。

179. 余凌云：《法治国家、法治政府与法治社会一体建设的途径》，载《法学杂志》2013 年第 6 期。

180. 俞惠斌：《示范诉讼的价值再塑与实践考察》，载《北方法学》2009 年第 6 期。

181. 喻中:《政党驱动型法治的兴起》,载《法律科学(西北政法大学学报)》2022 年第 4 期。

182. 曾钰诚:《新时代党内法规建设:目标、问题与路径》,载《中州学刊》2019 年第 11 期。

183. 张恒山:《中国共产党依法执政与执政体制创新》,载《中共中央党校(国家行政学院)学报》2010 年第 1 期。

184. 张建伟:《国家转型与治理的法律多元主义分析——中、俄转轨秩序的比较法律经济学》,载《法学研究》2005 年第 5 期。

185. 张锟盛:《行政法学另一种典范之期待:法律关系理论》,载《月旦法学杂志》2005 年第 6 期。

186. 张鸣起:《论一体建设法治社会》,载《中国法学》2016 年第 4 期。

187. 张清:《习近平“法治国家、法治政府、法治社会一体建设”法治思想论要》,载《法学》2022 年第 8 期。

188. 张淑芳:《免罚清单的实证与法理》,载《中国法学》2022 年第 2 期。

189. 张卫平:《民法典的实施与民事诉讼法的协调和对接》,载《中外法学》2020 年第 4 期。

190. 张文显:《论建构中国自主法学知识体系》,载《法学家》2023 年第 2 期。

191. 张文显:《深刻把握坚持依宪治国、依宪执政的历史逻辑、理论逻辑和实践逻辑》,载《现代法学》2022 年第 5 期。

192. 张文显:《习近平法治思想的实践逻辑、理论逻辑和历史逻辑》,载《中国社会科学》2021 年第 3 期。

193. 张文显:《习近平法治思想的系统观念》,载《中国法律评论》2021 年第 3 期。

194. 张文显:《中国步入法治社会的必由之路》,载《中国社会科学》1989 年第 2 期。

195. 张相军、马睿:《检察机关实质性化解行政争议研究》,载《国家检察官学院学报》2022 年第 3 期。

196. 张相军等:《论“穿透式”行政检察监督》,载《人民检察》2021 年第 10 期。

197. 张晓莹:《行政处罚视域下的失信惩戒规制》,载《行政法学研究》2019 年第 5 期。

198. 张郁:《监察体制改革背景下行政监督的发展趋向》,载《中国社会科学院大学学报》2022 年第 6 期。

199. 章剑生:《行政不动产登记行为的性质及其效力》,载《行政法学研究》2019 年第

5 期。

200. 章剑生:《行政诉讼"解决行政争议"的限定及其规则——基于〈行政诉讼法〉第1条展开的分析》,载《华东政法大学学报》2020 年第 4 期。

201. 章志远、鲍燕娇:《公布违法事实的法律属性分析》,载《山东警察学院学报》2011 年第 6 期。

202. 章志远:《当代中国行政行为法理论发展的新任务》,载《学习与探索》2018 年第 2 期。

203. 章志远:《党内法规学学科建设三论》,载《上海政法学院学报》2019 年第 4 期。

204. 章志远:《地方法院行政诉讼制度创新的法理解读——以上海法院近五年的实践为例》,载《华东政法大学学报》2020 年第 4 期。

205. 章志远:《法治一体建设地方试验型模式研究》,载《中共中央党校(国家行政学院)学报》2021 年第 2 期。

206. 章志远:《法治一体建设视域中的行政机关负责人出庭应诉》,载《浙江工商大学学报》2022 年第 3 期。

207. 章志远:《监管新政与行政法学的理论回应》,载《东方法学》2020 年第 5 期。

208. 章志远:《开放合作型行政审判模式之建构》,载《法学研究》2013 年第 1 期。

209. 章志远:《论党内法规制定中的党员参与》,载《法治研究》2019 年第 2 期。

210. 章志远:《民法典编纂对行政法法典化的三重启示》,载《特区实践与理论》2020 年第 5 期。

211. 章志远:《我国行政审判白皮书研究》,载《行政法学研究》2018 年第 4 期。

212. 章志远:《我国行政诉讼司法建议制度之研究》,载《法商研究》2011 年第 2 期。

213. 章志远:《习近平法治思想中的严格执法理论》,载《比较法研究》2022 年第 3 期。

214. 章志远:《新时代我国行政审判的三重任务》,载《东方法学》2019 年第 6 期。

215. 章志远:《新时代行政审判因应诉源治理之道》,载《法学研究》2021 年第 3 期。

216. 章志远:《行诉解释对行政审判理念的坚守和发展》,载《法律适用》2018 年第 11 期。

217. 章志远:《行政法治视野中的民法典》,载《行政法学研究》2021 年第 1 期。

218. 章志远:《行政法总则制定的基本遵循》,载《学习与探索》2020 年第 7 期。

219. 章志远:《行政复议与行政诉讼衔接关系新论——基于解决行政争议视角的观察》,载《法律适用》2017 年第 23 期。

220. 章志远:《行政基本法典的属性辨析》,载《政治与法律》2023年第1期。

221. 章志远:《行政立法相对回避模式之建构》,载《浙江社会科学》2018年第3期。

222. 章志远:《行政诉权分层保障机制优化研究》,载《法学论坛》2020年第3期。

223. 章志远:《行政诉讼实质性解决行政争议理念的生成背景》,载《江淮论坛》2022年第4期。

224. 章志远:《行政争议实质性解决的法理解读》,载《中国法学》2020年第6期。

225. 章志远:《以习近平法治思想引领行政审判制度新发展》,载《法学研究》2022年第4期。

226. 章志远:《中国特色行政法法典化的模式选择》,载《法学》2018年第9期。

227. 章志远:《中国行政诉讼中的府院互动》,载《法学研究》2020年第3期。

228. 章志远:《作为行政处罚总则的〈行政处罚法〉》,载《国家检察官学院学报》2020年第5期。

229. 郑智航:《国家治理现代化的中国逻辑及其展开》,载《法制与社会发展》2021年第3期。

230. 周尚君:《法治中国建设的新意识和新使命》,载《中国司法》2021年第2期。

231. 周淑真:《依法治国、依宪执政、依规治党三者关系及内在逻辑》,载《理论视野》2015年第1期。

232. 周苏湘:《法院诉源治理的异化风险与预防——基于功能主义的研究视域》,载《华中科技大学学报(社会科学版)》2020年第1期。

233. 周佑勇、尹建国:《论个人社会资本对行政裁量正义的影响》,载《华东政法大学学报》2007年第3期。

234. 周佑勇:《坚持法治国家、法治政府、法治社会一体建设 保障和促进社会公平正义》,载《民主与法制》2023年第25期。

235. 周佑勇:《全面依法治国的工作布局》,载《荆楚法学》2022年第5期。

236. 周佑勇:《推进国家治理现代化的法治逻辑》,载《法商研究》2020年第4期。

237. 周佑勇:《习近平法治思想的系统辩证方法论》,载《党内法规研究》2022年第1期。

238. 周佑勇:《行政法总则中基本原则体系的立法构建》,载《行政法学研究》2021年第1期。

239. 周佑勇:《中国行政基本法典的精神气质》,载《政法论坛》2022年第3期。

240. 朱景文:《关于法制和法治的几个理论问题》,载《中外法学》1995年第4期。

241. 朱新力、李芹:《行政约谈的功能定位与制度建构》,载《国家行政学院学报》2018年第4期。

242. 朱新力、唐明良:《现代行政活动方式的开发性研究》,载《中国法学》2007年第2期。

243. 祝捷、杜晞瑜:《论监察法规与中国规范体系的融贯》,载《上海政法学院学报(法治论丛)》2020年第3期。

244. 卓泽渊:《推进法治中国建设的现实任务》,载《行政法学研究》2020年第6期。

245. 左卫民:《通过诉前调解控制“诉讼爆炸”——区域经验的实证研究》,载《清华法学》2020年第4期。

三、报纸文章类

1. 白靖利:《一次次,总是“临时工惹祸”?》,载《文汇报》2013年6月19日第5版。

2. 陈东升、王春:《诉源治理开创浙江社会治理新格局》,载《法治日报》2021年1月20日第1版。

3.《高举中国特色社会主义伟大旗帜 为决胜全面小康社会实现中国梦而奋斗》,载《人民日报》2017年7月28日第1版。

4. 关保英:《民法典颁布后对行政法典总则的展望》,载《法治日报》2020年8月14日。

5. 郭彦:《内外并举全面深入推进诉源治理》,载《法制日报》2017年1月14日第7版。

6. 何晓慧:《诉源治理新模式 多元解纠新路径——福建法院一站式多元解纠和诉讼服务体系建设纪实》,载《人民法院报》2020年9月1日第1版。

7. 胡欣:《不遵守司法礼仪 案子被撤诉》,载《今晚报》2021年1月10日。

8. 黄洁、徐伟伦:《北京怀柔法治督察的“解题”之路》,载《法治日报》2022年8月12日第5版。

9. 黄文艺:《坚持党对全面依法治国的领导》,载《光明日报》2021年2月8日。

10. 姬亚平:《法治政府考核应将廉政作为底线》,载《法制日报》2019年5月10日第5版。

11. 江泽民:《高举邓小平理论伟大旗帜,把建设有中国特色社会主义事业全面推向二十一世纪——在中国共产党第十五次全国代表大会上的报告》,载《人民日报》1997年

9月22日第1版。

12. 姜洁:《一以贯之全面从严治党强化对权力运行的制约和监督 为决胜全面建成小康社会决战脱贫攻坚提供坚强保障》,载《人民日报》2020年1月14日第1版。

13. 李树民等:《2021年法学学科研究发展报告》,载《中国社会科学报》2022年1月10日第8版。

14. 李阳:《学习践行习近平法治思想 推动完善矛盾纠纷化解联动工作机制》,载《人民法院报》2020年12月11日第1版。

15. 练洪洋:《"拍黄瓜"拍疼了谁》,载《南都晨报》2022年8月9日第7版。

16. 林晔晗等:《广铁法院:打造行政案件集中管辖改革"羊城样本"》,载《人民法院报》2021年2月1日第8版。

17. 刘炤:《坚持全面推进科学立法、严格执法、公正司法、全民守法》,载《人民日报》2021年3月18日第16版。

18. 吕佳蓉:《探索深化监督贯通协同有效路径》,载《中国纪检监察报》2022年3月11日第1版。

19. 马怀德:《民法典时代行政法的发展与完善》,载《光明日报》2020年6月3日第11版。

20. 倪方方等:《改革创新,让法治成为宿迁核心竞争力》,载《新华日报》2021年12月14日第4版。

21. 潘巧:《行政复议"双被告"制度引热议》,载《民主与法制时报》2020年12月12日第3版。

22. 秦力文、高维峰:《重庆试行立法回避制度 首批6个立法项目规避利害关系单位实施委托或招标起草》,载《法制日报》2007年7月12日第1版。

23.《深入贯彻全面从严治党方针 坚定不移推进政府党风廉政建设》,载《人民日报》2023年4月1日第2版。

24. 司晋丽:《引入"第三方"律师 化解信访难题——为湖北恩施州"律师进村、法律便民"改革创新实践叫好》,载《人民政协报》2015年11月17日第12版。

25. 宋功德:《全方位推进党内法规制度体系建设》,载《人民日报》2018年9月27日第7版。

26. 汤媛媛:《行政争议的诉源"三治"》,载《人民法院报》2020年6月18日第6版。

27. 唐欢:《裁判协调双管齐下促行政争议实质性化解 省高院发布十大行政典型案例》,载《安徽法制报》2019年6月19日。

28. 万学忠:《学界首次提出构建中国行政法法典》,载《法制日报》2018 年 1 月 19 日第 6 版。

29. 王磊、常雪峰:《在法治督察工作中坚持人民主体地位》,载《学习时报》2018 年 10 月 19 日。

30. 习近平:《决胜全面建成小康社会 夺取新时代中国特色社会主义伟大胜利——在中国共产党第十九次全国代表大会上的报告》,载《人民日报》2017 年 10 月 28 日第 1 版。

31.《习近平在中国人民大学考察时强调 坚持党的领导传承红色基因扎根中国大地走出一条建设中国特色世界一流大学新路》,载《人民日报》2022 年 4 月 26 日。

32.《行政机关负责人出庭应诉典型案例》,载《人民法院报》2021 年 7 月 30 日第 3 版。

33. 薛永毅:《"诉源治理"的三维解读》,载《人民法院报》2019 年 8 月 11 日第 2 版。

34. 杨丁淼、姜刚:《执法"临时工"为何频出格》,载《文汇报》2013 年 7 月 25 日。

35. 杨继斌等:《禹州式截访》,载《南方周末》2013 年 2 月 21 日第 A1 版。

36. 杨建顺:《"过期之诉"与行政检察监督的价值追求》,载《检察日报》2020 年 12 月 30 日。

37. 杨建顺:《为什么行政法不能有统一的法典?》,载《检察日报》2020 年 6 月 3 日第 7 版。

38. 叶海波:《法治"一体建设"的双重逻辑与"合规"进路》,载《中国社会科学报》2021 年 5 月 14 日。

39. 袁曙宏:《坚持法治国家、法治政府、法治社会一体建设》,载《人民日报》2020 年 4 月 21 日。

40. 张贵志:《"帽子"和"尊严"都应尊重法律》,载《法治周末报》2020 年 1 月 1 日。

41. 张军:《最高人民检察院工作报告——2022 年 3 月 8 日在第十三届全国人民代表大会第五次会议上》,载《法治日报》2022 年 3 月 16 日。

42. 张维:《以点带面 以评促建 加快实现法治政府建设率先突破》,载《法治日报》2023 年 2 月 6 日。

43. 郑智航:《法治"一体建设"的理论意涵》,载《中国社会科学报》2021 年 5 月 14 日。

44.《中共中央关于坚持和完善中国特色社会主义制度 推进国家治理体系和治理能力现代化若干重大问题的决定》,载《人民日报》2019 年 11 月 6 日第 1 版。

45.《中共中央关于全面推进依法治国若干重大问题的决定》,载《人民日报》2014年10月29日第1版。

46.《中央依法治国办关于法治政府建设实地督察发现的典型经验做法的通报》,载《法治日报》2022年3月2日。

47.《最高人民法院产权保护行政诉讼典型案例》,载《人民法院报》2020年7月28日第3版。